영어사 강의

Lectures on the History of English

박영배 · 장근철 지음

KM 경문사

책을 펴내면서

본서는 대학의 학부과정에서 영어발달사 교재로 쓰기에 알맞게 영어의 역사적인 변천사를 시대별로 요점 정리한 책이다. 오늘날 전 세계에서 가장 널리 쓰이고 있는 영어는 1500여 년이 넘는 오랜 세월동안 쓰여 오면서 세계어 내지 국제어로 정치, 경제, 문화, 금융은 물론 정보통신분야에 이르기까지 실로 여러 분야에서 필수적인 언어로 성장하였다. 따라서, 현대영어를 제대로 이해하기 위해서는 영어이전의 선사영어 시기부터 고대와 중세를 거쳐 현대에 이르는 기간에 영어가 변천해 온 오랜 역사적인 과정을 이해할 필요가 있다.

이런 점을 염두에 두고 본서는 교수와 학생이 본서를 효율적으로 활용할 수 있도록 다음과 같은 사항을 학습목표로 하여 편찬하였다.

(가) 영어사의 전 과정을 포함하여 한 학기 14주에 끝낼 수 있도록 모두 7개의 장으로 구성하고 각 장별로 반드시 알아야 할 중요사항을 요점 정리하였다.

(나) 외면사와 내면사의 내용을 3:7의 비율로 하되, 시기별로 외면사는 <그림>을, 영어의 내면사(어휘, 철자와 발음, 어형, 문법)는 가급적 <표>를 넣어 복잡한 음운변화나 문법내용을 이해하는 데 도움이 되도록 하였다.

(다) 각 장의 끝에는 학생들이 내용을 이해하는 데 도움이 되도록 영어 원문을 넣어 영어 독해력 증진은 물론 각 장의 내용을 원서로 읽는 느낌이 들도록 하였다.

(라) 각 장의 끝에는 본문 내용을 보충하는 데 필요한 참고문헌을

넣어 본문 이해에 실질적인 도움이 되도록 하였다.

(마) 각 장마다 연습문제(20문항) 및 Study Questions을 넣어 학생들이 학습한 내용을 문제를 통해 심화 학습하도록 하였다.

(바) 부록에는 각 장에 넣은 문제의 해답을 제시하였다.

연습문제 다음에 넣은 Study Questions는 각 장에서 배운 내용을 바탕으로 좀 더 다양한 자료를 찾아 정리하는 문제로 제시되어 있어서 학습이 끝난 후에 교수가 학습자에게 과제로 부과하거나 발표하도록 하여도 좋을 것이다.

John Free(1749)의 78쪽짜리 작은 소책자가 나온 이래 지금까지 『영어사』 또는 『영어발달사』라는 제목의 영어의 역사와 관련된 문헌은 꾸준히 발간되어오고 있다. 따라서, 본서의 말미에는 교수와 학습자가 영어발달사를 가르치거나 학습하면서 언제든지 좀 더 다양한 자료에 접할 수 있게 하기 위해 『영어사』의 고전(古典)으로 일컬어지는 일부 텍스트를 포함하여 1990년대 이후 나온 영어사 문헌 중에서 교수와 학습자가 도서관이나 온라인 정보를 통해 쉽게 접근할 수 있는 문헌을 간단한 해설과 함께 붙여 놓았다. 이 해제(解題)를 통해 영어사의 다양한 분야(어휘, 발음, 어형, 의미, 구문 등)가 고대에서 현재에 이르기까지 역사적으로 어떻게 변천해 왔는지를 조감(鳥瞰)하는 데 지침이 되었으면 한다.

아무쪼록 영어의 역사를 가르치고 배우는 교수와 학습자에게 본서가 영어변천의 역사를 이해하는 데 많은 도움이 되기를 바란다.

2011년 초겨울의 어느 날
翠松書室에서
저자 일동

차 례

제1장 선사영어 시기

제2장 고대영어

제3장 중세영어

제4장 초기 현대영어

제5장 현대영어

제6장 미국영어

제7장 어형성과 어휘 차용

부 록

제 1 장

선사영어 시기

1.1. 역사

1.2. 영어의 계통: 인구어와 게르만어

1.3. 영어 이전의 문자

1.4. 영어사의 시대구분

Timeline: Pre-Historic English Period

5000~3000 B.C.	인구어 민족, 흑해 근방 남부 유럽에 거주 공통 인구어가 쓰임
3000	인구어 민족의 이동이 시작됨
2000	인구어 민족의 일부가 그리스로 이동
1500	인구어 민족의 일부가 인도아대륙으로 이동
1200	히타이트(Hittite) 제국의 멸망
1000	게르만족, 스칸디나비아에 정착 원시 게르만어(Proto-Germanic) 사용
753	로물루스(Romulus)의 로마 건국
390	켈트인, 로마를 습격함
43 A.D.	하드리아누스(Hadrianus) 황제의 브리튼 정복
117	로마제국 최대의 판도 형성 하드리아누스 황제 즉위
122~133	하드리아누스 성벽(Hadrian Wall) 구축
375	게르만족의 대이동
395	로마제국 동서로 분열
410	로마군, 브리튼에서 본국으로 철수 서고트인(VisiGoths)의 로마 정복
449	앵글족, 색슨족, 주트족, 브리튼 침략
476	서로마제국 멸망

1.1. 역사

5세기 중엽 게르만족인 앵글로색슨족이 영국에 들어오기 전 선사 시기에 영국에 거주한 민족의 역사와 언어를 살펴보려는 것이 이 장의 주제이다. 다음으로 영어의 계통인 인구어와 게르만어 및 중요한 음 변화를 요약하고 영어가 쓰이기 이전의 문자인 루운 문자(runes)에 대해 간단히 설명하기로 한다.

영어가 사용되기 훨씬 이전의 시기인 선사시기의 영국에는 적어도 5000년 간 서로 다른 부족이 살고 있었다. 약 3000년 전 켈트인이 영국에 오기 전까지 영국에서 사용된 언어가 어떤 것이었는지에 관해서는 알려진 것이 거의 없다. 켈트어는 유럽 전체에 걸쳐 쓰였으며 켈트어를 사용한 많은 부족 중의 하나인 프리타이니족(*pritaini* 'painted')이 영국에 청동기가 시작된 기원전 2000년 이후 유럽 대륙에서 건너와 영국에 정착하였는데, 이 부족의 명칭에서 오늘날 브리튼(*Britain*/*British*)이라는 명칭이 생겨나게 되었다.

영국으로 건너온 이들 켈트인들은 영국 최초의 원주민이 되었으며 우리는 이들을 켈트 브리튼인(Celtic Britons)이라고 부른다. 켈트어는 영국에서 사용된 최초의 인구어였다.

켈트어는 오늘날 웨일스, 스코틀랜드 및 아일랜드에서 살아남아 쓰이고 있으나, 이들 지역에서 쓰이고 있는 영어는 켈트어의 영향을 받은 변이형으로 아일랜드 영어(Irish English) 및 스코틀랜드 영어(Scottish English)라고 부른다.

로마인들은 로마의 역사가인 헤로도토스(Herodotos) 사후, 북부 이탈리아를 침략한 야만인들을 고올인(Galli)이라고 불렀는데, 이들은 켈트인들이었다. 청동기 시기의 유럽인들은 켈트인의 후예들로서 도요지인(umfielder)이라는 명칭으로도 불리었다. 이들 선사민족은 아마도 초기 켈트어를 사용했을 것이며 유럽에 성채를 세운 최초의 민족으로 매장의식을 거행하였다.

기원전 2세기에 대륙과 브리튼 남서지역 사이에 빈번한 왕래가 이루어지고 있었으나, 브리튼은 줄리어스 시저가 브리튼에 침입하기 이전까지는 지중해 세계에 알려져 있지 않았다. 시저 이전에 로마의 속주였던 고올(Gaul)은 변경지역의 일부였으나, 시저가 이 지역에 사령관으로 부임하면서 브리튼을 정복할 기회를 갖게 되었다.

기원전 55년과 54년, 두 차례에 걸쳐 시저는 브리튼을 침략하였으나, 로마군의 영국 원정은 실패로 끝났다. 시저의 브리튼 원정 이후 95년이 지난 기원후 40년 티베리우스의 뒤를 이어 로마의 세 번째 황제가 된 가이우스(Gaius, 흔히 칼리굴라로 칭함)가 처음 영국을 정복하려고 시도하였으나 결국 이루지 못하고, 그의 뒤를 이어 기원후 41년에 제위에 오른 네 번째 황제인 클라우디우스(Claudius)는 43년에 영국을 정복하게 되었다. 그 후 스코틀랜드 일부 지역을 제외한 브리튼 전역은 300여 년간 로마의 지배를 받게 되었는데, 이 시기의 브리튼을 로만 브리튼(Roman Britain) 시대라고 부른다.

하드리아누스(Aelius Hadrianus) 황제는 클라우디우스 황제 이후 처음으로 브리튼을 방문하였고, 스코틀랜드 북부의 야만인들로부터 브리튼을 보호하기 위해 123～133년까지 10년에 걸쳐 칼라일과 뉴캐슬의 도시 사이에 놓여있는 타인 강(the Tyne)에서 솔웨이 만(Solway Firth)에 이르는 경계 — 킬패트릭(Kilpatrick)까지 불과 40마일의 너비로 좁아지는 육지의 목 부분을 가로 지르며 뻗어나간 경계선을 따라 성벽을 구축하였는데, 이 성벽을 하드리안 성벽(Hadrian Wall)이라고 한다. 이 지역에는 북부의 야만족(후에 픽트족으로 알려짐)들이 자주 출몰하여 로마인과 브리튼인들을 괴롭혔다. 기원후 207년과 210년 사이에 브리튼에 온 세베루스(Septimius Severus) 황제는 하드리안 성벽을 따라 새로 견고한 석벽(石壁)을 구축하였다([그림 1.1]).

클라우디우스가 처음 브리튼에 온 이후 410년까지 367년간 로마의 속주였던 브리튼은 410년 로마군이 자국의 내란으로 인하여 철수한 뒤 로마세계와 단절된 이후에도 상당히 오랫동안 번영을 누렸으며 5세기 중엽에도 침입자들과 싸워 여전히 승리를 거두었다. 6세기에 브리튼 동남부 구릉지대에 있던 것으로 기록되고 있는 브리튼인들의 집단 주거지와 1세기 후에 데번(Devon)과 펜랜드(Fenland)에 서로마제국이 무너진 이후 오랫동안 브리튼인 공동체가 있었다는 사실은 그들이 남긴 지명에서 엿볼 수 있는데, '브리튼' 혹은 '켈트'를 뜻하는 '*wealh*'가 들어간 지명은 오늘날 영국의 대부분의 지역에서 상당히 많이 발견되고 있다.

로마인이 브리튼을 정복한 이후 브리튼에서 쓰인 공식 언어는 말할 것도 없이 라틴어(Latin)였다. 라틴어는 로마에서 브리튼에 파견되는 행정 장관들의 일상적인 의사전달 매체로 쓰였으며 고전 작가들의 작품과 그들의 언어구사력을 감상하는 데에도 라틴어는 매우 중요한 역할을 하였다. 로마인의 행정과 공식 요직에 참여하기를 원하는 브리튼인들은 라틴어를 반드시 배워야 했다.

이런 상황에서도 켈트인의 의사전달은 여전히 구전(oral tradition)

▌그림 1.1 하드리안 성벽

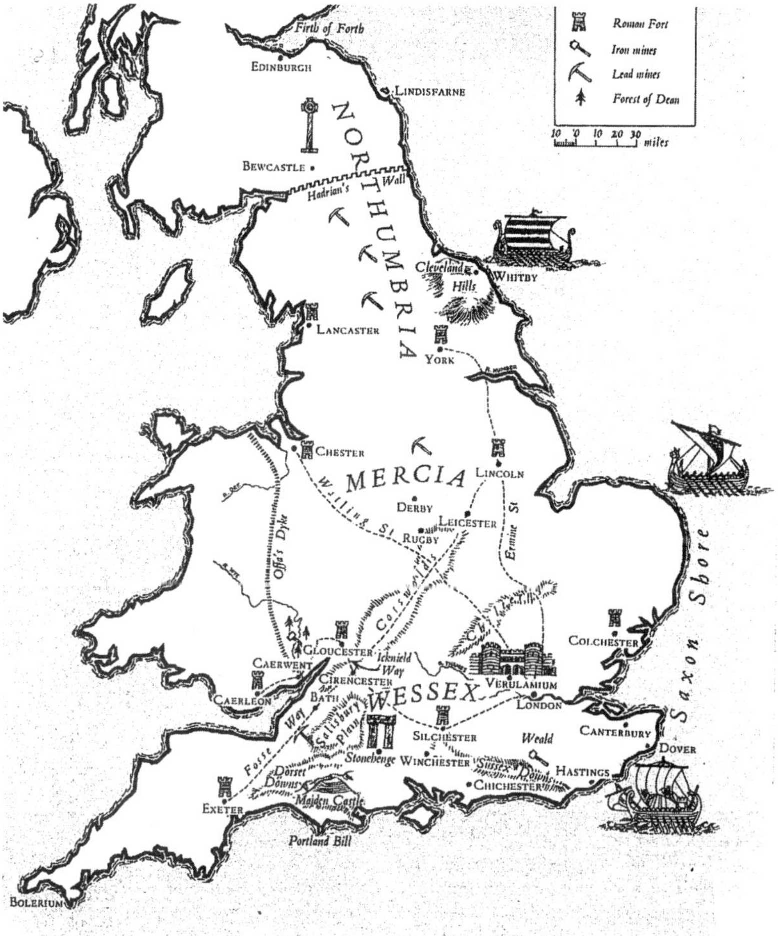

▎그림 1.2 로마 시기의 영국

에 의존하고 있었으며 그림문자(graffiti)를 써서 상호 간의 의사를 전달하였다. 그뿐만 아니라 브리튼의 외딴 지역에서는 라틴어가 여전히 외국어로 간주되고 있었고 대부분의 켈트인들은 켈트어를 사용하였다. 켈트인의 영웅적인 전통은 자국어인 켈트어에 그대로 남아 계승되었으며 켈트인의 신화와 영웅을 노래한 서사시는 라틴어로 쓰일 경우 그 매력을 잃게 되어서 켈트어로 후대에 전해졌다.

기원전 600년경 선사시대에 브리튼 섬에 들어 온 켈트인들이 그토록 오랫동안 생활하면서 켈트어를 사용하였고 로마의 브리튼 정복 이후에 거의 400년 동안 로마인들과 평화롭게 지내면서도 그들의 언어를 사용한 것을 생각할 때 오늘날 영어에 남아 있는 켈트어의 수가 그리 많지 않다는 것은 놀라운 일이다. 그나마 켈트어의 대부분은 지명, 특히 강 이름에 남아 있다. 템스(Thames)는 켈트인들이 붙인 강 이름이며 캠 강(Cam)에는 '구불구불한(crooked)'이란 켈트어의 의미가 새겨져 있다. 디 강(Dee)은 '성스러운(holy)'이란 뜻이 담겨져 있고, 스코틀랜드의 도시명인 애버딘(Aberdeen)은 '디 강의 입구(Mouth of the Dee)'란 뜻이다. 에이번(Avon), 에스크(Esk), 엑스(Exe), 스투어(Stour) 등, 켈트어에서 온 다양한 강 이름은 모두 '물(water)'을 뜻하는 어휘들이다.

켈트어 본래의 모습을 그대로 간직한 강 이름인 *Aire, Alne, Anker, Arrow, Cole, Derwent, Douglas, Leam, Ouse, Penk, Severn, Soar, Tees, Trent, Wye*를 비롯하여 산 이름인 Pennines, Mendips, 숲 이름인 *Kesteven, Barroc, Andred, Penge, Lyme, Arden, Cannock, Morfe, Kinver, Savernake* 등은 모두 현대영어에 남아 켈트어 그대로 쓰이고 있다.

강 이름 이외에 경치나 자연풍경을 뜻하는 켈트어도 쓰이고 있다. 가령, '깊은 계곡'을 뜻하는 켈트어 *cumb*은 오늘날 *Duncombe, Winchcombe, Holcombe, Cumberland, Coombe* 등에 남아 쓰이고 '높은 곳에 있는 바위 또는 산꼭대기'를 뜻하는 *torr*는 마을 이름인 *Torcross, Torquay, Torrington* 등에 남아 있다. *Bryn Mawr*란 이름은 켈트어 그대로 대서양 양쪽에서 쓰이고 있는데, *bryn*은 '언덕', *mawr*는 '커다란'이란 뜻이다. 런던을 포함하여 영국의 주요 도시명도 켈트어에서 유래한 것들이 많이 있다. 런던은 '켈트인의 신'을 뜻하는

'Lug' 또는 'Lugh'와 '요새'를 뜻하는 'dun'이 합쳐져서 만들어진 것이다. 프랑스의 도시인 리옹(Lyon)은 원래 켈트어 *Lugdunum*이 라틴어로 변하여 발달한 것이다. 엑시터(Exeter)는 '물'을 뜻하는 켈트어 *exe*에서 유래한 것이고 도버(Dover)는 '검은'을 뜻하는 켈트어 *dove*에서 온 것이다. '물'을 뜻하는 단어로 웨일스어(Welsh)에서는 아직도 *dwfr*을 쓰고 있고 콘월어(Cornish)에서는 *dovr*, 그리고 브르통어(Breton)에서는 *dour*를 사용하고 있다.

1.2. 영어의 계통: 인구어와 게르만어

1.2.1. 인구어의 분류

인구어(Indo-European)는 영어가 속해 있는 어족(語族, language family)으로 영어사 연구의 배경이 되는 조어(祖語, parent language)를 가리킨다. 인구어를 조어로 하여 여기서 파생된 여러 인구어 방언들을 자매어(daughter languages)로 분류한다.

인구어는 문자로 된 기록이 남아있지 않았기 때문에 인구어의 존재가 세상에 확인된 것은 18세기 말이었다. 영국인 언어학자이며 외교관이었던 윌리엄 존스 경(Sir William Jones)은 1786년 인도의 캘커타에서 열린 벵갈 아시아학회(Asiatic Society of Bengal)에서 "산스크리트어"라는 강의를 하였는데, 산스크리트어(Sanskrit)는 고대 인도어로 힌디어, 우르두어, 벵갈어 등 인도에서 쓰이는 많은 현대 언어들의 모어(母語)에 해당하는 언어이다.

존스 경은 강연에서 산스크리트어, 라틴어 및 그리스어가 서로 관련되어 있고, 이들 세 언어가 독일어 및 영어와 연관된 고대 언어인 고트어(Gothic) 및 중동에서 쓰인 페르시아어(Persian)와도 관련되어 있음을 시사하였다. 그는 이들 언어를 모두 연구하여 어휘와 문법에서 유사한 점을 찾아냈다. 이들 언어의 어휘에 드러나는 유사점은 [표 1.1]에 잘 나타나 있다. [표 1.1]에서 라틴어 및 고트어의 괄호 안에 넣은 어휘는 현대영어의 철자를 이용하여 실제 발음을 철자로 나타낸 것이다.

인구어를 공통 조어로 하여 여기서 파생된 언어들을 역사적으로 분류하는 방법은 다윈의 진화론의 개념을 언어에 적용한 족보형(family tree model: Stammbaum Theory)과 다른 언어들 간의 횡적인 친근 관계에 따른 파도형(wave hypothesis: Wellentheorie) 등, 두 가지가 있다. 족보형은 독일인 식물학자였던 슐라이허(August Schleicher, 1821～1868)에 의해 제창된 것이고, 파도형은 독일의 언어학자인 슈

표 1.1 동계어 분포

Sanskrit	Greek	Latin	Gothic	English
pita	pater	pater	fadar(fathar)	father
padam	poda	pedem	fotu	foot
bhratar	phrater	frater	brothar	brother
bharami	phero	fero	baira(bera)	bear
jivah		vivos (weewos)	qius (kweeus)	quick
sanah	henee	senex	sineigs (sineegs)	senile
virah	viro	vir(weer)	wair(wear)	were(wolf)
trí	tris	tres	thri	three
dáśa	deka	decem (dekcm)	taihun (tayhun)	ten
shatá	he-katon	centum (kentoom)	hundrath	hundred

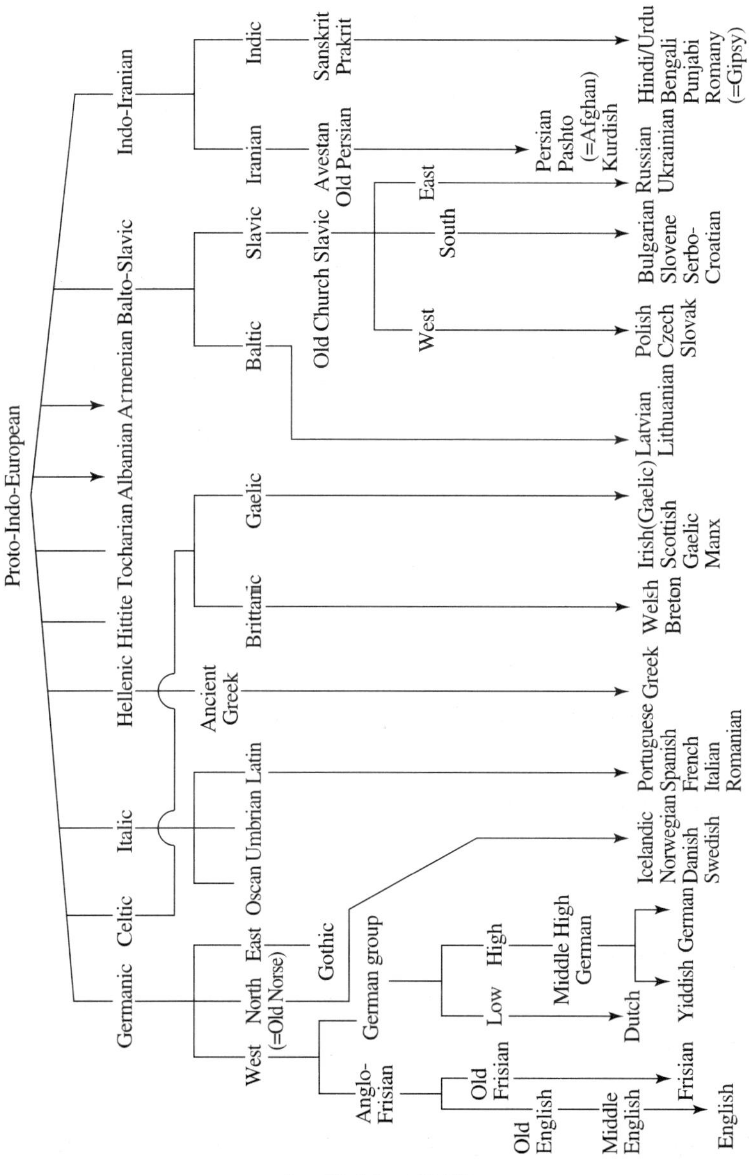
Proto-Indo-European
Germanic
Celtic
Italic
Hellenic
Hittite
Tocharian
Albanian
Armenian
Balto-Slavic
Indo-Iranian
West
North
(=Old Norse)
East
Oscan
Umbrian
Latin
Ancient Greek
Brittanic
Gaelic
Baltic
Slavic
Iranian
Indic
Gothic
German group
Anglo-Frisian
Old Church Slavic
Avestan
Old Persian
Sanskrit
Prakrit
Low
High
Old Frisian
Old English
West
South
East
Middle High German
Middle English
Dutch
Yiddish
German
Frisian
English
Icelandic
Norwegian
Danish
Swedish
Portuguese
Spanish
French
Italian
Romanian
Greek
Welsh
Breton
Irish(Gaelic)
Scottish Gaelic
Manx
Latvian
Lithuanian
Polish
Czech
Slovak
Bulgarian
Slovene
Serbo-Croatian
Russian
Ukrainian
Persian
Pashto
(=Afghan)
Kurdish
Hindi/Urdu
Bengali
Punjabi
Romany
(=Gipsy)

그림 1.3 족보형

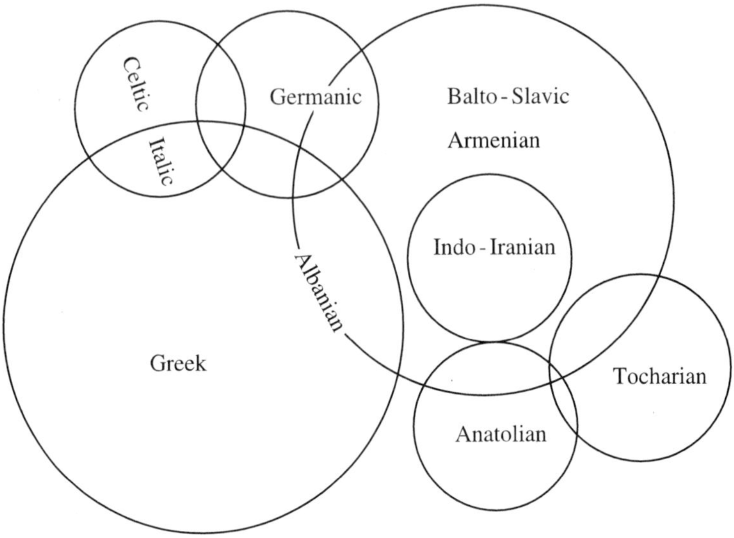

그림 1.4 파도형

미트(Johannes Schmidt, 1843～1901)가 제안한 것이다. 이들의 모형을 각각 나타내면 [그림 1.3] 및 [그림 1.4]와 같다.

인구어에서 일어난 언어변화로 파생된 10개의 주요 어군을 간단히 살펴보겠다.

(1) Albanian 알바니아어는 오늘날 알바니아 및 그 주변의 일부 지역에서 주로 쓰이고 있는 언어로, 현대 알바니아어(Modern Albanian)는 유일하게 존재하는 구어체 언어이다.

(2) Anatolian 아나톨리아 어군에는 히타이트어(Hittite)가 있는데, 지금까지 가장 오래된 인구어 중의 하나로, 20세기 초 터키 인근에서 대부분 점토판에 새겨진 설형문자(cuneiform)로 된 공문서가 발

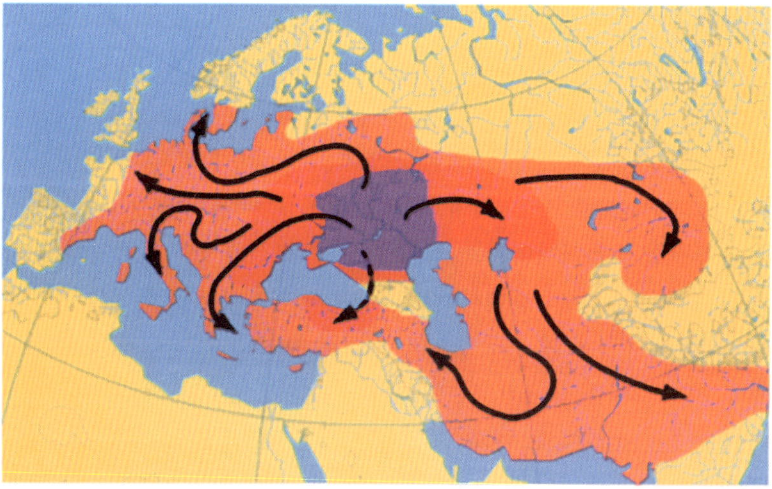

▎그림 1.5　인구어의 이동 경로

기원전 4000～1000년에 이르는 시기에 인구어 민족의 이동경로를 나타낸 것으로 붉은색 부분은 기원전 2500년까지 정착하였을 것으로 추정되는 인구어 인들의 원고향(Urheimat)을 나타낸 지역임. 오렌지색은 기원전 1000년까지 인구어 민족이 거주했을 것으로 여겨지는 지역임.

견됨으로써 인구어에 속한 언어로 알려지게 되었다. 히타이트어에 쓰이는 후두 자음(laryngeals)은 스위스의 언어학자인 소쉬르(Ferdinand de Saussure)가 1879년에 후두음 가설을 제창한 뒤, 1927년 쿠리오비츠(Kuryłowicz)가 다른 인구어에서 사라진 후두음 *ḫ*가 히타이트어에는 소쉬르가 가정한 위치에 정확히 나타남을 증명한 이후 원시 인구어를 재구하는 데 큰 도움이 되었다.

(3) Armenian　　오늘날 아르메니아 및 전 세계에 흩어져 있는 아르메니아 후손들이 사용하는 현대 아르메니아어(Modern Armenian)는 코카서스 지역의 아르메니아에서 쓰이는 동부 아르메니아어 및 터키와 그리스에서 쓰이는 서부 아르메니아어 등 두 가지 주요 부류로

이루어져 있다. 이밖에 상당수 인구가 시리아, 미국, 이라크, 이란 및 루마니아에서 현대 아르메니아어를 사용하고 있다.

(4) Balto-Slavic 이 어군은 발트어와 슬라브어로 이루어져 있다. 발트어에는 리투아니아어(Lithuanian) 및 라트비아어(Lativian)가 포함되는데, 리투아니아어는 고어체로 남아 전해지며 인구어에서 파생된 모든 현대 언어 중에서 원 언어가 지닌 대부분의 특성을 유지하고 있어서 인구어 연구의 중요한 언어로 취급되고 있다. 슬라브어군에는 러시아어(Russian), 우크라이나어(Ukrainian), 폴란드어(Polish), 체코어(Czech), 불가리아어(Bulgarian), 보스니아어(Bosnian), 크로아티아어(Croatian), 세르비아어(Serbian) 및 기타 다른 여러 언어가 포함된다.

(5) Celtic 켈트인은 한때 유럽의 상당한 지역을 차지하였다. 이들이 사용한 언어인 켈트어는 오늘날 주로 브리튼과 아일랜드에서 살아남아 쓰이며 아일랜드 게일어(Irish Gaelic), 스코틀랜드 게일어(Scots Gaelic) 및 웨일스어(Welsh)에만 남아 쓰이고 있다.

(6) Germanic 게르만 어군은 영어가 속해 있는 어족으로 영어사에서 매우 중요한 언어이다. 오늘날 이 어군에 속하는 언어들로는 독일어, 네덜란드어(화란어), 아프리칸스어(Afrikaans), 프리지아어(Frisian), 이디시어(Yiddish), 펜실베니아 독일어(Pennsylvania Dutch) 및 스칸디나비아어에 속하는 스웨덴어, 덴마크어, 노르웨이어, 페로어(Faroese) 및 아이슬란드어(Icelandic)가 있다.

(7) Greek 고대 그리스어의 많은 방언과 현대 그리스어가 이 어족에 속한다. 그리스 방언은 서그리스 방언과 동그리스 방언으로 나누

어지는데, 전자는 북서그리스 방언(Northwest Greek)과 도리스 방언(Doric)으로 구성되며, 후자는 아티카-이오니아 방언(Attic-Ionic), 아이올리스 방언(Aeolic) 및 아르카디아-키프로스 방언(Arcade-Cyprian)으로 이루어져 있다. 아테네(Athens)가 융성해지자 아티카에서 사용된 아티카어가 그리스 전역을 지배하는 공통 방언, 즉 코이네(koinē: B.C. 5～3세기에 쓰임)가 되었으며 현대 그리스어의 근간이 되었다.

(8) Indo-Iranian 이 어군에는 오늘날 인도에서 쓰이는 인도-아리안어 계통의 언어들(산스크리트어 및 현대 인도의 많은 언어들)과 이란어 계통의 언어들(페르시아어 포함), 중동의 다른 많은 나라에서 이란 및 이란과 밀접하게 관련된 언어들이 속한다.

(9) Italic 이 어군에 속한 언어 중 가장 중요한 언어는 라틴어였다. 라틴어는 오늘날 현대 이탈리아어, 스페인어, 포르투갈어, 프랑스어, 루마니아어(Romanian), 카탈루냐어(Catalan), 로망슈어(Romansh) 및 다른 많은 언어들(로망스 제어 "Romance languages"로 칭함)의 모어(母語, parent language)가 되었다.

(10) Tocharian 토카리아어는 20세기까지 밝혀지지 않은 채 오랫동안 알려지지 않았다. 20세기 초, 중앙아시아에 위치한 중국 투르키스탄 지역에서 불경으로 된 문헌이 발견되면서 인구어에 속하는 언어로 밝혀졌다.

앞에서 인구어에 속한 여러 언어들을 살펴보았다. 인구어는 유럽에서 쓰이는 언어들 대부분과 중동 및 남아시아 일부에서 쓰인 언어들의 모어(母語)이다. 인구어에 속하지 않는 언어들로는 바스크어(Basque), 핀란드어(Finnish), 헝가리어(Hungarian), 에스토니아어(Estonian) 및 터키어(Turkish) 등이 있다.

1.2.2. 게르만어의 분류

게르만어(Germanic)는 영어가 속한 어군이며, 인구어 중에서 가장 많은 연구가 이루어진 언어이다. 그 이유는 다음 세 가지로 요약된다. 첫째, 게르만어는 비교적 이른 시기(A.D. 400년 경)부터 광범위하고 동질적인 문헌으로 입증되고 있다는 점. 둘째, 게르만어는 다른 인구어와는 구별되는 분명한 특징을 지니고 있다는 점. 셋째, 게르만어는 인구어 비교연구의 진원지, 즉 독일에 가장 인접한 언어들이므로 항상 관심의 대상이 되었다는 점을 들 수 있다.

원시 게르만 민족은 기독교 시대가 시작되기 수 세기 전에 스칸디나비아와 북부 독일의 어딘가에 정착하여 살았으며 로마제국 시기에

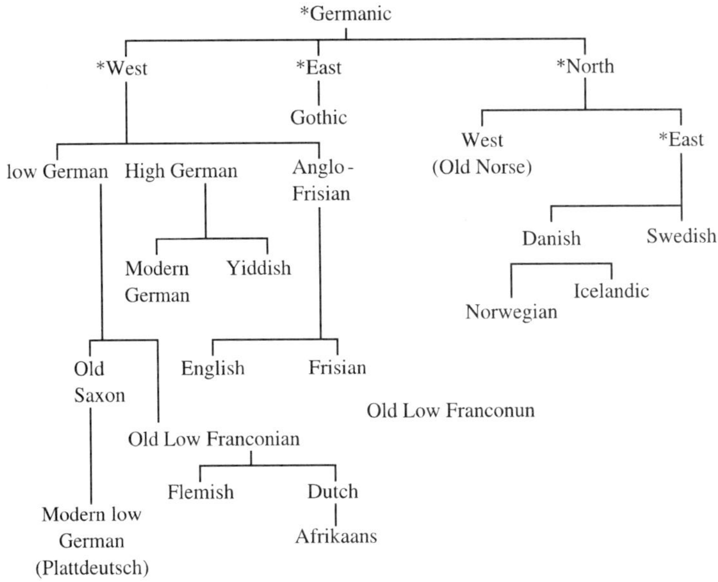

▎그림 1.6 게르만어의 분포

급속히 세력을 확장하기 시작하여 주로 켈트어에 손해를 입혔다. 이들은 기원 1~2세기에 동쪽으로는 예전의 발트와 슬라브 지역으로, 그리고 9~10세기에 서쪽으로는 아이슬란드와 그린란드까지 진출하였다.

게르만족은 고대 역사를 기록한 문헌, 특히 시저와 타키투스(Tacitus)의 문헌에 흔히 등장하는데, 시저는 그의 갈리아전기에서 게르마니(Germani)라는 말을 처음으로 썼고, 그로부터 150년 뒤에 타키투스는 그의 게르마니아(Germania, A.D. 98)에서 게르만족을 자세히 기술하고 있다.

게르만어는 게르만족이 스칸디나비아에서 유럽 대륙으로 이주하면서 변화하였으며 서로 다른 동계어로 분화하였는데, 대체로 동게르만어, 북게르만어 및 서게르만어 등 세 개의 어계(語系)로 나누어졌다.

동게르만어(East Germanic): 게르만 세계의 동부 지역에서 쓰이기 시작하였으나 결국 유럽의 상당한 지역에 걸쳐 사용되었다. 가장 잘 알려진 고트어(Gothic)는 오늘날 불가리아 지역인 동유럽에서 쓰였다. 게르만어 중에서 유일하게 가장 오래된 문헌으로 현존하며 오늘날 가장 초기의 원시 게르만어를 재구하는 귀중한 언어로 간주되고 있다. 370년경 서고트족(the West Goths)의 선교사였던 울필라스 주교(Ulfilas, 311~383 게르만어로 Wulfila로 쓰기도 함)가 신약성경의 대부분과 구약성경 느헤미야(Nehemiah)의 일부를 그리스어에서 고트어로 번역하였다.

북게르만어(North Germanic): 게르만 세계의 북부 지역, 즉 오늘날 스웨덴, 노르웨이, 덴마크 및 아이슬란드 등 스칸디나비아 제국에서 쓰인 언어로, 동계어로는 덴마크어 및 스웨덴어 그리고 고대 노르웨이어(Old Norse)로 통칭되는 현대 노르웨이어, 페로어(Faroese) 및 아

표 1.2 고대 프리지아어 및 현대영어 번역(십계명)

Old Frisian	English Translation
• Thet erste bod: minna thinne god fore feder ende moder mith inlekere herta.	• The first commandment: love thy god before father and mother with (thy) whole heart.
• Thet other bod: minna thinne euncristena like thi selwm.	• The second commandment: love thy fellow Christian as thyself.
• Thet thredde bod: fira thene sunnandei and there helche degan.	• The third commandment: celebrate Sunday and the holy days.
• Thet fiarde bod: minna thine feder end thine moder, hu thu longe libbe.	• The fourth commandment: love thy father and mother as long as thou livest.
• Thet fifte: thet thu thi nowet ne ower hore.	• The fifth: thou shalt not commit adultery.
• Thet sexte: thet thu nenne mon ne sle.	• The sixth: thou shalt not slay a man.
• Thet sogende: thet thu nowet ne stele.	• The seventh: thou shalt not steal.
• Thet achtende: thet thu thi nowet ne vrsuere, ne nen falesk withscip ne driue.	• The eighth: that thou shalt not swear nor bear false witness.
• Thet niugende: thet thu nenes thines euncristena wiues ne gereie.	• The ninth: that thou shalt not covet your fellow Chrisian's wife.
• Thet tiande: thet thu nenes thines euncristena godes ne ierie.	• The tenth: that thou shalt not covet your fellow Christian's goods.

이슬란드어가 있다.

서게르만어(West Germanic): 영어는 궁극적으로 서게르만어에 속하는 언어이다. 독일어(German)는 남부 산악지역의 고지 독일어(High German)와 북부 평야 지역의 저지 독일어(Low German)로 나누어지는데, 고지 독일어는 17세기 중엽 이후 표준 독일어로 쓰이게 되었다. 그러나 16세기 종교개혁의 선구자였던 마틴 루터(Martin Luther)의 방언이 북쪽의 중부 독일에서 쓰인 방언, 곧 중부 독일 방언(Middle German)이 되면서 19세기부터 표준 독일어가 되었다.

게르만어의 분포에서 알 수 있듯이 영어와 가장 밀접한 관계가 있는 언어가 프리지아어(Frisian)로, 오늘날 현대 프리지아어는 네덜란드 및 독일의 북부와 해안 지역 및 이들과 인접한 여러 섬에서 쓰이고 있다.

위에 제시한 예문(표 1.2)은 성서에 나오는 십계명(Ten Commandments)을 고대 프리지아어(Old Frisian)와 현대영어 번역으로 대조해 놓은 것이다.

1.2.3. 게르만어의 특징

위에서 살펴본 게르만어에 속하는 모든 동계어는 일정한 특징을 공통으로 가지고 있다. 게르만어가 지닌 공통된 주요 특징으로는 그림의 법칙, 두 개의 단순 동사 시제, 치음 접미사를 지닌 과거 시제 및 어간 음절에 오는 강세 등 4가지가 있는데, 이들을 차례로 설명하기로 한다.

(1) 그림의 법칙(Grimm's Law)

원시 게르만어는 원시 인구어와 음운구조에서 차이를 나타내고 있는데, 특히 자음 중에서도 폐쇄음(stops) 사이에 규칙적인 음 변화가 일어난다. 이 음 변화를 요약하여 나타내면 다음의 [표 1.3]과 같다.

① 원시 인구어의 모든 무성 폐쇄음(p t k/k^w)은 원시 게르만어에서 각각 무성 마찰음(f þ χ/$χ^w$)이 되었다.

표 1.3 그림(J. Grimm)의 법칙

Grimm's Law		
IE	**Germanic**	**Examples**
b^h	b	Sanskrit: **hb**ratar English: **b**rother
d^h	d	Sanskrit: **dh**rájati English: **d**rag
g^h/g^{wh}	g/gw	Sanskrit: sti**gh**noti German: stei**g**en
b	p	Old Irish: u**b**ull Dutch: a**pp**el
d	t	Latin: **d**ecem Dutch: **t**ien
g/g^w	k/kw	Hittite: ju**g**a- English: yo**k**e
p	f	Greek: **p**oda German: **F**uß
t	þ	Latin: **t**enuis English: **th**in
k/k^w	χ/χ^w	Latin: **c**ordis Afrikaans: **h**art

pecu – *faíhu* "cattle"

trés – *þreis* "three"

cornú – *haúrn* "horn" (Gothic *h* equals χ)

② 원시 인구어의 유성 폐쇄음(b d g/g^w)은 원시 게르만어에서 각각 무성 폐쇄음(p t k/k^w)이 되었다. 순음 계열인 b > p의 예를 입증하는 증거는 게르만어와 발트-슬라브어계 사이의 비교로 한정되어 있으므로 완전히 만족할만한 예를 찾기란 어려우나, 원시 인구어가

유성 무기 양순 폐쇄음(unaspirated voiced bilabial stop)을 지니고 있었다는 증거는 분명히 입증되고 있다.

Lat. *lûbricâre* "make skippery" – Goth. *(s)liupan* "slip"
Lat. *decem* – Goth. *taíhun* "ten"
Lat. *genu* – Goth. *kniu* "knee"

③ 원시 인구어의 유성 유기 폐쇄음(b^h d^h gh/gh^w)은 원시 게르만어에서 각각 유성 폐쇄음(b d g/g^w)으로 변하였다.

**bhárâmi* – *baíran* "carry"
**mádhyas* – *midjis* "middle"
**ghóstis* – *gasts* "guest"

이 법칙의 특징은 조음방법(manner of articulation) 또는 후두음형(larynx)(ex. 유성음 → 무성음)에만 변화가 일어나고 조음점(point of articulation)에는 변화가 일어나지 않는다는 것이다.

게르만어 제1음 변화(Germanic First Sound Shift)라고도 부르는 이 음 변화는 1806년에 독일의 언어학자인 슐레겔(Friedrich von Schlegel)에 의해 맨 처음 발견되었고, 1818년 덴마크의 언어학자인 라스크(Rasmus Rask)가 쓴 논문인 「고대 노르웨이어의 기원 연구」에서 처음으로 기술되었으나, 이 이론이 구체적으로 알려지게 된 것은 몇 년 뒤인 1822년 독일의 언어학자인 야콥 그림(Jacob Grimm)의 『독일 문법』(*Deutsche Grammatik*) 2판에서 인구어와 게르만어 자음 간의 관계를 체계적으로 기술하면서였다. 그림은 두 언어 간의 대응관계에 "*Lautverschiebung*", 즉 "sound shift"라는 명칭을 부여하였는데 후세에 와서 "그림의 법칙"이란 명칭으로 불리게 되었다.

그림의 음 법칙에는 몇 가지 예외가 있었다. 게르만어의 무성 마찰음(f, θ, χ)이 인구어에서 각각 무성 폐쇄음 (p, t, k)로 대응이 되지 않고 유성 폐쇄음(b, d, g)로 각각 대응이 되는 현상은 그림의 법칙으로는 설명이 되지 않았다. 이 음 변화는 1875년 덴마크인 언어학자인 베르너(Kark Verner)가 쓴 논문 「Eine Ausnahme ersten Lautverschiebung」(1876년에 출판)에 의해 밝혀지게 되었다. 베르너는 분절음 외에 악센트의 중요성을 처음으로 지적하고 악센트의 이동이 음 변화와 관련되어 있는 것을 알게 되었다. 이 음 법칙은 후에 그의 이름을 따서 베르너의 법칙(Verner's Law)라고 한다.

베르너의 법칙에 따르면 인구어의 *pətēr는 두 번째 음절에 악센트가 오는데, 원시 게르만어에서는 그림의 법칙의 적용을 받지 않고(ex. *faþēr), 베르너의 음 법칙의 영향으로 유성음 ð가 오는 *faðēr로 변하게 된다. 후에 악센트가 첫 음절로 이동하여 *fáðer로 변하게 되고 서게르만어에서 탈마찰음화(despirantization)가 일어나서 *fáder가 되었으며 고대영어에서는 전설음화(fronting)로 인해 궁극적으로 fæder란 어형이 되었다. 이러한 음 변화의 발달경로를 순서대로 나타내면 [표 1.4]와 같다.

베르너의 법칙은 현대영어에도 적용되어 exercise vs. exist의 발음에도 나타난다. 즉, exercise에서는 첫 음절에 악센트가 오며 "x"는 [ks]로 발음된다. 그러나 exist에서는 두 번째 음절에 악센트가 오고 "x"는 [gz]로 발음된다. 앞의 음에서는 무성음인 반면, 뒤의 음에서는 유성음이 된다(s>z로 변함).

베르너의 법칙의 적용을 받는 또 다른 음 변화는 s > r의 변화로, 고대영어의 강변화동사에서 엿볼 수 있다. eg. OE *leosan* (현재형) / *loren* (과거분사형) 'lost'. 현대영어에서도 was / were에서처럼 베르너의 음 변화의 예가 나타난다.

▌표 1.4 현대영어 father의 음변화 과정

(1) 원시 인구어	*pətēr	
	↓ ←	그림의 법칙 적용
(2) 원시 게르만어	*faþēr	
	↓ ←	베르너의 법칙 적용
(3) 원시 게르만어	*faðēr	
	↓ ←	악센트의 제1음절로 이동
(4) 원시 게르만어	*fáðer	
	↓ ←	탈마찰음화
(5) 서게르만어	*fáder	
	↓ ←	전설음화
(6) 고대영어	fæder	

(2) 두 개의 단순 동사 시제

"단순 시제(simple tense)"라는 것은 동사구를 이루는 조동사 없이 동사의 변화가 이루어지는 것을 의미한다. 인구어의 다른 자매어들은 대부분 영어에 비해 훨씬 더 복잡한 동사 체계를 가지고 있었다. 게르만어에서는 현재(present) 및 과거(preterite/past)로 간소화하였다. 게르만어계에 속하는 언어들은 여전히 많은 상이한 시제를 표현하고 있으나, 대체로 조동사를 활용하여 시제를 나타낸다. 영어의 경우 I **have** gone, I **will** go, she **will have** seen과 같은 예들이 그것이다.

(3) 치음 접미사의 사용

"치음 접미사(dental suffix)"란 단어의 끝에 "t" 또는 "d"와 같은 치음이 첨가되어 발음되는 것을 의미한다. 게르만어에서는 인구어에 없던 새로운 동사 범주인 약변화 과거동사(dental preterite verb)가 쓰였으며, 동사의 과거형(또는 과거분사형)에 치음 접미사를 붙여 사용하였다. 현대영어에서는 walk－walked, jump－jumped, bag－bagged 등 많은 예에 나타난다.

(4) 어간 음절에 오는 강세

인구어에서 어강세(word stress)는 어느 음절에도 올 수 있었다. 그러나 게르만어에서는 "어간(base)" 음절에 항상 강세가 왔으며 이 음절은 대체로 첫 음절에 해당하였다. 어간 음절은 단순히 접사(접두사 또는 접미사)가 없는 어근(root of the word)을 의미한다.

1.2.4. 고지 독일어와 게르만어

고대 고지 독일어(Old High German)는 오늘날 현대 독일어(Modern German)가 되었다. 고지 독일어는 고트어 또는 고대 노르웨이어보다는 영어에 더 가까운 언어이기는 하나, 다른 게르만어 문헌에 비해 고대 고지 독일어 문헌에서 영어와 유사한 어휘들을 찾아내기가 어렵다. 그 이유는 고대 고지 독일어에서 다른 게르만어계에 속하는 언어들이 겪지 못한 음 변화가 더 많이 일어났기 때문이다. 이 음 변화를 "고지 독일어 음 변화(High German Sound Shift)"라고 하는데, 고지 독일어의 "고지(High)"라는 말은 오늘날의 독일을 비롯하여 스위스 및 오스트리아 등에 흩어져 거주한 여러 부족이 차지하던 남부 지역이 구릉이나 산악지역으로 고지대였기 때문에 붙여진 이름이다.

고지 독일어에만 적용되는 이 음 변화는 게르만어와 독일어 간의 관계를 다룬 것으로, "제2자음변화(Second Consonant Shift)"라고도 한다. 이 음 변화는 그림의 법칙과 여러 면에서 유사한데, 유성 폐쇄음(b, d, g)은 물론 무성 폐쇄음(p, t, k)도 이 음 변화의 영향을 받았다. 이것은 [표 1.5]에 나타나 있다. [표 1.5]에 엿보이는 한 가지 특징은 어말에 나타나는 무성음화현상(final devoicing)이다. [b, d, g] 중의 한 음이 어말에 오면 각각 무성음인 [p, t, k]로 발음되었다. 고대 고지 독일어에서는 대체로 정자법에 반영되어 "k"는 "c"로 쓰였다.

무성음화 현상의 예로는 *giban* 'give' > *gip* 'give!'(명령문), *tages* 'day'(속격) > *tac* (주격) 등이 있다. tac에서는 "c"가 어말에 와서 [k]로 발음된다. 현대 독일어에서는 자음의 철자는 변하지 않으나, 어말 위치에 오면 무성음으로 발음된다. 그 예로, *Guten Tag!* 'good day, hello'에서 *Tag*는 [tak]로 발음된다.

❙ 표 1.5 게르만어의 자음변화

High German Consonant Shift		
Germanic	**Old High German**	**Examples**
p	1: **pf/ph***	Old English: hel**p**an OHG: hel**ph**an
	2: **ff**	Old Saxon: slā**p**an OHG: sla**ff**an
t	1: **z**	Old English: **t**īen OHG: **z**ehan
	2: **ȥ/ȥȥ**+	OLF: e**t**an OHG: e**ȥȥ**an
k	1: **ch**	Old English: **c**orn OHG: **ch**orn
	2: **ch/hh**‡	Old Frisian: ma**k**ia OHG: ma**hh**ōn
b	(p)	Old English: **b**eran OHG: **p**eran
d	t	Old Saxon: **d**ag OHG: **t**ac
g	(k)	Old Saxon: **g**ast OHG: **k**ast

1) *로 표시한 것은 [p - f]처럼 발음되는 경우를 말함(예: *up for*)
2) ＋로 나타낸 것 중, z는 [ts](eg. *hats*)로 발음되는 경우이며, ȥ는 [s]와 유사한 발음을 표시하기 위해서임.
3) ‡로 나타낸 것 중, ch는 [k*x*](*x*는 독일어 Bach의 "ch" 발음)로 발음되며, ch/hh‡는 [*xx*]로 발음됨.

1.3. 영어 이전의 문자

인구어를 사용한 민족이 유럽, 중동, 인도 및 아시아의 일부 지역으로 이동한 후, 인구어 민족 중 하나인 게르만족이 오늘날 스칸디나비아로 불리는 지역에 정착하였는데, 현재 남부 스웨덴 주변 지역에 정착한 것이 기원전 1000년경이었다. 이들은 원시 게르만어(Proto-Germanic)를 사용하였으며 인구어와는 여러 면에서 차이를 나타냈다.

고대 영국에서 어떤 형태로든 문자가 쓰이기 전, 대륙에서는 오랫동안 이미 게르만족에 의해 의사전달 수단의 하나로 문자가 사용되어 왔는데, 앵글로색슨족이 고대 영국에 침입해 들어온 5세기 중엽이 되면 이 문자는 이미 노르웨이를 비롯하여 스웨덴, 특히 고트란드(Gotland) 섬 전체에서 널리 사용되었고, 유틀란트(Jutland) 반도 및 이 반도의 목 부분에 위치한 슐레스비히(Schleswig) 등지에 널리 퍼져 쓰이고 있었다. 우리는 이 문자를 루운 문자(runes)라고 부른다.

지금까지 잉글랜드에서 확인된 가장 초기의 루운 문자(그림 1.7)는 Caistor-by-Norwich에 있는 커다란 묘지에서 35개가 넘는 다른 화장용 항아리와 함께 발견된 루운 문자로서, 노루의 복사뼈(巨骨, ankle-bone)에 새겨진 것인데, 왼쪽에서 오른쪽으로 *raïhan*(roedeer, 즉 '노루'란 뜻)라고 읽는다. '루운'이라는 말은 원래 고대 게르만인들이 쓰

▌그림 1.7 케이스터의 한 묘지에서 나온 루운 문자

던 모난 문자 형태를 가리키는 말뿐만 아니라, 신비와 마력의 세계 전체를 암시하는 말이었다. 따라서 이 문자는 돌이나 금속, 동물의 뼈 또는 무기, 나무에다 모나게 파서 문자를 새겨 쓴 오래된 문자의 한 형태로, 후에 필사본에도 사용되었다. 현존하는 루운 문자의 대부분은 돌에 음각된 형태로 발견되고 있다. 루운이라는 말이 의미하는 대로 사람들 간에 의사소통을 하기 위한 것이 아니라, '신비'나 '비밀'을 간직하여 사람들의 생활과 운명에 영향을 끼치는 숭고한 힘을 간직한 채, 오랫동안 사용되어 온 것이다.

루운 문자의 기원에 관해서는 확실치 않다. 그러나 짐작하기에는 로마인들이 고대 에트루리아 알파벳(Old Etruscan alphabet)을 받아들인 후에 이 알파벳을 이들이 점령한 켈트인이 거주한 고대 영국에 전파하였으며 그 후 5세기에 북서 유럽에서 앵글로색슨족이 영국을 침략한 후 이들이 유럽에서 사용한 루운 문자를 영국에 도입하였다고 보고 있다.

가장 초기에 살던 게르만 민족이 남긴 루운 문자(루운 알파벳)은 흔히 처음 6개의 문자를 따서 fuþark([fu:θark]으로 발음)라고 하는데, 이것을 루운 문자로 나타내면 ᚠ ᚢ ᚦ ᚨ ᚱ ᚲ과 같다. 공통 게르만어에 쓰인 루운 문자는 원래 24개의 루운 문자가 쓰였으나, 게르만어가 여러 방언(북게르만어, 동게르만어 및 서게르만어)로 갈라지면서 방언에 따른 음운변화가 자연히 일어나게 되어, 전에 사용하던 기호를 버리든가 또는 새로운 기호를 추가하여 쓰게 되었다. 앵글로색슨 시기에는 28~33개에 이르는 루운 문자가 사용되었다.

현존하는 루운 문자로 된 명각(inscription)은 스칸디나비아, 특히 스웨덴 지역에 가장 많이 남아 있으며, 영국에는 그 수가 많지 않다. 영국에 있는 가장 유명한 두 개의 루운 명각 중 하나는 8세기 고래뼈로 만든 상자인 Franks Casket에 새겨진 것(260자)이고, 다른 하나는 스코틀랜드의 커다란 돌십자가인 Rukthwell Cross에 새겨진 명각

(320자)이다. 특히 이 돌십자가에는 고대 영어의 종교시인 "십자가의 꿈(*The Dream of the Rood*)"의 일부가 루운 문자로 새겨져 있다.

1.4. 영어사의 시대구분

영어사를 세 가지 발달 단계로 구분한 최초의 학자는 스위트(Henry Sweet, 1873)이다. 그는 1873년 영국 문헌학회에서 시행한 음(sounds)의 변천사에 관한 강연에서 굴절어미의 특징에 근거하여 영어사의 각 단계를 구분할 것을 제안하였다. 즉, 고대영어는 굴절어미가 완전히 발달한(full inflections) 시기(예: *nama, gifan, caru*)로, 중세영어는 굴절어미가 수평화된(leveled inflections) 시기(예: *naame, given, caare*)로, 그리고 현대영어는 굴절어미가 상실된(lost inflections) 시기(예: *naam, giv, caar)*로 구분하였다.

스위트의 시대구분 이후에 고대영어 시기부터 오늘에 이르기까지 영어가 어떠한 표준화 과정(standardization)을 겪어 왔는가에 근거하여 시대를 구분한 블레이크(Blake, 1996)를 비롯하여 언어접촉(language contact)에 근거하여 영어가 고대 영어시기부터 다른 언어와의 접촉을 통해 어떤 변화 과정을 거치게 되었는지를 사회언어학적인 관점에서 구분한 리스(Leith, 1983), 문화사의 관점에서 구분한 노울스(Knowles, 1997), 언어 기능과 언어 체계의 관점에서 구분한 궤어라크(Görlach, 1997), 각 시대의 대표적인 문헌분석을 근거로 고고학적인 관점에서 구분한 웨이클린(Wakelin, 1988) 등 여러 학자들의 시대구분이 이루어졌다.

피샥(Fisiak, 2000: 10～11)은 영어의 변천과정을 설명의 편의상 고대영어, 중세영어 및 현대영어의 세 개로 구분하고 각 시대를 다음과 같이 세분하고 있다.

Old English	· Pre-Old English(c.450～700)
	· Early Old English(700～900)
	· Late Old English(900～1100)
Middle English	· Early Middle English(1100～1300)
	· Late Middle English(1300～1500)
Modern English	· Early Modern English(1500～1650)
	· Late Modern English(1650～1800)
	· Present-day English(1800～)

조성식(趙成植, 1994: 104～105)은 영어의 발달과정을 고대영어, 중세영어, 과도기 및 현대영어 등 네 개의 시대로 분류하고 있으나, 현대영어 시기를 초기, 후기 및 최신영어의 세 가지로 나누고 앞에서 언급한 다른 학자들과는 달리 1700년대를 기준으로 초기 및 후기로 나누고 있다. 그것은 1700년대에 나온 존슨의 영어사전을 영어사의 중요한 사건으로 간주하고 있기 때문이다. 제2차 세계대전 이후 현재에 이르는 영어를 최신영어(Current English)시대로 제안한 것도 시대조류에 발맞추기 위한 발상에서 나온 것으로 생각된다.

일본의 대표적인 영어사학자인 마사토모(宇賀治正朋, 2000: 17～18)는 고대 및 중세영어 시기에 관해서는 Fisiak의 시대구분과 매우 비슷하나, 1500년 이후를 현대영어 시기로 보고 이 시기를 다음과 같이 세 개의 시기로 분류하고 있다.

Modern English	· Early Modern English(1500～1700)
	· Late Modern English (1700～1900)
	· Present-day English (1900～현재)

본서에서는 교재의 편의상 영어의 역사를 다음과 같이 시대 구분하여 설명하고자 한다(박영배, 2010: 33～34).

1. 영어의 선사시대(Pre-Old English period): 450년 이전
2. 고대영어(Old English): 450～1100년
3. 중세영어(Middle English): 1100～1500
4. 초기 현대영어(Early Modern English): 1500～1800
5. 현대영어(Modern/Present-Day English): 1800～

우선 고대영어 이전의 시기를 선사(先史) 영어시대로 구분한 것은 역사비교언어학의 성과로 영어가 인구어족에서 발원하여 게르만어계를 거쳐 내려 온 인구어 계열인 점을 염두에 둔 때문이다. 앨프레드 왕(King Alfred) 이전에는 영국에서 영어로 쓰여진 문헌이나 기록이 남아 있는 증거가 없다. 다만, 고대영어 이전 시기에 원주민에 쓰던 켈트어 또는 북부 유럽에서 게르만족이 가져 온 루운 문자로 된 기록이 오늘날 단편적으로 남아 있을 뿐이다.

다음으로, 고대영어 시기를 450～1100년으로 정한 것은 앵글로색슨족이 영국에 들어 온 해가 449년이며 노르만족이 영국을 점령한 해가 1066년이므로 이것을 기준으로 하여 편의상 1100년으로 정한 것이다. 언어변화는 마치 느린 속도로 움직이는 영화와 같아서 한 장면과 다른 장면을 엄밀하게 극적으로 구분하기란 어려운 것이다. 가령, 고대영어를 사용하던 영국민이 1099년 12월 31일에 잠자리에 들었다가 1100년 1월 1일에 깨어나서 갑자기 중세영어로 바꿔 사용할 수가 없는 것과 같은 이치인 것이다.

영어사의 시대를 구분한 연대는 영국의 정치, 사회적인 중요 사건과 우연히 일치하고 있다. 중세영어가 시작되는 해는 노르만족의 영국 정복이 일어난 지 몇 년 뒤이며, 초기 중세영어 시기가 시작되는

해는 영국에서 르네상스가 시작되고 인쇄술이 영국에 도입된 사건과 연관된다. 현대영어가 시작되는 연대는 미국 혁명이 끝나는 해에서 그리 멀지 않다. 그러므로, 정치적인 사건은 영어의 외면사를 기술하는 데 있어서 중요한 부분을 차지하고 있다고 해도 과언이 아니다. 영어사를 한층 더 잘 이해하기 위해서 영국의 역사를 공부해야 하는 것은 바로 이 때문이다. 흔히 노르만족의 영국 정복으로 일컬어지는 "Norman Conquest"는 영국에 노르만 프랑스어(Norman French)를 사용하는 많은 노르만족을 불러 들였으며, 3세기에 걸쳐 프랑스어가 공식 언어로 쓰이는 결과를 초래하게 되고 이것이 영어에 커다란 영향을 끼치게 된 것이다. 한편, 인쇄술의 도입으로 인해 글을 읽고 쓸 줄 아는 대중이 늘어나고 표준서체어가 확립되는 계기가 마련되었을 뿐만 아니라, 정확한 언어 사용과 글을 아는 일반 대중에게 항상 수반되는 언어변화에 제동을 거는 효과를 거두었다.

시대를 450, 1100, 1500, 1800으로 구분한 것은 언어학적으로도 의미가 있다. 즉, 450년은 영어를 사용하는 국민과 대륙의 국민을 분리시킨 해에 해당된다. 이 해는 영어가 하나의 '언어'로 시작되는 해이기도 하다. 1100년에 이르면, 영어는 이전 시기에 쓰던 굴절형의 많은 부분을 점차 상실하게 되어 영어를 더 이상 굴절 언어로 부르지 않게 된다.

1500년에 이르면, 영어에 많은 프랑스 차용어가 들어와서 영어 어휘는 게르만어적인 특징을 가지기보다는 로망스어의 특징을 더 많이 가지게 된다. 더욱이, 구어체 영어의 리듬은 프랑스 차용어의 강세 유형(stress pattern)의 영향을 받아 변모하게 된다. 1800년으로 오게 되면 르네상스의 영향으로 영국에 들어 온 라틴어에 뿌리를 둔 엄청난 수의 차용어가 영어에 들어오게 되고 이와 함께 영국의 다른 나라로의 탐험과 식민지 통치의 영향으로 비인구어에서 온 외래어가 영어에 흡수되어 쓰이게 된다. 이 시기의 영문법이 발전하여 오늘날 우리가 쓰는 형태로 된 것이다.

Further Readings

- Claiborne, R. (1983) *Our Marvelous Native Tongue. The Life and Times of the English Language*. New York: Times Books.
- Crystal, D. (1987) *An Encyclopedia of the English Language*. Cambridge: Cambridge University Press.
- Green, D. H. (1998) *Language and history in the early Germanic world*. Cambridge University Press.
- Mallory, J. P. (1989) *In Search of Indo-Europeans: Language, Archaeology and Myth*. London: Thames & Hudson.
- Renfrew, C. (1987) *Archaeology & Language. The Puzzle of Indo-European Origins*. London: Janathan Cape.
- 宇賀治正朋 (2000) 英語史. 현대영어학시리즈 8. 東京: 開拓社.

원문 강독

(1) 아래 원문은 고대 인도에서 쓰인 산스크리트어 및 유럽 대부분의 언어의 조상이 되는 언어, 즉 조어(祖語, parent language)로 일컬어지는 인도유럽어(인구어)에 관한 내용으로서, 인구어 사용 민족공동체가 누렸던 생활과 문화를 기술한 내용이다.

It is obvious that if the ten group of languages represent the progressive differentiation of an original speech, this speech, which we may for convenience call the Indo-European language, must have been spoken by a population somewhere at some time.

What can be learned of these people and their early location? The period of their common life and must have extended over a considerable stretch of time. It is customary to place the end of their common existence somewhere between 3500 and 2500 B.C.

The civilization that had been attained by the people of this community at the time of their dispersal was approximately that known as neolithic. Copper was, however, already in use to a limited extent. The Indo-Europeans were no longer purely nomadic but had settled homes with houses and some agriculture. Here we must be careful not to attribute to words their modern significance. The existence of a word for plow does not necessarily indicate anything more than the most primitive kind of implement.

The Indo-Europeans raised grain and wool and had learned to spin and weave. They kept cattle and had for food not only the products of their own labor but such fruit and game as have always served the needs of primitive communities. They recognized the existence of a soul, believed in gods, and had developed certain ethical ideas. Without assuming complete uniformity of achievement throughout the area covered by this linguistic group, we may believe that the cultural development attained by the Indo-European was already considerable.

(Extracted from Baugh & Cable 2002: 40～41)

(2) 아래 원문은 선사시기에 게르만 민족의 원 고향(Urheimat)에 관한 글에서 발췌한 것으로 이들이 사용한 언어는 원시 게르만어(Proto-Germanic)로 알려져 있다.

The prehistoric homeland of the Germanic people comprised an area including the southern part of the Scandinavian peninsula, Denmark, Schleswig-Holstein, and northern Germany from the

Weser to the Oder rivers. By 500 B.C. the east-west boundaries had been extended to the Vistula and the Rhine, respectively, whereas the southward expansion had reached the mountain ranges of central Germany.

The following centuries witnessed further encroachments to the south upon territory occupied by the Celts and Illyrians. In the last pre-Christian century Germanic tribes and Roman legions met in the first of the many battles that were to determine the Celtic, Germanic, and Roman boundaries for some time to come. The battle of Mulhouse in 56 B.C. established the Rhine as the boundary separating Celtic and Germanic tribes in the west. The south-western border was assured by the *limes* — a fortified wall that extended from the Rhine just above Koblenz southeastward to Regensburg near the Danube. These boundaries were generally successful in containing the Teutonic tribes until the third century of the Christian era and the onset of the vast and overwhelming migrations (*Völkerwanderungen*) brought on by overpopulation, inundations, and by the invasions of the Slavs in the east. The language spoken by the Germanic tribes dwelling within the pre-historic homeland as outlined above is known as *Proto-Germanic* (abbreviated to *PGmc*).

(Extracted from Waterman 1966: 20～21)

(3) 다음은 로마의 역사가인 타키투스(Tacitus)가 묘사한 초기 게르만 민족의 부족사회를 서술한 글이다. 이들은 북서 유럽의 숲이 울창하고 습지로 둘러싸인 지역에 산재하여 가족 중심의 목축사회를 형성하였다.

Tacitus describes the Germans as a tribal society living in scattered settlements in the woody and marshy country of North-

West Europe. He says that they hate cities and keep their houses far apart, living in wooden buildings, or sometimes, in winter, in pits dug in the ground and covered over with rubbish.

They keep flocks, and grow grain crops, but their agriculture is not very advanced, and they do not practice horticulture. Because of the large amount of open ground, they change their ploughlands yearly, allotting areas to whole villages, and distributing land to cultivators in order of rank. The family plays a large part in their social organization, and the more relatives a man has the greater is his influence in his old age.

They have kings, chosen for their birth, and chiefs, chosen for their valour, but in major affairs the whole community consults together; and the freedom of the Germans is a greater danger to Rome than the despotism of the Parthian kings. Chiefs are attended by companions, who fight for them in battle, and who in return are rewarded by the chiefs with gifts of weapons, horses, treasure, and land. In battle, it is disgraceful for a chief to be outshone by his companions, and disgraceful for the companions to be less brave that their chief; the greatest disgrace is to come back from a battle alive after your chief has been killed; this means lifelong infamy.

The Germans dislike peace, for it is only in war that renoun and booty can be won. In peacetime, the warriors idle about at home, eating, drinking, and gambling, and leaving the work of the house and of the fields to women, weaklings, and slaves. The are extremely hospitable, to strangers as well as to acquaintances, but their love of drinking often leads to quarrels. They are monogamous, and their women are held in high esteem. the physical type is everywhere the same: blue eyes, reddish hair, and huge bodies.

The normal dress is the short cloak, though the skins of animals are also worn; the women often wear linen undergarments. Very few of the men have breastplates or helmets, and they have very little iron. They worship Mercury (Woden), and sacrifice animals to Hercules and Mars (*Thor* and *Tiw*). They set great store by auspices and the casting of lots. Their only form of recorded history is their ancient songs, in which they tell of the earth-born god *Tuisto* and his son Mannus, ancestor of the whole German race; the various sons of Mannus are the ancestors of the different German tribes.

(Quoted from C. Barber, 1993: 81～2)

(4) 다음에 인용한 글은 게르만어의 기원에 관한 글이다. 영어의 직계조상이기도 한 게르만어와 인구어의 관계를 비교한 것이 특징이다.

Although Germanic naturally shares fundamental genetic features with other branches of the Indo-European family, it is distinguished by a number of prominent secondary features which lend it a marked individuality. The Sound Shift has already been referred to. Another significant phonetic development was the fixing of the (stress) accent on the root syllable, which took place after the operation of Verner's Law. There are also lexical peculiarities. All Indo-European languages contain a contingent of words which cannot be etymologised, but the proportion of these in Germanic is exceptionally high, about one-third of the basic stock being of unknown origin. It may be that, owing to exceptional changes, the Indo-European affinities of some of these words are no longer recognisable, but this reservation will hardly hold for the great majority, which must therefore be attributed to an unknown source.

This unknown source is generally believed to have been the speech of an indigenous population linguistically assimilated by a group of invading Indo-Europeans.

(Quoted from W. B. Lockwood 1969: 123)

연습문제

1. 알파벳(alphabet)의 기원에 관한 설명 중 틀린 것은?
   1) 일반적으로 셈어(Semitic)에서 기원한 것으로 생각하고 있다.
   2) 그리스문자, 로마문자를 거쳐 파생되었다.
   3) 그리스 알파벳 중 러시아어 등 슬라브 민족의 알파벳이 만들어졌다.
   4) 고대영어 시기의 사본에 사용된 알파벳은 라틴문자 알파벳 형으로 Irish-Latin alphabet이라고 불린다.

2. 말을 전달하는 표기법 중에서 하나의 기호가 특정 음을 표기하는 표기법, 또는 이런 종류의 기호가 일정한 순서로 배열된 표를 'alphabet'이라고 한다. 'alphabet'에 관한 설명 중 잘못된 것은?
   1) 어원적으로 그리스 문자의 두 문자 alpha와 bēta로 만들어진 라틴어 'alphabētum'에서 유래했다.
   2) alpha는 그리스어 'α'를 의미하고 bet는 'β'를 의미한다.
   3) alpha, bēta 등의 명칭이 각각 ox, house를 뜻하는 히브리어의 알파벳 āleph, bēth에 대응하는 것으로 보아 서부 셈어에서 유래하였다.
   4) 오늘날 유럽에서 사용되고 있는 모든 알파벳은 직접적이든, 간접적이든 그리스 알파벳에서 유래한 것이다.

3. 공시언어학(synchronic linguistics)과 통시언어학(diachronic linguistics)에 대한 설명 중 잘못된 것은?

1) 공시언어학은 일정시기의 언어 상태를 기술하는 분야이다.
2) 통시언어학은 시간의 흐름에 따라 변화하는 언어의 모습을 기술하는 분야이다.
3) 공시언어학을 정태언어학(static linguistics)이라 하고, 통시언어학을 역사언어학(historical linguistics)이라 한다.
4) 공시언어학은 통시언어학의 바탕 위에 있다.

4. 영어사를 연구하는 직접적인 이유가 아닌 것은?

1) 영어라는 언어를 통시 또는 공시적으로 고찰하여 그 변천의 자취와 영어의 특성을 규명하고자 한다.
2) 영어로 기록된 각종 문헌을 친근감을 갖고 바르게 이해하고자 한다.
3) 영어와 다른 언어를 비교하여 이들의 상호관계를 연구하고 그 기원이 되는 공통어를 밝히고자 한다.
4) 영어가 지녔던 언어적 다양한 모습을 배움으로써 현대영어를 보다 더 잘 이해하고자 한다.

5. 그리스어, 라틴어, 산스크리트어 간의 유사성을 발표하며 이들 언어가 어떤 하나의 공통언어에서 파생된 것이라는 가설을 제기한 사람은?

1) Jacob Grimm
2) Karl Verner
3) William Jones
4) A. Schleicher

6. 인구어(Indo-European Languages)의 하위 10개 어군을 지리적 분포에 따라서 크게 2개의 어군으로 나눈 것으로 옳은 것은?

1) Centum Languages – Satem Languages
2) Germanic – Albanian
3) Italic – Indo-Iranian
4) Celtic – Balto-Slavic

7. 인구어를 2개의 어군으로 나누는 데 사용되는 중요한 특징은?

1) 유성 폐쇄음의 무성 폐쇄음화 2) 구개음 [k]의 변화
3) 무성 폐쇄음의 유성음화 4) 무성 폐쇄음의 무성 마찰음화

8. 다음 인구어 중 서방어군(Centum languages)에 속하는 언어가 아닌 것은?

1) Italic 2) Germanic
3) Celtic 4) Indo-Iranian

9. 인구어의 특징으로 잘못된 것은?

1) 고정강세(fixed stress) 체계를 갖추었다.
2) 동사들이 인칭에 따라 변화한다.
3) 모두 8격이 있다.
4) 굴절어(inflectional language)이다.

10. 언어유형론(linguistic typology)의 입장에서 현대영어는 다음 중 어디에 속하는가?

1) Inflectional language 2) Agglutinative language
3) Isolating language 4) Analytic language

11. 게르만어(Germanic)의 주요 특징이 아닌 것은?

1) 인구어의 복잡한 동사체계가 2개의 시제 체계(Two-tense verbal system)로 간소화 되었다.
2) 인구어에서의 격 체계가 간소화 되었다.
3) 인구어에는 없던 새로운 동사의 범주인 약변화동사(weak verbs)를 추가하여 사용하였다.
4) 인구어의 고정강세(fixed accent)가 자유강세(free accent)로 변하였다.

12. 현대영어가 속하는 어족(language family)은?

1) East Germanic 2) West North Germanic

3) West Germanic　　4) High German

13. Grimm's Law에 해당하는 것이 아닌 것은?

1) 무성 폐쇄음(voiceless stops)의 마찰음화(spirantization)
2) 유성 폐쇄음(voiced stops)의 무성음화(devoicing)
3) 유기 유성 폐쇄음(aspirated voiced stops)의 무기음화
4) 무성 폐쇄음(voiceless stops)의 유성 폐쇄음화

14. 베르너의 법칙(Verner's Law)을 옳게 설명한 것은?

1) 그림법칙(Grimm's Law)의 예외를 설명한 법칙이다.
2) 인구어의 무성 폐쇄음이 모음사이에 있는 환경에서 뒤의 모음에 강세가 올 때 유성 마찰음으로 변화한다.
3) 인구어의 무성 폐쇄음이 모음사이에 있는 환경에서 앞 모음에 강세가 올 때 탈마찰음화한다.
4) [p, t, k, s]가 각기 [b, d, g, r]로 변한다.

15. 'High German'에만 적용된 음변화 규칙은?

1) The First Consonant Shift　　2) Grimm's Law
3) Verner's Law　　4) The Second Consonant Shift

16. 다음 중 로망스어(Romance Languages)가 아닌 것은?

1) 프랑스어　　2) 영어
3) 스페인어　　4) 루마니아어

17. 다음 중 로망스어를 옳게 설명한 것은?

1) Vulgar Latin에서 유래하며 French, Italian, Spanish, Portuguese와 같은 언어가 있다.
2) Classical Latin을 기반으로 하여 발전하였다.
3) Latin, Lithuanian, Albanian, Greek와 같은 언어가 포함되어 있는 언어이다.
4) French를 기반으로 발달한 언어로, Italian, Spanish와 같은 언어

가 포함되어 있다.

18. 다음 중 켈트어에서 온 것이 아닌 것은?

1) Lyon
2) Avon
3) Thames
4) Kent

19. 산스크리트어가 라틴어 및 그리스어와 친근성이 있음을 처음으로 주장한 사람은?

1) Jacob Grimm
2) Julius Caesar
3) William Jones
4) Rasmus Rask

20. Hittite 어가 속한 어군은?

1) 아나톨리아어군
2) 켈트어군
3) 이탤릭어군
4) 게르만어군

Study Questions

1. 원시 인구어(Proto-Indo-European Languages)를 사용한 민족과 이들의 원 고향 및 문화와 생활에 대한 자료를 바탕으로 조사하여 정리해 보시오.

2. 인구어와 게르만어의 특징을 각각 기술하고 두 언어의 상호관계에 대해 아는 대로 정리해 보시오.

3. 영어가 속한 게르만어군에 대해 아는 대로 정리해 보시오.

4. 게르만어 중에서 기록으로 남아있는 가장 오래된 언어에 대해 아는 대로 요약하시오.

5. 오늘날 영어에 남아 쓰이는 켈트어(Celtic)의 수가 많지 않은 원인을 역사적인 자료를 토대로 기술하고 현재 켈트어가 사용되고 있는 지역과 켈트어의 예를 아는 대로 조사하여 쓰시오.

6. 인구어의 자음이 게르만어에서 규칙적으로 변화한 현상을 정리한 음변화과정을 그림(J. Grimm)의 법칙으로 정리하고 악센트의 이동과 관련한 베르너(K. Verner)의 법칙이 어떤 것인지 요점을 요약 정리하여 보시오.

제2장

고대영어

Timeline: The Old English Period

55～54 B.C.	줄리어스 시저의 브리튼 정복 1, 2차 시도
43	클라우디우스(Claudius) 황제의 브리튼 정복
119	하드리아누스(Hadrianus) 황제, 브리튼 방문
122～133	스코틀랜드 북부에 하드리안 성벽(Hadrian Wall) 구축
376	스코트족(Scots, Ireland), 픽트족(Picts, 스코틀랜드 북부), 색슨족(Saxons, 스코틀랜드 동부), 로마인의 브리튼(Roman Britain) 침략
395	로마제국, 동서로 분열
410	로마군 브리튼에서 본국으로 철수
449	게르만족(Angles, Saxons, Frisians, Jutes), 브리튼 침략
597	성 어거스틴(St. Augustine), 브리튼에 기독교 전파
787～850	스칸디나비아인의 브리튼 침략 제1기 시작
793～4	바이킹족의 린디스판(Lindisfarne), 재로우(Jarrow) 수도원 약탈
850～878	스칸디나비아인의 브리튼 침략 제2기
878～1042	스칸디나비아인의 브리튼 침략 제3기 정치적인 적응과 동화의 시기
886	앨프레드 왕과 구스럼(Guthrum)간의 웨드모어 조약(Treaty of Wedmore) 체결
1016	덴마크왕 크누트(Cnut, Canute), 영국 통치
1042～66	증성왕 에드워드, 영국 왕위에 오르다
1066	해럴드 2세(Harold II), 영국 왕위에 오르다 윌리엄 공작, 영국 정복, 노르만 왕조 시작

2.1. 역사

2.1.1. 로마 통치와 앵글로색슨족의 침입

브리튼 섬(오늘날의 영국)에 앵글로색슨족이 침입하기 훨씬 이전, 이 섬에는 수천 년 동안 사람들이 살고 있었으나 어떤 언어가 이 섬에서 쓰이고 있었는지는 기록으로 전해지는 문헌이 없어서 거의 알 수 없다. 우리가 아는 한 앵글로색슨족 이전에 맨 처음 이 섬에 들어와 거주한 민족은 켈트족(Celts)으로, 처음에는 아일랜드에 거주하다가 후에 맨 섬(Isle of Man) 및 스코틀랜드로 이동하여 거주하였다. 스코틀랜드 북부에는 픽트족(Picts)이 있었는데, 이들은 4세기경부터 오검문자(ogham alphabet)로 쓰여진 다수의 명각을 남겼으며 나중에 게일어(Gaelic)를 사용하는 부족으로 남았다.

기원전 55년과 54년 두 차례에 걸쳐 줄리어스 시저가 브리튼 정복을 시도하다 실패한 후, 43년에 로마 황제인 클라우디우스(Claudius)가 군대를 이끌고 브리튼 섬을 정복하여 367년간 브리튼섬을 통치하였다. 브리튼을 정복한 이후 로마인은 수많은 도로(road)와 도시(city)를 세우고, 마을(town)을 만들었으며, 도시와 마을 안에는 로마식 저택과 집을 지었다. 그뿐만 아니라, 로마식 공동 목욕탕과 연회장까지 갖추어 놓았으며 군사기지와 요새도 축조하였다. 로마 의상과 장식 및 로마의 일상용구를 쓰고 로마의 그릇과 유리제품이 널리 사용되었다.

기원후 120년 하드리아누스 황제(Hadrianus)는 켈트족의 한 부족으로 수시로 남침하여 로마인들을 괴롭히던 스코틀랜드 북부 지방의 픽트족과 스코트족(Scots)으로부터 로마인을 보호하기 위하여 타인강(Tyne)하구에서 솔웨이만(Solway Firth)까지 브리튼 섬을 동서로 횡단하는 성벽인 하드리안 성벽(Hadrian Wall)을 세우고 북쪽 경계를 보호하였다.

로마가 브리튼 섬을 통치한 기간(A.D. 43～410)에 라틴어는 법률, 무역, 행정의 언어가 되었을 뿐만 아니라, 상류층에 속한 켈트인들에게 제2언어로서의 역할을 하기도 하였다. 이것은 마치 17～18세기에 프랑스어가 독일과 러시아에서 귀족사회의 언어로 사용된 것과 마찬가지이다. 기독교도가 기원후 3세기에 브리튼을 개종하기 시작하였을 때 라틴어는 이미 교회 언어로 쓰였다.

기원 410년 로마가 자국의 내란으로 브리튼 섬에서 철수하자 권력의 공백이 생기기 시작하였다. 수도승인 비드(Bede)가 쓴 『영국민교회사(*The Ecclesiastical History of the English Nation*)』에 의하면 이전에도 게르만족이 브리튼 섬에 출몰한 적은 여러 번 있었으나, 이들의 본격적인 침입은 북쪽에 출몰하던 픽트족과 스코트족을 방어해 달라는 보티건(Vortigern: 켈트인 족장의 한 사람)의 요청으로 대륙의 주트족(Jutes)이 449년 맨 처음 브리튼 섬에 들어오고 뒤이어 앵글족(Angles)과 색슨족(Saxons)이 들어온 것이 고대영어의 시작을 알리는 신호가 되었다. 앵글족, 색슨족 및 주트족이 맨 처음 브리튼 섬에 들어온 상황에 대해 비드는 다음과 같이 기록하고 있다.

> 새로 들어온 이들 게르만인들은 가장 무서운 독일의 세 종족인 색슨족, 앵글족 및 주트족이었다. 그리하여 오래지 않아 이들 이방인들은 경쟁이나 하듯이 대규모로 무리지어 브리튼 섬에 들어왔으며 이들 종족을 초청한 원주민들은 두려움 속에서 생활하기 시작하였다

로마인들이 *Angli*라고 부른 이들 게르만 부족을 통칭하여 앵글로색슨족으로 불렀는데 지명으로 쓰인 *England*는 이들 부족 중 하나인 앵글족의 이름에서 유래하며 게르만족이 브리튼 섬에 들어온 지 150여 년이 지난 후 '앵글족의 나라'(land of the Angles)란 뜻의 *Englaland*는 중복음 탈락과정을 거쳐 오늘날 영국의 국명인 *England*가 되었다.

2.1.2. 7왕국 시대와 브리튼의 기독교화

비드의 기록에 의하면, 브리튼 섬에 들어온 게르만 부족 중, 주트족은 켄트(Kent)에 정착하였고, 색슨족은 서섹스(Sussex), 웨섹스(Wessex)

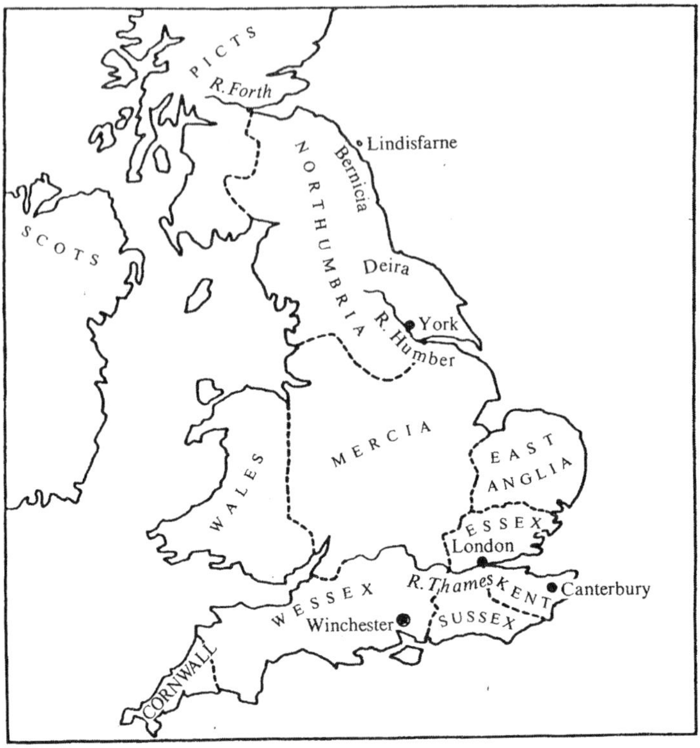

▎그림 2.1　7왕국 시기의 영국

그리고 후에 에섹스(Essex) 및 미들섹스(Middlesex)에 정착하였는데, 서섹스와 웨섹스는 템스 강 남쪽, 에섹스와 미들섹스는 템스 강 북쪽에 위치하였다. 앵글족은 험버 강 북부인 노섬브리아(Northumbria), 동부 해안(오늘날의 동앵글리아 East Anglia) 및 중부지역(Mercia)에 정착하였다(노섬브리아와 머시아의 두 개 지역은 합쳐서 앵글리아 Anglia라고 칭함). 이들이 차지한 7개 지역(Northumbria, Mercia, East Anglia, Essex, Sussex, Wessex, Kent)은 후에 7개의 소왕국(Anglo-Saxon Heptarchy)시대를 열었다. 이들 왕국 중에서 7세기 초에는 노섬브리아가 정치 및 학문에서 가장 우세했으나, 8세기에는 머시아가 영향력을 행사하였고, 9세기 중엽 이후 군사, 정치 및 학문의 주도권은 웨섹스로 넘어갔으며 10세기까지 에그버트 왕(802~839)과 그의 손자인 앨프레드 왕(Alfred the Great, 871~899)이 왕권을 행사하였다. 이러한 통치권은 1042년 증성왕 에드워드(Edward the Confessor)에게로 이어졌다.

597년, 로마 교황 그레고리(Pope Gregory)는 성 어거스틴(St Augustine)이 이끄는 40명의 선교사들을 켄트 왕국에 파견하였으며 에셀버트 왕(Æthelbert)에게 세례를 주고 기독교로 개종시켰다. 7세기에는 잉글랜드 대부분의 지역이 기독교화되었다. 그 후, 그레고리 교황은 에셀버트 왕에게 '전 영국의 왕'(King of the English)이란 뜻의 *Rex Anglorum*이란 칭호를 붙여 주었다. 한편, 노섬브리아는 스코틀랜드의 아이오나(Iona) 수도원에서 온 선교사 에이단(Aidan)에 의해 635년에 기독교로 개종되었다. 전자는 로마계 기독교, 후자는 아일랜드의 켈트계 기독교로 두 교파의 교리상의 차이는 전혀 없었으며, 664년 요크셔(Yorkshire)에서 열린 종교회의에서 이 두 교파의 차이는 로마 기독교를 우호적으로 지지하기로 결의하는 것으로 끝났다. 이후 기독교는 영국 전역에 빠르게 전파되어 8세기 초기에 이르러 거의 영국 전체가 기독교화되었으며, 교회와 관련된 라틴어가 영어에 많이 들어와서 쓰이게 되었다. 기독교화된 영국에 들어 온 라틴어는 교회와 기독교의 교리나 개념과 관련되는 어휘가 들어와서 쓰였다. 베네딕토 수도회의 종교개혁으로 영국에서 쓰이게 된 라틴어는 기독교 신학, 역사, 철학, 자연과학 등 광범위한 분야에 걸쳐서 사용되었다.

2.1.3. 고대영어의 방언과 문헌

영국에 들어와서 정착한 게르만족인 앵글로색슨족은 통일된 하나의 언어를 사용하지 않고 서로 밀접한 관련을 가진 여러 방언을 사용

▎그림 2.2 고대영어 방언

하였다. 그 결과, 이 부족들이 살던 여러 다른 지역에서 사용된 언어는 매우 다양하였다. 이 다양성은 오늘날 영국의 일부 지방에서 쓰이는 방언에 어느 정도 그 흔적을 남겼다. 노섬브리아 지역의 농부나 광부들이 쓰는 말이나, 서섹스 구릉지대에 사는 목동, 노바 스코샤(Nova Scotia) 지방의 어부, 버몬트의 마을 가게 주인이 쓰는 말이 아직도 1500년 전에 사용된 고대 영어에 그 뿌리를 두고 있다.

고대영어 문헌에 입증된 주요 방언은 [그림 2.2]에서와 같이 대체로 네 개의 지역으로 구별되는데, 이들 방언은 앵글로색슨족의 침략 당시의 언어를 반영하는 것이 아니라 침략 후 지리적인 여건 등에 의해 형성된 것이다.

(1) 노섬브리아 방언(Northumbrian)

요크셔의 험버강 이북에서 스코틀랜드의 Forth와 Clyde의 두 강에 이르는 지역에서 사용된 방언으로 스코틀랜드 남부지방을 포함한다. 언어상으로는 영국의 북부 지역의 절반을 차지하는 넓은 지역에서 사용되었다. 이 방언은 초기 고대영문학을 기록한 방언이나, 후에 서색슨 방언으로 대체되었다. 린디스판 복음서(*Lindisfarne Gospels*) 및, *Durham Ritual*의 행간 주석, Caemon의 *Hymn*, Bede의 *Death-song*, *Leiden Riddle*, Ruthwell Cross와 Franks Casket에 새겨진 루운 문자로 된 명각(runic inscriptions) 등이 노섬브리아 방언으로 쓰여진 문헌에 속한다.

(2) 머시아 방언(Mercian)

험버 강과 템스 강 사이 즉, 영국의 중앙부에서 사용된 방언이다. 머시아는 앨프레드 왕 시기부터 웨섹스 방언의 영향을 받아 노섬브리아 및 웨섹스에서와 같은 위대한 문학 작품을 남기지 못하였으며, 머시아 방언으로 쓴 문헌도 별로 없었다. 오늘날 남아 있는 것으로는 기원 800~850년경에 쓰여진 라틴어 복음서의 주석이 있고 라틴어로 된 *Rushworth* 복음서 필사본의 성 마태(St Matthew)의 복음서에 붙인 행간 주석, *Vespasian Psalter*의 행간 주석, *Epinal Glossary*와 *Erfurt Glossary*, *Blickling Psalter*의 주석 등이 머시아 방언으로 쓰여진 문헌들이다.

(3) 켄트 방언(Kentish)

영국의 동남쪽에 있는 켄트와 서리(Surrey)에서 사용된 방언이다. 켄트에 정착한 게르만족의 원 언어(original language)가 무엇이었는지는 자세히 알 수 없으나, 이 방언은 시간이 지남에 따라 서색슨 방언에 흡수되었다. 켄트 방언으로 된 문헌은 *Latin Charters*에 나오는 인명, *Kentish Charters*, Bede의 *Historia Ecclesiastica*의 한 영인본 중에서 900년경의 주석에 나타나는 인명, *Kentish Psalms, Kentish*

Hymns, Proverbs 등이 있다.

(4) 서색슨 방언(West Saxon)

켄트와 서리를 제외한 영국의 남부, 즉 템스 강과 영국 해협 사이에 위치한 지역에서 사용된 방언이다. 오늘날 현존하는 문헌이 다른 방언에 비해 월등히 많은 방언으로, 윈체스터(Winchester)가 영국의 수도였을 때 궁정 언어(court language)이었으며, 앨프레드 왕 이후 문학 언어(language of literature)로도 널리 사용되었다. 서색슨 방언으로 된 문헌은 초기에는 *Anglo-Saxon Chronicle*의 Parker 영인본을 비롯하여 그레고리 교황의 *Cura Pastoralis*, Orosius의 *The World History* 번역(Lauderdale 영인본) 등 빈약하나 후기에 쓰여진 문헌은 *Junius Psalter*(10세기 초)를 포함, *West Saxon Gospels, Benedictine Rules* 등 매우 풍부하며 대부분의 문학 작품이 후기 서색슨 방언의 번역서로 보존되어 있다.

2.1.4. 앵글로색슨 후기: 스칸디나비아의 영향

흔히 바이킹족(Vikings)으로 불리는 스칸디나비아 인들의 영국 침략은 787년에 시작되었으며 8세기 중엽부터 11세기 중엽까지의 시기를 바이킹 시기(the Viking Age)라고 부른다. 바이킹(Viking)이라는 말은 원래 고대 노르웨이어(Old Norse)인 *vík* 'a bay'에서 온 것으로, '만(灣, bay, creek, fjord)에 자주 출몰하는 사람'이란 뜻이다. 이 말은 특히 9~10세기에 스칸디나비아에 있는 고향을 떠나 유럽 여러 나라에서 노략질을 일삼는 전사(戰士, warrior)를 가리키는 데 쓰였다. 바이킹은 고대영어로는 *wīcing*이라고 하고 '해적(pirate, robber)'의 의미로 쓰인다고 되어 있으나, 사실은 '노르웨이 남쪽에 있는 비크(Vik)라는 지역에서 온 사람들'이란 뜻이다. 앵글로색슨족이 그들을 침략한 바이킹족에 대해 훗날 '해적'이란 사전적인 의미를 부여한 것은 250년에 걸친 바이킹족의 오랜 침략사와도 관계가 깊다.

바이킹족의 침략사는 『앵글로색슨 연대기』에 자세히 기록되어 있다. 바이킹족의 영국 침략은 크게 침략 단계(the raiding stage, 787~850), 정착 단계(the settlement stage, 850~878) 및 정치적인 동화

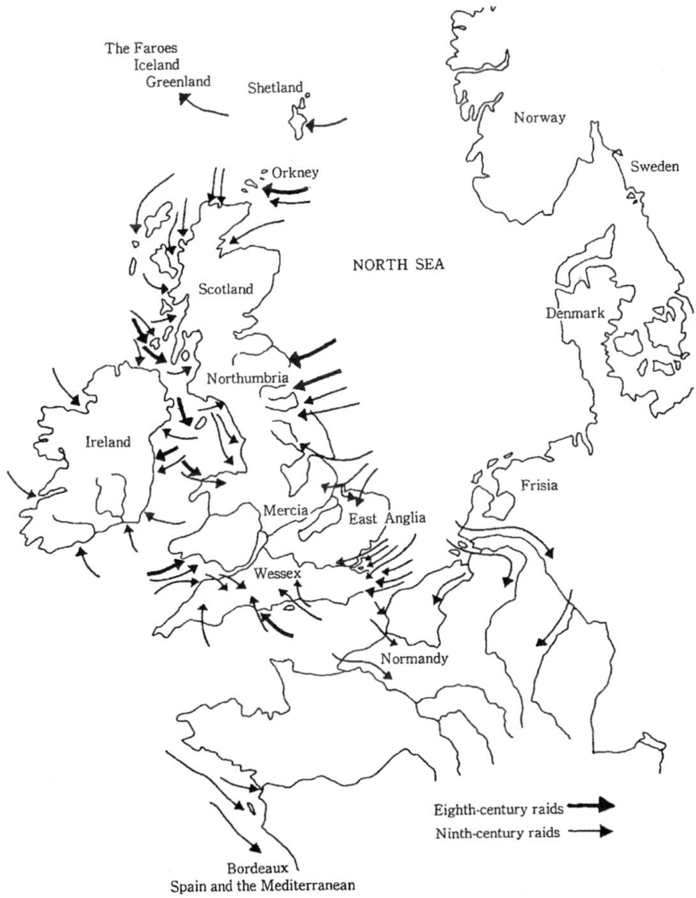

▎그림 2.3 바이킹족의 영국침략지도(8~9세기)

단계(the political assimilation period, 878~1042) 등 세 가지 단계로 구분된다. 첫 단계인 침략시기에는 마을과 해안의 수도원을 약탈한 시기로, 이들의 주요 침략 경로는 노르웨이에서 셰틀랜드, 오크니, 맨 섬 및 아일랜드로 이어졌으며, 유틀란트에서 프리즈랜드, 라인강 및 영국 해협에까지 이르렀다. 린디스판 수도원과 비드가 수도승으로 있던 재로우 수도원이 바이킹족에 의해 약탈되고 불타 버렸다. 정착 단계에서는 초기 침략에 비해 훨씬 더 넓은 지역이 바이킹족에 의해 습격을 받게 되고 점차 정착이 이루어지게 되었다.

865년, 대규모의 덴마크인으로 구성된 바이킹족이 동앵글리아에 상륙했으며, 이후 15년에 걸쳐 영국의 북동부 대부분을 장악하고 그곳에 정착한 다음 웨섹스를 향해 진군하였다. 871년에 웨섹스의 왕이 된 앨프레드는 7년 간의 저항 끝에 구스럼(Guthrum) 휘하의 덴마크군을 공격하여 에딩턴(Eddington)에서 격퇴시켰으며 886년에 앨프레드 왕과 구스럼 간에 맺은 웨드모어 조약(Treaty of Wedmore)에 의해 덴마크인의 정착 단계가 절정을 이루게 되었다. 웨드모어 조약에 따라 덴마크인들은 영국을 떠나지는 않았으나 앨프레드의 영토에서 철수하였으며 체스터(Chester)에서 런던까지 이어지는 데인로(Danelaw, OE *Denelagu*)가 설정되었다. 구스럼 왕은 세례를 받고 앨프레드 왕을 대부(godfather)로 받아 들였다. 스칸디나비아 인들은 앵글로색슨족과 같은 게르만족으로 다른 부족 간의 결혼에 마지막 장애물인 종교적인 차이가 없었으므로 정착이 용이하여 두 민족 간의 융합이 자연스럽게 이루어지게 되었다.

웨드모어 조약에도 불구하고 덴마크인들과 영국인과의 관계는 불안정하였다. 900년부터 더블린(Dublin)의 노르웨이 왕국에서 온 노르웨이인들의 새로운 침략이 시작되었다. 이들은 북서지방의 위럴 지역(Wirral), 랭커셔 해안지역, 웨스트모어랜드, 컴벌랜드 및 북쪽으로는 솔웨이만(Solway Firth)에 침입하였다.

❙ 그림 2.4 데인로 지역지도

991년에 노르웨이인으로 구성된 바이킹족의 지도자로 후에 노르웨이의 왕이 된 울라프(Olaf Tryggvason)가 93척의 배를 이끌고 템스강으로 들어왔으며, 그 해 8월에 작은 마을 몰든(Maldon)근처의 흑수강(River Blackwater)에서 에섹스군의 사령관인 비르히트노스(Byrhtnoth)의 동색슨 군대를 전멸시켰는데, 이 전투를 몰든 전투(*The Battle of Maldon*)라고 한다. 이 시는 최후의 고대영시이며 당대의 영웅정신을 문학적으로 승화시킨 위대한 영웅시로, 전투에 임한 부하들의 지도자에 대한 충성심과 살신정신을 잘 나타낸 시로 유명하다. 1013년에 스베인(Svein Forkbeard)이 이끄는 덴마크군의 공격으로 에셀레드 왕(Æthelred, the Unræd)은 노르망디로 추방당하고 스베인이 영국의 왕이 되었으나, 다음 해에 사망하여 그의 작은 아들인 크누트(Cnut)에게 왕위가 넘어갔다.

잉글랜드는 1042년까지 거의 30년간 덴마크인의 통치를 받았으며 1042년에 와서야 비로소 웨섹스 왕 앨프레드의 계보인 에셀레드 왕의 아들 에드워드(Edward, the Confessor)에게로 영국의 왕권이 넘어가면서 앵글로색슨 왕조가 다시금 회복되기에 이르렀다.

영국에는 고대영어 시기부터 스칸디나비아 인명 및 지명 등이 많이 있는데, 이들 인명이나 지명은 데인로 지역에 주로 나타나며 워틀링 스트리트(Watling Street) 이서(以西) 지역에는 전혀 나타나지 않는다.

2.2. 철자와 발음

2.2.1. 고대영어의 문자(철자)

현존하는 고대영어로 쓰여진 문헌의 대부분, 특히 영웅서사시로 일컬어지는 『베오울프(*Beowulf*)』 필사본은 개량된 로마문자(modified Roman alphabet)를 사용하고 있다. 이 문자는 아일랜드 선교사들에 의해 전해진 것으로, 문자의 모양은 현대영어의 문자와 동일하지 않다. 가령, 이 필사본에는 æ (ash), 루운 문자인 þ (thorn) 및 ð (eth)가 쓰이고 있으며 마지막에 인용한 두 개의 문자는 상호 교환이 가능하다. 문자 w는 원래 u(u)로 쓰였으나, 루운 문자인 ƿ (wynn 또는 wen)으로도 사용되었다. 대문자는 구두점(punctuation marks)이 대부분 쓰이지 않는 것과 같이 흔히 쓰이지 않는다. 그 대신 약어가 자주 쓰였는데, 가령 고대영어 필사본(e.g. 앵글로색슨 연대기)에 자주 등장하는 ⁊/&는 필사본의 공간과 필사생의 노력을 절약하기 위해 'and'

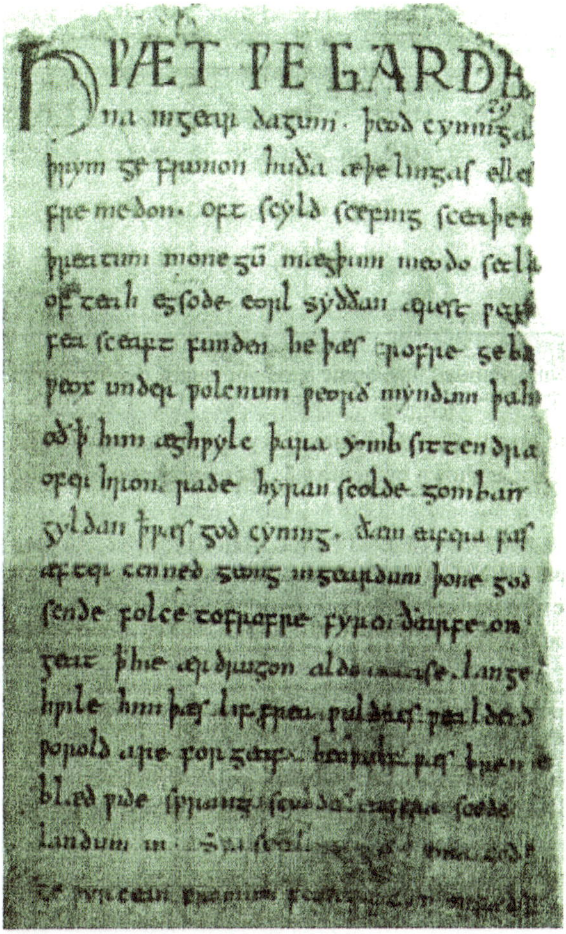

▍그림 2.5 베오울프 필사본 첫 장

대신 쓰였다. [표 2.1]에는 고대영어에 쓰인 특수한 문자를 정리해 놓은 것이다. (−)로 표시한 부분은 문자에 대한 특별한 명칭이 없음을 가리킨다.

베오울프 필사본의 첫 행에 나오는 *HƿÆT*(=*Hwæt*) 및 *ƿE*(=*we*)

표 2.1 고대영어에 쓰인 특수한 문자

spelling	name	sound	word
æ	ash	[æ]	*hwœt* 'what'
þ	thorn	[th or ð]	*þat* 'that'
ð	eth	[th or ð]	*ðat* 'that'
ʒ	yogh	[j]	*maniʒ* 'many'
ƿ	wynn or wen	[w]	*ƿe* 'we'
u(u)	-	[w]	*werc* 'work'
y	-	[y]	sy*ððan* 'since'
7 / &	-/ampersand	-	'and'

에는 루운 문자인 ƿ(wynn)[w]이 포함되어 있고, *Hwœt*에는 ash(œ), *þeod*(2행)에는 thorn(þ), *ðā*(3행)에는 eth(=ð)가 포함되어 있다. *cyninga*(2행)에 쓰인 문자 *c*는 [k]로 발음된다. *daʒum*(2행)에 쓰인 ʒ는 이보다 조금 더 복잡하다. 이 문자는 yogh라고 칭하는 아일랜드 문자에서 유래하며 대체로 [j]로 발음되나, 후설모음 앞에 오면 현대영어에 없는 유성 연구개 마찰음인 [ɣ]로 발음된다. 이 문자는 필사본의 2행(ʒear) 및 3행(ʒe)에서도 엿볼 수 있다.

*cyninga*에 쓰인 문자 *y*는 고대영어에만 쓰인 것으로, 원순 고모음 [y]를 나타내는 데 쓰였다. 이것은 프랑스어(e.g. *lune*)의 u, 독일어(e.g. *über*)의 ü와 같은 발음에 해당되었다.

고대영어 필사본에 쓰인 문자에서 이미 언급한대로, 고대영어 문자는 7세기부터 나무나 돌에 새겨 보존되어 왔는데, 이렇게 새겨 보존된 문자를 루운 문자(runic alphabet)라고 한다. 루운 문자는 유럽의 광범위한 지역에서 쓰였고 에트루리아 알파벳을 사용한 고트족에 의해 고대 영국에 들어와 쓰였을 것으로 짐작된다. 고대 영국에서 쓰인 루운 문자의 기원과 경로에 관해서는 1.3절에서 이미 설명하였으므로 여기서는 생략하기로 한다.

2.2.2. 모음 및 이중모음

고대영어에는 *a, æ, e, i, o, u, y* 등, 7개의 모음 문자가 쓰였으며 장음은 문자 위에 (-)로 표시(e.g. *ā*)하여 모두 14개의 문자가 쓰였다. 이중모음은 장/단음을 포함하여 eo/ēo, ea/ēa 등 4개가 쓰였고 강세를 받지 않는 모음인 schwa [ə]를 사용하였다. 이것은 [표 2.2]에 제시되어 있다.

▎표 2.2 모음 및 이중모음

candel	[ɑ]	candle, lantern	*bān*	[ɑ:]	bone
erian	[ɛ]	to plough	*fēdan*	[e:]	to feed
æfter	[æ]	after	*lǣn*	[æ:]	lease
middel	[ɪ]	middle	*blīcan*	[i:]	to shine
hyldan	[y]	to bow, bend down	*fȳr*	[y:]	fire
corn	[ɔ]	corn, seed	*mōdor*	[o:]	mother
unearg	[ʊ]	bold	*dūn*	[u:]	moor, hill
bealocweam	[æə]	baleful death	*cēalf*	[æ:ə]	calf
eorðe	[ɛo]	earth	*lēo*	[e:o]	lion

위의 [표]에서 [y]는 현대영어에서는 더 이상 쓰이지 않는 전설 원순 모음으로 입술을 동그랗게 한 채 발음하기 위해 쓰였다. 현대영어에서 전설모음(front vowel)은 모두 평순모음으로 발음된다. 고대영어 시기에는 단모음(short vowels)이 어느 시기에 이르러 현대영어에 쓰이는 단모음과 음질(quality)에 있어서 훨씬 더 가깝게 변화하기 시작하였으며, 역사적으로 보면 "e" 및 "o"의 발음에서 특히 분명하게 드러났다. 이 두 소리는 현대영어 bed의 "e" 및 영국영어 pot의 "o"에 더 가깝게 발음되었다.

고대영어에서는 동일한 모음이라고 해도 길이(length)의 장단에 따라 의미가 다르게 쓰였다. 즉, 고대영어에서 모음의 길이는 음소적

(phonemic)으로 쓰였다. [표 2.3]에 제시한 최소대립쌍(minimal pairs)에서는 동일한 철자가 장음 또는 단음으로 발음됨에 따라 의미가 다르게 쓰이고 있음을 보여준다.

▌표 2.3 OE 최소대립쌍(minimal pairs)

Long vowel		Short vowel	
OE	**ModE**	**OE**	**ModE**
hām	home	ham	ham
īs	ice	is	is
rōd	rood	rod	rod

위에 예로 든 OE *hām, īs, rōd*는 현대영어에서 각각 *home, ice, rood*로 쓰였으며, 발음 또한 각각 [ɑ:] > [əʊ], [i:] > [ai], [o:] > [u:]로 변하였다. 따라서 고대영어의 예는 철자와 발음이 같은 ModE *bear* 'animal' 및 *bear* 'carry'에서 엿볼 수 있는 동음이의어와는 다른 유형이었다. 이들 예는 14～17세기를 거치면서 장모음의 변화가 일어나서 현대영어에서와 같은 이중모음이 되었다. 이 변화를 모음대추이(Great Vowel Shift)라고 하는데, 제4장에서 다시 자세하게 설명하기로 한다.

고대영어 모음에 일어난 음 변화 중에서 음이 두 개로 갈라지는 분열현상(breaking) 및 모음전위현상(vowel fronting)을 간단히 설명하기로 한다. 우선 음의 분열현상은 [표 2.4]에서와 같이 전설모음 *œ, e, i*가 자음 앞에 와서 두 개의 음으로 갈라지는 현상을 일컫는다.

▌표 2.4 음의 분열현상(Breaking)

i > io / eo
e > eo
œ > ea

음의 분열현상이 일어난 예로 *ald* > *eald*, *half* > *healf*, *werc* > *weorc*, *Picts* > *Peohtas* 등을 들 수 있다. 이 규칙은 (1) 모음 다음에 *l* 또는 *r* 그리고 다른 자음이 올 때, (2) 모음 다음에 *h*가 오는 경우에 일어난다. 음의 분열현상은 이중모음 중, 두 번째 오는 모음이 후설모음이고 훨씬 뒤쪽에 오는 자음 앞에서 음 변화가 일어난다는 점에서 동화에 의한 음 변화라고 할 수 있다.

고대영어에서의 음의 분열현상은 7세기경 특히, 남부지역(서색슨)에서 일어났으며, 분열현상이 일어난 다른 예로는 *bearn* 'child', *heard* 'hard', *pealm* 'palm', *eahta* 'eight', *meaht* 'might' 등이 있다.

다음으로 모음전위(fronting)는 *i*-umlaut 또는 mutation이라고도 하는데, *o, u, a*와 같은 후설모음 또는 저모음(low vowel)이 *i* 앞에 올 때 일어난다. *i*-umlaut는 500～600년경에 고트어(Gothic, 4c)를 제외한 모든 게르만어에 일어난 음변화규칙이다. 영어가 분화하기 전, 게르만어에서 단수형 *mouse*는 **mus*, 복수형 *mice*는 **mus*로 쓰였다. *u* > *y*로의 음전위현상은 복수형 *-i* 앞에 일어나서 **mysi*가 되었다. 고대영어 모음의 *i*-umlaut를 [표 2.5]로 제시하면 다음과 같다.

표 2.5 OE *i*–umlaut

(1) u > y, later i	before [i]
(2) o > e	before [i]
(3) a > œ	before [i]

음전위현상(*i*-umlaut; fronting)의 몇 가지 예를 아래에 제시한다.

ic cume 'I come' / þu cymst (<*cum*i*st))
dūst 'dust' / dyst*i*g 'dusty' (<*dust*i*g)
dohtor 'daughter' / dehter (<dæhter)

ān 'one' / æn*ig* 'any'

다음에 고대영어의 이중모음 문자를 장음과 단음으로 나누어 예시하고 OE 발음을 각각 현대영어에 쓰이는 발음의 예와 비교하여 제시하면 [표 2.6]과 같다.

표 2.6 고대영어 이중모음

Old English Diphthongs		
Letters	**Example**	**Modern Pronunciation**
ea ēa	eald ('old') eac ('also')	"a" in "sat" followed quickly by the "a" sound in "sofa"
eo ēo	eorðe ('earth') beo ('bee')	"a" in "say" quickly followed by either the "o" in "bone" or "u" in "rune"
ie	ierfa ('heir')	This sound probably started as a biphthong, something like the "ia" in the name "Mia". Eventually it shifted to a sound similar to the "i" in "sit".
io īo	fioh ('money') bīoþ ('are')	"ee" in "beet" quickly followed by either the "o" in "bone" or "u" in "rune"; this is usually just a variant of "eo"/"ēo".

2.2.3. 자음

고대영어의 자음은 현대영어의 자음과 크게 다르지 않으며, 발음 또한 오늘날과 같이 발음된다. 다만, 자음에 따라서는 현대영어의 자음과 다르게 발음되는 것들이 있다. 먼저, 고대영어의 자음을 도표로 제시하면 [표 2.7]과 같다.

고대영어의 자음 문자는 현대영어의 문자와 거의 동일한 문자를 사용하고 있는데 b, c, d, f, g(때로는 ȝ를 사용), *h, l, m, n, p, r*(이 문

▌표 2.7　고대영어의 자음

Manner: / Place:	stop	fricative	affricate	nasal	liquid	glide
labial	p/b	f/v		m		w
dental		θ /ð				
alveolar	t/d	s/z		n	l,r	
alveo-palatal		ʃ	ʧ/ʤ			j
velar	k/g	X/ɣ		ŋ		

자는 스코틀랜드 영어의 전동음 [r] 음과 유사한 음을 나타내기 위해 사용), *s, t, w*(때로는 ƿ), *x*가 모두 쓰였고 *k, z*는 매우 드물게 사용되었다.

그러나 고대영어와 현대영어의 정자법과 음운체계 사이에는 몇 가지 중요한 차이가 나타나고 있다. 가령, 철자의 경우, 고대영어에서는 *ð, þ*와 같은 문자를 사용하였는데, 현대영어에서는 이들 모두 *th*로 나타내어 사용하고 있다. sc 및 cg는 고대영어에서 각각 [ʃ] 및 [ʤ]로 발음되어 *fisc* 'fish', *ecg* 'edge'와 같이 쓰였다. 문자(graphs)와 발음(sounds) 간의 상호관계에 있어서도 현대영어에서보다 고대영어에서 한층 더 투명한 관계를 나타내었다. 따라서 고대영어의 정자법에서는 *hring* [hr] 'ring', *hwal* [hw] 'whale', *cniȝt* [kn] 'young man (ModE 'knight'), *gnornian* [gn] 'to mourn, grieve'와 같은 자음군(consonant clusters)의 발음을 그대로 반영해주고 있다. 이것은 *bedd* (versus *bēd*), *racca*(versus *raca*)에서와 같은 장자음(lengthened consonants)의 경우도 마찬가지다.

고대영어에서 같은 자음이 겹쳐서 쓰이는 겹자음은 현대영어와 달리, 모두 발음하며 장음이 된다. 가령, *racca*의 겹자음 *cc*는 ModE *boo**k-k**eeper*에서 두 개의 **k**음을 모두 발음하는 것과 같고, OE *fyllan* 'to fill'은 ModE *ful**l-l**ength*에서 두 개의 **l**을 모두 발음하는 것과 같

표 2.8 OE 마찰음의 유성화

[f]	>	[v]	*heofon* 'heaven', *lof* 'praise'
[s]	>	[z]	*lēosan* 'to lose', *mūs* 'mouse'
[θ]	>	[ð]	*brōðor* 'brother', *þearf* 'need'

다. 고대영어에서 단자음과 장자음은 의미상의 차이를 나타내었다. e.g. *bēd* 'prayer', *bedd* 'bed'; *raca* 'rake', *racca* 'part of a ship's rigging'; *hopian* 'to hope', *hoppian* 'to hop'; *cwelan* 'to die', *cwellan* 'to kill'.

고대영어 자음에서도 앞에서 설명한 모음에서와 마찬가지로 두 가지 음 변화과정이 일어났는데, 마찰음의 유성음화(fricative voicing) 및 구개음화(palatalization)이다.

우선 [표 2.8]에 제시한 마찰음의 유성음화 현상부터 설명하기로 한다.

고대영어와 현대영어 자음체계 간에 나타나는 주요한 차이는 OE 마찰음의 유성음화 과정에서 잘 나타난다. 위의 [표]에서도 엿볼 수 있듯이 [v], [z], [ð]는 /f/, /s/, /θ/가 각각 어중(word-medial) 또는 유성음 사이에 와서 변이음(allophone)으로 쓰였다. 이러한 음 변화과정의 흔적은 현대영어에서도 쓰이는데, 어말에 오는 *wife, half, knife, leaf*는 복수형이 되면 두 개의 모음 사이에 와서 *wives, halves, knives, leaves*가 된다.

고대영어에서는 두 개의 모음 사이 또는 모음과 유성자음 사이에서는 오직 v, z, ð만이 발음되었다. 따라서 현대영어의 *(to) love, to house* [hawz], *to bathe* [bejð]에 오는 어말 유성마찰음(v, z, ð)은 어말 모음이 삭제하는 음 변화과정이 일어나서 생긴 결과이다. 옥스퍼드 영어사전에 등재된 어휘 중에서 어두에 [z] 또는 [v]로 발음되는 어휘들의 기원을 조사해 보면 이들 대부분이 차용어임을 알게 된다. 다음에 프랑스어 또는 라틴어에서 들여온 차용어는 (1), 그리스어 또는 다른 언어에서 들여온 것으로 [z]로 시작하는 차용어는 (2)에 제시한다.

(1) very, veal, vase, virtue, voice, vote, vehement, village, vacant, vaccine, veil, vacuum, vain, value, vanish, variety, varnish, veer, venture, verb, vex, view, vile, villain, visible, vital, vocal, vulture, vulnerable

(2) zoo, zodiac, zebra, zenith, zinc, zombi, zone

고대영어 시기가 시작되면서 교회에서 사용된 라틴어 뿐만 아니라 이보다 훨씬 이전 로마가 영국을 점령하던 시기에 사용된 라틴어와 함께 새로운 어휘가 많이 들어왔으며, 1066년 이후에는 차용어의 홍수를 이루어 많은 새로운 어휘들이 프랑스어에서 직접 들어오거나, 또는 프랑스어를 거쳐 라틴어에서 영어에 들어와 쓰였다. [z]로 시작하는 어휘들은 16세기 및 17세기에 그리스어의 영향이 커지는 시기에 영어에 많이 유입되었다.

차용어는 영어의 음체계에 상당한 영향을 끼쳤다. 몇 개의 음이 영어의 음소 목록에 추가되었고 어말 모음의 상실로 인해 유성 마찰음이 나타나는 내적 요인이 발생하였다. 일부 방언에서는 마찰음의 유성음화가 일어났다.

고대영어 자음에 나타난 또 다른 음 변화는 다른 많은 언어에서도 일어나는 구개음화 현상이다. 연구개음인 [k], [sk], [g]는 [표 2.9]에서 알 수 있는 것처럼 고대영어 초기에 시작하여 음의 전위(fronting) 현상이 나타났는데, 특히 전설모음 앞에서 일어났다. (연구개음은 *cool* 에서처럼 후설모음 앞에서는 전위현상이 일어나지 않음).

구개음화 현상에 따라 Gmc *skirt* → *shirt*, Gmc *skatter* → *shatter*, Gmc *kirk* → *church*, Gmc egg → *eye*로 변하였다. 다른 게르만어에

표 2.9 OE 구개음화

sc	[sk]	> [ʃ]	*scip* 'ship', *ascian* 'ask'
c	[k]	> [tʃ]	*cald* 'cold', *cild* 'child'
g	[g]	> ʒ[j]	*gear* 'year', *frogga* 'frog'

서는 구개음화가 일어나지 않았으므로 *skirt* 및 *egg*는 현대영어에서도 여전히 쓰이고 있다. 따라서 스칸디나비아어(노르웨이어, 덴마크어, 스웨덴어)가 (고대)영어와 접촉하면서 영어는 구개음화가 일어나지 않은 어휘도 함께 빌어와서 사용하였으며, 그 결과 *skirt* 및 *shirt*가 고대영어에서 함께 쓰이다가 현대영어로 오면서 의미상의 차이가 생겨나게 되었다.

고대영어 어휘 *lagu* 'care', *sorgian* 'to sorrow', *agan* 'to own'에 쓰인 고대영어 문자(철자) g/ʒ는 후설모음 사이에 오거나, 또는 [l]/[r] 다음에 와서 연구개 마찰음인 [ɣ]음으로 발음되었으며 게르만어에서 흔히 쓰였으나 현대영어에 와서는 [g]음이 되었다. 한편, 철자 /h/로 시작하는 고대영어 어휘 중 *habban* 'to have', *hlin* 'maple'의 /h/는 [h]로, *leoht* 'light'의 /h/는 [x], 그리고 *miht* 'might, could'의 h는 [ç]로 발음되었다. 이 중에서 [x], [ç]는 현대영어에서 없어졌다.

고대영어 자음 /g/와 관련하여 *gēac* 'cuckoo', *twēgen* 'twain'에서의 /g/는 [j]로 발음되는 것과 달리, *gēs* 'geese'에서 /g/가 전설모음 앞에서 구개음 [j]가 아닌 연구개음 [g]로 발음되는 것은 역사적인 유래로 설명할 수 있다. 즉, 이 어휘는 원래 초기 게르만어형인 **gōsi*에서 온 것으로, 후설모음 앞에 와서 [g]로 발음되었다. 그 후, *i*-mutation을 거치면서 후설 장음 [o:]는 전설 장음인 [e:]로 대체되었고 어말의 -*i*도 상실되면서 *gēs*가 되었다. 그러나 /g/는 게르만어의 후설모음 앞에서 발음된 [g]가 [j]로 변하지 않고 그대로 남아 현대영어에서 화석화된 채로 오늘에 이르게 된 것이다.

2.3. 어휘

영어는 오랜 역사를 거치면서 다른 언어로부터 어휘를 차용하는 일에 익숙해 있었다. 그러나 앵글로색슨 시기에는 이후의 시기에 비해 어휘 차용에 훨씬 보수적이었다. 즉, 고대영어는 주로 게르만어의 특징을 지닌 어휘가 대부분이었으며 라틴어, 켈트어 및 고대노르웨이어에서 들여와 쓰인 어휘의 수는 다른 시기에 비해 비교적 적었다. 한편, 고대영어에서는 어휘를 늘리는 생산적인 과정으로 어형성(word formation)이라고 하는 체계내적 수단으로 복합법(compounding)과 접사에 의한 방법(affixing; affixation)에 크게 의존하였다. 먼저, 고대영어의 어형성에 관해 살펴보기로 한다.

고대영어 시기의 영국은 새로운 개념과 사상이 극적으로 변화하고 발달하는 과정을 경험하였으며 이러한 발달을 반영하기 위해 새로운 어휘를 끊임없이 추가할 필요를 느끼게 되었다. 더욱이 고대영시는 두운시(alliterative)로 어두음의 반복에 기초하고 있었으므로 시가 생동감있고 감정을 자극하는 내용을 유지하기 위해서는 상이한 어두음을 지닌 풍부한 어휘자원이 필요하였다. 따라서 고대영어는 이미 쓰이고 있는 어휘자원에서 두 가지 방법에 의해 새로운 어휘를 만들어 내는 어휘체계를 지니게 된 것이다. 그 중의 하나가 복합법이다.

고대영어의 복합법은 대체로 현대영어에서와 같이 명사 및 형용사를 만드는 데 쓰였으며, 복합어의 마지막에 오는 요소는 핵심어(head)의 기능을 지니고 항상 품사 및 문법성(gender)을 나타냈다. 가령, *hēah－clif* ‘high－cliff’(adjective＋noun)는 복합명사로 남성이며 두 번째 요소인 *clif*가 핵심어의 기능을 수행하였다. 복합명사의 다른 예로는 *bōc－cræftig* ‘book－crafty’ ＞ ‘learned’, *god－spell－ere* ‘good－newser’ ＞ evangelist’, *hēah－burg* ‘high city’ ＞’capital’, *larhus* ‘school’, *dimhus* ‘prison’, *eftcyme* ‘return’ 등이 있다.

위에 예로 든 OE 복합명사는 두 개의 요소를 따로 분간할 수 있어서 투명하다는 특징이 있는 반면, 현대영어의 복합명사는 고대영어로부터 몇 가지 합성에 의해 형성된 복합어, 즉 한때 투명한 복합명사였던 것이 발음과 철자의 변화를 거치면서 분리할 수 없는 복합어가 되어 투명성을 상실하였다. 그 예로 *daisy*(*dæges*+*ēage* 'day's eye'), *garlic*(*gār*+*lēac* 'spear leek'), *hussy*(*hūs*+*wīf* 'housewife'), *nostril* (*nosu*+*þyrel* 'nose hole') 등에서 이러한 현상을 엿볼 수 있다. 지명(place names)에서도 이러한 합성에 의한 복합어의 예가 나타난다. e.g. *Boston*(Botulph's stone), *Sussex*(*sūð*+*Seaxe* 'south Saxons'), *Norwich* (*norþ*+*wīc* 'north village).

고대영어에서 복합명사의 첫 요소는 대체로 굴절을 하지 않았으나, 예외가 있었다. 위에 예로 든 *dæges*+*ēage* 'day's eye'='daisy'나, 또는 *Engla*+*land* 'Angles' land'='England'와 같은 예가 여기에 해당된다.

복합 형용사는 형용사 앞에 명사, 형용사 또는 부사가 와서 형성된 것으로 분사는 형용사의 기능으로 쓰였다. e.g. *blod*+*read* 'blood-red', *efen*+*eald* 'contemporary', *fela*+*synning* 'very guilty', *cyn*+*boren* 'of royal birth', *lind*+*hæbbende* 'armour−bearing'. 이들 예 중에서 마지막에 든 예는 분사가 두 번째 요소로 와서 복합형용사로 쓰인 예이다. 때로는 두 번째 요소에 명사가 와서 복합형용사를 형성하는 경우도 있었다. e.g. *dreorig*+*mod* 'sad', *brun*+*ecg* 'bright−edged'.

고대영어 시기에 쓰인 복합법은 작시법(poetic composition)에 매우 유용한 장치로 사용되었다. 고대영시는 두운시가 쓰였는데, 동일한 개념을 나타내기 위해 다양한 동의어가 필요하였다. 따라서 바다 'sea'를 표현하기 위해 *swanrād* 'swan-road', *hron-rāde* 'whaleroad, *ganetes bæð* 'gannet's bath' 등, 다양한 복합어가 사용되었다. 이러한 표현의 다양성은 생동감 있고 자극적인 감흥을 영시에 불어넣어 심미적인 목적을 달성하게 하는데 크게 기여하였다.

다음으로 접사에 의한 어형성(affixation)에 관해 살펴보기로 한다. 고대영어는 현대영어와 마찬가지로, 접사(접두사 및 접미사)를 생산적으로 사용하여 새로운 어휘를 만들어냈다. 접사에 의한 어휘형성은 고대영어에서 새로운 어휘를 만들어내는 가장 흔한 방법이었고, 현대영어가 라틴어 및 프랑스어에서 많은 접사를 차용해서 쓴 것과는 달리, 풍부한 접사를 가지고 있었다. 접두사는 대부분 어휘의 의미를 변화시키고, 접미사는 대체로 품사를 변화시키는 데 쓰였다.

고대영어에서 흔히 쓰인 접두사로 오늘날까지 쓰이고 있는 것으로는 *un-, in-, ofer-(over-), æfter-, fore-, mis-, under-, ūp-, ūt-*(out-) 등이 있고, 생산력을 잃은 것으로는 *ā-*(abide), be-(become), *for-*(forget), *forþ-*(forthcoming), *tō-*(today), *þurh-*(throughout), *wiþ-*(withhold)가 있다. 고대영어에는 쓰였으나 현대영어에서 사라진 접두사는 *on-*(*onāwinnan* 'fight against'), *of-*(*ofādrygan* 'dry off') 및 *ymbe-*(*ymbeardian* 'dwell round')가 있다.

그러나 고대영어에서 가장 흔히 그리고 가장 널리 쓰인 접두사로는 *ge-*를 꼽을 수 있다. *gān*은 'to go'란 뜻이나, *gegān*이 되면 'to conquer'란 뜻으로 변한다. 때로는 의미변화가 전혀 일어나지 않는 경우도 있어서 *mǣnan*과 *gemǣnan*은 모두 'to mean'을 나타낸다. 그런가하면 *brōðor*는 'brother'란 뜻인데 반해, *gebrōðor*는 'a member of a community, a monk'란 뜻을 나타낸다. 이처럼 *ge-*는 다양하게 쓰였으므로 후에는 사실상 무의미하게 되어 궁극적으로 현대영어에서 없어져 오늘날에는 전혀 쓰이지 않는다.

고대영어의 접미사로는 *-nes, ung, -dōm, -scipe, -aþ, -hād, -lāc, -rǣden, -end, -a, -bora, -ere, -estre*(이상 명사 접미사); *-ig, -lic, -ful, -leas, -ed, -isc, -sum, -cund, -fæst, -wende*(이상 형용사 접미사)

가 있다. 이중에서 *-cund, -fæst, -wende*는 현대영어에서 없어졌다.

접사에 의한 어형성에서 아마도 두드러진 생산력을 보여준 예로는 형용사 *milde* 'mild, gentle'이 있다. 이 단어를 어간(stem)으로 하여 동사 *mildian* 'to become mild', 명사 *mildnes* 'mildness', 또 다른 형용사 *mildelic* 'propitious'를 만들어 내었다. *mildelic*은 또한 부사로도 쓰여 'kindly'란 의미를 나타냈다. 이 어간은 복합법에 의해서도 새로운 어휘를 만들어 내었는데, *mildheort* 'merciful'는 또 다른 형용사로 쓰였다. 여기에 접미사 *-nes*를 붙여 명사 *mildheortnes* 'loving-kindness'를 만드는가 하면, 접두사 *un-*을 붙여 형용사 *unmilde* 'harsh', *unmildheort* 'merciless'를 만들었다.

고대영어에 쓰인 풍부한 어휘 중에서 65~85%에 해당하는 어휘 자원이 고대영어 시기 이후에 사라진 것으로 학자들은 추측하고 있다. 그러나 고대 영시에 쓰인 가장 빈도수가 높은 100개의 어휘 중에서 80개가 현대 영어에 남아 쓰이고 있으며, 문어체 현대영어에서 쓰이는 가장 빈도수가 높은 100개의 어휘 중에서 96개가 고대영어에서 사용된 것들이고 나머지 4개의 어휘(*are, they, their, them*)은 고대영어 시기에 영어와 가장 가까운 관계가 있는 게르만어인 고대노르웨이어(Old Norse)에서 온 어휘들이다.

지금까지 살펴본 복합법과 접사에 의한 방법 등 두 가지 유형의 생산적인 어형성과정에서 비교적 소수이기는 하지만 차용어, 특히 라틴어, 켈트어 및 고대노르웨이어에서 들여온 차용어가 토착 영어와 혼합되어 쓰였음을 전혀 배제할 수 없다. 켈트어와 고대노르웨이어의 차용은 앵글로색슨족이 대륙에서 고대 영국에 들어와 정착하면서 켈트어는 이전 시기에 그리고 고대노르웨이어는 후기 시기에 각각 일어났다.

라틴어에서 들어온 차용어 자원은 이보다 더 다양하였다. 앵글로색슨족의 조상인 게르만인들은 유럽 대륙에서 로마제국의 확장으로 라틴어가 널리 퍼져 나가던 시기에 라틴어를 접하게 되었으며, 로마인들과의 교역과 군사행동을 통해 라틴어를 사용한 로마인들과 빈번한 접촉이 이루어졌을 것으로 짐작된다. 게르만인들은 로마군의 야영지 내 또는 야영지에서 가까운 곳에서 생활하고 있다는 사실을 알게 되었을 것이다. 그리하여 게르만인과 로마인의 접촉으로 *butter, cheese, monger 'trader', pepper, pound, street, mile*과 같은 라틴 차용어가 영어에 들어오게 되었다. 이들 어휘는 고대영어에 들어와 쓰였고 현대영어에까지 계속 살아남아 쓰이게 되었다. 두 민족이 대륙에서 접촉하던 시기에 라틴어에서 영어에 들어온 차용어는 대략 175개나 된다(Pyles & Algeo 1982: 293).

잉글랜드에 거주한 켈트인과 로마인 사이의 접촉은 라틴어가 켈트어에 차용되는 결과를 가져왔으며 앵글로색슨족은 켈트인과 접촉하던 초기에 켈트어에 들어온 이들 라틴 차용어를 영어에 혼합하여 사용하였다. 그 중에는 *candle, chester* 'city'(e.g. *Chester, Manchester*), *mynster* 'monastery', *peru* 'pear', *port*와 같은 것들이 있었다. 7세기에 앵글로색슨족이 기독교로 개종한 이후, 라틴어에서 종교 관련 어휘(e.g. *apostle, altar, mass, martyr, demon, temple*)가 영어에 들어와 쓰였는데, 이들 라틴 차용어는 궁극적으로는 그리스어에서 유래한 것이다. 전체적으로는 고대영어의 어휘자원에 약 500개의 라틴어가 들어와 추가되었다. 고대영어에 들어온 라틴 차용어의 상당수가 고대영어 이후 상실되어버렸으나, 초기 현대영어 시기에 어휘 확장에 중요한 역할을 하기도 하였다.

고대영어 시기에 영어에 들어와 쓰인 켈트어는 12개 정도에 불과하였으므로 500개의 라틴 차용어는 켈트 차용어에 비해 엄청난 수에 해당한다. 켈트어에서 차용한 어휘에는 지리적인 특징(*torr* 'peak', *cumb* 'deep valley', *crag*), 동물(*brocc* 'badger') 및 기타(*bannuc* 'a bit', *bratt* 'cloak') 등이 있었다.

그뿐만 아니라, 현대영어에 남아 쓰이는 지명과 강(river) 및 구릉(hill)과 같은 지형상의 특징을 나타낸 명칭들은 켈트인들이 고대 영국에 거주하고 있었다는 명백한 증거가 되었다. *Kent*는 주트족이 브리튼에 건너와 맨 처음 거주한 지역으로 켈트어에서 유래한 지명이다. *Devon*은 당시 켈트인의 한 부족의 명칭인 *Dumnoni*의 흔적을 그대로 보존하고 있다. *London* 또한 켈트어에서 온 지명이며, *Cumberland*는 킴리의 땅 'land of the Cymry'이란 뜻으로 웨일스인들이 웨일스(Wales)를 칭할 때 쓰는 지명이다. 웨일스인(the Welsh)은 the Cymraig라고도 칭한다. 강을 지칭하는 *Thames, Avon, Esk, Wye, Usk*는 모두 켈트어에서 유래한 것들이다. 현재 영어에 남아 쓰이는 켈트어의 수가 많지 않은 것은 고대영어 시기 초기에 켈트 거주인들과 게르만 침입자들과의 사회-역사적인 접촉의 상황을 고려해 본다면 그리 놀라운 일이 아니다.

8～9세기에 바이킹족(the Vikings)이 고대영국에 침략하였고 머지않아 데인로 지역(Danelaw)에서 비교적 평화롭게 정착하고 동화되면서 점차 두 민족 간의 접촉이 이루어지게 되었다. 이로 인해 두 민족의 언어가 동시에 쓰였는데, 같은 게르만어를 사용한 까닭에 상호이해가 가능하였다. 후에 두 민족 간의 결혼으로 인한 혼합으로 어휘혼합(lexical mixing)이 광범위하게 이루어졌다. 따라서 일부 고대노르웨이어가 고대영어의 동계어와 동시에 사용되었고 그 결과 두 언어 중의 하나는 쓰이지 않게 되었다. 가령 OE *ey* 및 ON *egg*는 15세기까지는 공존하며 쓰였으나, 그 후에 고대영어 어휘는 상실되어 버렸다. 의미분화(semanic differentiation)도 일어나서 OE *shirt* 및 ON *skirt*는 동계어로 두 어휘 모두 원래 'garment'란 의미로 쓰였다.

이들 두 언어가 동계어로서 밀접하게 공존하였다는 사실은 후에 영어의 일부가 된 고대노르웨이어의 어형에 그대로 나타나고 있다. 고대영어는 노르웨이어 삼인칭 복수형 *th*-형, *till, fro*와 같은 전치사,

sister, fellow, hit, law, sky, take, skin, want, scot 'tax'(e.g. *scot free*)와 같은 일상 어휘를 차용해서 사용하였다. 이들 어휘는 두 언어 간의 밀접한 언어접촉이 일어나지 않고는 설명할 수 없는 것들이다.

노르웨이어가 영어에 끼친 영향은 어휘, 문법, 발음, 일상 표현에 이르기까지 광범위하다. 노르웨이 지역은 영국의 동중부(east midlands)를 포함하였으며, 이곳이 후에 표준 영어 발달에 중요한 지역이 되었다. 현대 표준 영어의 상당수 어형은 웨섹스 왕국의 지배하의 영국에서 유래한 것이 아닌 데인로 지역에서 쓰인 어법에서 유래하고 있다.

2.4. 문법

형태상의 유형론으로 보면 고대영어는 주로 합성어체계(a synthetic system)를 갖춘 언어로서 문법상의 기능을 나타내기 위해 많은 수의 어미(word endings) 또는 굴절형(inflections)이 쓰였다. 고대영어의 문법은 인구어 및 게르만어 문법에서처럼 현대영어에 비해 많은 면에서 한층 더 복잡하였다. 이것은 현대영어 사용자에게 고대영어를 배우려는 것은 라틴어를 배우는 것처럼 복잡하다는 것을 의미한다.

2.4.1. OE 정관사

고대영어에서 이러한 복잡성(complexity)을 엿볼 수 있는 예로 정관사(definite article)가 있다. 현대영어에서 'the'의 사용은 매우 간단하다. 즉, 어형이 어떤 환경에서도 전혀 변하지 않는다는 점이다(발음의 경우, the man [ðə], the apple [ði:] 등 음성 환경에 따라 두 가지로 조음됨). 고대영어의 정관사는 현대영어와 달리, 수식하는 명사의 성, 격 및 수와의 일치를 나타냈다. [표 2.10]에 제시한 코퍼스에서 단

Ⅰ 표 2.10 OE 정관사

Old English Definite Article				
	Masculine Singular	**Neuter Singular**	**Feminine Singular**	**Plural**
Nominative	se	þæt	sēo	þā
Genitive	þæs	þæs	þære	þāra
Dative	þæm	þæm	þære	þærm
Accusative	þone	þæt	þā	þā
Instrumental	þy	þy		

수 남성 주격형 *se*는 더 흔하게 쓰인 þ-형과의 유추로 인해 *þe*로 변하였고 궁극적으로 현대영어에서 *the*로 쓰이게 되었다. 현대영어의 *that*은 OE 단수 중성 주격 및 대격형인 *þæt*에서 유래한 것이다.

고대영어는 현대 독일어와 매우 유사하여 3개의 성(gender)과 4개의 격(case)(때로는 도구격이 추가됨)을 가지고 있었다. 도구격(instrumental case)은 고대영어의 매우 이른 시기에 쓰이다가 이 시기를 거치는 동안 사라져 버리고 "with + 명사구"와 같은 구문으로 대체되어 쓰였다.

고대영어에서 정관사가 어떻게 쓰이고 있는지 잠시 살펴보기로 하자. 고대영어 문장인 *Se* cyning seah *þone* hund. 'The king saw the dog.'에서 *cyning*은 남성명사 주어로 기능하므로 남성 단수 주격형인 *se*와 함께 써서 나타내고 있다. hund는 남성 단수이나 행위의 객체가 되므로 대격 위치에 와서 대격형인 *þone*와 함께 쓰인다. 만일 위 문장을 *þone* hund seah *se* cyning.과 같이 쓴다고 해도 현대영어와 달리, 문장의 의미는 변하지 않고 그대로 쓰인다. 고대영어의 격체계(case system)가 지닌 기능으로 인해 어순(word order)이 바뀌어도

격(주격, 대격)은 그대로 옮겨가서 의미를 결정해주기 때문이다. 즉, "se"는 문장의 어느 위치에 오든지 항상 주어의 기능을, 그리고 "þone"는 어느 위치에 오든지 항상 목적어(대격)의 기능을 지니고 쓰이기 때문이다. 현대 독일어에서도 고대영어와 마찬가지의 기능을 지닌다.

고대영어에 쓰인 정관사는 실제로 현대영어에 비해 그 쓰임이 더 다양하였으며 정관사로서 뿐만 아니라, *that, this*에 유사한 대명사의 기능도 지니고 쓰였으므로 지시대명사(demonstrative pronoun)의 기능([표 2.11] 참조)도 아울러 수행하였다. 따라서 고대영어에는 현대영어의 *a/an*에 해당하는 부정관사가 없었으며 그 대신 수사 *an* 'one' 또는 형용사 *sum* 'some'이 쓰였다는 점에 유의해야 한다. 현대영어의 부정관사는 "one"이란 어휘에서 유래한다. 고대영어에서 형용사 *ān*('one')을 사용하게 되면 'one and only one'이란 의미가 된다.

표 2.11 OE 지시대명사

	남성	여성	중성	복수
Nom	se	seo	þæt	þa
Gen	þæs	þære	þæs	þara
Dat	þæm	þære	þæm	þæm
Acc	þone	þa	þæt	þa

고대영어에서 지시대명사 *ða*가 쓰인 예로 고대영어의 영웅서사시인 *Beowulf*의 한 구절을 인용한다.

hu *ða* œþelingas ellen fremedon
how that-NOM.P nobles-NOM.P courage did
'how the nobles performed heroic acts' (*Beowulf* 3)

고대영어에는 관계대명사를 나타내는 어형이 없었으므로 지시대명사가 흔하게 그 기능을 수행하였다. 다음에 인용한 문장에 쓰인 *þone*는 대격 지시대명사 'that'에 해당되며, 현대영어에서는 *that* 또는 *who(m)*이 될 것이다.

geong in geardum *þone* God sende folce to frofre
young in yards *that*-ACC God sent people to consolation
'A young one in the yards **who** God sent to the people.'
(*Beowulf* 13～14)

위의 인용문에 나오는 *folc, frofre*와 같은 고대영어 어휘는 후에 프랑스 차용어로 대체되어 쓰였으며 *geong, geardum*의 /g/는 후에 구개음인 [j]음으로 조음되었다.

2.4.2. OE 명사

고대 영어의 명사(nouns) 체계는 원시 인구어를 거쳐 원시 게르만어(proto-Germanic)에서 물려받은 것으로 수, 격 및 성을 지칭하는 굴절어미(inflectional endings)를 가지고 쓰이며 전형적으로 "문법적인 체계"로 분류된다. 그 한 가지 예로, OE *wif* 'woman, wife'는 자연성(natural gender)에 관계없이 중성(neuter)을 나타내며, OE *hlāf* 'loaf, bread'는 남성(masculine), 그리고 OE *bōc* 'book'는 여성(feminine)을 나타낸다.

OE *stān* 'stone'의 굴절어미 변화는 고대영어 명사 중에서 가장 흔하게 쓰인 굴절어미로 대부분의 명사가 이 부류에 속한다. stān은 *a*-stem에 속하는 남성 명사이다. OE *word* 'word'는 *a*-noun 부류에 속하는 중성 명사이며, OE *lufu* 'love'는 *o*-noun 부류에 속하는 여성

명사, 그리고 OE *sunu* 'son'은 *u*-noun 부류에 속하는 남성 명사이다. 인구어에서는 실제로 *a, o,* 또는 *u*로 끝나는 명사 어미가 쓰였다. 그러나 고대영어에서는 이러한 굴절어미가 더 이상 쓰이지 않았다. [표 2.12]에서는 위에 예로 든 4개의 명사의 성, 수 격에 다른 굴절어미 변화를 제시한 것으로 강변화 명사(strong nouns)를 나타낸 것이다.

표 2.12 OE 강변화 명사의 굴절어미 변화

	stan (M) **'stone'**	**ward (N)** **'word'**	**lufn (F)** **'love'**	**sunu (M)** **'son'**
Singular				
NOM	stan	word	lufu	sunu
GEN	stanes	wordes	lufe	suna
DAT	stane	worde	lufe	suna
ACC	stan	word	lufe	sunu
Plural				
NOM	stanas	word	lufa	suna
GEN	stana	worda	luf(en)a	suna
DAT	stanum	wordum	lufum	sunum
ACC	stanas	word	lufa	suna

모음 어간의 변화가 일어나는 강변화 명사와는 달리, 인구어에서 영어에 들어온 또 다른 부류인 자음 어간 또는 약변화 명사(weak nouns)는 남성, 여성 및 중성(흔히 쓰이지 않음)으로 구분되어 쓰인다.

[표 2.13]에서는 약변화 명사인 남성 명사 *guma* 'man' 및 여성 명사 *folde* 'earth'의 굴절변화를 제시하고 있는데, 남성 및 여성 명사에서 굴절어미 *-an*을 공유하고 있는 것이 특징이며, 여격 복수형에는 *-um*이 공통으로 쓰이고 있다.

❙ 표 2.13 OE 약변화 명사의 굴절어미 변화

	guma (M) 'man'	folde (F) 'earth'
Singular		
NOM	guma	folde
GEN	guman	foldan
DAT	guman	foldan
ACC	guman	foldan
Plural		
NOM	guman	foldan
GEN	gumena	foldena
DAT	gumum	foidum
ACC	guman	foldan

2.4.3. OE 형용사

고대영어의 형용사는 명사와 같은 변화를 하지만, 명사의 굴절 변화와 한 가지 다른 중요한 차이는 모든 형용사가 강변화와 약변화의 두 가지 변화를 한다는 점이다.

형용사의 어형은 독일어, 네덜란드어 및 스웨덴어와 같은 다른 게르만어에서처럼 지시대명사의 존재여부에 좌우되며 이것이 다른 인구어와 다른 점이다. 강변화(strong inflection)의 경우, (i) 형용사가 서술적으로 쓰이거나, (ii) 형용사 앞에 지시대명사가 오지 않을 때이며, 약변화의 경우에는 (i) 형용사가 이미 언급된 명사를 수식할 때, (ii) 지시대명사나 소유대명사가 대체로 형용사 앞에 올 때이다.

가령, *þæm godan cyninge* 및 *godum cyninge* 'to the good king'은 모두 여격(datives)으로 쓰인다. 강변화의 예로 *ān gōda man* 'a good man' *gōd wīn* 'good wine'이 있고, 약변화의 예로는 *sē gōda man* 'the good man'이 있다.

이처럼 복잡한 OE 형용사의 굴절변화는 현대영어에 이르러 모두 없어졌다. 다만, 중세영어 시기에 그 흔적이 단 하나만이 남아 쓰였는데, 초서의 작품에서 명사가 복수로 쓰일 경우 굴절어미 -e로 끝나는 형용사가 앞에 붙어 쓰였다. And *smale fowles* maken melodye. 또한 형용사 앞에 *the, this, that, his, her* 등이 올 때에도 형용사 어미 -e가 붙어 쓰였다. the *yonge* sonne 'the young sun'; his *halfe* cours 'half his course', etc. 형용사 어미 -e는 현대영어에서 완전히 없어져 버렸다. 예: small, half, young.

고대영어 형용사에는 현대영어와는 달리 어간의 음절 수에 관계없이 비교형에는 -ra, 최상급에는 -ost(a) / -(e)st(a)가 쓰였으며 *more, most*를 붙여 쓰는 경우는 없었다. 형용사 중에는 이와는 전혀 관계없이 불규칙 변화형을 가진 것들도 있었다. e.g. (*gōd – bet(e)ra – bet(e)st*; *yfel* 'evil' – *wiersa – wierrest*, etc.. 비교급과 최상급에 *i*-umlaut(*i*-mutation)가 일어나는 형용사도 상당히 많이 쓰였다. e.g. *lang* 'long' – *lengra – lengest*. 이들 중에서 *old*의 또 다른 비교형인 *elder*만이 현대영어에 그대로 남아 쓰이고 있다. e.g. OE *eald, yldra, yldest*.

다음에 고대영어 형용사 gōd 'good'의 강변화 및 약변화를 [표 2.14]로 제시한다.

표 2.14 OE 형용사의 강변화 및 약변화

	Strong			**Weak**		
Singular	**M**	**F**	**N**	**M**	**F**	**N**
NOM	god	god	god	goda	gode	gode
GEN	godes	godre	godes	godan	godan	godan
DAT	godum	godre	godum	godan	godan	godan
ACC	godne	gode	god	godan	godan	gode
Plural	**M**	**F**	**M**	**All**		
NOM	gode	goda	god	godan		
GEN	godra	godra	godra	godra/godena		
DAT	godum	godum	godum	godum		
ACC	gode	goda	god	godan		

2.4.4. OE 부사

고대영어의 부사는 현대영어에서와 같이 절에서의 용법에 따라 부사 또는 전치사로 분류된다. 대체로 세 가지 유형의 부사가 쓰였는데, 첫 번째 유형은 때와 장소를 나타내는 부사로, *ofer* 'over', *under, on, þurh* 'through', *æfter* 'after'가 주로 쓰였다. 두 번째 유형의 부사에는 부사로만 쓰이는 것들로, *ne* 'not', *ēac* 'also', *nǣfre* 'never', *hider* 'hither', *tō* 'too'가 있었다. 또한, 고대영어에는 다른 품사에 접미사 *-an*을 붙여 '그 방향에서'라는 일반적인 뜻을 나타내는 부사를 만들었는데, *ēastan* 'from the east', *innan* 'from within', *ferran* 'from afar' 등의 예가 있다.

세 번째 유형의 부사는 다른 품사의 굴절형을 이용한 것으로 속격과 여격이 주로 쓰였다. *eall* 'all'에서 속격단수형인 ealles 'entirely'를, *gēar* 'year'에서 *gēara* 'of years'를 만들어 'formerly'란 뜻으로 사용하였다. *hwīl* 'time'에서 여격복수형인 *hwīlum*을 만들어 'at times'란 뜻으로 사용하였다. 이런 유형의 많은 부사(*twice, backwards, always, sometimes*, etc.)가 현대영어에 쓰이고 있으나 본래의 여격의 의미는 없어졌다.

아마 가장 그 수가 많고 생산적인 부사는 형용사 어간에 -e를 붙이거나 형용사 어간에 *-lic*를 붙여 만든 질량부사(qualitative adv.)일 것이다. 예컨대, *riht/rihtlic* 'right'의 부사는 *rihte/rihtlice, beald* 'bold'의 부사는 *bealdlice*가 된다. OE *-lic*는 원래 형용사 접미사로 현대영어에서도 *friendly, homely, earthly* 등과 같은 형용사에 남아서 쓰이고 있으나, 부사를 만드는 접미사로도 쓰였으므로 현대영어에서는 더 이상 새로운 형용사를 만드는 생산적인 접미사의 구실은 하지 않는다.

2.4.5. OE 인칭대명사

현대영어의 인칭대명사에서는 고대영어의 인칭대명사에 쓰인 격, 성 및 수의 구분을 여전히 보존하고 있다. 주어 및 목적어 대명사(I vs me)의 구분, 3인칭에 쓰인 남성, 여성 및 중성(he, she, it)의 구분, 그리고 단수 및 복수형(I vs we)의 구분이 그것이다. 그러나 현대영어에 와서 없어져 버린 것은 현대영어에서 you로 쓰이는 2인칭 단수 및 복수형의 구분, 2인을 지칭하기 위해 쓰인 대명사인 양수(dual), 그리고 OE 3인칭 복수형인 *h*-forms이다. 현대영어의 3인칭 복수형인 *th*-형은 중세영어 시기에 고대노르웨이어(Old Norse)에서 차용한 것으로, 이 어형은 고대노르웨이어인 *þai, þeim, þeir(e)*에서 왔고 현대영어에서 *they, them, their*로 각각 쓰이고 있다.

여격과 대격의 구분은 이미 고대영어 시기에 없어지기 시작하였으며 3인칭에서만 구분되었다. 2인칭 단수와 복수의 구분은 재귀대명사 및 강의(强意)대명사를 제외하고 모든 경우에 중화되었다. 성(性

▌표 2.15 OE 1인칭, 2인칭 및 양수 인칭대명사

	First person			**Second person**		
	Singular	**Plural**	**Dual**	**Singular**	**Plural**	**Dual**
nominative	ic 'I'	wē 'we'	wit 'we both'	ðū 'you'	gē 'you all'	git 'you both'
accusative	mē 'me'	ūs 'us'	unc 'us both'	ðē 'you'	ēow 'you all'	inc 'you both'
dative	mē 'mē'	ūs 'us'	unc 'us both'	ðē 'you'	ēow 'you all'	inc 'you both'
genitive	mīn 'mine'	ūre 'our(s)'	uncer 'our(s) both'	ðīn 'your(s)'	ēower 'your(s) all'	uncer 'your(s) both'

표 2.16 OE 3인칭 대명사

	Masculine	Feminine	Neuter
singular			
nominative	hē 'he'	hēo 'she'	hit 'it'
accusative	hine 'him'	hī 'her'	hit 'it'
dative	him 'him'	hire 'her'	him 'it'
genitive	his 'his'	hire 'her(s)'	his 'its'
plural(no gender distinction)			
nominative	hī 'they'		
accusative	hī 'them'		
dative*	him, heom 'them'		
genitive	hira, heora 'their(s)'		

gender)의 구분은 현대영어에서와 같이 3인칭 단수에서만 가능하다. 현대영어의 *she*는 OE *hēo*가 규칙적으로 발달한 것이 아니며 그 정확한 유래에 관하여서도 확실하지 않다. 다만 스칸디나비아어인 고대 노르웨이어의 여성 단수 주격 *sjā*에서 차용되었을 것으로 보고 있다.

양수는 고대영어에서 1인칭과 2인칭에서만 쓰였으며 13세기까지 쓰이다가 현대영어에서 없어졌다. 고대영어에는 속격이 형용사와 대명사의 기능을 함께 수행하였다. 또한, 고대영어에는 재귀대명사가 따로 없었고 인칭대명사의 여격 또는 대격이 그 기능을 대신 나타냈다. 고대영어에 *self*라는 어휘가 쓰이기는 하였으나 재귀사로서가 아닌 강의대명사로 쓰였다. 위의 [표 2.15] 및 [표 2.16]에서 알 수 있는 것은 1인칭 및 2인칭의 대격과 여격형, 그리고 3인칭 남성 및 중성의 여격 단수형이 동일한 "어형의 융합(syncretism)" 현상을 엿볼 수 있다는 점이다.

2.4.6. OE 동사

동사는 지난 천 년 동안에 상당한 변화를 겪었으나, 주요한 특징에 있어서는 변하지 않았다. 현대영어 동사는 크게 규칙동사와 불규칙동사로 나누어 전자는 어간 모음은 그대로 두고 과거 및 과거분사에 *-d* 또는 *-t*를 붙여 동사형을 만드는 반면(love-loved, talk-talked), 후자는 강세모음을 변화시켜 과거(과거분사)를 만든다(sing-sang-sung). 그러나 규칙/불규칙의 구분은 고대영어에 그대로 적용하기에는 적합하지 않다. 현대영어에서 불규칙동사로 다루는 유형도 고대영어 시기에는 사실상 규칙동사로 쓰였기 때문이다. 불규칙동사 유형에도 강변화동사와 약변화동사가 모두 포함되어 있었다.

고대영어의 동사체계는 현대영어의 동사체계보다 훨씬 더 복잡하였다. 우선, 고대영어의 동사체계와 관련된 문법상의 개념인 부정형(infinitive), 현재분사(present participle) 및 과거분사(past participle)부터 설명하기로 한다.

동사에서 가장 기본이 되는 어형은 "부정형"으로서 고대영어 사전에 등재된 동사형이다. 현대영어에서는 동사 앞에 to를 붙여서 *to help, to think, to do*와 같이 나타낸다. 고대영어에서 부정형은 하나의 단어로 대개 -an으로 끝난다(일부 동사는 -n으로 끝나기도 한다). 위에 예로 든 현대영어 동사를 고대영어로 나타내면 각각 *helpan, þencan, tuon*이 된다. 부정형에서 -(a)n을 제거하면 부정형의 어간(stem)이 된다.

"현재분사"는 현대영어에서 동사 어미가 *-ing*로 끝나는 어형(e.g. *helping, thinking, doing*)을 지니며, 진행시제(progressive tense)로 쓰이거나(e.g. I am walk**ing**), 동사적 기능을 지닌 형용사(verbal adjective)로 쓰이기도 한다(e.g. a bounc**ing** ball). 따라서 OE *helpan*의 현재분사형은 OE *helpende*이다. 고대영어에서 현재분사는 현대영어에서 진행시제형을 만드는 조동사(auxiliary)로서가 아닌 동사기능의 형용사로서만 쓰인다. 가령 고대영어에서는 *helende hand* 'a helping hand'라는 표현은 가능하나, *I am helping her*이란 표현은 가능하지 않고 단순히 *I help her*라는 표현만 가능하다. 또한 현대영어에서는 현제분사를 써서 동사기능을 지닌 명사(즉, gerund)를 나타낸다. e.g. *seeing is believing*.

"과거분사"는 현대영어에서 약변화 동사의 경우 -d 또는 -t로 끝나거나, 강변화동사의 경우에는 모음변화와 함께 -(e)n으로 끝나거나, 접미사가 붙지 않는 어형을 지닌다. 현대영어에서 과거분사는 현재분사에서처럼 동사구의 일부로 쓰여, *I have **seen** him, She has **given** it to him, They have **helped** me*와 같이 쓰이거나, 동사의 기능을 지닌 형용사로 쓰여 *a **painted** wall, a **sewn** handbag*에서와 같이 쓰인다. 이와는 달리, 고대영어의 과거분사는 강변화동사의 경우 어간의 모음변화 및 접미사 -en와 함께 임의로 ge-를 붙이거나, 약변화동사의 경우에는 치접미사(dental suffix)인 -(e)d/-od 또는 -(e)t를 첨가하고 동사 어간에 접두사 ge-를 임의로 붙여 나타낸다. 따라서 OE *hælan* 'to heal'(weak v.)의 과거분사는 (ge)hæled, OE *wrītan* 'to write' (strong v.)의 과거분사는 (ge)writen이 된다. 이들 동사는 현대영어에서와 똑같은 방식으로 쓰였음을 알 수 있다.

고대영어 강변화동사 *singan* 'to sing'의 활용을 [표 2.17]에서와 같이 제시한다.

강변화동사의 기본형은 '부정형－과거 단수－과거 복수－과거분사'의 순으로 나타난다. 가령, [표 2.17]에 예로 든 동사 *singan*의 기본형은 *singan-sang-sungon-(ge)sungen*으로 /i/-/a/-/u/-/u/의 4가지 모음변화(ablaut, gradation)를 지닌 활용형으로 나타난다. *singan*은 부정형으로 현재시제형은 *ic singe* 'I sing'이다.

강변화동사에는 7개의 동사 유형(Class I-VII)이 있었으며, *singan*은 3군 동사(Class III)에 속하는 동사로 *drink, begin, shrink, sink, spring, stink, swim* 등이 이 유형에 속한다.

고대영어에 쓰인 300여개의 강변화동사 중에서 3분의 2이상은 동

▌표 2.17 OE 강변화 동사 singan의 활용

Old English Strong Verb Conjugation: singan ('to sing')							
Infinitive:		singan ('to sing')		Past Participle:		(ge)sungen	
Present Participle:		singende		Imperative:		sing singaþ	
Indicative				Subjunctive			
Present		Preterite		Present		Preterite	
ic	singe	ic	sang	ic	singe	ic	sunge
þū	singest	þū	sunge	þū	singe	þū	sunge
hē	singeþ	hē	sang	hē	singe	hē	sunge
wē	singaþ	wē	sungon	wē	singen	wē	sungen
gē	singaþ	gē	sungon	gē	smgen	gē	sungen
hīe	singaþ	hīe	sungon	hīe	singen	hīe	sungen

▌표 2.18 OE 약변화 동사 love의 활용

Old English Weak Verb Conjugation: lufian ('to love')							
Infinitive:		lufian ('to love')		Past Participle:		(ge)lufod	
Present Participle:		lufiende		Imperative:		lufa lufiaþ	
Indicative				Subjunctive			
Present		Preterite		Present		Preterite	
ic	lufie	ic	lufode	ic	lufie	ic	lufode
þū	lufast	þū	lufodest	þū	lufie	þū	lufode
hē	lufaþ	hē	lufode	hē	lufie	hē	lufode
wē	lufiaþ	wē	lufodon	wē	lufien	wē	lufoden
gē	lufiaþ	gē	lufodon	gē	luficn	gē	hifoden
hīe	lufiaþ	hīe	lufodon	hīe	lufien	hīe	lufoden

사의 상실 또는 약변화동사에 합쳐지는 과정을 통해 없어졌다. 4군 동사 *stelan*은 과거분사 모음이 과거 시제로 일반화하였음에도 불구

하고 강변화동사로 쓰이고 있고, 5군 동사 *sprecan*은 그 형태를 완전히 상실하고 또 다른 고대영어 형태인 *specan*으로 교체되었다. 6군 동사 *scacan*은 철저하게 규칙적인 변화 과정을 거쳤으며, 7군 동사 *hātan*은 약변화동사(called, called)로 변하여 과거시제 및 과거분사 어미가 /d/를 취하게 되었다.

고대영어에는 약변화동사가 숫자상으로는 강변화동사보다 훨씬 더 많았다. 이들 약변화동사는 접미사 -t/-d를 붙여 과거를 만든 게르만어 동사에서 유래한 것으로 현대영어에서 규칙 동사가 되었다. 고대영어에는 어간 음절(stem syllable)의 길이와 부정형에 *-i-*의 유무에 따라 여러 유형의 약변화동사가 쓰였다. 대체로 세 종류의 약변화동사가 고대영어 시기에 쓰였는데, 1군에 속하는 약변화동사의 부정형 어미는 -an, 과거 및 과거분사의 어간 모음은 -e-이며, 2군에 속하는 약변화동사의 부정형 어미는 -ian, 과거 및 과거분사의 어간 모음은 -o-이다. 3군에 속하는 약변화동사로는 *habban, libban, secgan, hycgan*(have, live, say, think)의 4개 동사뿐이다. 다음에 고대영어에서 흔히 쓰인 동사 *habban* 'to have'의 활용을 [표 2.19]로 제시한다.

고대영어의 동사 중에서 특히 '과거-현재동사'는 원래 강변화동사로 강변화 과거가 현재의 의미를 지니고 있는 것으로 추정되어 게르만어에서 새로운 과거형이 만들어져 쓰이게 된 동사이다. (ic) *wāt* 'I know'(*witan* 'know'; Lat. *vidēre*와 동계어)는 강변화 1군 동사와 같이 *wāt*(단수 과거), *witon*(복수 과거), *witen*(과거분사)와 같이 변화하며 'I know'란 의미는 완료의 의미인 'I have seen'에서 유래한 것이다.

새로운 과거형인 OE *ic wiste*는 원래의 과거형이 현재형으로 사용되므로 해서 약변화동사의 과거시제 어미인 -t/-d가 원래의 복수 과거형 어간에 붙어 만들어진 것이다(wit-te > wisste > wiste). 현대영어에 남아 있는 '과거-현재동사'는 *can, shall, may, must, ought, dare*로 후에 *need, will*을 포함하여 법조동사(modal verbs)가 되었다.

표 2.19 OE 약변화 동사 habban의 활용

Old English Conjugation of "habban" ('to have')							
Infinitive:		habban		Past Participlc:		gehæfd	
Present Participle:		hæbbende		Imperative:		hafa habbaþ	
Indicative				Subjunctive			
Present		Preterite		Present		Preterite	
ic	hæbbe	ic	hæfde	ic		ic	
þū	hæfst/hafast	þū	hæfdest	þū	hæbbe	þū	hæfde
hē	hæfþ>/hafaþ	hē	hæfde	hē		hē	
wē	habbaþ	wē		wē		wē	
gē	habbaþ	gē	hæfdon	gē	hæbben	gē	hæfden
hīe	habbaþ	hīe		hīe		hīe	

2.4.7. OE 변칙동사

고대영어에는 *bēon*/*wesan* 'be, is/am, was', *willan* 'will', *dōn* 'do', *gān* 'go'의 4개의 불규칙동사(irregular v.) 또는 변칙동사(a-nomalous v.)가 쓰였다. 이들 동사는 강변화나 약변화의 어느 쪽에도 속하지 않는다. *bēon* 및 *gān* 동사는 모두 보충법(suppletion)에 해당하는 것들로서, 과거형에 보충형(suppletive form)인 was(were), went와 같은 어형이 각각 쓰였다. 'go-went'의 관계에 대해서는, *went*의 의미가 'go and return'을 뜻하는데, 인구어의 초기 단계에 게르만어를 거쳐 고대영어로 도입되어 현대영어에서 과거형이 되었다. go/went는 유사한 의미를 지닌 전혀 다른 별개 어휘에서 유래한 것이다. "wesan" 어형은 현재 직설법에서는 거의 쓰이지 않으나, "be-" 어형은 대체로 미래의 행위를 나타내며 과거 직설법 및 가정법에는 "wes-" 어형만을 사용한다.

▌표 2.20 *bēon/wesan* 동사의 변화형

Old English Conjugation of "bēon/sindon/wesan" ('to be')			
Infinitive:	bēon/sindon/wesan		
Present Participle:	bēonde, wesende		
Past Participle:	gebēon		
Imperative:	bēo/wes bēoþ/wesaþ		
Indicative			
Present		Preterite	
ic	eom/bēo/wese	ic	wæs
þū	eart/bist/wesst	þū	wǣre
hē	is/bið/wesst	hē	wæs
wē	sindon/bēoþ/wesaþ	wē	wǣron
gē	sindon/bēoþ/wesaþ	gē	wǣron
hīe	sindon/bēoþ/wesaþ	hīe	wǣron
Subjunctive			
Present		Preterite	
ic	sie/beo/wese	ic	wǣre
þū	sie/beo/wese	þū	wǣre
hē	sie/beo/wese	hē	wǣre
wē	sien/beon/wesen	wē	wǣren
gē	sien/beon/wesen	gē	wǣren
hīe	sien/beon/wesen	hīe	wǣren

2.4.8. OE 통사론

종합적(synthetic)인 언어인 고대영어는 분석적(analytic)인 특징을 띤 현대영어의 통사구조와 여러 가지 점에서 차이를 나타냈는데, 이 절에서는 그 차이를 6가지로 요약하여 설명하기로 한다.

우선, 고대영어의 어순(word order)은 격표시와 '주어-동사' 일치와 같은 특징으로 인해 현대영어의 어순에 비해 비교적 더 자유로운 어순(free word order)을 지니고 OV 및 VO 구조가 모두 쓰였다. 앵글로색슨 후기 시기에 이르면 고대영어 시기에 형태상으로 격을 나타내던 굴절어미의 약화가 일어나면서 점차 VO 어순을 지닌 구조로 변하게 되었다.

고대영어의 어순 구조에는 몇 가지 규칙이 있었다. 대체로 대명사가 문장의 앞에 와서 주어로 쓰이면 동사는 문장 끝에 와서 쓰이는데, 특히 종속절이나 내포문에 쓰인다.

(1) hē hine geseah 'he saw him' (S O V 구조)

(2) God geseah ðā þæt hit gōd wæs
'God saw then that it was good' (that-절 이하: S O V)

다음으로 고대영어 통사구조의 특징은 주절에서 동사가 두 번째 위치에 오는 verb-second 현상이 일어난다는 점이다. 이것은 (3)에 예시되어 있다.

(3) þy ilcan geare **for** se here ofer sœ
the samne year went the army over sea
'in the same year the army went over the sea'

예문 (3)에서 *þy ilcan geare* 'in the same year'는 하나의 단위(어구)를 이루므로 동사 *for* 'went'는 문장의 두 번째 위치에 오게 된다. 이런 점에서 고대영어의 통사구조는 독일어 및 네덜란드어의 통사구조와 매우 유사하다.

세 번째로 고대영어에서는 현대영어에 비해 주어 대명사가 생략되는 경우가 흔히 나타난다. 예문 (4~5)에서는 문맥을 통해 주어 대명사 'he'가 생략되어 있음을 알 수 있다.

(4) þeah ðe hordwelan heolde lange
though that treasure held long
'though (**he**) held the treasure long'(*Beowulf* 2344)

(5) swylc her ær beforan sœde
which here previously before said
'which (**he**) had said here before' (Alfred's *Orosius* 27.14)

현대영어에서는 there, it과 같은 무의미(dummy) 또는 문법상(grammatical) 주어(이러한 주어를 용어(冗語)상의 주어(pleonatic subject)라고 함)가 흔히 쓰이고 있으나, 고대영어에서는 쓰이지 않았다. 주격 주어(nominative subject)가 필요치 않으므로 비인칭구문(impersonal construction)이라고 하는 통사구조가 흔히 쓰였다.

(6) He lomp eow on lade, leofa Biowulf
how happened you-DAT on trip, dear Beowulf
'How was your trip, dear Beowulf? (*Beowulf* 1987)

고대영어에서는 조동사 do가 쓰이지 않았으며 be, have는 문장에 쓰이나 흔히 쓰이지는 않았다. 예문 (7)에서는 조동사 do가 쓰이지 않는 경우, (8)은 조동사 have가 쓰이지 않는 경우이며, 이때에는 전치사도 함께 쓰이지 않는다.

(7) gehyrest þu eadwacer
hear you Eadwacer

'**Do** you hear, Eadwacer? (*Wulf and Eadwacer*)

(8) we … þrym gefrunon
we … glory heard
'We **have** have heard **of** the glory (*Beowulf* 1～2)

예문 (8)에서 동사의 과거 복수형 *gefrunon*은 *-on*과 같은 접미사 및 시상(aspect)을 나타내는 접두사 *ge*-와 함께 쓰였다. 접두사 ge-는 독일어 및 네덜란드어와 같은 언어에서는 오늘날에도 여전히 쓰이고 있으나, 영어는 중세영어 시기를 지나면서 *ge*- > *i/y*로 변하여 쓰이다가 점차 사라져 버렸다.

고대영어 통사구조의 또 다른 특징은 다양한 방법으로 문장을 결합하였는데, 접속사 없이 그대로 연결하는 병렬문(parataxis)을 흔히게 사용하였으며 필사본에서는 대등접속사 and에 해당하는 ⁊을 써서 나타내고 있다.

(9) Her sendon brytþalas ofer sæ to rome ⁊
here sent britons over sea to rome and
heom fultumes bædon wið peohtas
them troops asked against picts
'In this year the Britons sent overseasm to Rome
and asked the Romans for forces against the Picts'
(*Peterborough Chronicle* AD 443)

고대영어에 쓰인 부사(adverb)는 현대영어와 마찬가지로 화자의 서법(mood)를 표현하기 위해 사용되며 따라서 담화표지(discourse marker)로 쓰였다. 담화표지로 쓰인 부사는 서법 불변화사(mood particle)라고도 하는데 예문 (10)의 *þah* 'though', (11)의 *swa eac nu* 'this way'가 OE 부사에 해당된다.

(10) ac hi **þah** ledað to deðe on ende
but they though lead to death in end
'but they lead to death, however,, in the end'
(Lambeth *Homilies* 119, from 1175)

(11) **Swa eac nu** mœg ealc mon deofel ofercumen
so also now may every man devil overcome
'This way everyone can overcome the devil'
(Bodley *Homilies*, p.98)

위에서도 엿볼 수 있듯이, 고대영어의 부사는 문맥에 따라 *well, however, fortunately* 등 문두 또는 문미에 놓여 여러 형태로 대체하여 쓸 수 있으므로 현대영어로 옮기는 일이 힘든 경우가 많다.

마지막으로 고대영어 통사구조의 특징은 부정(否定) 부사(negative adv.)의 위치이다. OE *Ic ne dyde* 'I did not'에서와 같이 현대영어에서는 부정을 의미하는 부사가 동사 다음에 와서 쓰이고 있다. 그러나 고대영어에서는 현대영어와 달리, 부정 부사가 동사 바로 앞에 와서 흔히 쓰였다는 점이다. 또한 부정을 의미하는 부사가 한 문장 안에 여러 개가 와서 쓰였다. 예문 (12)는 하나의 부정 부사, (13)은 하나 이상의 부정 부사가 쓰인 예이다.

(12) hleoþre **ne** miþe
sound not conceal
'I don't conceal sound' (Riddle 8, line 4)

(13) forþœmþe hie hiora **nan wuht** ongietan **ne** meahton
because they of-them no thing understand not could
'because they couldn't understand anything of them'
(*Pastoral Care*, 4/12 Cotton)

Further Readings

- Cassidy, F. G. & R. N. Ringler eds. (1971) *Bright's Old English: Grammar & Reader*. Third Edition. New York: Holt.
- Freeborn, D. (1998) *From Old to Standard English*. Second Edition. London: Macmillan.
- Gelderen, E. van (2006) *A History of the English Language*. Amsterdam: John Benjamins Publishing Co.
- Hogg, R. & David Denison eds. (2006) *A History of the English Language*. Cambridge: Cambridge University Press.
- Mitchell, B. & Fred C. Robinson (1990) *A Guide to Old English*. Oxford: Basil Blackwell. [f. 1964]
- Smith, J. (2007) *Sound Change and the History of English*. Oxford: Oxford University Press.

원문 강독

(1) 아래 원문은 8세기경 라틴어로 쓰인 Bede의 『영국민교회사』에서 게르만족인 앵글족, 색슨족 및 주트족이 브리튼에 침입한 사실(史實)을 기록한 내용이다.

It was not long before such hordes of these alien peoples

crowded into the island that the natives who had invited them began to live in terror … They began by demanding a greater supply of provisions; then, seeking to provoke a quarrel, threatened that unless larger supplies were forthcoming, they would terminate the treaty and ravage the whole island … These heathen conquerors devastated the surrounding cities and countryside, extended the conflagration from the eastern to the western shores without opposition, and established a stranglehold over nearly all the doomed island. A few wretched survivors captured in the hills were butchered wholesale, and others, desperate with hunger, came out and surrendered to the enemy for food, although they were doomed to lifelong slavery even if they escaped instant massacre. Some fled overseas in their misery; others, clinging to their homeland, eked out a wretched and fearful existence among the mountains, forests, and crags, ever on the alert for danger.

(Translation from the Latin by L. Sherley-Price, Penguin, 1955)

(2) 아래 원문은 고대영어 시기의 표준영어에 관한 글에서 발췌한 것이다.

Was there a standard language or was all the literature composed and written in the local vernacular? the available evidence points to the fact that until the second half of the tenth century there was no standard literary language. Although the beginning English literary prose goes back to the time of King Alfred, the early West-Saxon of his time did not set any standard because it did not have any normative character as can be seen in the preserved records, despite the earlier claims of Henry Sweet and his followers. A close investigation of the written material contemporary with Alfred shows a diversity of forms and lack of uniformity in the orthography and morphology. Alfred neither had the time nor the capabilities to accomplish such a task of conscious fostering of a standard language.

Standard Old English has its roots elsewhere. The OE prose of a high literary value belongs to the tenth and the eleventh century. It was the Benedictine reform in the tenth century which led to the restoration of monasteries, that brought the revival of learning. Foremost among the monasteries was Æthelwold's school at the Old Minster in Winchester with its scriptorium, which trained such outstanding literary figures as Ælfric and Wulfstan. Winchester gave rise to a written standard of English which was written and read from Canterbury to York.

Among the factors which seem to support the idea that Winchester was the starting point for the spread of the standard language are the position of Winchester within the English church, the number of monasteries in the south of England and the popularity of Ælfric's writings.

(From Fisiak, *An Outline History of English*, 2004, pp. 57～58)

(3) 아래 원문은 고대영국에 로마 기독교가 전래되는 과정과 기독교화가 영어에 끼친 영향에 관해 쓴 글에서 발췌한 글이다.

During the disorder that followed the withdrawal of the Roman legions and the coming of the Anglo-Saxons, Christianity had died out among the Britons. The only religion of the Anglo-Saxons themselves was Germanic paganism. In A.D. 597, Pope Gregory sent a mission under St. Augustine to Kent. Conversion was relatively swift, although backsliding took place occasionally during the early years, and pagan customs and beliefs survived for centuries under thhe veneer of Christianity. For example, the English names for four of the days of the week are still those of the Germanic divinities Tiw, Wodan, Thor, and Frig; and even the most sacred of Christian holidays, the paschal festival, is named for the Germanic goddess Eastre.

Even as Augustine's mission was proselytizing in southern England, northern England was being converted by missionaries from Ireland. At the time, the Irish church was organized somewhat differently from the Roman church, and over the years of isolation from Rome, the Irish had failed to keep up with changes emanating from Rome, primarily minor points such as the calculation of Easter, appropriate clerical tonsure and the like. The two branches had no major doctrinal discrepancies, and, for England, their differences were resolved amicably in favor of Rome at a synod held in Yorkshire in 664.

Christianization was an important landmark in the history of the English language because it brought England and the English speakers into the only living intellectual community of Europe, that of the Latin Church. England immediately adopted the Latin alphabet, and English was soon being written down extensively. New loanwords from Latin began to appear in English. During the seventh and eighth centuries, the level of Latin scholarship was so high in England that English scholars were in demand on the Continent. Alcuin of York became director of Charlemagne's Palace School.

The Anglo-Saxon church and, consequently, Anglo-Saxon learning declined sharply with the Viking invasions. the Viking themselves were pagan and had no compunctions about robbing English monasteries, burning books, and killing, enslaving, or dispersing monks. After the Treaty of Wedmore, King Alfred was able to achieve some revival of intellectual life, but the major rebirth of learning after the Danish invasions did not come until the reign of his grandson Edgar. In the second half of the tenth century, inspired and supported by the ongoing Benedictine Reform on the Continent, three English churchmen – Dunstan (Archbishop of Canterbury), Ethelwold (Bishop of Winchester), and Oswald (Bishop of Worcester and Archbishop of York) – reformed monastic rules, brought in better-educated clergy, had new churches built, established schools, and encouraged the copying of both English and Latin manuscripts.

(From C. M. Millward, *A Biography of the English Language*, 1996, pp. 80～81)

연습문제

1. 게르만족(Germanic tribes)의 영국(Britain) 침입 순서가 알맞게 배열된 것은?

   1) Jutes → Angles → Viking　　2) Jutes → Saxons → Angles
   3) Saxons → Angles → Jutes　　4) Saxons → Jutes → Angles

2. 고대영어의 음운체계에 있어서 나중에 철자 'th'로 교체된 것은?

   1) β (beta)　　2) α (alpha)
   3) þ (thorn)　　4) ƿ (wynn)

3. 고대영어(OE)의 형태 체계에 대한 설명 중 잘못된 것은?

   1) OE was still a heavily inflected language.
   2) OE included four cases, three genders, two tenses, and three persons.
   3) OE Personal Pronouns had the category of dual.
   4) OE *-lic* (PDE *-ly*) was originally an adverb suffix.

4. 다음 고대영어의 통사체계에 대한 설명 중 잘못된 것은?

1) 'to-infinitive'를 나타내기 위해 'to'를 사용하지는 않았다.
2) 의문문은 주어 앞 (before subject)에 동사를 이동시켜 만들었다.
3) 부정문, 의문문을 만들기 위해 'do'를 사용하였다.
4) 부정문은 단순히 동사 앞에 'ne'를 위치시켜 만들었다.

5. 영국에 건너온 게르만족이 아닌 것은?

1) Angles
2) Saxons
3) Celts
4) Jutes

6. 게르만어를 사용한 민족이 공통으로 사용한 루운 문자에 해당하는 것은?

1) Þ (thorn)
2) β (beta)
3) α (alpha)
4) θ (theta)

7. 형태적으로 고대 영어는 여전히 굴절이 많은 언어였다. 다음 중 고대영어에서 형태적 특징이 아닌 것은?

1) two tenses
2) three genders
3) dual
4) the leveling of unstressed vowels

8. 고대영어의 통사체계에 있어서 문장의 어순에 대한 설명 중 틀린 것은?

1) 현대영어의 어순과 유사한 점도 있다.
2) S(주어)+O(목적어)+V(동사)의 어순도 있다.
3) 현대영어의 어순의 기본형인 S(주어)+V(동사)+O(목적어)도 있다.
4) 현대영어의 어순의 기본형인 S(주어)+V(동사)+O(목적어)로 고정되어 있다.

9. 아래 내용에 해당하는 고대영어의 방언은?

> 오늘날 현존하는 문헌이 다른 방언에 비해 월등히 많은 방언으로 윈체스터(Winchester)가 영국의 수도였을 때 궁정 언어(court language)였으며, 앨프레드(Alfred) 왕 시기 이후 문학 언어(language of literature)로도 널리 사용되었다.

1) Kentish　　2) Mercian
3) West Saxon　　4) Northumbrian

10. 다음 영국의 민족들에 대한 설명 중 잘못된 것은?

1) 브리튼족(Britons)은 영국의 원주민으로 알려졌다.
2) 영국에 들어온 최초의 켈트족(Celts)은 기원전 7세기 초에 들어온 것으로 추정된다.
3) 켈트족(Celtic)은 영국에서 인구어를 사용한 최초의 부족이었다.
4) 켈트족은 그들이 몰아낸 게르만족을 *Wealas*라고 불렀으며, 여기서 오늘날 쓰이는 *Welsh*가 유래하게 된 것이다.

11. 다음 고대영어(OE)의 자음에 대한 설명 중 잘못된 것은?

1) 연구개 폐쇄음 /k/는 2개의 변이음 [k] 및 [g]로 발음된다.
2) 고대영어의 자음에는 현대영어와 같은 묵음(silent)이 없다.
3) 고대영어에서의 /h/는 3개의 변이음을 가지고 있다.
4) 고대영어에서 'f, s, ð/þ'의 문자는 어느 위치에 오느냐에 따라 각각 2개의 변이음을 가지고 있다.

12. 다음 고대 영어 문헌에 대한 잘못된 설명은?

1) 고대영어로 쓰인 *Beowulf*는 오직 하나의 필사본만이 현존하고 있다.
2) *Beowulf*에 쓰인 방언은 고전 켄트(Classical Kentish) 방언이다.
3) 비드(Bede)가 쓴 교회사(Ecclesiastical History)는 10여 개의 필사본으로 남아 있다.

4) 캐드먼의 찬가(Cædmon's Hymn)는 노섬브리아 방언으로 쓰여진 것이다.

13. 영국이 *'England'*로 불리게 된 이유에 대한 설명으로 옳은 것은?

1) Angle족의 원거주지 Schleswig지방에서 나온 말이다.
2) Angle족의 땅, 즉 the land of the Angles의 뜻으로 'front mutation'현상에 의한 발음 변화로 형성된 것이다.
3) 로마인들이 영국에 온 게르만족을 Saxons라고 불렀고 여기서 유래하였다.
4) Bede의 『영국민교회사』에 등장하는 Angle족의 이름에서 막연히 나온 말이다.

14. Danelaw에 대한 설명 중 알맞은 것은?

1) Knut(Canute)왕이 덴마크를 다스릴 때 사용한 국법의 명칭이다.
2) Knut왕이 노르웨이, 덴마크 일부, 영국 등을 통치할 때 사용한 국법이다.
3) Alfred와 Guthrum이 맺은 'Treaty of Wedmore'에 의해 게르만 부족들이 살도록 정한 지역을 말한다.
4) Hadrianus황제가 영국 북쪽의 픽트족과 스코트족이 살도록 허락한 지역을 통칭한다.

15. 1100년 이전에 고대영어 시기에 주로 무역과 전쟁을 통하여 들어온 차용어(loan words)가 아닌 것은?

1) Celtic
2) Scandinavian
3) Latin
4) French

16. Norman Conquest로 인해 영국과 영어에 끼친 영향을 열거한 것이 아닌 것은?

1) French was used as the language of the common people.
2) the need to control the conquered by military force
3) a strong impact on the English church

4) the arrival of merchants and craftmen from the Continent

17. 다음 중 Anglo-Saxon Heptarchy에 속하지 않는 것은?

1) Northumbria
2) West Anglia
3) Mercia
4) Kent

18. 밑줄 친 부분에 넣을 가장 알맞은 것은?

> ______________ is undoubtedly the most important work in Old English poetry and has been preserved in a tenth century manuscript. It is a folk epic in the form of a narrative of the adventures of the young warrior, fighting and destroying monsters, and finally dying as a hero.

1) *Deor*
2) *Juliana*
3) *Beowulf*
4) *The Wanderer*

19. 『영국민교회사』를 쓴 사람은?

1) St. Bede
2) King Alfred
3) Julius Caesar
4) Cynewulf

20. 앵글로색슨 시기에 사용한 루운 문자(runes) 중에서 고대영국에서만 사용한 루운 문자는?

1) þ
2) ᚹ
3) ʍ
4) œ

Study Questions

1. 고대영어의 어순(word order)은 현대영어와 달리, OV 어순 및 VO 어순 구조를 모두 지니고 쓰였다. 이들 어순구조에 대하여 구체적인

고대영어 문장의 예를 들어가며 설명하시오.

2. 고대영어의 어휘에 관한 다음 영문을 읽고 물음에 답하시오.

> OE vocabulary was primarily Germanic, with comparatively smaller amounts of loans from Latin, Celtic and Old Norse, and a heavy reliance on compounding and affixation (mainly with native elements) as productive processes of lexical augmentation.

(가) 위 글에서 언급하고 있는 고대영어 시기의 어형성에 대한 두 가지 방법을 각각 몇 가지 예를 들어 설명해 보시오.

(나) OE 시기에 차용어가 비교적 적었던 이유가 무엇이었는지, OE 어휘의 특징과 관련시켜 설명하시오.

3. 고대영어의 인칭대명사의 특징을 현대영어와 비교하여 간단히 정리해 보시오.

4. 고대영어 시기에 켈트어에서 차용한 어휘(loan words)가 다른 언어에서 차용한 어휘에 비해 현대영어에 매우 적게 남아 있는 이유에 대하여 관련 문헌을 찾아 아는 대로 간단히 정리해 보시오.

5. 고대영국에 들어온 게르만족이 고대영어가 쓰이기 이전에 사용한 문자와 그 기원에 대해 아는 대로 설명하시오.

제 3 장

중세영어

Timeline: The Middle English Period

1066	헤이스팅스 전투에 의한 노르만인의 영국 정복
1095	1차 십자군 전쟁
1100	헨리 1세의 즉위
1189	리처드 1세가 헨리 2세의 뒤를 이어 즉위
1199	존 왕, 영국 왕위에 오르다
1205	존 왕, 노르망디의 토지를 상실
1215	존 왕, 마그나 카르타(Magna Carta)에 서명
1258~65	귀족들의 전쟁(The Barons' War)
1272	에드워드 1세의 즉위. 영어를 능숙하게 구사
1327	에드워드 3세, 영국 왕위에 오르다
1346	에드워드 3세, 크레시 전투(Battle of Crécy)에서 프랑스군을 대파
1337~1453	백년전쟁
1348~1351	흑사병(The Black Death). 전 인구의 30%가 죽다
1362	영국 의회 개원. 의장이 영어로 개회사를 하다 변호법(Statue of Pleading)의 통과. 다음 해 시행
1399	리처드 2세의 폐위. 헨리 4세의 즉위
1340~1400	초서(G. Chaucer)의 작품 활동
1381	농민들의 반란(The Peasants' Revolt)
1415	아쟁쿠르 전투(Battle of Agincourt)
1476	캑스턴(W. Caxton), 유럽에서 인쇄술을 도입
1489	영국 의회, 프랑스어 사용을 폐지하고 영어를 공식 언어로 사용
1509	헨리 8세의 즉위. 중세영어 시기 종료

3.1. 역사

24년간 영국을 통치하던 에드워드 왕(Edward, the Confessor)이 후계자 없이 1066년에 죽자, 고드윈 백작(Godwin)의 아들인 해럴드(Harold)가 영국 왕위에 올랐다. 그가 왕위에 오른 후 얼마 되지 않아 에셀레드 왕(Æthelred) 이후 잉글랜드와 밀접한 관계를 유지해 온 노르망디의 윌리엄 공작(William, Duke of Normandy)이 왕위 계승자임을 주장하며 1066년 9월 페븐시 만(Pevensey Bay)에 침략하여 해럴드가 이끄는 잉글랜드군과 헤이스팅스에서 전투를 벌였는데, 이것이 곧 헤이스팅스 전투(Battle of Hastings)이다.

해럴드는 이 전투에서 전사하고 윌리엄은 같은 해 크리스마스, 잉글랜드의 왕위에 올라 노르만 왕조(Norman Dynasty)의 초대 왕이 되었다. 윌리엄 정복왕의 영국 통치는 영국 제도(諸島)의 정치, 사회, 종교 및 언어에 막대한 영향을 초래하였다.

윌리엄 1세는 장남인 로버트(Robert Curthose)를 노르망디 공작에 봉하고 차남인 윌리엄(William Rufus)을 윌리엄 2세에 봉하였으나, 그가 사냥터에서 의문의 죽음을 당한 후 막내인 헨리가 왕위에 올라 헨리 1세(1100~1135)가 되었으며 또한 프랑스 북부의 노르망디도 독차지하게 되었다.

헨리 1세의 유일한 아들 윌리엄이 죽자 독일 황제인 하인리히 5세와 결혼한 그의 딸인 마틸다(Matilda)가 유일한 왕위 계승자로 예정되었다. 그러나 황제인 하인리히 5세가 죽자 마틸다는 잉글랜드로 돌아와 앙주(Anjou) 백작인 제프리와 재혼하여 첫 아들 헨리를 낳았는데, 그가 나중에 헨리 2세(1154~1189)가 될 인물이었다. 헨리 1세가 1135년에 죽은 뒤 윌리엄 1세의 딸인 아델라(Adela)와 블루아 백작 사이에서 태어난 아들 스티븐(Stephen of Blois)이 삼촌인 헨리 1세의 뒤를 이어 왕위(1135~1154)에 올랐으나, 후에 헨리 2세(1154~1189)에게 왕위를 물려주었다.

헨리 2세는 외교적 노력으로 웨일스, 스코틀랜드 및 아일랜드까지 주권을 행사하여 영토를 넓히는 한편, 앙주의 토지와 잉글랜드 본토 및 노르망디를 소유하게 되어 유럽에서 가장 강력한 통치자가 되었다. 그는 프랑스 왕 루이 7세와 이혼한 엘레오노르(Eleanor)와 결혼함으로서 푸아투(Poitou), 노르망디 및 아퀴텐(Aquitaine)의 공작이 되었으며 통치 내내 프랑스 왕으로부터 프랑스 영토를 지키는 데 시간을 보냈다.

헨리 2세는 4명의 아들을 두었는데, 이들 중 리처드가 1189년 헨리 2세의 뒤를 이어 왕위에 올랐으며 10년간 영국을 통치하였다. 리처드 왕이 후계자 없이 죽은 후, 후계자 계승 정책에 따라 조카인 아서가 왕위에 오르지 못하고 존(John)이 잉글랜드의 왕위(1199～1216)에 올랐으나, 프랑스와 전쟁이 끝날 무렵 프랑스 북부에 있는 모든 소유를 잃게 되었다. 프랑스 왕 필립(Philip)은 아퀴텐을 제외한 앙주 제국 전체를 빼앗았고 이로 인해 대륙과 잉글랜드 양쪽에 토지를 갖고 있던 잉글랜드의 귀족들은 필립 왕에게 토지를 몰수당했다. 그후 이들은 비로소 자신들이 영국인임을 처음으로 느끼게 되었다.

토지의 상실은 잉글랜드 귀족들의 분노를 자아냈으며 1215년 존 왕은 귀족들의 요구 사항을 승인하는 법적 절차를 밟게 되어 서명한 법령이 곧 대헌장으로도 불리는 마그나 카르타(Magna Carta)이다. 1216년 존 왕의 아들인 헨리가 헨리 3세(1216～1272)로 등극하면서 프랑스 북부가 지배하던 시기가 끝나고 프랑스 남부가 지배하는 시기가 시작되었다. 헨리 3세는 프랑스인을 영국에 불러들여 공직에 등용하였는데, 이로 인해 귀족들의 반란을 초래하게 되었으며 1258년 영국 최초의 성문법이라고도 할 수 있는 옥스퍼드 조항(Provisions of Oxford)을 발표하기에 이르렀는데, 이 조항을 주도한 사람은 헨리 왕의 여동생과 결혼한 프랑스 태생의 시몽 드 몽포르(Simon de Monfort) 백작이었다.

프랑스어는 에드워드 1세(1272～1307)의 통치시기까지 잉글랜드를 지배하였는데, 에드워드 왕은 영어를 유창하게 구사한 첫 번째 왕이었다. 프랑스어는 14세기 중반까지도 영국의 공식 언어로 계속 사용되었으나, 그 후 점차 영어로 대체되어 쓰이게 되었다. 이 시기에 프랑스어에서 영어로 바뀌게 된 두 가지 사건 중 하나는 1348년 영국 남부에서 발생한 흑사병(Black Death) 이였다. 당시에는 역병(great mortality)으로 알려진 흑사병의 창궐로 인해 영국은 1348년과 1351년 사이에 전체 인구의 3분의 1정도가 감소하였다. 흑사병은 6세기 이후 유럽을 휩쓴 이래 처음 발생한 것으로 당시 흑사병은 유럽 인구의 3분의 2를 공격하여 그 절반이 희생되는 결과를 초래하였다.

1377～1380년 사이에 전쟁자금을 조달하기 위해 '사악한 부조세(evil subsidy)'로 알려진 인두세가 부과되자 농민들은 드디어 1381년 6월 도시민과 함께 농민반란(Peasants' Revolt)을 일으켰다. 지배계급은 좋든 싫든 간에 노동자가 필요하였으므로 하층계급을 존중하지 않으면 안 되었으며, 이것은 이들의 유일한 언어였던 영어의 위세를 높이는 데 기여하였다.

흑사병의 결과, 임금은 치솟고 시골의 소작농(yeoman)과 도시의 중산층 — 이들은 모두 영어를 사용하였다 — 의 지위는 상승되었으며 이것이 영어 사용을 한층 더 부채질하였다. 수많은 교사와 학자들이 흑사병으로 죽었으며, 프랑스어와 라틴어에 정통한 이들의 죽음으로 교사가 부족해지자 많은 학교에서 영어를 주요한 교육 수단으로 채택하게 되었다. 이러한 현상은 1385년에 이르러 널리 시행되었고 심지어 대학과 수도원에서도 교육과정을 영어로 진행하기에 이르렀다.

영어가 영국에서 확고한 위치를 차지하게 된 두 번째 사건은 백년전쟁(Hundred Years War, 1337～1453)이었다. 영국과 프랑스 간의 간헐적인 전쟁에서 영국은 크레시(Crécy, 1346), 푸아티에(Poitiers, 1356), 아쟁쿠르(Agincourt, 1415)에서의 유명한 승리 등 몇 차례에 걸친 주목할만한 승리를 거두었으나, 결국 잔 다르크(Joan of Arc)의 활약으로 프랑스에 패배하고 칼레(Calais)항을 제외한 대륙에 가지고 있던 모든 영국의 보유지(holdings)를 상실하였다. 일단 영국이 프랑스에 가지고 있던 소유지를 잃어버리자, 영국인은 프랑스어를 배우고 사용할 중요하고 실질적인 이유도 잃어버리게 되었다.

1362년, 영국 의회가 개원하면서 역사상 처음으로 의장(chancellor)이 영어로만 개회사를 하였으며 같은 해에 '프랑스어가 이제는 영국에서는 많이 알려져 있지 않아 향후 모든 소송을 영어로 진행할 것'을 규정한 소위 변호법(Statute of Pleading)이라는 법령을 공포하였다. 따라서 영어는 법률 진행과정에서 쓰이는 공식 언어가 되었으며, 영국의 왕들도 한동안 영어를 사용하였다. 14세기에는 영어로 쓰여진 수많은 필사본이 엄청나게 증가하였는데, 15세기에 와서 영어는 프랑스어 또는 라틴어보다도 법률 문서에 더 많이 쓰이는 언어가 되었다.

런던 영어는 표준어가 되는 데 필요한 논리적이고도 합리적인 근거를 가지고 있었다. 런던 말은 원래 중세영어의 여러 방언 중에서 동중부 방언(East Midlands)에 속하였으나, 당시 런던에는 전국에서 사람들이 모여 들었으므로 이들이 사용한 서로 다른 방언이 런던 말에 어느 정도 영향을 끼치게 되었으며 그 결과, 런던 말은 이들 방언을 자연스럽게 절충시키는 방언이 되었다.

런던은 가장 큰 도시이며, 주요 항구 도시로서 영국에서 가장 큰 상업의 중심지 구실을 하였으므로, 런던에서 쓰이는 말도 자연히 그 위세를 지니게 되었으며, 웨스트민스터에 있는 왕실이 런던과 가까운 거리에 있었으므로 런던은 한층 더 매력적인 도시가 되었다.

15세기 말에 이르러 캑스턴(Caxton)에 의한 인쇄술이 영국에 도입되자, 인쇄업자들이 런던에 인쇄소를 차리고 런던 방언으로 책을 인쇄하기 시작하였는데, 이 책들이 영국 전역으로 퍼져 나감에 따라 런던 영어의 서체형(written version)이 널리 확산되기에 이르렀다. 15세기에 글을 읽고 쓸 줄 아는 사람들이 크게 늘어나면서 더 많은 사람들이 당시 부상(浮上)하는 표준 방언(즉, 런던 방언)을 접할 수 있는 기회를 더 많이 갖게 되었다.

1509년 헨리 8세(1509～1547)의 등극은 중세영어 시기의 마지막과 일치하며, 중세영어에서 근대영어로 넘어가는 전환기가 된다. 이 시기는 비록 구어체 영어가 지역에 따라 여전히 다양하게 쓰이기는 하였으나, 하나의 국어(national language)로서 영어가 단일한 표준어로 구체화되는 시기이기도 하다. 런던 영어는 물론 왕실의 언어인 동시에 초서(Geoffrey Chaucer, 1340～1400)가 사용한 영어이며, 초서의 시와 거의 동시에 나타난 성서 번역의 주역인 위클리프(Wycliffe)가 사용한 언어이기도 하였다.

3.2. 정자법(Orthography)의 변화

중세영어 시기에는 프랑스인 필사생들이 영어의 정자법과 철자에 영향을 끼치기 시작하였다. 고대영어 시기에 쓰이던 “ash”(æ) 및 “eth”(ð)가 쓰이지 않게 된 반면, 고대영어 시기부터 내려온 “thorn”(þ)과 “yogh”(ʒ)는 한동안 사용되었다. 그러나 이 두 문자도 필사생들의 사용 회피로 머지않아 사라져 버리고 각각 th 및 gh로 바뀌어 쓰이게 되었다.

이와 함께 프랑스어로부터 새로운 문자인 “j”, “v”(처음에는 어두에서 “u”를 나타내기 위해 쓰임), “q”(OE에서 “u”와 함께 쓰여 “cw”를 나타냄) 및 “z”(“s”와 함께 다양하게 쓰임)가 추가로 도입되었다. 아울러 OE 시기에 쓰인 루운 문자 “wynn”(ƿ) 대신 w를 써서 [w]를 나타냈다. 이를테면, 중세영어 시기의 앵글로-노르만 필사생들은 [v]를 나타내기 위해 OE *drifan* ‘to drive’, *seofan* ‘seven’의 예에 쓰인 f를 v로 바꿔서 사용하였다. 자음과 모음을 모두 나타내기 위해 v 및 u의 대륙음가를 따랐다. 따라서 이 시기에는 일반적으로 v는 어두에, u는 그 밖의 위치에 와서 쓰였다. e.g. *euer* ‘ever’, *euil* ‘evil’, *vndep* ‘undeep’ > ‘shallow’.

OE 시기에 쓰인 c의 변이음(allophone)인 [tʃ] 및 [k]는 중세영어 시기에는 정자법상 명확하게 구분해서 쓰였다. ch는 구개음을 나타내기 위해 도입되어 전설모음 앞에서 [tʃ]로 쓰였고(e.g. OE *cild* [tʃ] > ME *child*), c는 주로 후설모음 및 자음과 함께 쓰여 [k]로 발음되었다. e.g. *care* 'unhappiness', *cofre* 'coffin', *cunde* 'nature', *clerc* 'priest'. c가 전설모음 앞에서 [k]로 발음되는 예가 나타나는 경우에는 k로 바뀌어 쓰였다. e.g. OE *cyn/cynne* > ME *kin*, OE *cyning* > ME *king*.

중세영어 시기에 일어난 중요한 또 다른 변화로 OE *hw* > *wh*의 변화(e.g. OE *hwæt* > *what*), [ʃ]로 발음되는 OE *sc* (*fisc* "fish")의 *sh*로의 변화(때로는 *ss, sch*), OE *cw* [kw] (e.g. *cwēn* 'queen')의 프랑스어 *qu*로의 변화(라틴어에서 유래) 및 OE *cg* [dʒ] (e.g. *ecg* 'edge')의 *gg/dg(e)*로의 변화를 들 수 있다.

모음의 경우, 중세영어 시기의 필사생들은 흔히 겹모음(double vowels)을 써서 모음의 길이를 나타냈다. e.g. *rood* 'cross'. 또한, 자음 다음에 오는 어말의 강세를 받지 않는 e가 오면 주 모음이 장음임을 나타냈다. e.g. *fode* 'food'. 이 시기에 프랑스어 철자인 ou가 들어와서 장음 ū을 나타내기 위해 사용되었다. e.g. OE *hūs* > ME *hous*. 중세영어 말에 영국 전역의 표준어가 된 런던 방언의 경우에는 철자 *o*와 *e*만을 중복해서 쓸 수 있었는데 이것이 오늘날까지 계속되어 *beet, boot*와 같은 철자를 허용하게 된 계기가 되었다. 영국 북부에서 쓰인 스코틀랜드 영어에서는 모음 다음에 *i*를 붙여 모음의 길이를 나타냈다. *guid* 'good', *maid* 'made', *rois* 'rose'.

3.3. 발음의 변화

중세영어 시기에 쓰인 자음은 고대영어 자음에 비해 현대영어 자음에 더 가깝다. 이것은 곧, 중세영어의 자음체계가 비교적 안정적인 체계를 유지하면서 쓰였음을 의미한다. 그러나 모음체계는 이 시기에 많은 변화가 일어나서 영어의 굴절 구조에 커다란 결과를 초래하였다. 다음에 중세영어에 나타난 자음의 변화를 먼저 살펴보기로 한다.

3.3.1. 자음의 변화

중세영어 자음에 나타난 주요 음운 변화(major sound changes)는 다음과 같은 5가지로 요약할 수 있다(Horobin & Smith 2002, Singh 2005, Fennell 2001, 박영배 2010).

(1) 유무성 마찰음의 개별 음소화 현상

현대영어에서는 *house* (noun) 및 *house* (verb)의 어말 자음의 발음은 [s] 및 [z]에서처럼 각각 다른 음소로 발음된다. 그러나 고대영어에서는 부정형 *hūsian* (verb)과 명사형인 *hūs*에서 각각 발음되는 [z] 및 [s]는 현대영어와 달리, 같은 음소의 변이음으로 쓰였다. 고대영어에 쓰인 [f]/[v], [θ]/[ð]도 각각 같은 음소에 속하는 무성/유성 마찰음으로 쓰인 변이음들로서, 각 쌍의 전자는 어두 및 어말에 쓰이고 후자는 어중에서 쓰였다.

이처럼 지난 500년간 유성/무성 마찰음의 대조 없이도 불편 없이 사용되어 온 고대영어 자음의 변화가 중세영어 시기에 와서 일어난 주요 원인은 프랑스어 및 라틴어 차용어의 영향 때문이다. 프랑스어에는 이미 /f/와 /v/의 음소 구분이 가능하였으므로, 영어에서도 프랑스 차용어인 *vine/fine*의 구분과 프랑스 차용어 *vetch, view, vile*과 이에 대응하는 영어 *fetch, few, file*을 각각 구분하기 위해서 [v]음을 발음하지 않으면 안 되었다. 그러나 프랑스어는 어두 위치에 [z]음이 없기 때문에 [θ], [ð]음을 전혀 발음하지 못하였을 뿐만 아니라, [f]/[v]

의 대조를 나타내는 차용어의 수가 많지 않았다.

유성 마찰음이 쓰이게 된 또 다른 원인은 어말 모음의 상실(loss of final vowels)이다. 고대영어에는 마찰음이 유성음 사이에 있을 때에만 유성음으로 발음되었다. 앞에서 예로 든 *hūsian* 'to house'이 좋은 예이다.

중세영어 시기에 무성 마찰음 /f/, /θ/, /s/가 각각 이에 대응하는 유성 마찰음을 발달시켰으나, /ʃ/에 대응하는 유성 마찰음 [ʒ]는 초기 현대영어 시기에 와서 음소가 되었으며 극히 제한된 환경에서 쓰였다.

(2) 자음군에 대한 노르웨이어의 영향

skyrte 'skirt'는 고대영어 이전의 선사시기부터 쓰여 왔으나 음 변화가 일어나면서 [ʃ]로 발음되었다. 고대영어 시기 말에 이르러 노르웨이어의 어형이 영어에 차용되면서 동계어인 *scyrte* 'shirt'와는 의미 구분이 뚜렷해지게 되었다.

(3) 장자음의 상실

고대영어에는 단자음과 장자음을 구분하여 장자음이 음소로 쓰였는데(O.E. *man* 'one', *mann* 'mankind, man'), 고대영어 말에 와서 단자음과 장자음의 구분이 없어지고 중세영어 말에 이르러서는 모든 위치에서 이러한 구분이 상실되었다.

(4) 어두음 /h/의 상실

중세영어 시기에 자음 /h/는 어두 자음군 /hl/, /hn/, /hr/에서 규칙적으로 탈락하였다. 다음에 몇 가지 예를 제시하기로 한다.

	OE	ME	
[hl] > [l]	hlēor	lere	'complexion'

	hlaford	lord	'lord'
[hn] > [n]	hnappian	nappe	'to sleep'
	hnutu	nute	'nut'
[hr] > [r]	hraþor	rather	'sooner'
	hrof	rof	'roof'

일부 방언에서는 /h/가 /w/ 앞에서도 탈락하였으나, 다른 방언에서는 오늘날까지 /hw/를 그대로 유지하고 있다(*what*, *whale*, *whimper*, etc.).

(5) 어두 자음군 *sw*, *tw*의 음 변화

중세영어 시기에 일어난 음 변화의 하나로 어두 자음군 sw, tw에서의 w의 탈락을 들 수 있다. 이들 자음군은 음 변화의 결과 후설 모음 앞에 오면 OE *swā* ([sw]) 및 *twā* ([tw])에서 *so* ([s]) 및 *two* ([t])로 각각 변하였다. e.g. OE *swuster* [swustɛr] > *suster* [sustər] 'sister'.

위에서 살펴본 5가지 주요 음 변화 이외에도 중세영어 시기에 일어난 3가지 작은 음 변화(minor sound changes)로는 다음과 같은 것들이 있었다.

(1) 우선, 고대영어에서 음소 /g/의 변이음으로 쓰인 [ɣ]는 [l] 및 [r] 다음에 오면 규칙적으로 유성음화하거나 반모음 /w/가 되었다(*swelgan* 'to swallow' > *swolwen, fēolaga* 'partner' > *felawe*). OE *morgan* 'morning' 및 *sorg* 'sorrow'는 중세영어에서 각각 *morwen*과 *sorow*가 되었다.

(2) 다음으로, 고대영어에서 매우 흔히 쓰인 접두사 *ge*-(/jɛ/ 또는

/jɪ/로 발음됨)는 어두 자음을 상실하고 약화되어 남부 방언에서 i-, y-가 되었고 중부 및 북부 방언에서는 모두 사라져 버렸다. e.g. OE *genōg* 'enough' > ME *inough*, *genumen* 'taken' > *inome(n)*.

(3) 마지막으로, 반모음 /w/는 /s/나 /t/ 다음에 와서 탈락하였다. 그러나 철자에는 때때로 그대로 남아 쓰였다. *sword*, *sister*(OE *sweostor*), *such*(OE *swilc*), *sough*(OE *swōgan*), *two*. /w/는 *swallow, swim, swelter, twin, twain*와 같은 어휘에서는 /s/나 /t/ 다음에 와도 그대로 쓰였다.

이밖에도 고대영어 시기에 쓰인 자음 중에서 단이중모음(monophthong) 다음에 와서 유성음화하여 새로운 이중모음을 형성하였다. e.g. *dai* 'day' (cf. OE *dæg*), *drawe(n)* 'draw'(=verb, cf. OE *dragan*), *spewe(n)* 'spew' (cf. OE *speowian*).

3.3.2. 모음의 변화

다음에 제시한 것은 고대영어의 모음이 중세영어에 와서 변화한 것을 보여주는 예이다. 첫 번째 모음의 그룹은 공명자음(l, n, r) 앞에서 어두 자음 h의 탈락을 보여주는 예들이고, 두 번째 그룹은 어말 자음의 탈락 및 세 번째 그룹은 자음군 /sw/의 단순화를 보여주고 있다.

	Old English(OE)		**Middle English(ME)**		**Meaning**
[1]	hlaford	[hla:vɔrd]	lord	[lɔ:rd]	lord
	hanppian	[hnæpjan]	nape	[napə]	nap
	hlæne	[hlæ:ne]	leane	[lɛ:nə]	lean
	hnutu	[hnʊtʊ]	nute	[nʊtə]	nut

	hring	[hrɪηg]	ring	[rɪηg]	ring
	hrof	[hro:f]	rof	[ro:f]	roof
[2]	drivan	[drivan]	drive	[dri:və]	drive
	lihtlic	[lɪxtliç]	lightly	[lɪxtli]	lightly
	anlic	[ɑ:nliç]	onli	[ɔ:nlɪ]	only
[3]	swuster	[swʊstɛr]	suster	[sʊstər]	sister

OE 모음의 대부분은 적어도 규칙적인 발달로 보면 중세영어 시기에는 변하지 않았다. 그러나 모음과 이중모음 18개 중에서 8개는 모음 음질의 변화(qualitative changes)가 일어났다.

(1) 평순음화. OE 시기에 일부 방언에서 /y/ 및 /y:/는 각각 /ɪ/ 및 /ɪ:/로 평순음화하였다. 서중부 지역(West Midlands)에서는 이들 전설음이 ME 시기 후기까지 *u*로 표기되어 원순모음으로 쓰였으나, 남부 지역에서는 OE 시기에 이미 각각 /ɛ/ 및 /e:/로 평순음화하여 ME 시기에 쓰이다가 중세영어 말에 모든 방언에서 /ɪ/ 및 /ɪ:/로 쓰이게 되었다.

(2) OE /æ/는 중세영어 시기 말에 모든 방언에서 /ɑ/로 변했다. glæd > glad. 그러나 문자 <a>가 /æ/와 /ɑ/를 어느 정도 나타내는지 확실치 않다. 남부 방언에서는 OE /æ/가 ME 시기에 /ɑ/가 아닌 /ɛ/로 변했다.

(3) OE 서색슨 방언에는 /æ/를 나타내는 기호는 단 하나밖에 없었으나, 다른 방언에는 두 개의 다른 음소가 쓰였으며, 이들 음소는 어

원이 각각 달랐다. 그중 한 음소는 서게르만어 /*ɑː/에서 온 것으로, 서색슨 이외의 방언에서 /eː/로 되었고, ME 시기에 그대로 쓰였다. 다른 한 음소는 OE /ɑː/의 *i*-umlaut에 의해 생긴 것으로 ME 시기에 영국 대부분의 지역에서 이미 /ɛː/로 쓰였다.

(4) OE /ɑː/는 북부 방언을 제외한 모든 지역에서 중세영어 시기를 거치는 동안 /ɔː/가 되었다.

(5) OE 이중모음 /eːə/, /eə/ 및 /æːə/, /æə/는 중세영어에서 schwa(/ə/)의 탈락으로 인하여 모두 단모음(pure vowels)으로 변했다. *feallan* > *falle(n)* 'to fall', *heorte* > *herte* 'heart', *lēaf* > *leef* 'leaf', *sēon* > *see(n)* 'to see'

만일 고대영어의 모음이 앞에서 설명한 대로 규칙적인 변화만 했더라면 중세영어의 모음체계는 'OE 모음체계'에 비해 훨씬 더 단순했을 것이다. 그러나 실제로 ME 모음체계는 이보다 더 복잡하여 여러 음운의 발달로 인해 단모음 /ə/와 장모음 /ɑː/가 중세영어 모음체계에 추가되었고 다른 음 변화와 프랑스 차용어의 영향으로 7개의 새로운 이중모음이 영어에 추가되었다. 우선 단모음부터 설명하기로 한다.

ME 시기의 중설 단모음 /ə/는 무강세 음절에서만 쓰였다. 고대영어 시기에 쓰인 /ɑ/, /ɛ/, /ɔ/, /ʊ/는 중세영어에서 무강세 음절에 쓰여 모두 /ə/로 변했다(철자는 "*e*"로 씀). 그 반면, 이와 똑같은 환경에서 쓰인 단모음 /ɪ/는 변하지 않고 현대영어에 그대로 쓰이고 있다. 이러한 모음의 변화는 결국 영어에 남아 있던 굴절어미의 상실을 초래한 요인이 되었다.

중세영어 시기에 쓰인 /ə/는 두 개의 자음 사이에 와서 소위 기생모음(parasitic vowel)으로 발달하였는데, 철자는 여러 가지로 쓰였으나,

*e*가 흔히 쓰였다('기생모음'은 흔히 '삽입모음' epenthetic vowel이라고도 함). *þurh* > *thorow* 'thorough', *setl* > *setel* 'seat', *ǣfre* > *ever, swefn* > *sweven* 'dream'.

한편, 고대 노르웨이어에서 차용한 *skin, egg*에는 각각 단모음 /ɪ/ 및 /ɛ/, 고대 프랑스어 차용어 *test, part*에는 각각 /ɛ/ 및 /ɑ/가 있어서 이들 차용어의 단모음이 ME 단모음에도 영향을 끼치는 한 가지 요인이 되었다.

다음으로 장모음에 관해 설명하겠다.

중세영어 장모음체계가 고대영어 장모음체계와 다른 점은 /y:/ 및 /æ:/의 상실과 /ɛ:/ 및 /ɔ:/의 추가에 있다. 또한 OE /uɣ/ 및 /u:ɣ/가 중세영어에서 완전히 유성음화하여 /u:/로 변하였다. ME 장모음에 차용어가 끼친 영향으로는 고대 노르웨이 차용어인 *root*(/o:/), *thrive*(/i:/)와 고대 프랑스 차용어인 *beste* 'beast'(/ɛ:/)가 있다.

위의 예에서도 알 수 있듯이, 고대영어 장모음 /ɑ:/는 중세영어에서 /ɔ:/로 변했으나, (1) 영어 자체에서의 모음과 (2) 차용어의 모음 두 가지 형태로 그대로 쓰였다. (1)의 경우에는 '열린 음절의 장음화(open syllable lengthening)현상'(열린 음절의 /ɑ/ 및 /æ/)에서 온 것이다(다음 절 참조). 가령, OE *bāþian, blæse*는 중세영어에서 각각 *bāthe, blāse* 'blaze'로 변했다. (2)의 경우에는 프랑스 차용어로 인해 일어난 변화로, OF *save*(/ɑ/)가 중세영어에서 *save*로 변하였다.

다음으로, OE 이중모음은 모두 중세영어에서 단모음으로 변했으나, OE [w], [j], [v]음이 두 개의 모음 사이에 와서 자음의 모음화(vocalization)가 일어나 새로운 이중모음이 나타나게 되었다. 이와 함께, 프랑스 차용어로 인하여 /ʊi/, /ɔi/의 두 개의 이중모음이 형성되었으며, 이들 이중모음은 후에 대부분의 영어 방언에서 /ɔi/로 합쳐졌으나, 일부 영어 방언에서는 아직도 이 두 이중모음을 구분해서 쓰기도 한다. 이중모음 /iʊ/ 및 /ɛʊ/는 ME 시기에도 드물게 쓰였으며 후에 합쳐져서 현대영어에서는 /ʊ/ 또는 /jʊ/로 쓰이고 있다. 이 시기에 새로 형성된 7개의 이중모음은 다음과 같다.

(1) ME /iʊ/: OE [īw] 및 [ēəw]에서 형성된 것이다. OE *spīwan* > ME *spewe(n)* 'spew', *trēowe* > *trewe* 'true'.
(2) ME /ɛʊ/: OE [ǣw] 및 [ǣəw]에서 형성된 것이다. *fēawe* > *fewe* 'few', 두 번째 인용한 이중모음은 고대 프랑스 차용어에서 형성된 것임. OF *neveu* > ME *neveu* 'nephew'.
(3) ME /ɑu/: OE [ɑw], [ɑɣ], [ɑx]에서 형성된 것이다. OE *clawu* > ME *claw* 'claw', *awiht* > *aught*. 고대 프랑스 차용어에서 온 것도 있다. OF *cause* > ME *cause*.
(4) ME /ɔu/: OE [ōw], [ɔɣ], [ɔx]에서뿐만 아니라, OE [ɑ:w], [ɑ:ɣ], [ɑ:x]에서 형성된 것이다. OE *boga* > ME *bowe* 'bow', *blōwan* > *blowe*, *dohtor* > *doughter* 'daughter'.
(5) ME /æi/: OE [æj], [ɛj], [ej], [æəx]에서 형성된 것이다. OE *dæg* > ME *dai* 'day', *weg* > *wey* 'way'.
(6) ME /ʊi/: 고대 프랑스 차용어에서 온 것이다. OF *bouillir* > ME *boille(n)* 'boil', OF *point* > ME *point*.
(7) ME /ɔi/: 고대 프랑스 차용어에서 온 것이다. OF *noyse* > ME *noise*, OF *choisir* > ME *chois* 'choice'.

후기 영어사에서 중세영어 시기에 일어난 모음의 장단(長短) 변화(quantitative changes)는 모음 음질의 변화보다 훨씬 더 중요하다. 음소로서의 모음의 길이는 중세영어에서 그대로 유지되었으나, 모음의 길이가 예측가능해지고 잉여적인 성격을 점점 더 띠게 되면서 그 중요성은 크게 감소하였다. 따라서 이 시기에 일어난 모음 장단의 변화로 인해 궁극적으로 초기 현대영어(Early Modern English)에서 모음 간의 장단 구분이 상실되는 결과를 가져오게 되었다.

(1) 단모음의 장모음화(vowel lengthening) 고대영어 초기만 해도 단모음은 일정한 자음군(유음 <liquids> 또는 비음 다음에 동위치 유성 파열음<homorganic vd. plosive>이 오거나, /r/ 다음에 /s/, /ð/, /l/이 올 때)앞에 와서 장모음이 되었다. OE *cild* [tʃɪld] > ME *chīld* [tʃi:ld], eOE *climban* > ME *clīmbe*; OE *feld* > ME *fēld* 'field'. 이 장모음화는 한 음절에서 강세를 거의 받지 않는 단어(ex: *and*, *under*)에는 일어나지 않았으며, 한 단어에서 세 번째 오는 자음 다음에 자음군이 와도 장모음화가 되지 않았다. OE *childru* > ME *childrene*. ModE *children* [tʃɪldrən].

방언에 따라 차이는 있으나, OE 장모음화는 다음과 같은 경우를 제외하고 14세기에 다시 단모음화 하였다.

- i, o+mb eOE *climban* > ME *clīmbe*
  (예외: *u* 다음에 *mb*가 올 경우: OE *dumb* > ME *dumb*)
- i, u+nd eOE *grindan* > ME *grīnde(n)*
  (예외: 모음 다음에 *nk*가 올 경우: OE *scrincan* > ME *scrince (n)* 'shrink')
- 모음+ld eOE *hold* > ME *hōld*
  eOE *milde* > ME *mīlde*
  eOE *weald* > ME *wēld* 'forest'

13세기에는 단모음 /ɑ/, /ɛ/, /ɔ/가 2음절어의 열린 음절에서 다음과 같이 장모음화 하였다. 열린 음절은 모음으로 끝나는데 반해, 닫힌 음절은 어중(word-medially)에서 중자음으로 끝난다. 2음절어에서 모음 사이에 오는 단자음은 두 번째 음절에 속하며 첫 번째 음절은 열린 음절이 된다. ex. OE *name* [nɑmɛ] > ME [nɑ:mə].

OE *gatu* > ME *gāte* 'gate'
OE *stelan* > ME *stēle(n)* 'steal'
OE *hopa* > ME *hōpe* 'hope'

13세기 후반으로 오면, /ɪ/ 및 /ʊ/는 열린 음절에서 장모음화 하였으나, 이 현상은 모음의 하강과 동시에 일어났다. 즉, /ɪ/는 /ē/로, /ʊ/는 /ō/로 하강(lowering)하였다. 그러나 이 장모음화는 널리 쓰이지는 못하였다.

OE *pise* > ME *pēse* 'peas'(예외: *ficol* > *fikel* 'fickle')
OE *wudu* > ME *wōde* 'wood'(예외: *hulu* > *hule* 'hull')

(2) 장모음의 단모음화(vowel shortening) 이것은 10세기 초반에 시작되어 강세를 받는 닫힌 음절(stressed closed syllables)에 오는 장모음이 단모음화 한 것이다(인용 예: OE > ME).

OE *sōfte* > ME *softe* 'soft', *gōdsibb* > *godsib* 'gossip'
cēpte > *kept* 'kept', *scēaphirde* > *scepherde* 'shepherd'
hydde > *hidde* 'hid', *wīsdom* > *wisdom* 'wisdom'

단모음화가 *-st* 앞에서 항상 일어난 것은 아니었다. OE *lāst* > ME *last* 'track, last', OE *rūst* > ME *rust* 'rust'로 단모음화 한 반면, OE *gāst* > ME *gōst*, OE *crīst* > ME *Chrīst*로 장단의 변화가 일어나지 않은 것도 있다.

만일 두 개 또는 그 이상의 무강세 음절 다음에 강세 음절이 오면 강세 음절의 모음은 항상 단모음화 하였다. 이 음운 규칙은 현대영어에서 아직도 쓰이고 있는 *Christ/Christmas* (ME *Chrīst/Christesmesse*), *break/breakfast* (ME *brēke/brekefast*)의 상이한 모음을 잘 설명해 준다.

열린 음절인가 또는 닫힌 음절인가에 따라 장모음화 또는 단모음화가 되는 음운 과정은 똑같은 단어 또는 어근(root)이라고 할지라도 품사가 다르면 모음이 다르게 쓰이는 결과를 초래하였다. five/fifteen, wise/wisdom, staff/(pl.)staves 등 많은 예가 현대영어에 남아 쓰이고 있다. 약변화 동사의 경우, 과거형과 과거분사 어미에 /t/나 /d/를 붙여 불규칙 동사로 되었다.

ME	ModE
hīde(n): hidde	*hide: hid*
kēpe(n): kepte	*keep: kept*
slēpe(n): slepte	*sleep: slept*
hēre(n): herde	*hear: heard*

(3) 무강세 모음의 상실 강세를 받지 않는 어말 -*e*(/ə/로 발음)는 탈락되었다. 그러나 시(poetry)에서는 운율 분석에 맞추어 -*e*의 발음이 선택적으로 쓰였다.

OE	Early ME	Late ME
heorte 'heart'	*herte* [hɛrtə]	[hɛrt]
milde 'mild'	*milde* [mīldə]	[mīld]

sōna 'immediately' *sone* [sōnə] [sōn]

strengþu 'strength' *strengthe*[strɛnkθə] [strɛnkθ]

중세영어 말에 굴절어미의 무강세 *-e* 또한 자음 앞에 와도 탈락되었다. *e*는 복수 어미 *-es*나, 3인칭 단수 현재 어미 *-es, eth* 그리고 과거 및 과거분사 어미 *-ed*로 여전히 쓰이기는 하였으나, 발음하지는 않았다(현대영어 *wishes, judges, wanted, raided*에서는 아직도 발음됨).

이처럼 중세영어 시기의 굴절체계에 커다란 변화가 일어나서, 무강세 어말 모음이 약화되고 후에 상실되면서 형용사와 부사의 음운상의 구분이 없어지게 되었다. 가령, 고대영어에서 부사와 형용사의 주격형을 구분할 때 부사에는 *-e*(OE *dēop* 'deep'/*dēope* 'deeply', *heard* (adj.)/ *hearde* 'hard'(adv.)를 붙였는데, 중세영어에서 *-e*가 없어지면서 형태상으로 형용사와 부사를 구분할 수 없게 되었다. 현대영어의 *hard, fast* 등과 같은 어휘는 이렇게 하여 생긴 것이다. 중세영어 이후 많은 부사가 형용사와 구분하기 위해 *-ly*를 붙여 사용하게 되었다.

프랑스 차용어에서 온 어말 *-e*는 영어 어휘의 어말 -e와는 달리 중세영어에서 그대로 쓰였는데, 그 이유는 차용어가 어말에 강세가 오는 프랑스어의 강세 규칙을 그대로 따랐기 때문이다. 그러나 그 후 계속된 시기에서는 강세가 어두로 이동하여 쓰이게 되었다. ME *cite* 'city', *purete* 'purity'는 현대영어에서 아직도 어말 모음이 그대로 남아 쓰이고 있다.

3.4. 어휘

11세기 중엽 영어 어휘자원의 대부분은 5세기에 고대 영국에 들어온 앵글족, 색슨족 및 주트족이 사용한 여러 방언에서 발달한 게르만어에서 유래한 것이었다. 이들 어휘 중에는 이미 라틴어에 동화된 것도 있었고, 10~11세기에 일찌감치 영어에 들어온 프랑스어도 소수이기는 하였으나 이 시기에 사용되었다.

그러나 노르만인들이 영국을 정복한 이후 중세 영국에서 쓰인 영어, 즉 중세영어의 어휘에는 많은 변화가 일어나서 수 천 개의 프랑스 차용어가 들어와 쓰였다. 그 결과, 고대영어 토착어휘의 상당수가 사라지고 수백 개의 프랑스어가 영어에 흡수되어 쓰이게 되었다. 오늘날 쓰이는 현대영어의 핵심 어휘 중 상당수는 원래 프랑스어에서 유래한 것이나 발음, 구조 및 철자에서 영어에 완전히 동화되어 쓰이고 있는 것들이다.

고대영어에서는 어휘형성의 방법으로 두 개 또는 그 이상의 어휘를 결합하여 하나의 새로운 어휘를 생성하는 방법인 복합법(compounding)이 흔히 쓰였고 오늘날까지 이 방법은 계속해서 쓰이고 있다. OE *deofol-gyld-hus* 'heathen temple'. 그러나 중세영어 시기에 쓰인 복합법은 고대영어 또는 현대영어에 비해 그리 흔히 쓰인 어휘형성법은 아니었다. 그것은 이 시기에 다른 언어로부터 풍부한 차용어가 들어와서 쓰였기 때문이다. 중세영어 시기에는 새로운 복합어가 만들어져서 쓰였는데, 옥스퍼드 영어사전(OED)에서 1320년에 쓰인 복합어를 검색해 보면 다음과 같은 복합어들을 찾아볼 수 있다. 그러나 이들 복합어의 의미가 어떤 것이었는지는 분명치 않다.

> barehead, blindwharved, church-hawe, dunghill, foot-hot, glow-worm, love-drink, polecat, shoulder-bone

고대영어에서는 다음과 같은 파생접미사(derivational suffixes)를 써서 추상명사를 만들어 사용하였다. *-dom, -hede* (*-hade*, etc.), *-lac*, (*-lec*, etc.), *-ness, -ship, -ung* (*-ing*, etc.). 이들 접미사 중 상당수가

중세영어에서 활발하게 사용되었다. *fredom, liklihede, worship, makying* (모두 초서 작품에서 인용). 로망스어(프랑스어, 이탈리아어 등)에서 유래한 아래 접미사 중에도 고대영어 접미사와 동일한 기능으로 도입되어 쓰였다. *-acy, -age, -al, -aunce* (*-ence*, etc.), *-(a) cioun, -(e)rie, -ite, -ment*. 초서의 작품 『*Canterbury Tales*』에는 *kingdom, cristendom*에서처럼 *-dom*에 의해 형성된 어휘가 45개에 불과한 반면, *pilgrimage, avauntage, visage*와 같이 *-age*를 붙여 만든 어휘의 예는 무려 389개에 이르고 있다. 이것은 곧 이 시기에 프랑스 접미사가 고대영어 시기에 비해 한층 더 흔히 쓰였을 뿐만 아니라, 훨씬 다양하게 쓰였음을 암시하고 있다.

고대영어에 쓰인 *-er(e), -el, -ling*과 같은 접미사는 이 시기에 행위자 명사를 형성하여 쓰였는데, *worshiper, allwaldend, fosterling*과 같은 예가 있다. 로망스어에서 새로 만들어진 접미사들, 즉 *-ant, -ard, -arie, -erel, -esse, -ist, -istre, -our*와 같은 것들은 이 시기에 와서 *servant, niggard, secretary, ministre, conquerour*와 같은 어휘에 쓰였다.

고대영어에서 형용사를 만드는 접미사(*-ed, -en, -fold, -ful, -ig*, (*-y*, etc,), *-less, -ly* (*-lich*, etc.), *-som,* (*-sum*, etc.), *-ward, -wise* 등은 이 시기에도 여전히 사용되었다. *thousandfold, blisful, homeward, other-wise*. 로망스어에서 온 접미사들, *-able, -al, -ive, -ous* 등도 중세영어에서 *mesurable, moral, jalous* 등과 같은 어휘로 쓰였다.

중세영어 시기에는 게르만어에서 유래한 토착영어와 라틴어 또는 프랑스어에서 들어온 차용어 사이에 유사한 의미를 지닌 동의어가 많이 쓰였는데, 그중 몇 가지 예를 들어보기로 한다.

Germanic	**Latin / French**
-dom/-hood (freedom, likelihood)	-ity (liberty, probability)

-hood (boyhood)	-ence (adolescence)
-ful (sinful)	-al (not moral)
-ing (beginning)	-ment (commencement)
-ship (worship)	-ation (adoration)

중세영어 시기 이후에는 다른 언어에서 들어온 차용어로 인해 의미 변화가 계속해서 일어났다. 가령, 앞에 제시한 동의어 목록에서도 알 수 있듯이, *beginning*과 *commencement*는 중세영어에서 동의어로 쓰였다. *commencement*가 1250년에 영어에 처음 들어와 쓰였을 때에는 '시작할 시간'(time of beginning)이란 뜻으로 쓰였고 이 의미는 오늘날까지도 살아서 쓰이고 있다. 1387년에 이르러 *commencement*는 '학위(석사/박사)를 취득하다'란 의미로 문헌에서 입증되었다. 그리하여 Commencement Day라는 표현이 1606년에 처음으로 문헌에 쓰이고 오늘날에 와서는 *commencement*가 학문적인 용어로 널리 쓰이게 되었다.

중세영어 시기에 쓰인 어휘 중에는 프랑스어와 영어가 혼합된 혼성어휘도 많이 사용되었다. *courtship* > F. *court*+E. *ship*. 이러한 현상은 노르만정복 이후 중세 영국에 들어온 엄청난 수의 프랑스어의 유입이 고대영어 어휘에 유지되어 온 게르만 어휘에 영향을 미치면서 중세영어 어휘가 한층 더 이질적인 어휘자원으로 발전했다는 것을 의미한다.

중세영어 시기에는 프랑스어에 영어의 접사가 붙어 이루어진 혼성어(hybrid)로 쓰인 예는 무수하게 나타나는데, 프랑스어에 영어의 접사(-ness)가 붙어 형성된 어휘 *faintness*(14세기 말), *closeness*, *simpleness*(Shakespeare), *materialness*(Ruskin), *abnormalness* (Benson), *-ly*가 붙어 형성된 형용사(*courtly, princely*, etc.), *-ly*가 붙어 형성된 부사(*faintly, easily, nobly*, etc.), *-ful*이 붙어 형성된 형용사

(*beautiful, dutiful, powerful, artful*, etc.) 및 *-less*로 이루어진 형용사 (*artless, colourless*, etc.), *-ship*으로 이루어진 명사(*courtship, companionship*, etc.) 및 *-dom*(*dukedom, martyrdom*, etc.) 등 무수한 혼성어가 이 시기를 거치면서 문헌에 사용되었다.

중세영어 초기에 영어에 차용된 라틴어는 구어에서 들어온 차용어들이었고(ex. *benedicitee, collatio, pater noster, dirige*), 성직자와 학자들 간에 쓰인 구어체 라틴어가 구어체 영어(spoken English)에 직접 들어와 사용되었을 것이 분명하다. 그럼에도 문학이나 신학을 통해 들어 온 서체어로 된 라틴어에 비교하면 구어체 라틴어의 수는 많지 않다.

수백 개의 라틴어가 1200~1400년 사이의 중세영어 시기에 들어와서 쓰였는데, 학문상의 어휘자원을 엿볼 수 있는 라틴어의 예를 몇 개만 인용해 보더라도 *adjacent, custody, frustrate, history, inferior, lunatic, moderate, necessary, prosecute, rational, solitary, sum mary, testimony, ulcer, zenith* 등이 있다.

영어에 끼친 라틴어의 영향은 주로 신학 작품이나 학술에 관한 작품을 통해 들어왔으며 이들 작품은 13~14세기에 영어로 번역되기 시작하였는데, 이 과정에서 영어 어휘, 특히 철학이나 추상 또는 학문상의 개념을 표현하는 어휘에 심각한 격차가 드러났다. 앨프레드 왕 시기에 활동한 번역가들도 이와 똑같은 격차를 이미 느꼈으므로, 일부는 차용으로 채웠으나 대부분은 라틴어 어휘를 번역차용(loan translation)하는 형식으로 이들의 빈자리를 채웠다. ex. *foresprǣc* (preface), *midwyrþa* (collaborator).

3.5. 문법

중세영어 시기에는 고대영어에 쓰인 복잡한 굴절어미의 상실로 인해 중세영어의 굴절어미가 매우 단순화되어 문법성(文法性)이 없어지고 그 대신 자연성(自然性)이 쓰이게 되었다. 명사의 경우에는 대부분의 굴절어미가 없어지고 격구분도 속격과 비속격으로 줄어 들었으며, 단수 속격과 복수형의 모든 어미에 -(e)s만이 남아 쓰이게 되었다. 형용사는 약/강변화 구분을 비롯하여 모든 굴절어미가 상실되었다. 동사의 인칭 어미도 줄어들었고 서법(mood) 구분도 모호해졌다. 인칭대명사는 비교적 변하지 않았으나, 양수(dual)와 복수의 구분은 사라졌다.

중세영어의 어순(word order)은 고대영어와 현대영어의 중간에 해당하는 것으로, 고대영어의 어순에 비해 덜 자유로우면서도 현대영어의 어순과 비교하면 선택의 폭이 더 많은 구조를 지니고 쓰였다. 중세영어 시기를 거치면서 굴절어미의 상실로 인해 통사구조가 현대영어구조와 매우 가깝게 변하였다.

3.5.1. 명사 및 형용사

명사는 중세영어에 와서 크게 변하였다. 복수어미는 대부분의 어휘에서 -(e)s가 되었으며 일부 방언에서는 복수형 어미로 -(e)n이 더 흔하게 사용되었다. 그러나 -(e)s가 일반적인 복수형어미로 쓰인 방언에서도 -(e)n은 여전히 사용되었으며 이러한 현상은 현대영어에서보다도 더 흔히 사용되었다. *children, oxen, brethren,* etc. 중세영어에서는 *eye, too (toe), ear, shoe, hand*와 같이 흔하게 쓰인 어휘들의 복수형은 각각 *eyen, toon*(*toos*라는 복수형도 함께 쓰임), *earen, shoen, handen*이었다.

속격(genitive)은 우리가 오늘날 지칭하는 소유격(possessive)으로 변하였다. 모든 명사에는 소유격 및 명사 복수형을 나타내기 위해 -(e)s를 붙여 사용했으며 명사의 복수형에도 쓰였다. 명사가 모음으로 끝날 경우에는 “e”는 생략했는데, 현대영어의 속격형인 “s”는 중세영어의 관습에서 유래한 것이다. 생략부호(apostrophe)는 단지 “e”로 표시하던 자리에 들어간 표지에 지나지 않았다.

다음에 제시한 [표 3.1]는 고대영어에서 후기 중세영어에 쓰인 명사 stone의 곡용변화(declension)를 나타낸 것이다.

중세영어에는 *-s*가 없는 속격형이 쓰였는데, 특히 여성 명사 *lady* (In hope to stonden in his *lady* grace)와 *brother, doghter*와 같은 친족어(thi *brother* wif, hir *doghter* name)에 쓰였다. 치찰음(/s, z, ʃ, tʃ/)으로 끝나는 명사는 중세영어 후기가 지나서도 속격어미 *-s*를 쓰지 않고 흔히 나타난다(*for peace sake*는 18세기 말에도 쓰임). 고대영어의 강변화 중성 명사 중에는 주/대격 복수형에 어미를 쓰지 않은 것들이 있었는데(*year, thing, winter, word,* etc.), 이 유형은 중세영어에도 그대로 사용되었다.

고대영어의 불변화 중성 복수형으로 쓰인 *deor* ‘wild animal’, *sceap* ‘sheep’, *swin* ‘swine’, *neat* ‘animal’와 같은 동물명사의 유형

표 3.1 명사 stone의 변화

<table>
<tr><th colspan="5">Noun Declension: Old, Early Middle, and Late Middle English</th></tr>
<tr><th>Number</th><th>Case</th><th>Old English</th><th>Early Middle English</th><th>Late Middle English</th></tr>
<tr><td rowspan="3">Singular</td><td>Nom./Acc.</td><td>stān</td><td>ston</td><td rowspan="2">stoon</td></tr>
<tr><td>Dat.</td><td>stāne</td><td>stone</td></tr>
<tr><td>Gen.</td><td>stānes</td><td rowspan="2">stones</td><td rowspan="4">stoon(e)s</td></tr>
<tr><td rowspan="3">Plural</td><td>Nom./Acc.</td><td>stānas</td></tr>
<tr><td>Dat.</td><td>stānum</td><td>stonen, -es</td></tr>
<tr><td>Gen.</td><td>stāna</td><td>stone, -es</td></tr>
</table>

은 중세영어 시기는 물론 중세영어 시기를 훨씬 지난 뒤에도 유추(analogy)에 의해 다른 명사 변화형(*fish, elk*)에도 확산되었으며, 영어 이외의 다른 언어에서 온 차용어(포르투갈어 *buffalo*, 알곤킨어 *moose*)에까지도 영향을 끼쳤다.

중세영어 시기에 측량을 나타내는 어휘(*mile, pound, fathom, pair, score, thousand, stone*, etc.)는 복수 어미 *-s*를 붙이지 않고 사용했으며, 특히 숫자 다음에는 -s를 붙이지 않았다. 이것은 고대영어 필사본에 자주 쓰인 *year, winter*와 같은 *-s*없는 복수형과의 유추에서 비롯되었거나, 속격 복수형 *-a*의 발현형(reflex)일 수도 있다. 고대영어에서는 숫자 다음에 속격 복수형이 쓰였다. 어원이 어떻든 간에 *-s* 없는 복수형은 중세영어 시기에 흔하게 쓰였으며, 방언의 형태로 현대영어에 남아 쓰이고 있다. cf. *I took a two-hour walk* vs. *I walked for two hours*.

모음교체에 의한 복수형(*i*-umlaut pl.)은 중세영어에서 상당히 잘 보존되어 쓰였으며, 대부분 그대로 현대영어에 남아 쓰이고 있다. *geese, teeth, lice, kine*(*cow*의 옛 복수형).

형용사는 영어의 모든 품사 중에서 중세영어 시기에 가장 큰 굴절어미의 상실을 가져온 품사이다. 고대영어에서 형용사는 복잡한 굴절형을 갖는 품사였으나, 중세영어 말에 이르러 굴절어미를 모두 상실하였다. 형용사는 수식하는 명사의 격과 성에 좌우되었으므로, 명사의 격 및 성의 구분이 없어지면서 자동적으로 격어미를 상실하고 명사가 지닌 속격어미까지 상실해 버려 북부 방언에서는 어말 *-e*의 탈락으로 인해 형용사의 굴절어미가 완전히 없어졌다.

아래 [표]를 보면 강변화 단수와 약변화 단수형 그리고 강변화 단수와 약변화 복수형이 어말 *-e*로 구분되는 것을 알 수 있다.

	강변화	약변화
Sg.	good	good**e**
Pl.	good**e**	good**e**

형용사(및 부사)의 비교급과 최상급 형태의 경우, 고대영어의 비교급 어미 *-ra*는 중세영어에서 *-re*로 변했으며 그 후에는 음위전환(metathesis)에 의해 *-er*로 변했다. 고대영어의 최상급 어미 *-ost, -est*는 중세영어에서 모두 *-est*로 변했다.

glæd 'glad'

	OE	ME
비교급	glæd*ra*	gladd*er*
최상급	glad*ost*	gladd*est*

고대영어에 쓰인 형용사 중에서 *i*-mutation에 의해 생긴 두 종류의 비교급과 최상급 형태는 중세영어에서 매우 흔하게 쓰였다.

old – older – oldest / old – elder – eldest
long – longer – longest / long – lenger – lengest
strong – stronger – strongest/strong – strenger – strengest

14세기 이후에는 *ma* 'more', *more, most*가 비교급 어미인 *-er, -est*와 함께 쓰이거나 또는 *-er, -est* 대신 쓰여 *swetter* 'sweeter', *more swete, more swetter*라는 다양한 형태가 나란히 사용되었다. *most swetter, moste clennest*와 같은 소위 굴절형과 구문형이 함께 쓰인 이중 비교(double comparison)도 이 시기에 흔하게 쓰였는데, *more, most*는 비교형이라기보다 강의어(强意語, intensifier)로 더 간

주되었다.

3.5.2. 대명사

중세영어의 대명사에는 많은 변화가 일어났다. 우선, 고대영어에서 h-로 시작하는 3인칭 복수대명사는 이 시기에 들어와서 점차 th-로 시작하는 대명사로 대체되어 쓰였다. 이러한 변화는 북부 지역에서 쓰인 주격 대명사에서 시작되었다. 다음에 예로 든 세 가지 유형의 어형을 비교해 보기 바란다.

(1) a. *wat* ***heo*** *ihoten weoren; & wonene* ***heo*** *comen*
'what they were called and from where they came'
(Layamon, 8)

b. *That* ***hem*** *hath holpen whan* ***they*** *were seeke*
'which helped them when they were ill'
(*CT Prologue*, 18)

c. *Ran and ouertok* ***þam*** *þare*
'[He]ran and overtook them there.'
(Cursor Mundi 4900)

(1a)에서는 어두에 h-로 시작되는 *heo*가 주격형으로 쓰였으며, 예문에는 나오지 않았으나 대격으로도 쓰였다. (1b)에서 중세영어 후기에 쓰여진 초서의 『캔터베리 이야기』에는 주격 복수형으로 이미 *they*가 쓰이고 있으나, 대격 및 여격 복수형은 여전히 *hem*이 쓰이고 있음을 알 수 있다. 초기 북부 방언에 나오는 예문 (1c)에는 대격 복수형조차 *þam* 'them'이 쓰이고 있는데, 중세영어 후기의 어휘분포를 기록한 언어지도(linguistic atlas)에는 북부 및 남부 지역에서의 *them*과

▌그림 3.1 후기 중세영어 시기의 them/hem의 분포

*hem*의 지역분포를 엿볼 수 있다(그림 3.1 참조).

다음으로, 중세영어 시기에 나타난 대명사 변화로는 여성 단수형 *sho/she*가 쓰였다는 점이다. 이 변화 또한 북부 지역에서 맨 처음 시작되었다. (2a)는 초기에 쓰인 *heo/ha*가 쓰인 예문이며, (2b)는 이 시기에 새로 쓰이게 된 여성 단수형 sche를 보여주는 예문이다.

(2) a. *Ah þah* ***ha*** *gung were ha heold* ⋯

'but though she was young, she kept'

(*Katerine*, d'Ardenne 18)

b. *In al denemark nis wimman | So fayr so* ***sche***

'In all of Denmark there is no woman as fair as she'

(*Havelok* 1720~1721)

세 번째로 나타난 대명사 변화로는 2인칭 대명사가 고대/현대영어에서보다 중세영어에서 서로 다른 어형으로 다양하게 쓰였다는 점이다. *thou* 및 *thee*는 단수형으로, *ye* 및 *you*는 복수형으로 쓰였다. 중세영어에서 단수형은 프랑스어 *tu*와 유사한 어형으로, 복수형은 프랑스어 *vous*와 유사한 공손형(polite form)으로 쓰였다.

『캔터베리 이야기』에 쓰인 *thou* 및 *ye*의 어형은 중세영어 시기를 거치면서 나타난 인물들의 사회적 관계를 놀랍도록 잘 반영해주고 있다. 즉, 순례자들이 묵었던 여관집 여주인이 술취한 방앗간 주인에게는 *thou*란 호칭을 쓰고 있는 반면, 기사, 수녀원장 또는 옥스퍼드대학생에게는 이 호칭을 쓰고 있지 않다. 『거웨인 경과 녹색의 기사(*Sir Gawain and the Green Knight*)』에서 아더 왕은 대체로 *thou*를 사용하고 있으나, 거웨인은 아더 왕에게 *ye*라는 호칭(공손형)을 쓰고 있음을 엿볼 수 있다.

앞에서 언급한 것과 같이 중세영어 시기에 대명사에 나타난 가장 중요한 변화로 고대노르웨이어에서 온 *they, their, them*과 같은 새로운 *th*-유형의 인칭대명사가 있다. 고대영어에서는 각각 *he, heora, hem*이 쓰였으나 *he, her, him*과 혼동하여 쓰이다가 th-어형으로 대치되어 현대영어에서 쓰이게 되었다. *hem*은 현대영어에서 약형(weak form)인 *'em*으로 남아 쓰이고 있다.

이 시기에 나타난 각 대명사 변화를 개관해 보면, 고대영어의 대격 단수 대명사 *hine*(m.), *hie*(f.)가 중세영어에서 여격형 *him, her*로 각각 변하였고, 고대영어의 여성 주격형 *hēo*는 *he, hi*와 유사하여 중세영어에서 새로운 어형인 *she*로 변하였는데, 북부 방언에서는 아직도

she 대신 *hoo*가 쓰이고 있다. 이 어형은 덴마크어에서 차용한 것이 아니라 여성 정관사에서 유래한 것이다.

중세영어에서 1인칭 단수 주격 대명사는 처음에는 *ich*([ɪtʃ]로 발음)가 쓰였으나, 후기에 이르러 무강세 어말음 *ch* [tʃ]의 상실로 주격 대명사가 *i*가 되었으며, 15세기에 다시 강세를 받게 되어 장모음 *ī*로 되었다. *ich*는 뒤에 오는 단어가 모음 또는 *h*(묵음)로 시작하는 경우에 사용된 형태이다. 1인칭 복수 *wē* 및 *ūs*는 고대영어의 *wē, ūs*가 규칙적으로 발달한 형태로, *us*는 초기의 대격/여격의 기능을 모두 흡수한 것이다.

2인칭 대명사에서는 단수와 복수형이 여전히 구분되었으나, 단수형은 가족구성원이나 친밀한 사이 등을 지칭하는 경우에만 쓰였고, 복수형은 한 사람에게 경의나 존경을 나타내기 위할 경우에도 쓰이기 시작하였다. 이 시기에 주격과 대격형은 현대영어 *you*와는 달리, 여전히 구분하여 썼으나 때로는 무강세 대격형 *you*(발음은 /jə/)의 철자로 *ye*가 쓰였다. 대격(목적)형 *you*가 14세기부터 주어로도 쓰인 반면, *ye*는 15세기에 목적형으로 쓰였다. 17세기에 와서 주격 *ye*와 목적격 *you*의 구분이 없어졌으며, 17세기에 이르러 *ye*는 구어체에서 쓰이지 않게 되었다.

3인칭 대명사의 남성 소유격과 사격 대명사는 현대영어에서와 같이 발음되었으나, 주격형은 현대영어 hey의 발음과 운(韻)이 일치하였다. 중성 대명사는 주격 및 사격에서 어두의 'h'를 상실하였으나, 소유격은 "his"를 그대로 유지하였다. 고대영어에서 사용한 여성형 heo는 지역에 따라 다양한 철자가 쓰였으나, 중세영어 시기에 와서 sche로 변하였다. "h-"형은 남부 방언에서는 그대로 남아 쓰였다.

3인칭 복수대명사는 중세영어에서 상당히 변하였다. 고대영어형인 h-형과 고대노르웨이에서 차용한 th-형의 두 가지 어형이 중세영어 초기에 쓰였으나, 점차 고대노르웨이어에서 차용한 th-형이 고대영어의 어형을 대체하여 쓰이면서 현대영어의 복수 인칭대명사로 널리 쓰이게 되었다. 주격 *þei*는 이들 형태 중에서 맨 처음 쓰였다. 소유격은 *þeir* 및 *hire*의 두 가지 어형이 쓰였으나 중세영어 이후에는 *þeir*만이 쓰이게 되었다. 또한, 사격형으로 쓰인 þem 및 hem의 어형 중에서 þem만이 살아남아 쓰이게 되었다.

초서는 주격형으로 *they*를 쓰고, 사격(斜格)형에는 *here, hem*을 사용하였는데, *them*은 15세기까지 런던 영어에서 쓰이지 않았다. 남부 지역에서는 15세기까지 고대영어형인 *h*-형을 그대로 사용하였다.

고대영어의 지시대명사 중 두 가지 형태(*sē*, *sēo*)는 수(단/복수), 성(남, 여, 중성), 격(주격, 대격, 속격, 여격, 도구격)에 따라 고도로 굴절하였으나, 중세영어 말에 이르러 하나의 단수형(the)과 하나의 복수형(tho)으로 단일화되어 쓰였다. 이와 함께, 형태상의 분열이 일어나서 정관사(the)가 여기서 발달하게 되었다.

고대영어에는 중성 주격/대격 단수형으로 *þæt*과 *þis*가 있었으며, 이들의 복수형은 중세영어에서 각각 불규칙하게 변하였다. 처음에 *that*의 복수형은 OE *þa*에서 내려 온 *tho*였으나, 중세영어 후기에 -*s*가 붙는 복수형과의 유추에 의해 여기에 -*s*가 추가되어 *thos(e)*가 되었다. 그러나 복수형 *tho*는 *thos(e)*와 함께 초기 현대영어 시기까지 사용되었다. 만일, 이 복수형이 규칙적으로 발달하였다면 *this*의 OE 복수형은 *that*의 복수형과 형태가 같았을 것이다. 그러나 그렇게 발달하지 않고 그 대신 새로운 복수형 *þise*가 생기게 되었다.

불변화사 *þe*(the)는 처음에 고대영어 *that*의 남성 주격 단수 *sē*와 여성 주격 단수 *sēo*의 대체형으로만 쓰였다(*sē* 및 sēo는 어두음이 /θ/로 시작하지 않는 유일한 고대영어 지시사로, 유추에 의한 변화에 쉽게 적응했음). 한층 보수적인 지역인 서부와 남부 지역에서는 중세영어 시기에 굴절형을 그대로 보존하였으나, 동부와 북부 지역에서는 *þe*가 12세기 초까지 지시사와는 별개로 불변화 정관사로 쓰였다.

고대영어의 의문대명사에는 남성과 여성의 구분이 없었고, 단수와 복수의 구분도 없었다. 중세영어에서 대격(OE *hwone, hwæt*)은 여격(OE *hwām, hwǣm*)과 합쳐져서 *whōm*으로 단일화하였다. OE 도구격 *hwy*는 대명사변화와는 별도로 중세영어에서 의문부사 *why*로 되었다. *what*을 제외한 모든 형태는 중세영어에 와서 불규칙한 음운상의 발달을 보여 주고 있으며, 가장 두드러진 변화로는 *who*(*whom, whose*)의 /w/가 뒤에 오는 후설 모음에 동화되어 탈락된 것을 엿볼 수 있다.

(남성/여성)	고대영어	중세영어
주격	hwā	whō
대격	hwone	whōm
여격	hwǣm, hwām	whōm
속격	hwǣs	whōs
도구격	hwy	–

고대영어 중성 주격 및 대격형 *hwæt*은 중세영어에서 *what*으로, 나머지는 남성(및 여성)형과 똑같이 변화하였다. 중세영어 초기에 *who/whom*의 구분이 모호해져서 화자나 작가를 당황하게 하였다. e.g. *that thai wost ho I ment* 'that they knew who I meant' (Paston letters: 1449).

which는 고대영어나 현대영어에서처럼, 중세영어 시기에도 의문대명사로 쓰였다. *whether*는 현대영어에서는 접속사로만 쓰이나, 중세영어 시기에는 의문대명사로도 사용되어 'which of two'라는 뜻으로 쓰였다.

고대영어에서는 불변화사 *þe*가 단독 또는 지시대명사와 결합하여 관계대명사로 쓰였으며, *þæt*은 흔히 쓰이지는 않았으나, 관계대명사로 쓰였다. 중세영어 시기를 거치면서 불변화사 *þat*가 *þe*를 제치고 성, 수, 격에 관계없이 관계대명사로서의 확고한 위치를 차지하기에 이르렀다.

14세기에 와서 프랑스어와 라틴어 어법의 영향을 받아 의문대명사가 관계대명사로 쓰이기 시작하였다. 관계사로 가장 흔하게 쓰인 의문대명사는 *which*였으며, [+human]과 [-human]에 두루 사용되었다. *which*는 또한 *which that, which as, the which, the which that*과 같은 복합 관계사로도 쓰였다. *who*가 이따금 관계사로 쓰이기는 하였으나, 중세영어 시기 동안에는 드물게 쓰였다.

고대영어에는 현대영어와 같은 재귀대명사는 없었고 단순히 인칭대명사의 여격/대격형을 써서 재귀사로 사용했다. Hū hī *hī* behealdan sceoldon 'How they *themselves* should direct'. 고대영어의 *sylf* 'self'는 재귀대명사가 아니고 강조대명사 또는 대명사의 기능을 지닌 형용사(pronominal adj.)였다. 중세영어 시기에는 물론 그 이후에도 인칭대명사가 규칙적으로 재귀대명사로 계속하여 쓰였으나, *self*가 흔히 명사로 간주되고, *-self*를 동반하는 인칭대명사가 속격으로 쓰였기 때문에 *-self*를 동반하는 재귀대명사도 또한 이 시기에 함께 쓰이기 시작하였다.

❙ 표 3.2 중세영어 인칭대명사의 변화

Middle English Personal Pronouns						
Number	Case	1st Person	2nd Person	3rd Person		
				masc.	neut.	fem.
Singular	**Nom.**	i, ich	þou	he	it, hit	schc
	Pos.	my, myn	þy, þyn	his	his	her
	Obi.	me	þee	him	it, hit	hir(e)
Plural	**Nom.**	we	ye	þei		
	Pos.	oure	youre	þeir, hire		
	Obi.	us	you	þem, hem		

고대영어는 *man*이 규칙적으로 부정대명사(현대영어의 *one*에 해당)로 쓰였으며, *man*이 주어로 쓰인 문장은 수동의 의미로 쓰였다. *Hine man hēng* 'He was hanged'. 이 용법은 중세영어에도 계속 쓰였으나, 점차로 없어졌다. 중세영어 초기에 2인칭 대명사 복수 *you* (또는 *ye*)가 부정대명사로 쓰였으며 *one, they*는 중세영어 말에 이르러 처음으로 부정대명사로 쓰이게 되었다.

3.5.3. 동사

중세영어 시기에도 고대영어의 동사체계, 즉 강변화동사와 약변화동사체계는 그대로 유지되었으나, 고대영어 시기에 비해 한층 단순화되어 쓰였고 새로운 동사유형인 두 개로 이루어진 동사(two-word verb: *give up, walk away*, etc.)가 추가되었다. 또한, 이 시기에는 현대영어

표 3.3 강변화동사 sing의 변화

Middle English Strong Verb Conjugation: singen ('to sing')							
Infinitive:		singen ('to sing')		Put Participle:		(y)sung(e)(n)	
Present Participle:		singende, singing		Imperative:		sing singeþ, singes	
Indicative				Subjunctive			
Present		Preterite		Present		Preterite	
i	singe	i	sang				
þou	sing(e)st/ singes	þou	sung(e)	*sg.*	sing(e)	*sg.*	sunge
he	singes/ singeþ	he	sang				
pl.	singes/ singe(n)/ singeþ	*pl.*	sungc(n)	*pl.*	singe(n)	*pl.*	sunge(n)

의 특징으로 불리는 우회적 동사구(periphrastic verb phrases)라는 복잡한 동사체계의 출현을 보게 되었다.

다음에 제시한 것은 ME 강변화동사 'to sing' 및 약변화동사 'to love'의 변화표이다. 이 시기에는 방언에 따라 굴절어미가 다양하게 쓰였으나, 여기서는 중부 지역(Midlands)의 어형변화만 제시하기로 한다.

3.5.4. 구문의 변화

중세영어 시기에 일어난 구문의 변화를 다음과 같이 13가지로 세분하여 설명하기로 한다.

(1) 고대영어에서는 "swa ... swa" 구문이 비교급구문으로 쓰였으며, 초기 중세영어 시기에는 이 구문에서 발달한 비교급구문이

표 3.4 약변화동사 love의 변화표

Middle English Weak Verb Conjugation: luvien ('to love')							
Infinitive:		luvien ('to love')		Past Participle:		(y)luvet	
Present Participle:		luvende, luving		Imperative:		luv luveþ, luves	
Indicative				Subjunctive			
Present		Preterite		Present		Preterite	
i	luve	i	luved(e)				
þou	luv(e)st/ luves	þou	luvedcst	*sg.*	luve	*sg.*	huved(e)
he	luves/ luveþ	he	luved(e)				
pl.	luves/ luve(n)/ luveþ	*pl.*	luved(c)(n)	*pl.*	luve(n)	*pl.*	luved(e)(n)

쓰였다. 그러나 14세기 이후에는 swa가 the로 대체되어 쓰이게 된다.

a. (OE)

and *swa* he mare hæfð *swa* he grædigra bið

'and *the* more he has, *the* greedier he is.'

b. (ME)

Se me deoppre wadeð i þe feondes leiuen, *se* me kimeð up leatere.

'*the* deeper one wades into the fiend's swamp, *the* later one comes up.'

(2) 어구 형식의 수식어는 수식하는 명사 다음에 와서 쓰였다.

þe zennes þet comeþ of glutounye and of lecherie

'the sins that come from gluttony and from lechery'

(3) 이 시기에 관사(article)가 쓰이기 시작하여 'one'에서 "a", 지시사에서 "þe"가 발달하였다. *þe*는 유일한 대상(e.g. *the sun*) 및 한정되거나 주어진 대상(e.g. *the man I know*)을 지칭할 때 쓰였다.

(4) 중세영어 시기에 새로 등장한 구문의 형태로 "of-소유격"이 있었다. 이 구문은 프랑스어 de-구문에서 유래한 것이다.

a. aftyr þe laws of oure londs

'according to the laws of our land'

b. depness of sunne

'deepness of sin'

(5) 군소유격(group possessives)은 중세영어 시기에 등장하여 쓰이기 시작하였는데, 전형적으로 나타난 구문의 형태는 "소유격+명사+명사 수식어"로 되어 있었다.

a. the Dukes place of Lancastre
'the Dukes's place of Lancaster'

b. Criste, þe keying sonn of heven
'Christ, the king's son of heaven'

(6) 전치사는 중세영어에서도 대체로 목적어 앞에서 쓰였으나, 고대영어에서와 마찬가지로 목적어가 대명사 또는 관계대명사인 경우에는 목적어 다음에 와서 쓰였다.

a. Excuse me of negligence
'Excuse me for negligence'

b. he seyde him to
'he said to him'

c. the place that I of speke
'the place that I speak of'.

(7) 현대영어에서 관계사(relative marker)의 생략은 관계절에서 대명사가 목적어 기능을 할 경우에 한해 일어나는데, 중세영어에서는 주어 위치에서 관계사의 생략이 흔히 일어났다. (7a)는 현대영어의 예이고, (7b & c)는 중세영어의 예이다.

a. The secretary I wanted to see was not there.

b. Adam ben king and eue quuen / Of alle ðe ðinge [Ø] in werlde ben.
'Adam and Eve are king and queen of all the things [that] are in the world.

c. Leir þe king wende forth, to is dohter [Ø] wunede norð
'King Lear went forth to his daughter [who] lived in the north.'

(8) 중세영어 시기에는 현대영어에서처럼 많지는 않으나 복합동사가 쓰이기 시작하였다. 이 시기에는 완료시제가 조동사로 be 및 have와 함께 널리 쓰였다. 그러나 be 동사는 수동형 구문에서는 완료형구문에서 have 동사에 비해 덜 사용되었다.

a. ðou havest don our kunne wo
'you have done our family woe'

b. I am com to myne ende
'I have come to my end'

(9) 중세영어 시기에 흔히 무의미 주어(dummy subject)라고 칭하는 우언적 주어(pleonastic subject)가 발달하였는데, 이것은 영어가 한층 더 분석적인 단계로 진행하였음을 의미한다. 우언적 주어로 쓰인 there는 처소격 부사에서 주어의 자리를 차지하는 요소로 문법화한 것이다.

With hym *ther* was his sone, a yong squire.
(*CT*, Prologue 79)
'With him there was his son, a young squire.'

초기 중세영어에는 우언적 주어가 여전히 임의적으로 쓰였다. 이것은 다음 예문에 잘 나타나있다.

An preost wes on leoden; Laȝamon wes ihoten
'A priest was among people, Layamon was named'

(There was a priest around, whose name was Layamon.)

(10) 고대영어에는 비인칭동사(impersonal verbs)가 많이 쓰였다. 비인칭동사는 표면형에 주어가 없는 동사로, 무주어동사(subject-less verbs)라고도 하며 대격이나 여격자리에 흔히 대명사가 오는 동사를 말한다. (*swa*) *mē þyncþ* '(so) to me seems', *him þyrstede* 'him thirsted'.
비인칭동사는 중세영어 시기에 프랑스어의 영향으로 그 수가 증가하였으며 이와 동시에 주격(즉, 주어)자리에 표면주어가 오는 인칭동사로 변하거나, 비인칭주어 'it'을 취하게 되었다. *me dremyd* 'I dreamed', *Hit þe likede* ... 'It pleased you ...' 16세기에는 비인칭동사와 인칭동사가 함께 쓰이다가 17세기 이후에는 비인칭동사가 없어졌다.

(11) 영어가 분석적인 언어로 변해가는 경향을 띠면서 중세영어에서는 *may, might*와 같은 서법조동사와 굴절어미에 의한 가정법 대신 *be going to, be about to*와 같은 준서법동사(quasi-modals)를 쓰는 일이 증가하였다.

(12) 중세영어 시기에 폭발적으로 쓰이게 된 조동사 *do*는 방언에 따라, 그리고 시간이 지남에 따라 그 용법이 다양해졌다.

a. 대동사(pro-verb)로 쓰였다. *they[camels] may forbere drynk ii, dayes or iii. and so may not the hors do* 'they can forgo drinking two days or three and thus can not the horse do'

b. 현대영어의 *make*나 *have*의 용법과 같은 사역동사로 쓰였다. *and al hys halles I wol* <u>*do*</u> *peynte with pure gold* 'and all his halls I will have painted with pure gold'

c. 단순시제 대용으로 우회적인 용법으로 쓰였는데, 이것은 현대영어의 강조 용법(emphatic '*do*')에 해당한다. *unto the mayde that hir doth serve* 'to the maid that her does serve'.

d. 현대영어에서 *do*가 부정문과 의문문에 쓰이는 용법은 중세영어 시기에 막 쓰이기 시작한 것이다. *my maister dyd not graunt it* 'my master did not grant it', *Fader, why do ye wepe?* 'Father, why do you weep?'.

(13) 고대영어에는 SVO, SOV, VSO, VOS, OSV, OVS의 모든 어순이 등장하고 있는데, 이들 어순 중에서 주로 쓰인 어순은 SVO, SOV, VS(O), OSV였다. 중세영어에도 이들 어순이 계속 쓰였으며, 이들 중에는 현대영어의 어순과는 다른 것들도 들어 있었으나, 중세영어 말에 오면 오늘날 영어에서 엿볼 수 있는 어순 유형(SVO)이 거의 확립되었다.

위의 어순 중에서 중세영어 시기에 가장 흔하게 쓰인 어순은 독립절에 쓰인 SVO 어순으로, 이 어순은 고대영어의 어순과 달리 간접의문문 뿐만 아니라 부사절과 종속절에도 쓰였다.

a. (독립절)

Thyn Astrolabie hath a ring to putten on the thombe

'Your astrolabe has a ring to put on the thumb'

b. (부사절 다음에)

In the contre of Ethyop they slen here childeryn byforn here goddys

'In the country of Ethiopia they slay their children in front of their gods'

c. (종속절)

þe taverne ys þe scole of þe dyevle huere his deciples studieþ

'the tavern is the school of the devil where his disciples study'

d. (간접의문문)

men askede hire how scho myghte swa lyffe

'people asked her how she could thus live'

3.6. 중세영어 방언

노르만정복 이후 서색슨 방언이 표준 문어체로서의 지위를 잃게 되면서 자국어 문학이 한동안 쇠퇴하고 과도기를 맞이하게 되었으며, 수세기가 지난 후 영문학이 다시금 제자리를 찾게 되었을 때에는 이미 영국에는 표준 서체어가 확립되지 않은 채 다양한 형태의 방언이 쓰이고 있었다.

중세영어 시기에 쓰인 주요 방언으로는 학자에 따라 조금씩 다르게 분류하기도 하나 대체로 5개의 방언으로 나눈다. 즉, 북부 방언(Northern), 동중부 방언(East Midland), 서중부 방언(West Midland), 남부 방언(Southern) 및 켄트 방언(Kentish)이 그것이다.

북부방언은 험버 강(Humber River) 이북에서 쓰이고, 서중부 방언과 동중부 방언은 험버 강과 템스 강 사이의 지역에서 사용되며 남부 방언은 고대영어 시기의 켄트 지방과 서색슨 지역에서 쓰이는 방언으로 글로우스터셔를 따라 템스 강 이남 그리고 헤리퍼드(Hereford)와 우스터셔(Worcestershire) 주의 일부가 이 방언 지역에 포함되어 있다. 켄트 방언은 중세영어 시기에는 남부 영어와 별도로 쓰인 방언이었다.

중세영어 시기에 사용된 다양한 방언은 한동안 상당히 표류(drift)하였으며, 만일 그대로 계속되었더라면 상호 간의 이해가 불가능하여 오늘날 각기 다른 언어가 되었을는지 모른다. 그러나 이러한 표류는 14세기 말에서 15세기 초에 이르러 표준 방언의 출현으로 그치게 되었으며 중세영어 시기에 사용된 지역 방언의 하나를 표준 방언으로 선택하였는데, 이것이 곧 동중부 방언이다.

중세영어는 고대영어 시기보다 방언의 형태가 훨씬 더 다양하였으며 중세영어 시기에는 각 지역에서 쓰인 방언의 차이가 더 심하게 나

❙ 그림 3.2 중세영어 방언 지역

타났다. 노르만정복 이후 영어 사용인구의 이동이 제한되면서 언어상의 고립을 초래하였고 그 결과 방언의 차이가 급증하였기 때문이다.

3.7. 초서 영어의 특징과 표준영어의 성립

영어의 역사를 통해 중세영어 시기는 매우 중요성을 띤 시기라고 볼 수 있다. 이 시기를 거치는 동안 고대영어의 모습이 상당히 달라지고 이렇게 달라진 양상이 그대로 계속되면서 초기 현대영어 시기를 거쳐 오늘날 우리가 쓰는 현대영어의 모습을 갖추었기 때문이다.

중세영어 시기에 쓰인 방언들 중에서 후에 전국적인 영향력을 행사하여 표준어의 형성에 가장 많이 기여하게 된 방언은 동중부 방언, 이 중에서도 런던 방언이었으며, 적어도 문어(서체어)에 있어서는 14

I 그림 3.3 『켄터베리 이야기』의 서시 중 처음 18행

세기 말엽부터 15세기 후반에 이르기까지 전국의 표준어로 널리 인정을 받게 되었다. 특히 초서, 위클리프, 가우어(Gower)와 같은 작가들이 동중부 방언으로 작품을 썼으며, 1476년 인쇄술의 도입으로 캑스턴(Caxton)이 동중부 방언권 내에 있는 런던에 인쇄소를 차려 서적을 출판함으로써 동중부 방언을 영국 전역에 보급시키는 데 적지 않게 기여하였다.

동중부 방언이 영국의 표준어로 발달하게 된 데에는 대체로 다음과 같은 네 가지 이유를 들 수 있다.

우선, 동중부 지역은 지리적으로 볼 때, 남쪽과 북쪽의 중간 위치에 있어서 남쪽 방언보다는 덜 보수적이었고 북쪽 방언보다는 덜 급진적이었다는 점이다. 이처럼 중간적인 위치는 라틴어 작품을 번역한 트레비사(Trevisa)에 의해 14세기에 인정을 받았다.

둘째로, 다른 방언 지역에 비해 인구가 월등하게 많고 농토가 광대할 뿐만 아니라 비옥하여 경제적인 번영을 누렸다는 점이다. 더욱이, 수도인 런던이 이 지역의 남쪽에 위치하여 이 지역이 지닌 비중을 한층 더 부각시켰다.

셋째로, 이 지역에 옥스퍼드와 케임브리지의 두 대학이 존재했다는 점이다. 14세기의 수도원들은 그 전보다 학문의 전파에 있어서 덜 중요한 역할을 수행하였다. 이와는 달리, 이들 두 대학은 학문과 지식의 중요한 중심지로 그 권위를 자랑하면서 발전하였다.

넷째로, 앞에서도 언급한 초서(G. Chaucer, 1340～1400)의 영향을 무시할 수 없다. 초서는 셰익스피어 이전의 가장 위대한 영국 궁정시인으로서, 그가 동중부 방언(즉, 런던 방언)을 구사하여 쓴 많은 작품들의 인기에 힘입어 그의 언어는 영국 전역에 확산되었는데 15세기 말 캑스턴의 대량 서적 출판은 동중부 방언이 표준어로서의 확고한 지위를 갖추는데 결정적인 역할을 하였다.

초서는 종래 사용되어 오던 영어의 두운시법(頭韻詩法)을 버리고 프랑스와 이탈리아식의 시작법(詩作法)을 사용하였다. 따라서, 그는 연(聯, stanza)이나 대구(對句)에서는 각운(脚韻, end rhyme)을 사용하고 일정한 수의 음절을 가진 시행을 만들어 가는데, 이 두 가지 방법은 종래의 두운시법과는 다른 특징을 지닌다. 그러므로 초서의 시를 읽기 위해서는 단어의 어말 -e 음을 전부 다 발음하지 않고 상당히 많은 수의 음을 발음해야 할 필요가 있다.

초서의 작품에는 주격 *ye*와 대격 *you*를 한결같이 구별하여 사용하고 있다. 초서보다 훨씬 이른 시기에 쓰여진 작품에는 나오지 않지만, 초서의 작품에는 일반적으로 쓰이는 인칭대명사로 *she*가 있다. 이 대명사는 고대영어에서는 *hēo*였는데, 12세기까지는 *she*와 같은 어형이 나타나지 않다가 1140년이 채 못되는 시기에 작성된 『피터보로 연대기(*Peterborough Chronicle*)』에 *scæ*라는 어형이 나타난다. 이 어형은 중동부 지역에서 생겨나서 그 곳으로부터 사방으로 퍼져나가 사용되다가 14세기 중엽에 이르러 비로소 서체영어에서 널리 인정된 형태로 쓰이게 되었다. *she*와 북부 방언인 *sho*는 모두 고대영어 어휘인 *hēo*에서 직접 발달했을 가능성이 있다.

초서는 동사의 단수 어미인 -eth 또는 -th, 복수 어미인 -en 또는 -n을 사용하고 있다. 단수형 굴절어미인 -eth는 중세영어 시기를 거치는 동안 내내 남부 지역에서 널리 쓰였는데, 이를테면 *he saith, he sayeth, he walketh*와 같은 형태는 그의 작품에 규칙적으로 쓰이고 있음을 찾아볼 수 있다.

완료시제는 초서 작품에서도 흔히 나타난다. 또한, 비인칭 구문은 고대 및 중세영어에서는 매우 흔하게 나타나는 구문으로 초서 작품의 경우, *Me mette* 'I dreamed'와 같은 표현이 등장하는데 이것을 문자 그대로 옮기면 'It dreamed to me'(me는 여격으로 쓰임)와 같은 뜻이 된다.

초서 작품에 나오는 어휘의 두드러진 특징은 프랑스어에서 빌어온 차용어가 상당히 많다는 사실이다. 이들 중에서 상당수 어휘가 덕성(德性), 특히 궁정에서 쓰이는 유형(예: *hardy, avantour, coward, secree* 등)을 지칭하는 것들이다. 따라서 『피터보로 연대기』와 비교해 볼 때, 초서의 어휘는 현대영어에 훨씬 가까우며 어순에 있어서도 현대영어의 어순과의 차이가 그리 크지 않음을 엿볼 수 있다.

Further Readings

- Barber, C. (1993) *The English Language: a Historical Introduction*. Cambridge: Cambridge University Press.
- Blake, N. ed. (1992) *The Cambridge History of the English Language, Volume II: 1066～1476*. Cambridge: Cambridge University Press.
- Blake, N. ed. (1996) *A History of the English Language*. Basingstoke: Macmillan.
- Fisiak, J. (1968) *A Short Grammar of Middle English*. Warszawa: Wydawnictwo Naukowe.
- Horobin, S. & Jeremy Smith (2002) *An Introduction to Middle English*. Edinburgh: Edinburgh University Press.
- Lass, R. (1987) *The Shape of English*. London: Arnold.
- Mossé, F. (1959) *A Handbook of Middle English*, trans. by J. Walker. Baltimore: Johns Hopkins University Press.
- Mustanoja, T. (1959) *A Middle English Syntax*, Volume I. Helsinki: Société Néohilologique.

원문 강독

(1) 다음에 인용한 원문은 노르만정복 이후 중세 영국의 언어상황을 서술한 내용이다.

The linguistic situation in Britain after the Conquest was complex. French was the native language of a minority of a few thousand speakers, but a minority with influence out of all proportion to their numbers because they controlled the political, ecclesiastical, economic, and cultural life of the nation. The overwhelming majority of the population of England spoke English, but English had no prestige whatsoever. Latin was the written language of the Church and of many secular documents; it was also spoken in the newly emerging universities and in the Church. Norse was still spoken (but not written) in the Danelaw and other areas of heavy Scandinavian settlement, though it was soon to be assimilated to English, its influence being restricted primarily to loan-words in English and to dialectal peculiarities of the area. Beyond the borders of England proper, Celtic languages still prevailed in Wales and Scotland (where a new standard Scots English was eventually to develop, based on the English of Edinburgh).

Within a short time after the Conquest, there was probably a fair amount of bilingualism in England. Even if the kings had no English most of the nobility would have had to learn at least a number of English words in order to communicate with their Anglo-Saxon underlings. Estate officials and household supervisors must have used English to give orders and to receive reports. Even though the kings usually did not take English wives, many of the nobility soon did; the result would have been bilingual children. Even if both the lord and his lady spoke only French, they probably had English-speaking nurses for their offspring, and the children learned English from these nurses and the other servants. Conversely, many Anglo-Saxons would have attempted to learn French as a means of improving their social and economic status. From the beginning, English speakers would have become familiar with such French words a *tax, estate, trouble, duty*, and *pay*. English household servants would have learned French words like *table, boil, serve, roast*, and *dine*. From French-speaking clergy, the English would have learned such words as *religion, savior, pray,* and *trinity*. Most of these words do not appear in written English until after 1204, but only because little written English has survived from the period of 1066～1204. When such words do appear in writing, they are used with the confidence of familiar, universally known words.

(Quoted from C. M. Millward 1996: 143)

(2) 다음에 인용한 문장은 중세영어 초시 시기에 노르만 왕과 상류층의 영어에 대한 태도가 어떠했는가에 관해 서술한 글이다.

There is no reason to think that the preference that the governing class in England showed for French was anything more than a natural result of circumstances. The idea that the new-comers were actively hostile to the English language is without foundation. It is true that English was now an uncultivated tongue, the language of a socially inferior class, and that a bishop like Wulfstan might be subjected to Norman disdain in part, at least, because of his ignorance of that social shibboleth. Henry of Huntington's statement that it was considered a disgrace to be called an Englishman may be set down to rhetorical exaggeration.

It is unreasonable to expect a conquered people to feel no resentment or the Norman never to be haughty or overbearing. But there is also plenty of evidence of mutual respect and peaceful cooperation, to say nothing of intermarriage, between the Normans and the English from the beginning. The chronicler Orderic Vitalis, himself the son of a Norman father and an English mother, in spite of the fact that he spent his life from the age of ten in Normandy, always refers to himself as an Englishman.

According to the same chronicler William the Conqueror made an effort himself at the age of forty-three to learn English, that he might understand and render justice in the disputes between his subjects, but his energies were too completely absorbed by his many other activities to enable him to make much progress. There is nothing improbable in the statement. Certainly the assertion of a fourteenth-century writer that the Conqueror considered how he might destroy the "Saxon" tongue in order that English and French might speak the same language seems little less that silly in view of the king's efforts to promote the belief that he was the authentic successor of the Old English kings and in the light of his use of English alongside of Latin, to the exclusion of French, in his charters. His youngest son, Henry I, may have known some English, though we must give up the pretty story of his interpreting the English words in a charter to the monks of Colchester. If later kings for a time seem to have been ignorant of the language, their lack of acquaintance with it is not to be attributed to any fixed purpose. In the period with which we are at the moment concerned — the period up to 1200 — the attitude of the king and the upper classes toward the English language may be characterzed as one of simple indifference. They did not cultivate English — which is not the same as saying that they had no acquaintance with it — because their activities in England did not necessitate it and their constant concern with continental affairs made French for them much more useful.

(Quoted from Baugh & Cable, 2002: 117～118)

(3) 다음에 인용한 문장은 영문학사에서 영시의 아버지로 불리는 초서(G. Chaucer)에 관한 글이다. 『캔터베리 이야기』는 그가 쓴 걸작 중의 하나로 손꼽히고 있다.

Geoffrey Chaucer is the best-known author of the Middle English period. He is considered to be England's first great poet. It is appropriate considering the time in which he lived, that his name is French, from the word *chaussier*, meaning *shoemaker*, probably an occupation of one of his ancestors.

Chaucer grew up in a prosperous family who were part of an up and coming new class of people — the middle class. He was born close to the time that the Hundred Years' War began. Up until his generation, school students were asked to translate their Latin assignments into French. Chaucer was probably among the first students who were instructed to translate their Latin into English, a change brought onn by the new feeling of patriotism due to the war. In 1362, by the time Chaucer was around 20 years old, Parliament ordered that English was to be used in all judicial proceedings and trials. The nobility continued to speak French among themselves, but the days of French were numbered and Chaucer helped to escort it out.

Chaucer, like most of the middle and upper class people of his day, was fluent in Latin and French as well, but he chose to compose all his works in English. By doing so, he brought awareness to commoner and noble alike that the English language was packed with potential for great writing.

The Canterbury Tales, Chaucer's most famous work, was a huge success. In it, Chaucer tells the story of a group of people on a pilgrimage to a religious shrine in Canterbury, England. In order to pass the time, they agree to take turns telling stories to the group. This setting allowed Chaucer to include many varied stories told by a wide range of characters from all walks of life. Though unintentional at the time, Chaucer couldn't have picked a better set-up for introducing later generations to the life and times of the 1300's. Along with the value of his work to historians, Chaucer's crisp and original rhymes, his humor and insights into human nature, his clever pokes at every level of society, all went into making *The Canterbury Tales* some of the best narrative poems ever written in English. Because of his deep influence and popularity, Chaucer is known as the father of English literature.

연습문제

1. 중세영어 방언 중 문어체 표준어로 발달한 방언은?

1) Mercian 방언　　2) London 방언
3) Northern 방언　　4) Southern 방언

2. 중세영어 시기에 쓰인 형용사 good의 어형으로 잘못된 것은?

1) 강변화 단수형은 good　　2) 강변화 복수형은 goode
3) 약변화 단수형은 gooden　　4) 약변화 복수형은 goode

3. 런던 말씨가 표준방언으로 선택된 이유로 볼 수 없는 것은?

1) 캑스턴의 인쇄술 도입　　2) 중산층의 등장

3) 초서의 영향 4) 동중부 지역에 런던이 위치

4. 중세영어의 어순(word order)을 설명한 것 중 옳지 않은 것은?

1) SVO 어순이 가장 흔히 쓰였다.
2) 고대영어의 어순에 비해 다양하지 못하였다.
3) 절을 병치시키는 병렬법이 사용되었다.
4) 무주어문(subjectless sentences)이 빈번히 사용되었다.

5. 영국에서 프랑스어가 쇠퇴하게 된 이유가 아닌 것은?

1) 흑사병으로 인구가 감소하여 임금이 높아졌고, 따라서 상인, 수공업자 등, 중산층이 대두되었다.
2) 백년전쟁으로 영국의 문물과 언어가 프랑스에 대량 유입되었다.
3) John왕 때 Normandy를 상실하여 대륙과의 유대관계가 끊어졌다.
4) 노르만정복 이후, 비록 상류층에서는 프랑스어가 쓰였으나, 영국민족은 끊임없이 영어를 사용하였다.

6. 다음 중 Norman Conquest로 인해 영국과 영어에 끼친 영향을 열거한 것이 아닌 것은?

1) French was used as the language of the common people.
2) the need to control the conquered by military force
3) a strong impact on the English church
4) the arrival of merchants and craftmen from the Continent

7. 노르만정복 이후 영어를 사용하게 한 최초의 공식문서는?

1) Magna Carta 2) Provisions of Oxford
3) Peterborough Chronicle 4) Chancery Standard

8. 아더 왕의 죽음(Morte D'arthur)을 쓴 작가는?

1) Geoffrey Chaucer 2) King John
3) Thomas Malory 4) John of Trevisa

9. 중세영어의 특징으로 볼 수 없는 것은?

1) 굴절이 사라지고 어순과 기능어가 발달하였다.
2) 분석적인 언어로 발전하였다.
3) 굴절어미의 수평화(leveling)가 일어났다.
4) 고대영어 시기의 복합어 및 파생어가 한층 더 발달하였다.

10. 다음에 설명한 것 중 틀린 것은?

1) 고대영어 시기에 쓰이던 /æ/ 및 /ð/가 여전히 쓰였다.
2) 자음과 모음을 모두 나타내기 위해 대륙음가를 따랐다.
3) 필사생들은 겹모음을 써서 모음의 길이를 나타냈다.
4) /c/가 전설모음 앞에서 [k]로 발음되는 경우(cyning)에도 /c/를 그대로 써서 나타냈다.

11. 중세영어 자음을 설명한 것 중 잘못된 것은?

1) 고대영어에서 어두에 오는 /f, s, ɵ/는 유성음화하여 /v, z, ð/로 되었다.
2) 고대영어의 /hl, hr, hn/의 /h/가 탈락하여 /l, r, n/으로 되었다.
3) 단자음(man)과 장자음(mann)의 구분이 없어졌다.
4) 고대영어의 /ð/가 중세영어에서 모두 /s/로 변하였다.

12. 중세영어의 겹(중)자음에 대한 설명 중 옳은 것은?

1) 하나의 자음으로 발음하였다
2) 유성음으로 발음하였다.
3) 겹으로 발음하였다.
4) 겹 또는 하나로 발음하였다.

13. 중세영어 모음을 설명한 것 중 틀린 것은?

1) OE /æ/는 중세영어 말에 모든 방언에서 /ɑ/로 변하였다.
2) OE 이중모음은 중세영어에서 그대로 쓰였다.
3) 중세영어의 /ə/는 두 개의 자음사이(setl)에 오면 기생모음(parasitic vowel)으로 발달하였다(setel).

4) 고대영어의 장모음 /ē, ī, ō, ū/은 그대로 쓰였다.

14. 다음의 예를 설명하는 모음 현상은?

> OE gatu > ME gāte 'gate'
> OE stelan > ME stēle(n) 'steal'

1) 단모음의 장음화 2) 장모음의 단모음화
3) 단모음의 탈락 4) 단모음의 열린 음절화

15. 아래 접미사는 어느 언어에서 유래한 것인가?

> -ity -ence -al -ment

1) Scandinavian 2) Italian
3) French 4) Spanish

16. 프랑스어에 영어 접사가 붙어 이루어진 혼성어(hybrid)가 아닌 것은?

1) faintness 2) dukedom
3) artless 4) worship

17. 중세영어 시기에 라틴어에서 들어온 차용어가 아닌 것은?

1) moderate 2) frustrate
3) lunatic 4) sinful

18. 중세영어의 인칭대명사에 대한 설명 중 틀린 것은?

1) th-유형의 대명사(they, their, them)가 쓰였다.
2) 양수(dual number)는 중세영어 시기에도 여전히 쓰였다.
3) 2인칭 주격과 대격은 여전히 구분하여 쓰였다.
4) 단수 남성 대명사의 경우, 고대영어의 모든 격형이 규칙적으로 발달하였다.

19. 중세영어 의문대명사에 대한 설명 중 틀린 것은?

1) 대격과 여격은 합쳐져서 whōm으로 단일화하여 쓰였다.
2) OE hwā는 ME whō, hwæt는 what로 변하였다.
3) 중세영어 초기에 이미 who/whom이 구분이 분명하였다.
4) whether는 현대영어와 달리 중세영어 시기에는 의문대명사로도 쓰였다.

20. 중세영어 동사에 대한 설명 중 틀린 것은?

1) 강변화/약변화의 구분은 계속되었으나, 많은 강변화동사가 사라졌다.
2) 새로운 동사유형인 이어동사(two-word verbs)가 출현하였다.
3) 약변화동사로 변한 동사 중에는 brew, suck, starve, fold 등이 있었다.
4) 약변화동사 유형(-ed(e) 및 -de/-te)의 구분은 중세영어 말까지 지속되었다.

Study Questions

1. 고대영어와 중세영어의 방언을 비교하고 표준방언이 된 방언의 존재와 그 원인을 쓰시오.

2. 중세영어 시기에 쓰인 프랑스어의 특징과 쇠퇴에 관해 아는 대로 정리하시오.

3. 중세영어 시기의 영어와 프랑스어의 관계에 대해 쓰고 프랑스어가 영어에 끼친 영향에 대해 아는 대로 정리하시오.

4. 초서영어가 중세영어에 끼친 영향과 초서영어의 특징에 대해 쓰시오.

5. 아래 문장을 읽고 Chancery English가 서체어형의 발달에 어떻게 기여하였는지 몇 가지 유형으로 나누어 쓰시오.

> Chancery comes from the word chancel, or chapel of the king, where the chaplains of the court originally spent their time between services, writing the king's letters. By the end of the 14th century, Chancery was the production house for official government documents.

제4장 초기 현대영어

4.1. 역사

4.2. 초기 현대영어 정자법

4.3. 발음의 변화

4.4. 어휘

4.5. 문법

Timeline: The Early Modern English Period

1485~1509	헨리 7세(Henry VII). 영국의 튜더 왕조의 시작
1509	헨리 8세의 즉위(1509~1547). 초기 현대영어의 시작
1547	에드워드 6세(Edward VI, 1547~1553)
1549	농민반란(Peasants' Revolt)
1553	Lady Jane Grey, 1554년에 참수당함
1554	메리 여왕, 스페인의 필립 왕자와 결혼. 신교도의 박해로 "피의 메리(Blood Mary)"라는 별명을 얻게 됨
1558	영국, 프랑스 북부의 칼레(Calais)를 상실하다 엘리자베스 1세(1558~1603)의 즉위
1564	윌리엄 셰익스피어(W. Shakespeare) 탄생
1577~80	프랜시스 드레이크(Francis Drake)의 탐험
1585	월터 롤리(Walter Raleigh)의 식민지 개척
1588	영국, 스페인의 무적함대를 격퇴
1600	영국, 인도에 동인도회사(East India Co.)를 설립
1603	튜더 왕조의 막이 내리다. 제임스 1세(스코틀랜드의 제임스 6세)의 즉위. 스코틀랜드와 잉글랜드의 통합 스튜어트 왕조의 시작
1611	흠정역성서(King James Bible)의 출현
1616	셰익스피어 사망
1625	찰스 1세(Charles I)의 즉위
1642~6	내전(Civil War). 왕당파와 의회파의 전투
1648	2차 내전(Second Civil War)
1649	청교도혁명(1649~1660). 찰스 1세의 처형 공화정(Commonwealth)의 시작
1653	올리버 크롬웰(Oliver Cromwell), 호국경(Lord Protector)에 취임
1660	찰스 2세의 왕정복고(Restoration)
1666	런던 대화재
1685	제임스 2세의 즉위
1688	명예혁명(Glorious Revolution)
1689	윌리엄(William of Orange) 3세와 메리 2세, 잉글랜드와 아일랜드의 공동 국왕에 오르다
1702	스튜어트 왕조의 마지막 군주, 앤 여왕의 즉위
1707	스코틀랜드와 잉글랜드를 Great Britain으로 통합
1713	영불 강화조약인 위트레흐트(Utrecht) 조약 체결

1714～27	조지 1세(George I)의 즉위로 하노버 왕조의 시작
1727	조지 2세(1727～1760)
1760	조지 3세(1760～1820)
1775～83	미국 독립전쟁(American War of Independence)
1776	미국 독립선언

4.1. 역사

초기 현대영어 시기는 대체로 1500년에 시작되어 1800년까지 지속되는 시기를 말한다. 이 시기를 초기(1500～1650) 및 후기(1650～1800)로 나누어 기술하거나, 1476～1776년으로 정확하게 시대구분을 하는 경우도 있으나, 1500년을 초기 현대영어가 시작하는 시기로 보는 데에는 학자들 간에 이견(異見)이 없다.

1500년을 초기 현대영어가 시작하는 시기로 보는 것은 이 시기를 전후하여 일어난 다음과 같은 여섯 가지 요인에서 기인(起因)한 것으로 보기 때문이다.

1. 표준 서체어형의 확대와 동질적인 문헌 보급의 증가. 1450년 이후 영어로 쓰여진 문헌은 방언의 특징을 더 이상 띠지 않게 됨. 인쇄술에 의한 도서 보급은 1476년에 잉글랜드에서 시작됨.
2. 굴절형은 /s, əθ, əst, ər, ɪng, əd, ən/에 국한되어 쓰임.
3. 중세 봉건제도의 몰락과 르네상스기의 공작과 조신(朝臣)의 등장. 장미전쟁의 종료(1471). 튜더 왕조의 시작(1485).
4. 잉글랜드에 인본주의(humanism) 시작.
5. 잉글랜드의 교회, 로마 가톨릭과 분리(1534)
6. 아메리카의 발견(1492).

15세기 말에 시작하여 18세기 말에 끝나는 초기 현대영어 시기는 정치-사회뿐만 아니라, 언어적, 문화적으로 변화와 개혁의 시기였다. 정치적으로는 30년에 걸친 장미전쟁(Wars of the Roses)이 끝나고 1485년 헨리 7세가 즉위하면서 영국에 튜더 왕조(the Tudors, 1485~1603)가 시작된 시기였다. 튜더 왕조는 그의 아들인 헨리 8세의 즉위(1509~1547)로 엘리자베스 1세 시기까지 지속되었으며 그 후 스튜어트시대를 거쳐 하노버가의 조지 3세(1760~1820)로 이어지는 시기였다.

문학적으로는 셰익스피어(William Shakespeare, 1564~1616)와 스펜서(Edmund Spencer, 1552~1599), 그리고 밀턴(John Milton, 1608~1674)과 같은 문호들이 영문학의 꽃을 피우던 전성기였다. 또한, 종교적으로는 헨리 8세 때 일어난 소위 종교개혁(Protestant Reformation)으로 인해 영국 국교회는 로마의 가톨릭 교회와 단절되었고 신교운동의 확산으로 성서 번역이 활발해진 시기이기도 하였다.

이 시기에는 사회질서에 있어서도 커다란 변화가 일어났다. 잉글랜드와 유럽에 흑사병(Black Death)이 만연하면서 중세의 봉건제도는 무너지고 새로운 중산계급이 탄생하는 계기가 되었다. 도시는 노동자들에게 점점 더 매력적인 곳이 되었고 18세기 후반 영국의 산업혁명을 이끈 원동력이 되기에 이르렀다.

캑스턴(W. Caxton)의 인쇄기 도입으로 이 시기의 영어는 한 가지 특정 방언(즉, 동중부 방언)으로 표준화하기 시작하였다. 인쇄술이 영국에 도입되기 전에는 필사생들에 의해 필사본을 만드는 전통이 이어져 내려왔으며 일반 대중은 책을 구입하는 일이 좀처럼 용이하지 않았다. 그러나 인쇄기의 도입은 대량의 책을 찍어내어 널리 보급하는 일을 가능하게 해주었고 따라서 일반 대중의 접근도 한층 더 용이해졌다.

인쇄술의 도입과 함께 영어의 표준화에 끼친 다른 커다란 영향으로 케임브리지, 옥스퍼드 및 런던으로 이루어진 새로운 경제, 문화 중심지의 부상(浮上)이었다. 이들 지역은 동중부(East Midlands) 지역으로 둘러싸인 삼각형(triangle)을 형성하였다. 따라서 교육, 교역 및 정부 행정의 새로운 중심지로 떠오른 이들 세 지역 안에서 쓰인 영어는 궁극적으로 표준화되는 과정을 겪으며 향후 영국의 표준영어가 되었다.

1497년, 콜럼버스(Christopher Columbus)가 아메리카 대륙으로의 첫 항해를 시작한 지 5년이 지난 뒤, 존 캐보트(John Cabot)가 북아메리카의 북부 해안으로 항해하여 헨리 7세의 후원아래 이들 해안이 잉글랜드의 영토임을 주장하였는데, 이것은 그 후 개척자들이 잉글랜드의 새로운 영토를 찾아 정복하려는 오랜 탐험의 효시가 되었다. 엘리자베스 1세 시기에 영국이 스페인의 무적함대를 무찌르고 유럽의 해상 강국으로 부상하면서 향후 100여 년에 걸쳐 버뮤다(Bermuda)에서 호주, 뉴질랜드 그리고 인도와 파키스탄에 이르기까지 수많은 식민지(colonies)를 소유하는 막강한 국가로 등장하게 되었다. 따라서 초기 현대영어 시기는 영국이 세계 여러 나라에 식민지를 통치하여 대영제국(British Empire)이 되는 바로 그 시기이기도 하였다.

언어적으로 볼 때 영국이 여러 나라를 식민지로 통치하면서 수많은 새로운 차용어가 직접 영어에 들어오게 된 시기가 곧 초기 현대영어 시기였다. 이 시기에 이르러 영어의 역사상 처음으로 영어에 비인구어(non-Indo-European languages)가 들어와 쓰였으며 궁극적으로는 영어가 세계에서 가장 널리 사용되는 언어, 즉 국제어(international language)로서의 지위가 확립되었다. 한편, 이 시기는 중세영어와 현대영어를 크게 구분하는 발음의 변화가 진행된 시기로, 이 변화는 이미 초서의 사후(死後) 시작되어 셰익스피어 시기를 거쳐 초기 현대영어 말까지 200년 넘게 계속되었다. 이것이 소위 모음대추이(Great Vowel Shift: GVS)라는 언어 변화이다. 모음대추이는 '그림의 법칙'과 같이 매우 체계적으로 일어났으며 중세영어 시기 초서의 발음과 초기 현대영어 시기 셰익스피어의 발음이 이로 인해 크게 다른 발음으로 나타나서 19세기 이후에 쓰인 현대영어의 발음에 한층 더 가까워지게 된 것이다.

그러나 무엇보다도 이 시기에 영어에 가장 큰 영향을 끼친 중요한 사건은 15세기 말에 시작되어 16세기에 걸쳐 진행된 르네상스(Renaissance)였다. 엘리자베스 1세의 통치 시기(1558～1603)는 영국 르네상스의 절정기였으며 스페인과의 사소한 몇 번의 전투를 제외하고 비교적 평온한 시기가 지속된 시기이기도 하였다. 엘리자베스 1세 치하에서 예술과 문학은 상당한 결실을 맺었으며 로즈(the Rose), 스완(the Swan) 및 글로브(the Globe) 극장과 같은 대중을 위한 극장의 설립으로 셰익스피어, 말로우(Christopher Marlowe), 벤 존슨(Ben Jonson)과 같은 작가들이 왕성한 활동을 하여 일반 대중의 입에 이들 작가의 이름이 자주 오르내리게 되었다.

이 시기의 르네상스는 영국에 라틴어, 그리스어와 같은 고전어의 부활을 가져 왔으며, 고전어에 대한 높은 관심과 보편적인 사용을 초래하였다. 고전어로 된 많은 작품이 영어로 번역되는 과정에서 영어에는 고전어 차용어가 홍수처럼 들어오게 되었다.

초기 현대영어 시기는 브리튼으로부터 아메리카가 분리되어 나가는 시기에서 끝나게 된다. 이 시기는 영국의 조지 3세((1760～1820)의 치하에서 보스톤 차 사건(Boston Tea Party, 1773년 항구에 정박해 있던 동인도회사의 배에 올라가 차를 바다에 던져버린 사건)이 일어나면서 영국의 식민지 위력과 미국 식민주의자들 간에 분쟁이 일어난 시기였으며 이로 인해 궁극적으로 미국의 독립전쟁(1775～1783)이 일어나게 되었다. 미국은 1776년에 영국으로부터의 독립을 선언하였으나, 영국이 미국의 독립을 인정한 것은 1783년에 비로소 이루어지게 되었다. 그로부터 6년이 지난 뒤, 조지 워싱턴(George Washington)은 미국의 초대 대통령이 되었고 미국은 펜실베니아주의 필라델피아에서 컬럼비아 특별구(District of Columbia)의 워싱턴으로 수도를 옮겨 오늘에 이르렀다.

4.1.1. 르네상스와 종교개혁

초기 현대영어에 중요한 영향을 끼친 또 다른 사건은 고전 학문의 부활로 일컬어지는 르네상스(Renaissance)로, 16세기부터 17세기 초반에 걸쳐 유럽에 엄청난 파급 효과를 가져온 인문주의 운동을 말한다. 영국에서는 대략 캑스턴(1476)에서부터 청교도들에 의한 영연방(Puritan Commonwealth, 1649)이 이루어지기까지의 기간을 가리킨다.

르네상스는 학문 또는 예술의 재탄생(rebirth) 또는 부활(revival)이라는 의미를 가지고 있으며, 고대의 그리스 및 로마 문화를 이상(理想)으로 하여 이들을 부흥시킴으로써 새로운 문화를 창출해 내려는 운동으로, 유럽에서는 14세기 후반부터 15세기 전반에 걸쳐 이탈리아에서 시작되어 점차 유럽 전체로 확산되어 나갔다. 르네상스 사상의 기본 요소는 이탈리아의 인문주의자인 페트라르카(Petrarca)가 이미 설정했다고 할 수 있다. 그는 고대를 문화의 절정기로 보는 반면, 중세를 인간의 창조성이 철저히 무시된 '암흑 시대(Dark Ages)'라고 봄으로써 문명의 재흥(再興)과 사회의 개선은 고전 학문의 부흥을 통하여 가능하다고 주장하였다. 이러한 생각은 당시 인문주의자들이 가지고 있었던 크나큰 확신이기도 하였는데, 이들은 단순한 라틴어 학문의 부흥에 그치는 것이 아니라, 인간의 지적, 창조적인 힘을 재흥시키려는 신념에 가득 차 있었다.

영국에서는 이탈리아 문예부흥의 영향을 받아, 이미 14세기에 초서가 『캔터베리 이야기』를 영어로 썼으며, 영국 전역에 퍼진 교육의 보편화로 인해 일반 대중이 중세기의 암흑 상태에서 깨어나서 파스튼가의 서간문(Paston Letters)에서도 엿볼 수 있듯이 글을 읽고 쓸 줄 알게 되었고 근세로 전환할 수 있는 기틀이 비로소 이 시기에 마련되었다. 르네상스 시기에 고전어인 라틴어와 그리스어가 영어에 끼친 영향은 실로 지대하였다. 교양 있는 영국인으로 라틴어와 그리스어로 쓰여진 문학에 나타난 아름다움을 새로 찾아내려는 이들은 의도적으로 이들 고전어에 쓰인 말들을 가져다가 영어에 씀으로써 영어를 풍요롭게 만들고자 애썼다. 문체도 또한 큰 관심사가 되었으며 키케로(Cicero)나 버질(Virgil)과 같은 작가들의 문체를 모방하였다. 이들은 고전어 작가들이 사용한 문체를 써서 영어를 표현함으로써 모국어인 영어를 더욱 훌륭하게 다듬을 수 있다고 생각하였다.

베네딕토 수도회의 수도승이었던 틸리(William Tilley of Selling)는 이 시기에 그리스어에 능통한 최초의 영국인이었으며, 리너커(Thomas Linacre, 1460～1524), 그로친(William Grocyn, 1446～1519), 래티머(William Latimer, d. 1545) 등이 그의 뒤를 이었다. 그리스어에 능통한 또 다른 유명한 사람은 토마스 모어(Sir Thomas More, 1480～1535)였으며, 네덜란드인으로 위대한 인문주의자였던 에라스무스는 수년 동안 케임브리지 대학에서 그리스어를 가르쳤다. 이들은 모두 토마스 모어가 1516년에 『유토피아(*Utopia*)』를 라틴어로 쓴 것과 마찬가지로, 라틴어에 능했으며 라틴어로 작품을 썼다. 이 시기에 라틴어 사용을 널리 퍼뜨리는데 엄청난 영향을 끼친 인물은 릴리(William Lily)였는데, 그는 런던에 있는 성 바오로 학교의 교장을 처음 역임하였으며 유명한 라틴어 문법서를 썼는데 이 문법서는 셰익스피어와 그의 동시대인들 대부분이 학교에서 사용하였고 그 뒤를 이어 수세대를 거쳐 내려오면서 학교마다 고전어의 정전(正典)으로 사용되었다. 따라서 르네상스 시기에 라틴어가 영어에 끼친 직접적인 영향은 그리스어의 그것보다 훨씬 더 심각하였다.

고전어 작품의 영어 번역이 홍수를 이루게 되면서 영어에는 고전어 차용어가 수없이 들어오게 되었다. 이들 차용어는 영국 작가들에게 고전 문학에 쓰인 수사학의 특징을 자신들이 쓰는 영어 문체와 결합시켜 정교하고 세련된 문체를 발전시키는 데 도움을 주었다. 또한 위대한 고전 작가들의 작품이 영어로 번역되었다는 사실은 영어의 위신을 높이는 구실을 하였다. 이와 동시에 영국 작가들은 영어와 라틴어를 비교하지 않을 수 없게 되었고 라틴어보다 열등한 위치에 있는 자신들의 모국어인 영어를 향상시켜 보려는 노력이 점차 현실로 나타나게 되었다. 이러한 움직임에 결정적으로 커다란 영향을 미치게 된 것이 16세기를 계기로 해서 유럽에서 일어난 종교개혁이었다.

헨리 8세(1509~1547)가 18세의 나이로 영국 왕으로 등극한 이후에 왕의 이혼 문제로 로마 교황과의 갈등이 계속되었다. 즉, 헨리 왕은 아내 캐서린이 아이를 낳지 못하게 되자 캐서린과 이혼하고 앤이라는 처녀와 결혼하기 위하여 로마 교황으로부터 이혼 허락을 받아내려고 하였다. 당시 유럽 대륙의 최강국이던 스페인의 카를로스 1세가 캐서린의 조카였던 관계로 이혼이 더욱 어렵게 된 데다가 대법관이던 토마스 모어 경도 왕의 이혼을 반대하여 후에 처형당하는 사태까지 벌어졌다. 그러나 왕은 당시 재상으로 있던 크롬웰(Thomas Cromwell)과 함께 의회로 하여금 영국 교회를 로마로부터 독립시켜 영국 국교회(Church of Engand)를 설립하고 왕을 교회의 수장(Supreme Head)으로 인정하는 법을 통과시켰으니(1534), 이것이 소위 영국의 종교개혁이었다.

종교개혁은 교황의 절대적인 권한 밑에 있던 로마 가톨릭교회로부터 신교(Protestants)를 분리시켰으며, 영국에 이미 퍼져 있던 위클리프와 롤러드파(the Lollards)의 전통으로 인하여 신교 운동은 영국 전역에 손쉽게 확산되었다. 대륙에서 1517년부터 시작된 루터의 개혁 운동은 영국에서도 사실상 큰 지지를 얻게 된 셈이었다. 일반 대중이 스스로 성서를 읽을 수 있어야 한다는 신교 운동의 신념으로 수많은 성서가 영어로 번역되었으며 1611년에 흠정역성서라고 불리는 Authorized Version(the King James Bible)이 나옴으로 해서 이후 영어 문체에 막대한 영향을 끼치게 되었다.

종교개혁은 수세기 동안 교회가 차지해 온 교육의 독점을 해방시키는 계기가 되었다. 라틴어는 교회의 공식 언어로 항상 사용되어 왔고 교육자 대부분은 성직자였으므로, 라틴어가 교육의 일차 중요한 언어가 된 것은 당연한 일이었다. 그러나 종교개혁 이후에 성직자가 아닌 상인과 젠트리(gentry)에 의해 학교가 새로 세워짐으로써 라틴어 대신 영어를 점차 강조하게 되고 궁극적으로는 교육의 책임이 교회로부터 국가로 완전히 넘어가게 되었다. 한편, 종교개혁 이후에 진행된 종교적인 논쟁에서 신교와 로마 가톨릭교는 자신들의 주장을 지지해 줄 역사적인 증거를 찾기 위해 중세교회(medieval church)에 시선을 돌리게 되었고 이로 인해 중세시기의 영어(medieval English)에 대한 관심, 고대영어의 재발견, 그리고 영어의 계통(ancestry)에 대한 인식을 새롭게 하는 계기가 되었다.

종교개혁으로 인해 성서 번역이 활발해지고 이렇게 해서 영어로 번역된 성서가 일반 대중에게 널리 보급됨에 따라 라틴어의 권위는 떨어지게 되었으며 16세기 말에 이르러서 영어는 비로소 완전히 공인을 받는 언어로서의 위치를 차지하게 되었다.

4.1.2. 성서번역과 흠정역성서

영국에서의 성서 번역의 역사는 8～10세기에 이미 고대영어로 시작되었으며 캐드먼(Cædmon), 올드헴(Aldhelm), 비드(Bede), 앨프레드 왕과 그밖의 몇 명의 인물들이 성서와 관련하여 등장하였다. 캐드먼은 비드의 『영국민교회사』에 등장하여 캐드먼의 찬미가(*Cædmon's Hymn*)에서와 같은 시를 남겼으며, 올드헴은 셔본(Sherborne)의 주교로서, 고대영어로 시편(Psalms)을 번역한 최초의 인물이었다. 올드헴과 거의 같은 시기에 Holy Island의 주교였던 에그버트(Egbert)는 올

드햄의 요청에 의해 신약 복음서를 번역하였다(이 사본은 현재 British Museum에 보관되어 있다). 구약과 신약을 각각 대표하는 이들 두 주교는 초기 영어 시기에 성서를 영어로 번역한 선구자들이었다고 볼 수 있다.

고대영어 시기에 종교와 학문을 장려한 앨프레드 왕은 성서의 가치와 중요성을 깨닫고 십계명을 국법(國法)의 첫 머리에 두었으며, 시편을 직접 번역하기도 하였다. 현재 British Museum에 보관되어 있는 소위 코튼 필사본(Cotton manuscript)은 7세기 말경 라틴어로 된 복음서들로서, 린디스판(Lindisfarne)의 주교였던 에아드프리드(Eadfrith)가 테오도르(Theodore) 대주교의 친구 아드리안(Adrian)이 669년에 영국으로 가져 온 교본에서 복사한 것이다. 그런데 950년경 성직자였던 알드레드(Aldred)가 이 라틴어 교본의 행간에 고대영어로 바꾸어 써 넣었으며, 이 사본이 영어로 번역된 성서 중에서 가장 초기에 만들어진 것으로 알려지고 있다. 그러나 이 복음서는 노섬브리아 방언으로 번역되어 있으며, 'The Lindisfarne Gospels', 'The Gospels of St. Cuthbert' 등의 이름으로 알려져 있다.

1320년경 요크셔에서 태어난 위클리프(John Wycliffe)는 옥스퍼드의 베일리올 대학(Balliol College)의 학료감을 지낸 신학자였다. 그가 태어나서 살던 시기는 14세기로, 중세기도 종교개혁의 시기도 아닌 과도기(a period of transition)였으며 정치, 사회 및 교회가 구질서를 지탱해 나가려고 애쓰는 한편으로 새로운 사상과 이상 그리고 진보에 발맞추려는 시기이기도 하였다. 로마교황과 영국 의회의 갈등이 심한 시기에 위클리프는 종교와 사회를 개혁하려는 가장 뛰어난 개혁가로 이름이 나 있었다. 그는 자국어로 쓰여진 성서를 읽을 기회를 갖는 것이야말로 인간의 영혼이 진실로 해방되기 위한 길이라고 믿었고 일반 대중이 일상생활에서 흔히 사용하는 영어로 성서 번역에 여생을 바쳤다. 1382년경 신약성서의 완역본이 처음 나왔고, 2년 뒤인 1384

년경에는 신구약성서가 완전히 번역되었다. 이것은 영어로 번역된 성서의 신기원을 이룩한 사건이었다.

위클리프의 사후, 그의 번역 성서 개정판이 계속해서 나왔는데 가장 초기에 만들어진 것으로 현존하는 필사본은 1408년에 속한다. 위클리프 성서를 수정한 사람은 그의 비서였던 퍼비(John Purvey)로 알려져 있으며 오늘날 현존하는 170개의 사본 대부분이 퍼비의 손을 거쳐 이루어진 것이다. 당시는 인쇄술이 아직 영국에 도입되기 전이었으므로 손으로 일일이 써서 성서를 영어로 번역하였기 때문에 필사본의 값이 비싸서 당시 부유한 사람들이 흔히 이 필사본을 구입하였다. 16세기에 틴들(William Tyndale)의 번역 성서가 나오기까지 위클리프 성서는 성직자들의 강한 반대에도 불구하고 일반 대중의 성서로 널리 사용되었다.

케임브리지에서 가르친 에라스무스(Erasmus)의 영향을 받은 인물 중에는 그리스어를 공부하기 위해 1510년에 옥스퍼드에서 케임브리지로 옮긴 틴들(William Tyndale, 1494～1536)이 있었다. 에라스무스가 이미 확립된 질서 안에서 활동하기를 원했다면 틴들은 이보다 더 급진적인 목표를 가지고 있었다. 그는 고전 학문에 대한 새로운 관심을 불러일으킨 르네상스와 종교개혁의 시대에 속한 인물이었으며, 유럽의 인쇄술이 영국에 도입된 시대에 살았다. 그가 후에 영어로 신약 성서를 번역함으로써 '쟁기질을 하는 어린 소년에게 교황보다도 성서의 내용을 더 잘 알게 해줄 수 있는 인물'이 되었다.

영국에서 맨 처음 합법적으로 성서가 영어로 번역된 것은 1535년 영국의 성직자였던 커버데일(Miles Coverdale, 1488～1568)에 의한 성서 번역이었다. 틴들의 성서는 『마태 성서(*Matthew Bible*)』라는 이름으로 왕의 허가를 얻어 로저스(John Rogers)의 주석을 붙여 1537년에 출간되었다. 1540년에 이르면 커버데일이 책임을 맡고 종교개혁 후 최초의 캔터베리 대주교가 된 크랜머(Thomas Cranmer)가 서문을 써서 수정하여 번역한 성서인『the Great Bible』이 법령에 의해 영국의 전 교구에서 사용하도록 하였다.

그러나 1543년에는 일반 대중이 널리 글을 읽고 쓸 줄 아는 일에 두려움을 느낀 나머지 또 다시 종교진흥법을 만들어 영어로 번역된 성서는 출신 계급에 따라 독서에 제한을 두도록 하였다. 이에 따라 귀족과 젠트리(gentry)는 이들이 거느리는 하인들에게 읽히게 하였고, 여자를 포함한 하층계급은 그들끼리만 성서를 읽도록 제한하였다. 20년 후에 영국은 에드워드 6세(Edward VI, 1547～53) 치하에서 신교에 의한 종교개혁을 하게 되고 뒤이어 즉위한 메리 여왕(1553～1558)에 의해 종교개혁 이전의 상태로 돌아갔다가 엘리자베스 1세(Elizabeth I, 1558～1603)에 와서 다시금 영국 국교회를 인정하고 신교주의로 회귀하는 변화가 계속되었다. 1560년에 처음 나온『제네바 성서(Geneva Bible)』는 번역과 여백에 써 넣은 주석 모두 신교주의의 교리가 분명히 나타나 있었다. 영국에서는 이미 급진주의자들과 전통적인 신앙을 옹호하는 수호자들 간의 논쟁으로 영국 국교회는 분열되고 있었다.

16세기 중엽으로 오면 영어에 의한 성서 번역을 반대하던 보수파들의 주장은 완전히 사라지게 되었으며, 1582년 통속 라틴어로 된 성서의 가톨릭 번역본인『the Rheims Bible』이 출간되었다. 이 성서는 초기에 많은 문제를 일으켜 온 잘못된 성서 번역의 문제점을 벗어나서 성서에 대한 면밀한 연구와 학문적인 성취를 토대로 이루어진 업적이었다.

제임스 1세(James I, 1603～25)는 엘리자베스 1세의 사후 스코틀랜드의 제임스 6세로서 영국의 왕위에 오른 인물이다. 그는 성서의 권위를 스스로 인정한 왕으로 요한계시록을 의역하였으며 시편 몇 편을 번역하기도 하였다. 그런데 소위 흠정역성서의 번역은 실로 우연히 이루어진 사업이었다. 1604년 1월에 제임스 1세는 청교도들의 불만을 논의하기 위해 햄튼 왕실회의(Hampton Court)를 소집하였는데 이 회의에서는 청교도들의 종교 문제는 더 이상 논의되지 않고 당시 쓰이고 있던 번역 성서들(the Great Bible, the Bishops' Bible)의 번역이 형편없다는 옥스퍼드의 Corpus Christi College의 학감 레이놀즈(Reynolds)의 발언이 주목을 끌었다. 특히, 교회 예식 중에서 중요하게 여겨지는 기도서(Prayer-Book)가 오역 투성이라는 청교도들의 주장은 개역 성서를 발간하기 위한 첫걸음이 되었다. 왕의 주재로 54

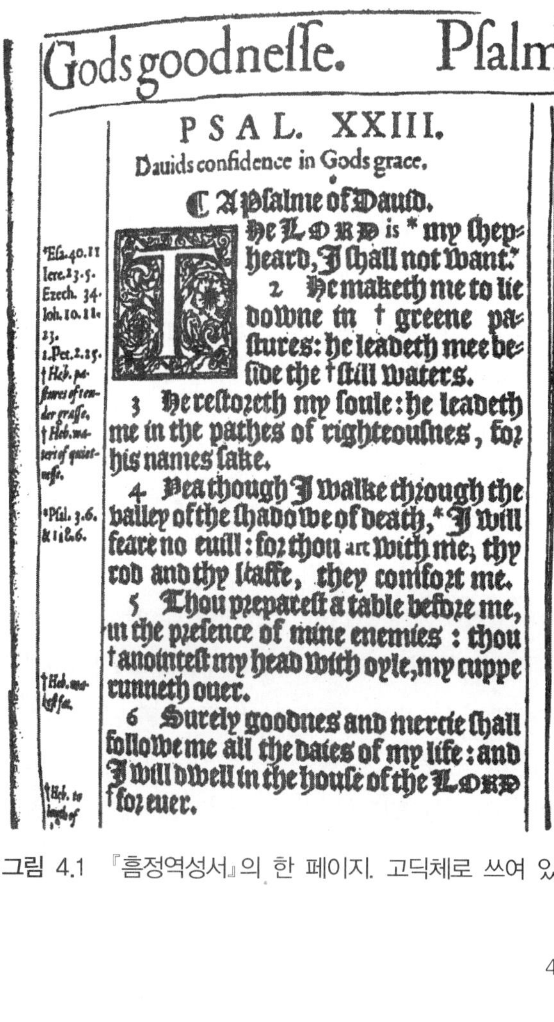
Gods goodnesse. Psalm

PSAL. XXIII.

Dauids confidence in Gods grace.

¶ A Psalme of Dauid.

The LORD is * my shepheard, I shall not want.

2 He maketh me to lie downe in † greene pastures: he leadeth mee beside the † still waters.

3 He restoreth my soule: he leadeth me in the pathes of righteousnes, for his names sake.

4 Yea though I walke through the valley of the shadowe of death, * I will feare no euill: for thou art with me; thy rod and thy staffe, they comfort me.

5 Thou preparest a table before me, in the presence of mine enemies: thou † anointest my head with oyle, my cuppe runneth ouer.

6 Surely goodnes and mercie shall followe me all the daies of my life: and I will dwell in the house of the LORD † for euer.

*Esa.40.11 Iere.23.5. Ezech.34.23. Ioh.10.11. 1.Pet.2.25. †Heb. pastures of tender grasse. †Heb. waters of quietnesse. *Psal.3.6. & 118.6. †Heb. makest fat. †Heb. to length of

▌그림 4.1 『흠정역성서』의 한 페이지. 고딕체로 쓰여 있음

명의 학자가 동원된 성서 개역의 작업은 1607년에 시작되어 1611년에 끝났으며 1611년에 나온 성서는 『흠정역성서(Authorized Version)』라고 칭한다(그림 4.1 참조).

4.1.3. 셰익스피어 영어

르네상스 후반을 지배한 두 가지 커다란 영향은 말할 필요도 없이 윌리엄 셰익스피어(William Shakespeare, 1564~1616)의 작품과 앞에서 언급한 『흠정역성서』이다. 이들이 영어에 끼친 영향은 어떠했을까?

초기 현대영어 시기는 철자법이 아직 고정되어 있지 않고 다양한 모습으로 쓰이던 때여서 발음도 이에 따라 각양각색으로 쓰였다. 그뿐만 아니라, 문법적인 사항에 있어서도 일정한 규범이나 틀에 얽매이지 않고 자유롭게 구사할 수 있는 기운이 감돌던 시대였기 때문에, 영어는 여전히 유동적인 상태를 면치 못하였다.

셰익스피어는 철자, 발음, 문법의 전 분야에 걸쳐 잘 정비되어 있지 않은 영어를 어떠한 단어에도 구애받지 않고 자유로이 사용하였다. 이를테면, 주어와 동사 사이에 나타나는 '수의 일치'(number agreement)에 있어서 현대영어와는 달리 글쓴이의 주관적인 생각에 따라 동사의 수(數)가 단수 또는 복수로 쓰였다. 따라서 이 시기에는 엄밀한 의미에서 수의 일치는 없었다고 해도 과언이 아니었다.

셰익스피어의 작품에는 화려하고 난해한 단어는 거의 찾아볼 수 없으며, 그의 극(劇) 중에 나타나는 대화 내용도 소박하고 허식이 없는 언어로 쓰여졌다. 그가 작품 중에서 구사한 어휘 수는 25,000여 개로 당시로서는 가장 풍부한 어휘를 사용하였는데, 그의 위대성은 그가 구사한 어휘 수보다는 필요한 만큼 다양한 문체를 다루고 인간사와 인간관계를 예리하게 묘사했다는 점에서 찾을 수 있다. 생(生)의 모든 문제에 관한 그의 관찰은 예리했으며 이들을 묘사하거나 자기의 사상을 표현함에 있어서 그가 활용한 문법이나 어휘의 선택 및 활용은 매우 적절하였다.

셰익스피어는 서체어의 형성뿐만 아니라 구어(口語)나, 속어(俗語)의 영어 표현에도 크게 기여하였다. 그가 쓴 수많은 작품에 나오는 단어나 어구는 일반 대중의 마음속에 깊이 파고 들어가 누구나 알 수 있는 관용어구(慣用語句 idiom)가 되었으며 교양을 갖춘 사람들뿐만 아니라 그렇지 못한 사람들도 설령 셰익스피어의 작품에서 유래한다는 것을 모를지언정 그 뜻을 잘 알고 사용하였다.

이들 관용어구 중에서 일반에 널리 알려져 사용된 용례를 그 출처와 함께 몇 개만 인용해 보면 다음과 같다.

beggars all description (*Antony and Cleopatra, II, ii*)
a foregone conclusion (*Othello, III, iii*)
hoist with his own petard (*Hamlet, III, iv*)
in my mind's eye (*Hamlet, I, ii*)
it's Greek to me (*Julius Caesar, I, ii*)
salad days (*Antony and Cleopatra, I, v*)
more in sorrow than in anger (*Hamlet, I, ii*)
play fast and loose (*Anthony and Cleopatra, IV, xii*)
a tower of strength (*Richard III, V, iii*)
make a virtue of necessity (*Pericles, I, iii*)
dance attendance (*Henry VIII, V, ii*)
cold comfort (*King John, V, vii*)
at one fell swoop (*Macbeth, IV, iii*)
to the manner born (*Hamlet, I, iv*)
there are more things in heaven and earth. (*Hamlet, I, v*)

Brevity is the soul of wit (*Hamlet, II, ii*)

hold the mirror up to nature (*Hamlet, III, ii*)

I must be cruel only to be kind (*Hamlet III, iv*)

all our yesterdays (*Macbeth*, V.v.22)

with bated breath (*The Merchant of Venice*, I.iii.121)

in the end, truth will out (*The Merchant of Venice*, II.ii.74)

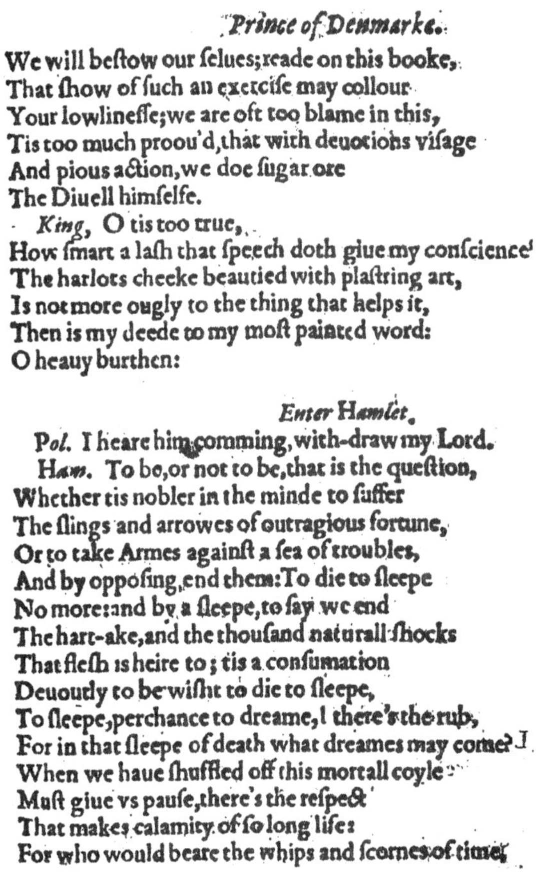

Prince of Denmarke.

We will beſtow our ſelues; reade on this booke,
That ſhow of ſuch an exerciſe may collour
Your lowlineſſe; we are oft too blame in this,
Tis too much proou'd, that with deuotions viſage
And pious action, we doe ſugar ore
The Diuell himſelfe.
King, O tis too true,
How ſmart a laſh that ſpeech doth giue my conſcience!
The harlots cheeke beautied with plaſtring art,
Is not more ougly to the thing that helps it,
Then is my deede to my moſt painted word:
O heauy burthen:

Enter Hamlet.

Pol. I heare him comming, with-draw my Lord.
Ham. To be, or not to be, that is the queſtion,
Whether tis nobler in the minde to ſuffer
The ſlings and arrowes of outragious fortune,
Or to take Armes againſt a ſea of troubles,
And by oppoſing, end them: To die to ſleepe
No more: and by a ſleepe, to ſay we end
The hart-ake, and the thouſand naturall ſhocks
That fleſh is heire to; tis a conſumation
Deuoutly to be wiſht to die to ſleepe,
To ſleepe, perchance to dreame, I there's the rub,
For in that ſleepe of death what dreames may come?
When we haue ſhuffled off this mortall coyle
Muſt giue vs pauſe, there's the reſpect
That makes calamity of ſo long life:
For who would beare the whips and ſcornes of time,

| 그림 4.2　1623년에 나온 셰익스피어 작품의 첫 장

4.2. 초기 현대영어 정자법

초기 현대영어의 정자법(orthography)은 중세영어 시기에 사용된 철자와 크게 변하지 않았다. yogh라고 칭하는 문자 “ʒ”는 이 시기에 들어와서 없어지고 “y”, “w”, “g”, “f”(때로는 gh로 씀) 및 묵음의 “gh”를 표현하는 소리를 나타내는 등 여러 문자로 바뀌었다. 그리하여 yʒe는 “eye”, “yhalʒed”는 “hallowed”, “ʒive”는 “give”, “roʒ”는 “rough” 그리고 “niʒt”는 “night”로 변하여 쓰였다.

고대 및 중세영어 시기에 쓰인 “þ”(thorn)은 “y”와 구별할 수 없게 되어 그 결과 전혀 쓰이지 않게 되었다. 따라서 이 시기를 언급할 때 자주 등장하는 “*ye* old book shoppe”라는 표현을 여전히 사용하는 것도 이러한 이유이다. 즉, “y”는 실제로 thorn에 해당하며 오늘날 현대영어에 와서 단순히 “the”로 쓰이게 된 것이다. 그리하여 위에 든 표현은 “the old book shop”으로 나타낼 수 있다.

“i” 및 “j”는 “u” 및 “v”에서처럼 서로 바꾸어 쓰였는데, “v”는 대체로 어두에서 쓰인 반면, “u”는 그 밖의 위치에서 쓰였다. 긴 “s” (long ‘s’: “ʃ”)는 어두 및 어중에 와서 쓰였으나, 짧은 “s”(small ‘s’: “s”)는 어말에서만 쓰였다. 예컨대, “sinfulness”는 “ʃinfulneʃs”로 쓰였다. 미국의 권리장전(Bill of Rights)이라고 할 수 있는 법률문서의 서두에는 “Congreʃs”라는 유명한 문자가 등장하였으나, “f”와의 유사성 때문에 결국 없어져 버렸다.

이 시기의 철자는 인쇄술에 의한 도서 보급이 늘어나면서 상당히 고정되었다. 라틴어는 프랑스어와 라틴어에서 유래한 어휘의 철자에 큰 영향력을 행사하였으며, 더 나아가 발음의 근원에서 철자를 분리하는 데 기여하였다. 가령, 라틴어 *insula*에서 프랑스어를 경유하여 유래한 중세영어 “i(s)le”은 중세영어 “iland”의 철자에 영향을 끼쳐 초기 현대영어 시기에 “island”라는 철자를 만들어 내었다. “debt”라는 어휘는 원래 중세영어에서 "dette"(라틴어 *debita*에서 유래하여 프랑스어를 경유)로 쓰였으나, 영어에서 전혀 발음되지 않는 "b"를 추가하여 철자로 사용한 것은 초기 현대영어 시기였다.

초기 현대영어 시기에는 철자와는 직접 관련되지 않은 정자법상 다른 변화도 일어났다. 명사는 보통명사나 고유명사와는 무관하게 모든 경우에 대문자로 흔히 쓰였다(이것은 현대 독일어의 경우에도 마찬가지로 쓰이고 있다). 이와 함께, 이 시기에는 구두법(punctuation)이 변하고 새로운 기호가 추가로 쓰였다. 휴지(pause)를 나타내는 코머(comma)를 쓰는 대신, 사선(斜線, " / ")이 쓰였고 축약(contraction)과 소유격 부호를 나타내는 기호로 " ' "(apostrophe)가 사용되었다.

4.3. 발음의 변화

4.3.1. 모음대추이(Great Vowel Shift: GVS)

1500~1800년에 이르기까지 300년이라는 긴 시기로 이어지는 초기 현대영어 시기에 일어난 주목할 만한 언어적인 사건 중의 하나는 이 시기에 흔히 '모음대추이'라고 불리는 음 변화가 일어나서 영어사의 어느 시기에 일어난 음 변화보다도 가장 큰 변화를 겪게 되었다는 사실이다. 중세영어 시기에 시작되어 초기 현대영어 시기를 거치면서 완성된, 장모음에 영향을 끼친 이 음 변화는 초기 현대영어 시기 말에 이르러서야 비로소 표준영어로 실현되기에 이르게 되었다.

모음대추이는 언제부터 시작되었을까? 그 연대를 정확히 알아내기란 어렵다. 영어 철자의 표준화가 초기 현대영어 시기 초반에 시작되어 이후에 일어나게 되는 음 변화가 대체로 철자에 반영되지 않았을 뿐만 아니라, 영어에는 모음 음소보다는 모음 문자의 수가 항상 더 적었다(중세영어 초기에는 이들 문자 중 *æ*를 상실하였음). 더욱이, 잘못 사용된 철자(misspellings)로 인해 설령 음 변화가 일어났다고 해도 잘못 쓰인 철자가 무엇을 나타내는지 정확히 설명하기가 어렵기 때문이다.

모음대추이는 방언에 따라 다르게 변화하였으나, 대체로 중세영어 후기에 이와 같은 음 변화과정이 시작되어 18세기 말 표준영어에 이르기까지 계속 진행되어 온 것으로 보고 있다. 학자에 따라 세부적인 진행과정에 관해서는 의견이 다르게 나타나고 있으나, 적어도 이 음 변화 중의 일부는 마지막 단계에 이르기까지 여러 세대를 거쳐 일어난 것으로 추정하고 있다. 예컨대, 셰익스피어 시대까지에는 ME [ī] 및 [ū]는 각각 [əi], [əu]로 발음되었을 것으로 여겨진다.

'모음대추이'를 간단히 설명하면 다음과 같다. 즉, 중세영어 시기에는 7개의 장모음(ī, ē, ɛ, ɑ, ū, ō, ɔ)이 쓰였는데, [표 4.1]에서와 같이 모음이 한 단계씩 위로 상승하기 시작하여 그 자리에 있던 장모음의 음가를 차지하게 되었고, 가장 맨 위에 있던 두 개의 장모음(ī, ū)은 중간 단계를 거쳐 이중 모음이 되었다.

예스페르센(Jespersen, 1933: 232)은 이들 장모음 중에서 가장 먼저 음 변화가 일어난 모음은 중세영어 시기의 고모음 [ī] 및 [ū]였을 것

❙ 표 4.1 모음대추이(GVS)

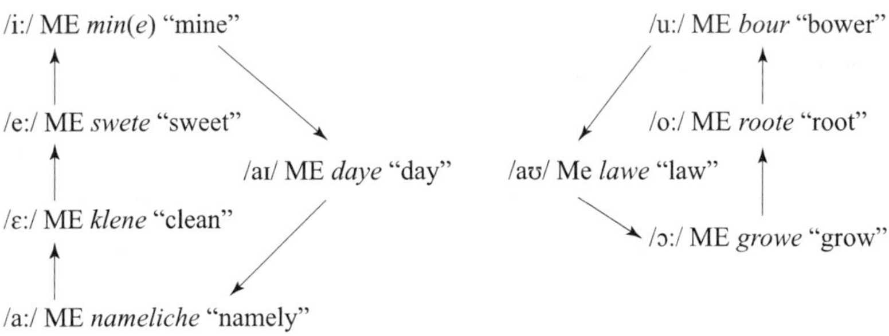

으로 보고 있다. 이들이 먼저 이중모음이 된 후에 각각 그 밑에 있던 [ē] 및 [ō]가 ME [ī] 및 [ū]가 차지하고 있던 위치로 자유롭게 이동하여 그 자리를 차지하게 되었다. 만일 [ē]가 [ī]보다 먼저 변하였다고 가정하면 [ī]와 합쳐져서 현대영어에서 [ɑi]로 발음되었을는지 모른다. 그러나 이러한 음 변화는 일어나지 않았다. 현대영어에서 ME *bite* 'bite'와 *bete* 'beet'가 발음상 구분되는 것은 이러한 이유에서이다.

한편, 방언의 혼합으로 다양한 방언이 사용되면서 모음대추이에 예외적인 현상도 나타났는데, 주로 ME [ɛ] 및 [ō]가 여기에 속하는 장모음이었다. ME [ɛ]는 대체로 [i]로 변했는데, 모음대추이가 일어나기 전에 단모음으로 변한 단어들도 있었다. 가령, *threat, head, death, deaf*와 같은 단어들은 오늘날에도 단모음 [ɛ]를 가지고 있으나, 이와는 달리 *cheat, plead, wreath, leaf* 등과 같은 단어들은 모음대추이로 인해 규칙적인 [ī]로 변하였다.

또한, 어떤 단어들은 ME [ɛ]가 [ē]에서 끝나고 [i]로 되지 않은 것도 있었다: *break, yea, steak, great*. [ō]가 나타나는 단어들은 변화의 폭이 좀 더 크게 나타났다. 이 음은 대체로 [u]로 변하여 *boot, loose, mood, pool, soon*과 같은 단어들의 발음과 같이 되었으나, 일부 단어 중에는 [u] > [ʊ]로 단모음이 된 것들도 있었다: *food, good, hook, wood*. 소수이긴 하나 이 [ʊ]가 더 변하여 [ə]로 평순모음화한 것도 있었다: *flood, blood*.

4.3.2. 단모음의 변화

초기 현대영어 시기를 거치는 동안 모음대추이로 인한 장모음의 변화에 비해 중세영어의 단모음에는 혁신적인 변화는 일어나지 않았으나, 모든 단모음에 다음과 같은 음 변화가 일어나서 중세영어의 단모음과는 다르게 되었다.

1. 어말에 오는 무강세 -*e*는 초기 현대영어 시기에 모두 발음이 상실되어 버렸다. 여기에는 동사의 단수 과거시제 어미는 물론, 명사 복수형과 3인칭 단수 현재 직설법 어미도 모두 포함되었다. 다만, *judges, passes, wanted*와 같이 어말에 오는 모음으로 [ə]나 [ɪ]로 발음되어야 하는 음운 환경은 제외되었다.
2. 중세영어 /ɑ/는 초기 현대영어 시기에 와서 대체로 /æ/로 변하였다. 그러나 17세기에 이 /æ/가 다시 /r/ 앞에서 /ɑ/로 발음되었다: *harm, scarf, hard, park*. 18세기에는 /æ/가 영국 남부의 표준영어와 영국과 가까운 미국 동부의 뉴잉글랜드의 여러 지역 방언에서 무성마찰음 앞에 와서 /ɑ/로 발음되었으며 오늘날까지 이 발음을 그대로 유지하고 있다: *staff, class, path, fast, half*. 그런데 이 발음은 마찰음 다음에 다른 모음이 올 경우에는 /ɑ/로 발음되지 않고 /æ/로 발음되었다: *classical, passage*.

   /ɑ/는 /l/ 앞에서 /æ/가 아닌 /ɔ/로 발음되었다: *all, fall, walk, salt, chalk, halt*. 많은 방언에서 중세영어 /ɑ/는 /w/ 다음에 올 경우 /ɔ/로 변했다: *want, wash, reward, swan, quart*. 이 변화는 모음이 연구개 자음 앞에 올 경우에는 일어나지 않았다: *wax, wag, wangle, twang*.
3. 중세영어 /ʊ/는 대부분의 음운환경에서 평순 중설모음 /ə/로 변했다: *run, mud, gull, cut, hum, cup*. 그런데 만일 /ʊ/가 순자음이 앞에 오고 뒤에 /l/, /ʃ/, /ʧ/가 와서 둘러싸여 있을 경우에는 평순모음으로 변하지 않았다: *full, pull, bull, push, bush, butcher*. 그러나 방언에 따라 *bulky, bulge, shrub*과 같은 단어들은 예외적으로 이러한 환경이 적용되지 않았다.
4. 영어의 /ɪ/ 및 /ɛ/는 비교적 오랫동안 다른 모음에 비해 안정을 유지하여 왔으나, 초기 현대영어 시기를 거치면서 많은 방언에서 두 음을 혼동하여 사용하는 현상이 나타났는데, 특히 철자

교육을 제대로 받지 못한 사람들이 쓰는 말 속에 주로 사용되었다. 가령, *river* > *rever, skillet* > *skellet, width* > *wedth* 등과 같이 /ɪ/>/ɛ/로 발음한다든가, 이와는 반대로 *never* > *niver, Negro* > *Nigro, devil* > *divell, chest* > *chist* 등과 같이 /ɛ/ > /ɪ/로 발음하는 것이 좋은 예이다. 이 시기에는 구어체에서 *pritty, git, nigger*와 같은 철자가 그대로 쓰였다.

초기 현대영어 시기를 거치는 동안 /ɛ/는 다음에 비음이 오면 예외 없이 /ɪ/로 변했다: ME *wenge* > *wing*, *sengle* > *single*, *heng* > *hinge*, *frenge* > *fringe*, *mengle(n)* > *mingle*, *nem(b)yl* > *nimble*. 따라서 비음으로 인해 /ɛ/ → /ɪ/로 상승하는 경향은 게르만어가 쓰인 선사시대까지 거슬러 올라가며 현재까지도 계속되고 있다.

5. 중세영어 /ɔ/는 /l/ 앞에서 대체로 /o/로 변했으며(*bolt, cold, old, bowl, hold*), 다른 환경에서는 표준 영국영어에서 이 발음을 그대로 유지한 반면, 미국영어에서는 /ɑ/로 발음하였다. A.E. *hot, rock, pocket, yonder, top, shot.* 미국영어에서도 방언의 혼합이 널리 사용되고 있어서 똑같은 영어 사용자라고 해도 *frog*는 /ɑ/로, *log*는 /ɔ/로 발음하는 경우도 있다.

4.3.3. /r/ 발음의 영향

어중이나 어말에 오는 /r/은 대체로 그 앞에 오는 모음을 낮추려는(lower) 경향이 있다. 이런 경향은 중세영어 말에 시작되어 초기 현대영어 시기를 거치면서 널리 사용되어 /ɛr/ → /ɑr/로 낮추어지게 되었다. 어떤 경우에는 이러한 변화가 예외 없이 일어나서 결국 철자를 다시 쓰지 않으면 안 되었다. ME *fer* > *far, sterre* > *star, derk* > *dark, ferme* > *farm, bern* > *barn.*

그러나 대부분의 경우에는 후에 /ɛr/로 다시 발음되었다가 오늘날과 같은 /ər/로 변하였다. 이것은 초기 현대영어에서는 *sarvant, sarmon, sartain, vardict*라는 철자로 쓰이다가 현대영어에 와서 *servant, sermon, certain, verdict*로 쓰이게 된 것을 보아도 알 수 있다. 때로는 자매어(doublets)도 사용되었는데, 좋은 예로는 *clerk* / *clark*, *vermin* / *varmint*, *person* / *parson*, *university* / *varsity*를 들 수 있다.

/ɛr/ → /ɑr/로 낮추어진 후에 /ɪ/, /ɛ/, /ʊ/는 다음에 오는 /r/ 앞에서 모두 낮추어지고 중설음화하여 *girl, dirty, her, fern, early, hurt, curse* 등과 같은 단어의 발음에 나타나는 /ə/로 변하였다. 이 변화는 극히 최근에 일어난 변화로, 스코틀랜드의 대부분의 방언에서는 아직도 이전의 발음을 그대로 유지하고 있다.

어중이나 어말에 오는 /r/은 중세영어의 장모음 /ɛ/, /o/, /u/가 모음대추이에 의해 각각 /i/, /u/, /ɑu/로 상승되거나 이중모음이 되는 것을 차단시키는 역할도 하였다. GVS의 예외가 되는 이러한 단어의 예로는 *wear, bear, floor, sword, course, court* 등이 있고, 방언에 따른 변화를 나타내는 단어들로는 *poor, tour, moor* 등이 있다.

4.3.4. 이중모음의 변화

영어사의 모든 시기에서 이중모음은 단순모음이 되려는 경향을 나타내었으며, 이로 인해 새로운 이중모음이 생기는 결과를 초래하였다. 따라서 모음대추이로 인해 초기 현대영어 시기에는 새로운 이중모음이 많이 생겨났으나, 이와 동시에 중세영어의 이중모음은 거의 모두 단순모음으로 변했다.

중세영어에는 /iu/, /ɛu/, /ɑu/, /ɔu/, /æi/, /ʊi/, /ɔi/ 등 7개의 이중모음이 쓰였는데, 초기 현대영어에서 /ʊi/ 및 /ɔi/를 제외한 5개의 이중모음은 모두 단순 모음으로 변했으며, /ʊi/ 및 /ɔi/는 하나로 합쳐져서 하나의 이중모음 /ɔi/가 되었다.

1. 중세영어 말에 이르러 /iu/ 및 /ɛu/는 하나로 합쳐져서 /iu/가 되었으며, 16세기에 와서 이 /iu/는 일부 단어에서는 /ju/로 변하였다: *pure, mute, hew, cute, beauty, accuse, pewter*. /ju/는 순자음 다음에서는 거의 그대로 발음되었으나, 다른 자음 다음에 오면 많은 방언에서 /ju/ → /u/로 단순화하였다. 현대영어에서 이러한 방언의 차이를 보여주는 예로는 *new, glue, shrew, rude, duty*, *lute* 등이 있다.
2. 이중모음 /ɑu/는 초기 현대영어에서 /ɔ/로 변했다: *cause, hawk, claw, autumn, aught*. 그러나 /l/과 순자음이 합쳐진 자음군 앞에 올 경우에는 /ɑu/ → /ɑ/ 또는 /æ/로 변했으며 /l/은 발음되지 않았다: *half, calm, palm, calf.*
3. /ɔu/는 초기 현대영어에서 /o/로 변했다: *know, blow, soul, grow*. 이 /o/는 오늘날 대부분의 영어 방언에서 사실상 이중모음화하여 발음되고 있다.
4. /æi/는 초기 현대영어에 와서 /e/로 단순모음화 하였다. 이 모음도 /o/와 마찬가지로 현대영어에서 대개 이중모음화 하여 발음된다. *day, pay, raise, stake, eight*.
5. /ʊi/ 및 /ɔi/는 중세영어 시기에 프랑스 차용어에서 영어에 들어온 이중모음으로, 초기 현대영어 시기에 하나로 합쳐져서 대부분의 방언에서 /ɔi/로 변했으나, 현대영어에 와서 일부 방언에서는 /əi/(</ɔi/) 및 /ɔi/(</ʊi/)로 그대로 남아 발음되었다. 초기에 쓰인 /ʊi/가 /ɔi/로 변한 예로는 *toil, boil, poison, soil, destroy* 등이 있고, /ɔi/에서 /əi/로 변한 예로는 *joy, avoid, royal, boy, choice*와 같은 예가 있다.

4.3.5. 자음의 변화

현대영어의 자음은 초기 현대영어 시기를 거치는 동안에 확립되었으며 1800년에 이르러서는 오늘날 우리가 쓰는 자음체계와 똑같은 체계가 되었다. 중세영어의 자음체계와 비교해 볼 때 이 시기의 자음체계에는 중세영어의 자음에는 쓰이지 않던 /ŋ/ 및 /ʒ/의 두 음소가 추가되어 음운체계의 빈자리를 채우게 되었다. 즉, 중세영어의 자음체계에는 유성 치경 경구개 마찰음(vd. alveopalatal fricative)과 연구개 비음(velar nasal)의 자리가 비어 있었는데 초기 현대영어 시기에 와서 비로소 이 두 자리가 채워짐으로써 폐쇄음의 경우와 마찬가지로 비음과 마찰음 계열은 무성/유성음의 쌍이 모두 쓰이게 되었다.

이 시기에 /ŋ/ 및 /ʒ/의 두 음소가 추가된 것 이외에 개개 자음의 분포에도 체계적인 또는 산발적인 많은 변화가 일어났는데, 체계적인 변화로는 특수한 음운환경에서의 자음의 상실과 다른 자음으로의 대치 등을 꼽을 수 있고, 산발적인 변화로는 자음 대치나 철자 발음 등을 들 수 있다.

(1) 모음 다음에 와서 쓰인 /h/, /ç/ 및 /x/의 세 변이음은 이 시기를 거치면서 대부분의 방언에서 없어져 버렸다. 그러나 [x]는 스코틀랜드 영어에는 오늘날까지 남아 쓰이고 있다. [ç] 및 [x]는 방언의 혼합으로 인해 다소 변화가 일어나서 /t/ 앞에 오는 경우에는 대체로 완전히 사라져 버렸으며(예: *sight, straight, caught*), 어말에서는 발음이 완전히 상실되거나(예: *sigh, although*), /f/로 변했다(예: *tough, laugh, cough*). 또한, 어느 위치에 오던 간에 [x] 또는 [ç]가 완전히 사라지면서 선행하는 단모음이 길어졌다. 예컨대, 중세영어의 [siçt] ‘sight’는 초기 현대영어에서 [siːt]로 되었다가 모음대추이로 인해 현대영어에서

[sait]가 되었다.

(2) 자음 /l/은 후설저모음 다음과 순자음 또는 연구개 자음 앞에서 상실되었다: *half, palm, folk, talk*. 그러나, 다른 모음 다음에 오거나(예: *film, silk, hulk*), 치자음 또는 구개 자음 앞(예: *salt, bolt, Walsh*)에 오면 그대로 발음되었다:

(3) 자음 /t/와 /d/는 /s/가 포함된 자음군에서는 발음되지 않았다. *castle, hasten, wrestle; handsome, landscape*. 때로는 중세영어 시기에 어원과 무관한 /t/가 들어가서(이것을 intrusive /t/라고 함) 발음이 안 되는 경우도 있었다: *listen, hustle*. /t/ 및 /d/의 상실은 일부 방언에서는 어말에서 다른 자음 다음에 와서 적어도 널리 사용된 현상이다.

(4) 17세기 말에 /g/ 및 /k/는 어두 위치에서 /n/ 앞에 오면 발음이 상실되었다: *gnaw, gnome, know, knight*. /w/는 18세기를 거치는 동안 어두 위치에서 /r/ 앞에 와서 상실되었다: *wrong, wrinkle, wrist*.

(5) "ng"와 같은 자음군은 고대 및 중세영어 시기에는 [ŋg]로 발음되었으며, [ŋ]은 단지 /k/ 또는 /g/ 앞에 와서 /n/의 변이음으로만 쓰였는데, 초기 현대영어 시기에 와서 /g/가 어말 위치에서 상실되면서 [ŋ]이 변이음에서 음소로 변하였다. 따라서 어말 위치에서 *sin / sing*의 대조가 나타나게 되었다.

(6) /s/ 앞에 오는 /r/은 이미 중세영어 초기부터 상실되기 시작하여 초기 현대영어 시기에 이르러서는 적어도 일부 방언에서 다른

위치로까지 확대되었다. 17세기 말과 18세기 초에 철자가 잘못 쓰임으로 인하여 *quarter* > *quater, March* > *Mach, brother* > *brothe*와 같이 발음되거나, 또는 이와 정반대의 현상, 즉 *cutlass* > *curtlass, Martha* > *Marthere*와 같은 발음이 흔히 사용되었는데, 이것은 곧 /r/이 무강세 위치에 오면 규칙적으로 발음이 되지 않았음을 입증하는 것이며 심지어는 후설모음 다음의 강세 위치에 와도 /r/이 상실되기도 하였다.

18세기에는 /r/이 자음 다음이나 또는 어말에 오면 영국의 표준 영어에서는 일반적으로 상실되었는데(그러나 스코틀랜드 영어에서는 그대로 발음됨), 미국영어에서는 영국과 가까운 대서양 연안지역 일대에서 /r/을 발음하지 않은 반면 미국 내륙의 대부분의 지역에서는 /r/을 그대로 발음하였다.

(7) 중세영어 시기에 무강세 모음은 /ɪ/ 또는 /ə/로 약화되어 발음되었는데, 이 과정은 초기 현대영어 시기의 대부분에 걸쳐 계속되었다. 이와 함께, 어중 위치에 오는 무강세 모음 앞에서 구개 반모음 /j/이 발달하여 주강세 다음에서 발음되었다. 따라서 *tenure, peculiar*와 같은 단어는 /tɛnər/ > /tɛnjər/, /pəkjulər/ > /pəkjuljər/로 각각 발음되었다. 그런데 선행자음이 /s/, /z/, /t/, /d/인 경우에는 자음이 다음에 오는 /j/와 결합하여 구개 마찰음 또는 파찰음으로 변하여 발음되었다. ex. /sj/ > /ʃ/: *nation, pressure, ocean*, /zj/ > /ʒ/: *seizure, pleasure, usual, vision*, /tj/ > /ʧ/: *creature, amateur, lecture, fortune*, /dj/ > /ʤ/: *sodier, gradual, residual, grandeur*. 이러한 현상을 치찰음화(assibilation)라고 하며 영어에서는 음소 /ʒ/에서 유래하고 있다.

(8) 비교적 사소한 변화에 속하는 것이기는 하나, 초기(고대, 중세)

영어 시기에 쓰인 /d/는 주강세 다음에 오고 /r/ 앞에 와서 /ð/로 변했다. 예컨대, OE *fæder, mōdor, slidrian, gadrian,* ME *widderen*은 각각 *father, mother, slither, gather* 그리고 *wither*로 되어 [d] > [ð]로 되었다. 그러나 프랑스어에서 차용한 단어(*modern, consider*)나, 비교급 접미사 *-er*(*wider*) 또는 행위자 명사에 붙은 접미사(*reader*)에서는 이러한 음 변화가 일어나지 않았다. 이와 반대의 음 변화도 일어나서 /r/ 다음이나 /l/ 앞에서 /ð/ > /d/로 변하는 수가 흔했다: OE *morðor* > *murder, byrðen* > *burden, fiðele* > *fiddle*. 오늘날에도 farthing, further와 같은 철자로 쓰이는 것은 이런 현상 때문이다. 그러나 17세기에는 *further* 대신에 *furder*와 같은 철자도 흔히 쓰였다.

4.3.6. 철자 발음

초기 현대영어 시기를 거치면서 식자율(literacy), 즉 글을 읽고 쓸 줄 아는 인구 비율이 전국적으로 증가하면서 소위 철자발음(spelling pronunciation)이 많이 생겨나게 되었다. 가령, 프랑스어와 라틴어에서 영어에 들어 온 수많은 차용어들은 /t/를 철자로 쓰기 위해 th를 사용하였는데, th는 영어에서 /θ/를 발음하기 위한 일상적인 철자였기 때문에 영어 사용자들은 "th"가 나타나는 단어의 발음을 /θ/로 바꾸어서 발음하게 된 것이다: *anthem, throne, author, orthography*.

이러한 과정은 자국어인 영어에까지도 확대 적용되어 서로 무관한 "*t*"와 "*h*"가 인접한 경우에 합쳐지는 현상이 일어나서 /θ/로 발음되기에 이르렀다: *Gotham, Wrentham, Waltham*. 이들 단어들은 *-ham*이 붙은 복합어에서 유래한 것들이다. 이 변화는 영국보다는 미국에서 더 흔하게 일어났다. 영국영어에서는 아직도 사람 이름인 *Anthony*를 /t/로 발음하나, 미국영어에서는 /θ/로 발음하고 있다. 영국의 강 이름인 *Thames*는 /tɛmz/로 발음하나, 미국의 코네티컷 주에서는 /θemz/로 발음하고 있다.

중세영어는 어두 위치에 와서 발음이 되지 않는 *h*가 포함된 차용어를 프랑스어나 라틴어에서 많이 차용하여 썼으며, 초기 현대영어 시기에는 거의 모든 차용어가 철자 발음에 의해 /h/를 발음하게 되었다: *habit, hectic, history, horror, human*. 그러나 *hour, honor, heir*와 같은 단어는 이런 보편적인 추세에서 벗어나서 /h/를 발음하지 않았다 (*heir*와 같은 어원에서 유래한 *heritage*는 /h/를 발음함). 영국영어에서는 *herb*의 /h/를 발음하나, 미국영어에서는 발음하지 않는다.

한편, 라틴어에 뿌리를 둔 어원에 대한 지식은 "*l*"이 없는 프랑스어형으로 영어에 들어 온 프랑스 차용어의 철자에 역사적인 근거가 전혀 없는 "*l*"을 도입하는 원인이 되었다. 즉, 철자의 영향으로 인하여 "*l*"을 발음하게 된 것이다. 이러한 예로는 *fault, assault, falcon, vault*(중세영어 및 고대 프랑스 어형은 *faute, assaut, faucon, vaute*, 통속라틴어형은 *fallita, assaltus, falcō, volūtum*임)을 들 수 있다. 이밖에 초기 현대영어 시기에 라틴어의 영향으로 다시 발음하게 된 수많은 단어들 중에는 *adventure, admiral, perfect, baptism*(중세영어로는 *aventure, amiral, perfit, bateme*임) 등이 있다.

그러나 철자 발음은 항상 널리 사용되지는 않았다. 프랑스 차용어인 *receite, dette, doute*가 라틴어인 *receptus, dēbitus, dubitāre*의 영향으로 각각 *receipt, debt, doubt*로 재철자화하여 쓰였음에도 불구하고 영어 사용자들은 이들 단어에 들어 있는 역사적인 근거가 없는 "*p*"와 "*b*"를 전혀 발음하지 않았다.

4.4. 어휘

초기 현대영어 시기에 라틴어나 그리스어와 같은 고전어를 영어로 번역하는 학자들이나 르네상스의 기운에 힘입어 새로운 학문을 받아들인 사람들은 영어에 있는 어휘 자원으로는 자기들이 나타내고자 하는 사상이나 개념을 경제적으로, 그리고 품위있게 표현하기에는 아직 부족하다는 것을 깨닫게 되었다. 이러한 그들의 염원을 충족시켜주는 가장 손쉬운 방법은 차용(borrowing)에 의존하는 것이었으며, 라틴어는 당시 언어 상황으로 보아 차용하기에 가장 쉽고 가장 분명한 언어였다.

영어는 고대영어 시기부터 차용에 의한 방법으로 다른 언어로부터 많은 어휘를 빌어다가 썼으나, 초기 현대영어 시기에 들어 온 차용어는 그 이전 시기와는 다음과 같은 몇 가지 점에서 차이가 있었다.

우선, 다른 여러 언어에서 차용한 어휘보다 라틴어에서 차용한 어휘가 대부분이었다는 점이다.

다음으로는, 차용어휘의 수에 있어서 르네상스 시기에 영어에 들어 온 라틴어의 수가 중세영어 시기에 영어에 들어 온 프랑스 차용어의 수를 훨씬 앞질렀다는 점이다.

셋째로, 영어의 역사상 처음으로 작가 개개인에 의해 차용이 의식적으로 이루어졌고 이들 중에는 의도적으로 라틴어 차용어를 가져다가 씀으로써 영어를 향상시키려는 이들도 상당수 있었다는 점이다.

넷째로는, 적어도 처음에는 영어에 들어 온 차용어의 상당수는 학문적인 성격을 띤 것들이었으나 점차로 영어의 일상적인 어휘 유형의 일부로 바뀌어 쓰이게 되었다는 점이다.

마지막으로, 영어사상 처음으로 초기 현대영어 시기에 비인구어에 속하는 여러 언어로부터 많은 차용어가 영어에 들어오게 되었다는 점이다.

그러면 초기 현대영어 시기에 영어에 들어 온 차용어를 언어별로 나누어 살펴보기로 한다.

4.4.1. 고전어 차용어

초기 현대영어 시기에 차용한 라틴어는 상당수 학문적인 어휘들 — 과학, 기술, 예술, 철학, 교육 및 문학 용어 등 — 이었다. 이들 어휘를 영국에 소개한 이들은 다름 아닌 학자들이었고 학문과 교육에 관련된 언어는 라틴어였기 때문이었다.

이 시기에 영어에 들어 온 라틴어 차용어의 상당수는 중세영어 시기에 프랑스어나 라틴어에서 빌어다가 쓴 어휘들의 자매어(doublet)였다. 이들 어휘는 초기에 차용한 어휘들과는 형태 및 의미가 달랐으므로 이 시기에 다시 차용되어 쓰이게 된 것이다. 가령, 라틴어 *invidiōsus*는 중세영어 시기에 프랑스어를 경유하여 영어의 *envious*가 되었고 초기 현대영어 시기에 와서 라틴어에서 직접 차용하여 *invidious* 라는 형태가 되었다. 따라서 이 시기에 들여 온 차용어는 대부분 라틴어 본래의 형태에 매우 가깝다. 다음에 자매어의 예를 인용한다.

중세영어	초기 현대영어	중세영어	초기 현대영어
armor	armature	pale	pallid
challenge	calumny	palsy	paralysis
chamber	camera	porch	portico
choir	chorus	prove	probe
crimson	carmine	spice	species
frail	fragile	strait	strict
gender	genus	strange	extraneous
jealous	zealous	treasure	thesaurus

mould module voyage viaticum

초기 현대영어 시기에 영어에 들어 온 라틴어의 대부분은 명사, 동사 또는 형용사들이었다. 그러나 영어에 들어 온 품사가 때로는 바뀌는 경우도 있었다. 예컨대, 영어 명사 *affidavit*는 라틴어 동사 *affidare*의 완료시제에서 유래한 어휘로 *affidavit*는 중세 라틴어에서 '서약하다'란 의미로 쓰였다. 영어에 들어와 명사가 된 다른 라틴어 동사 형태로는 *caret, deficit, fiat, tenet, veto* 등이 있다. *facsimile*란 어휘는 라틴어 *fac simile*에서 온 차용어로, 명령을 나타내는 어구로서 '비슷하게 하다(make similar)'란 뜻으로 쓰였다. *propaganda*는 원래 '신앙을 전파하는 신성한 집회'란 뜻의 *Sacra Congregatio de Propaganda Fide*라는 어구에서 만들어진 동명사였다.

영어에는 그리스어에 어원을 둔 차용어도 수천 개나 들어와 쓰였으나, 이들 대부분은 라틴어나 때로는 프랑스어를 경유하여 영어에 들어왔다. 이들 중 그리스어에서 직접 영어에 들어 온 차용어를 편의상 a로 시작되는 어휘 몇 개만을 예로 들면 *anarchy, aorist, aphrodisiac, apothegm, autarchy, autochthon* 등 우리에게 생소하고 어려운 어휘들이 많다. 라틴어나 프랑스어를 경유하여 영어에 들어 온 그리스어 차용어로는 *analysis, anathema, angina, anonymous, antidote, archetype, autograph, azalea* 등이 있다. 이들 대부분은 매우 세분화되고 학문적인 어휘들이다.

4.4.2. 프랑스어

영어 어휘에 끼친 프랑스어의 영향은 이미 중세영어 시기부터 시작되었으나, 초기 현대영어 시기에도 프랑스 차용어는 계속 들어와 쓰였으며 이러한 차용 현상은 현대영어까지도 이어져 내려오고 있다.

프랑스어는 실제로 17세기까지는 법률 문서에 사용된 언어였으며 상류층에서는 이 시기까지도 프랑스어를 말하고 읽는 경향이 많았다. 1685년에 낭트 칙령(Edict of Nantes)이 폐지된 후에 소위 프랑스의 신교도들인 위그노(Huguenot)파에 속한 이주민이 대량으로 영국에 들어오면서 프랑스어를 말하는 사람들과의 직접적인 접촉이 이루어져서 이들을 통해 많은 프랑스 차용어가 영어에 들어 왔다. 초기 현대영어 시기에 영어에 들어 온 프랑스 차용어는 대부분 전문화된 어휘들이었다. 특징적인 어휘들을 몇 개 인용해 보면 *admire, barbarian, compute, density, effigy, formidable, gratitude, hospitable, identity, javelin, liaison, manipulation, notoriety, optic, parade, ramify, sociable* 등이 있다.

4.4.3. 이탈리아어

영국과 이탈리아의 접촉은 16세기 이후에 증가했으며, 이탈리아어에서 영어에 들어 온 차용어는 대부분 무역, 건축, 예술과 관련된 어휘에 집중되었고, 특히 음악 용어(*adagio, alto, andante, aria, operetta, oratorio, solo, sonata*)가 두드러지게 눈에 띄었다. 그 밖에 여러 의미 분야에 속한 어휘들이 다양하게 영어에 들어 왔는데 *balcony, bandit, ghetto, macaroni, motto, regatta, vermicelli, carnival, ditto, malaria, zany, antic, archipelago, arsenal, artichoke, tariff, belladonna* 등 다채로웠다.

4.4.4. 스페인어 및 포르투갈어

이 두 언어는 모두 로망스어에 속하는 언어로 그 특성이 매우 비슷하며 영어에 들어 온 차용어들의 성격도 유사하여 두 언어 중 어느 언어에서 영어에 차용한 것인지 분간하기가 어려운 경우가 많다. 스페인과 포르투갈은 영국과 오랫동안 탐험이나 교역관계 및 유럽 이외의 세계를 식민지로 만드는 일에 앞장서 왔으므로 극동지역과 신세계에서 발견된 이국적인 산물과 생활양식이 이들 두 언어를 통해 영어로 직접 들어 왔다. 이러한 어휘들 중 포르투갈어에서 영어에 들어온 차용어로는 *mango, albacore, betel, pagoda, tank, yam, tapioca, cashew* 등이 있고, 스페인어에서 영어에 들어 온 차용어로는 *cigar, papaya, potato, puma, alpaca, avocado, cannibal, canoe, chili, maize, tomato, coyote, llama, iguana, hammock* 등이 있다. 이와는 달리, 토박이 포르투갈어에서 차용된 어휘로는 *auto-da-fé, palaver, molasses, albino, dodo* 등이 있고, 토박이 스페인어에서 차용된 어휘로는 *anchovy, breeze, castanet, cockroach, sombrero, tortilla* 등이 있다.

4.4.5. 네덜란드어

네덜란드(화란이라고도 함)는 지리적으로 영국과 가까운 데다가 영국과 광범위하게 무역과 정치적인 유대관계를 맺어 왔으므로 초기 현대영어 시기에 네덜란드어가 용이하게 영어에 들어오게 되었다. 네덜란드는 항해술이 발달된 관계로 항해와 관련된 어휘가 영어에 차용되었다. 몇 개만 인용하면 *avast, boom, commodore, cruise, deck, reef, scow, sloop, smack, smuggle, splice, stoke, yacht* 등이 있다. 네덜란드는 그림으로도 유명해서 *easel, etch, landscape, sketch, stipple*과 같은 어휘들이 영어에 들어 왔다. 이 밖에도 *blunderbuss, brandy, clapboard, drill, foist, gruff, muff, ravel, sleigh, snuff, sputter, uproar* 등과 같은 어휘도 네덜란드어 차용어들이다. 이들 어휘의 특징은 학문적이고 추상적인 라틴어나 프랑스 차용어와 달리 실제적이고 구체적인 어휘들이라는 점이다.

4.4.6. 독일어

독일은 정치적인 통일이 늦게 이루어진 관계로 표준어의 발달이 그만큼 늦어져서 영어에 들어 온 독일어 차용어도 다른 언어에 비해 그 수가 많지 않았다. 독일은 지질 및 광산이 발달되어 이 분야와 관련된 어휘가 18세기에 영어에 들어 왔다. *bismuth, cobalt, gneiss, meerschaum, quartz, zinc* 등의 예가 있다. 그 밖에 *carouse, fife, halt, knapsack, noodle, plunder, swindle, veneer, waltz* 등이 초기 현대영어 시기에 들어 온 차용어들이다.

4.4.7. 켈트어

초기 현대영어 시기에는 그 이전 시기에 비해 많은 수의 켈트어 차용어가 영어에 들어 왔는데, 켈트어에 속하는 여러 언어에서 영어에 들어 온 차용어로는 *banshee, brogue, caber, cairn, galore, hubbub, leprechaun, plaid, ptarmigan, shamrock, shillelagh, slogan, trousers, whiskey* 등이 있다.

4.4.8. 기타 유럽언어 차용어

위에 언급한 언어 이외의 다른 유럽 언어 중에서 러시아어(Russian)에서 차용한 어휘로는 *beluga, kvass, mammoth, steppe* 등이 있고, 노르웨이어(Norwegian)로부터는 *auk, fjord, memming, troll*과 같은 차용어를 엿볼 수 있고, 아이슬란드어(Icelandic)에서는 *eider, geyser*가, 그리고 스웨덴어(Swedish)에서는 *tungsten,* 헝가리어(Hungarian)로부터는 *hussar*가 영어에 들어 와서 차용어로 쓰였다. 이들 언어에서 영어에 들어 온 차용어들은 영국에는 자생하지 않는 지리상으로 특정 산물이거나 지형학적인 특징을 띤 것들이 대부분이다.

4.4.9. 아메리카 인디언어

17세기 초에 영국의 청교도들이 북아메리카에 이주하게 되면서 영국인과 인디언과의 접촉이 이루어지게 되었으며 영국인들은 동부 해안지역에 정착하였기 때문에 영어에 들어 온 차용어는 인디언어 중에서는 알곤킨어(Algonquian)가 대부분이었다. 영국인들에게 낯선 동식물이나 공예품 그리고 인디언들의 문화와 관련된 어휘들이 영어에 들어와서 쓰이게 되었다.

동물	menhaden, moose, muskrat, opossum, raccoon, skunk, terrapin, woodchuck
식물 및 식품류	hickory, hominy, pecan, persimmon, poke(weed), pone, squash, succotash, tamarack
공예품	moccasin, tomahawk, totem, wampum, wigwam
문화	caucus, manitou, papoose, powwow, sachem, sagamore, squaw

4.4.10. 아시아 언어

영국은 17~18세기에 포르투갈, 프랑스 및 네덜란드와 인도아대륙(亞大陸)을 차지하기 위해 경쟁을 벌여 이 대륙을 차지한 후에 이 대륙에서 쓰인 여러 언어로부터 영어에 많은 새로운 차용어가 들어와서 쓰이게 되었다.

이들 언어 중에서 영어에 가장 중요한 공헌을 한 언어는 힌디어(Hindi)로, *bandanna, bangle, bungalow, cheetah, cowrie, cummerbund, dungaree, gunny, guru, jungle, myna, nabob, pundit, sari,* *seersucker, shampoo, toddy, veranda*와 같은 어휘가 차용되었다. 인도의 남부 및 스리랑카에서 쓰인 타밀어(Tamil)로부터는 *catamaran, cheroot, corundum, curry, pariah*란 어휘가 들어왔고, 벵골어(Bengali, 방글라데시인의 말)에서는 *dinghy, jute* 그리고 우르두어(Urdu, 파키스탄의 공용어)에서는 *coolie*가 영어에 차용되었다.

동남아시아의 말레이어(Malay) 사용지역에서는 *amuck, caddy, cassowary, kapok, orangutan, rattan, sago, teak*와 같은 어휘들이 영어에 들어와 쓰였다. 고도의 문명과 기술을 누린 중국과 일본의 언어도 초기 현대영어 시기에 영어에 많은 기여를 하였는데, 중국어에서는 *ginseng, ketchup, kumquat, litchi, nankeen, pekoe, pongee, sampan, tea, typhoon* 등이 영어에 들어 왔고, 일본어에서는 *mikado, sake, shogun, soy* 등이 영어에 차용되었다. 심지어는 이 시기에 일반적으로 접근이 어려운 티베트로부터도 일부 티베트어(Tibetan)가 영어에 들어와 쓰였는데, *lama, yak*가 그 대표적인 차용어들이다.

4.4.11. 중근동 언어

십자군 원정 때부터 중동과 근동지역에서 쓰인 어휘들이 유럽 언어에 조금씩 차용되어 쓰여 왔는데, 이러한 현상은 초기 현대영어 시기에도 계속되었다. 이들 지역에 속하는 언어 중에서 영어에 많은 차용어를 제공한 언어는 터키어(Turkish)였으며, 터키어에서 쓰인 차용어도 상당수는 페르시아어나 아랍어에서 빌어온 것들이었다. 터키어에서는 *dervish, divan, jackal, pasha, pilaf, sherbet, turban, vizier, yogurt* 등과 같은 어휘가 영어에 들어왔다. 페르시아어에서 직접 영어에 들어 온 차용어로는 *attar, bazaar, percale, shawl*이 있고, 아랍어로부터는 *ghoul, harem, hashish, henna, hookah, sheik*와 같은 어휘들이 있다.

4.5. 문법

고대영어 시기의 복잡했던 굴절어미가 중세영어에 와서 거의 없어져 버리고 극히 소수의 굴절어미만이 남아 쓰이다가 약 1500년경부터는 대부분의 영어 문법이 형태보다는 통사구조에 더 의존하는 경향이 뚜렷하게 나타났다. 따라서 초기 현대영어 시기에는 형태와 통사구조의 한계를 정하기가 어려워졌다. 약변화 명사의 복수형은 17세기까지 남아 쓰였는데, *toe, shoe, eye, cow*의 복수형은 *toon, shoon, eyen, kine*와 같은 어형을 유지하다가 복수형 어미 -*s*와의 유추 작용으로 인하여 없어져 버렸다. 그러나 *oxen, children, brethren*은 유추에도 상관없이 현대영어에 살아남아 쓰이고 있다.

대명사 중에서는 2인칭 단수형인 *thou, thy, thine, thee*가 이 시기를 지나면서 서서히 없어져 버렸다. 『흠정역성서(1611)』에는 *thou*-형을 그대로 썼으나, 성서 번역자들은 영어 문체의 권위를 염두에 두고 영어의 옛 어형을 그대로 씀으로써 이들 고형을 의식적으로 보존하려고 하였으며 이러한 전통은 오늘날 종교 의식에 그대로 남아 있다. 명사 앞에 오는 속격형인 *mine*은 다음에 오는 명사가 모음으로 시작할 경우에 그대로 사용하여 'Upon mine honour', 'Mine eyes dazzle'과 같이 사용하였으나, 17세기를 지나면서 서서히 없어져 버렸다. 중성 속격 단수형은 *his, it, its* 등 3개가 이 시기에 쓰였는데, 1600년경 작가들은 이 세 가지 어형을 모두 작품에 사용하였다.

르네상스 시기의 영어에는 강변화동사의 과거 및 과거분사형이 다양하게 쓰여 *speak*의 과거형은 *spoke, spake*로, *drive*의 과거형은 *drove, drave, write*의 과거형은 *writ* 또는 *wrote*, 과거분사형은 *writ, written, wrote* 등 여러 가지로 쓰여 이 시기의 철자가 아직도 확립되지 않고 있음을 보여 주었다.

초기 현대영어 시기에 문법가들에 의해 많은 논쟁의 대상이 된 것은 우언적인 용법으로 쓰인 소위 빈 조동사(empty auxiliary) *do*의 용법이었다. 초기에는 *do*가 사역의 의미로 쓰여 'The King did them hang'이란 문장은 'The King caused them to be hanged'란 뜻이었다. 현대영어에서는 긍정문에서 강조의 조동사로 쓰이거나('But I do mean it', 'I did lock the door'), 공손하게 권고하는 문장('Do have some more cake', 'Do come again')에 쓰이고 있는데, 의문문이나 부정문에도 *do*가 반드시 요구되고 있다.

르네상스 시기에는 긍정문에서 *do*가 강조의 기능을 지니고 있지 않아도 흔히 쓰였다. *Hamlet*에는 'The funeral baked meats/Did coldly furnish forth the marriage tables'라는 예가 엿보인다. 이 용법은 17세기까지 계속 쓰이다가 결국 없어졌다. 르네상스 영어에는 진행형(expanded form)을 선호하여 *be* 동사와 결합한 진행형이 자주 쓰였으며, 문법상 기능어인 전치사도 많이 사용되었다. 초기 현대영어 시기 이후에는 전치사가 포함된 관용어가 널리 쓰이게 된 것도 이 시기의 특징이었다.

다음에 이 시기에 쓰인 명사, 형용사, 대명사 및 동사에 관해 간단히 살펴보기로 한다.

4.5.1. 명사(Nouns)

초기 현대영어에 쓰인 명사는 현대영어의 그것과 근본적으로는 별 차이가 없으나, 격형(case form)에 있어서 공통격과 소유격(속격)의 두 가지로 축소되었고 문법성은 완전히 없어져서 자연성만이 쓰였다는 점을 들 수 있겠다. 움라우트된 명사의 복수형도 오늘날과 같은 형태(*mice, feet, teeth, men* 등)로 쓰였다. 특히, 이 시기의 초반에는 "*-s*"복수형과 함께 "*-n*"복수형도 극소수이기는 하였으나 사용되었다. 셰익스피어는 *shoe*의 복수형으로 *shoes*와 *shoon*을 같은 작품(Hamlet)

에서 사용하였다.

중세영어 시기에 쓰인 "-en" 복수형(ex. *kine* 'cows', *eyen*, *hosen*)은 초기 현대영어 시기의 문법가들에게는 주로 금지된 용법으로 쓰이지 않았으며 이후로는 사라져서 현대영어에서는 o*xen, children, brethren*과 같은 몇 개의 화석화한 어형으로 남아 쓰이고 있다. 역사적으로 굴절하지 않은 복수형(ex. *deer, swine, sheep*)은 고대영어에서 초기 현대영어로 오면서 본래 모습 그대로 살아남아 현대영어에서 여전히 쓰이고 있다. 그러나 folk와 같은 어형은 초기 현대영어 시기에 단수형으로 재해석되었고 folks라는 복수형을 취하면서 오늘날에 와서 이 복수형으로 여전히 쓰이게 되었다.

소유격의 용법에 있어서 현대영어의 용법과 큰 차이를 보인 것은 소유 형용사 *his*의 용법이었다. 이 시기에는 소유 명사의 어말 [s]나 [z] 또는 [iz]를 소유 형용사 *his*의 축약형으로 해석하여 서체어에서는 소유 형용사 his를 축약함이 없이 그대로 철자로 나타냈다. 이러한 잘못된 해석은 이 시기의 초반에 나타나서 유추에 의해 다른 소유 형용사에게까지 적용되었다: John Browne *his* meadow, the said Daniell Williams *my* heirs, Ann Harris *her* lot. 때로는 똑같은 서기(書記)가 기록한 똑같은 문헌에도 역사적으로 옳은 어형과 소유형용사의 어형이 함께 쓰였다: his Mothers decease / his deceased mother *her* will.

소위 군속격(group genitive)이라는 어형도 이 시기에는 자주 쓰였는데, 특히 구어체(a day or two's time, the Duke of Edinburgh's arrival)에 많이 쓰였다. 때로는 같은 구절에서 굴절 속격과 his-속격을 함께 쓰거나, 또는 '논리적'인 굴절 속격과 군속격을 함께 쓰는 경우도 나타났다: after mine & my wifes her decease, the Governors of Boston his letter.

4.5.2. 대명사(Pronouns)

중세영어 말과 초기 현대영어 말 사이의 대명사 체계에는 여전히 많은 변화가 나타났다. 이 시기에는 소유형용사와 소유대명사를 나타내는 어형이 따로 독립해서 발달하였다. 예컨대, 고대영어에서 *mīn*은 형용사와 대명사의 양쪽으로 모두 쓰였으나, 중세영어에서 자음으로 시작하는 단어 앞에 쓰이는 소유형용사로 *my*(또는 *mi*)가 쓰이기 시작하면서 *min*은 모음으로 시작하는 단어 앞과 소유대명사로 쓰이게 되었다. 초기 현대영어 시기에는 모든 환경에서 *my*가 소유형용사로 일반화하면서 *mine*은 대명사의 기능을 수행하는 어형으로 쓰이게 되었다.

*thy*와 *thine*의 용법은 *my-mine*의 용법과 비슷하게 쓰이다가 2인칭 단수 대명사 자체가 없어져 버렸다. 소유대명사인 *hers, ours, theirs, yours*는 소유명사와의 유추에 의해 이미 중세영어 초부터 쓰이기 시작하였다. *his*는 이미 치찰음으로 끝나기 때문에 따로 독립된 대명사형으로 발달하지 않았다.

한편, *it*의 소유격은 고대영어에서 초기 현대영어 시기의 초반까지는 남성 단수형과 어형이 같은 *his*였으나, 16세기 후반에 와서 주격/목적격 어형인 *it*가 소유격으로도 쓰였다. 『흠정역성서』(1611)에는 That which groweth of *it* owne accord ... thou shalt not reape.라는 예가 엿보인다. 셰익스피어는 대체로 *his*나 *it*을 썼으나(Rebellion in this land shall lose *his* away), *its*를 쓰기도 하였다. 이 경우에 철자로는 소유격을 나타내는 (')를 사용하였다: the Cradle-babe, Dying with mothers dugge betweene *it's* lips. 17세기 중엽에 이르면 *its*는 (')를 사용하지 않고 규칙적인 어형으로 쓰이게 된다.

원래 복수형인 *ye*와 *you*는 이미 중세영어에서도 공손(politeness)을 나타내는 단수형으로 쓰였다. 17세기에는 단수형인 *thou / thee* 형은 대명사 체계에서 완전히 없어졌다. 18세기 초에 이르러 2인칭 단수와 복수 구분이 사라져서 오늘날에는 *yourself/yourselves*에만 그 어형이 남아 쓰이고 있다.

초기에 쓰인 주격형 ye는 16세기를 지나면서 *you*로 대치되어 쓰이게 되었다. 그러나 ye는 문헌에는 수 세기 동안 계속해서 철자는 그대로 남아 쓰였다. 남성 단수 대명사 *he*도 이 시기에는 강세를 받지 않는 어형으로 쓰였는데, 철자로는 *a*로 쓰고 발음은 [i], [ə], [ʌ] 등 여러 가지로 발음하였다. 이것은 당시 작가들이 의도적으로 하층계급의 언어를 묘사하기 위해 사용한 것으로 여겨진다.

현대영어의 지시대명사와 의문대명사 체계는 본질적으로는 이미 중세영어를 거치면서 확립되었으나, 초기 현대영어 시기에는 현대영어와 몇 가지 사소한 차이를 나타냈다. 예컨대, 복수형 *those*는 중세영어 말에 쓰이기 시작하였으나, 이보다 더 일찍 사용된 *tho*는 16세기 중엽까지도 계속 사용되었다. *whether*는 오늘날 접속사로만 쓰이고 있으나, 역사적으로는 'which of two'라는 뜻의 의문대명사에서 유래한다. 따라서 이 시기에는 이런 의미로 직접의문문과 간접의문문에 두루 사용되었다.

고대영어 시기로부터 현대영어에 이르기까지 많은 변화와 그 용법에 있어서 논란을 빚어 온 관계대명사 체계는 초기 현대영어 시기에 들어 와서도 실제 사용에 있어서 매우 다양한 모습을 나타냈다. 중세영어 시기에 가장 널리, 그리고 모든 경우에 쓰인 관계대명사는 *that*이었으며, 초기 현대영어 시기에 들어 와서도 [+human], [−human]에 두루 쓰인 것은 물론, 제한절과 비제한절에도 흔히 사용되었다. 또한, *that*은 *which*와 결합하여 복합 관계구문을 만드는데 빈번히 쓰이기도 하였다. ex. God's ordinary mercy, *that which* he exhibits to all(Donne, 1624).

*which*는 중세영어에서 맨 처음 관계대명사로 쓰이기 시작하여 초

기 현대영어 시기에는 독립해서 또는 다른 단어와 결합하여 쓰였는데, *that which* 이외에 *the which*도 이 시기에 흔히 쓰인 관계대명사였다. *which*는 생물, 무생물을 모두 가리키는 관계대명사로 쓰였다: Our Father *which* art in heaven (King James Bible).

*who*가 관계대명사로 쓰이기 시작한 것은 중세영어 말이었으나, 초기 현대영어에 들어와서는 자주 사용되지 않았으며 제한절 앞에서는 드물게 쓰였다. 한편, 관계절이 주절에 내포된 구문에서는 *who*가 단순히 양쪽 절의 주어의 기능을 수행하는데 그쳤다: *who* steals my purse steals trash. 이 경우에 현대영어에서는 *who* 앞에 인칭대명사를 두어 표현한다: *He who* steals my purse steals trash.

who, that, which 이외에 *as*도 초기 현대영어 시기에는 관계사로도 매우 흔히 쓰였다: all the goods *as* was brought to our view. 현대영어에서도 *as*가 여전히 관계대명사로 쓰이고 있으나, 흔히 유사관계대명사(quasi-relative pronoun)라고해서 표준영어에서는 자주 쓰이지 않는다.

인칭대명사에 *-self*를 결합하여 재귀대명사로 쓴 것은 중세영어 시기에 이미 시작되었으나 초기 현대영어 시기에 와서는 이러한 구문이 한층 더 빈번히 사용되었고 한편으로는 대명사의 목적격형을 그대로 재귀대명사로 쓰는 일도 그대로 계속되었다. 다음에 든 예는 모두 셰익스피어에서 인용한 것이다. *self*는 원래 영어에서는 독립된 대명사였으며 목적어뿐만 아니라 주어로도 쓰였다. 이런 어법은 초기 현대영어 시기만 하더라도 그대로 적용되었다: because *myself* do want my servants' fortune, he commends him to yor noble *self*(him은 재귀대명사로 쓰임).

이 시기의 부정대명사는 대부분 현대영어의 부정대명사와 대동소이하다. 한 가지 차이는 현대영어에서 *every*가 'all, each'를 의미하는 대명 형용사의 기능만을 가지고 있는데 반해, 초기 현대영어에서는

‘all’ 또는 ‘each of two’의 의미를 모두 지닌 독립된 대명사의 용법으로 쓰이고 있다는 점이다. *other*는 초기 현대영어에서 복수어미 *-s*를 붙이지 않고도 단수 및 복수 대명사로 모두 쓰였다. 또한 대명 형용사인 *some*은 현대영어에서 단수, 복수 또는 불가산 명사를 모두 수식할 수 있으나, 부정대명사로 쓰일 경우에는 단수, 가산 명사는 가리킬 수 없다. 그러나 초기 현대영어에서는 이것이 모두 가능했다. 현대영어에서 *somewhat*은 부사로만, 그리고 *something*은 이에 상응하는 대명사로 쓰이고 있으나, 초기 현대영어에서는 *somewhat, something*이 모두 부사와 대명사로 두루 쓰였다.

4.5.3. 형용사(Adjectives) 및 부사(Adverbs)

영어의 형용사는 중세영어 시기 말에 이르러 비교급 어미 *-er*과 최상급 어미 *-est*만을 제외하고 모든 굴절어미를 상실하였으며, 초기 현대영어 시기에는 더 이상 변할 것이 거의 남지 않게 되었다. 그럼에도, 비교급과 최상급의 용법에 있어서는 아직 현대영어의 용법과는 차이가 있었다.

more 및 *most*는 역사적으로 보면 비교를 나타내는 표지가 아니고 강의(強意)를 나타내는 강의어(intensifier)로 쓰였다(아직도 *a most enjoyable evening*과 같은 표현에서 *most*가 강의어로 쓰이고 있음). 그런데 초기 현대영어 시기에는 비교의 의미보다 강의의 기능을 지닌 용법으로 더 쓰여 작가들은 비교급 부사와, 똑같은 형용사에 “-er/-est”가 붙은 어형을 함께 사용하였으며, 이것을 비문법적이라고 생각하지 않았다: in the calmest and most stillest night and against the envy of less happier lands. 셰익스피어 작품에는 *violentiest, certainer*와 함께 *more bold, the most brave*와 같은 표현이 무수히 등장한다.

현대영어에서와 마찬가지로, 초기 현대영어 시기에도 이미 쓰이고 있는 형용사에 *-ly*를 붙여 새로운 부사를 만들어 사용하였다. 그러나 접미사가 없이 쓰여 형용사와 구분되지 않는 부사도 이 시기에는 여전히 널리 쓰였을 뿐만 아니라, 이 시기의 문법에서는 이런 어법이 완전히 허용되었다. 따라서 *exceeding much worn, to be absolute dead, cannot possible come, this day grows wondrous hot* 등과 같은 표현이 자주 사용되었다.

중세영어에서 널리 쓰인 강의(强意) 부사(intensifying adv.)는 초기에 쓰인 *fele, swithe*와 같은 어형이 없어지기는 하였으나, 초기 현대영어에서도 그대로 사용되었다. *very*는 초기 현대영어의 후반으로 가면서 더욱 자주 사용되었고 *pretty*는 17세기에 강의어로 나타나서 쓰였다(*pretty near square*). 이 밖에도 강의어(强意語)로 쓰인 부사로는 *horribly, exceedingly, extraordinarily, terribly, tremendously, enormously, frightfully, fearfully, awfully* 등이 있다.

4.5.4. 동사(Verbs)

초기 현대영어 시기에는 고대영어 시기부터 계속 진행되어 온 강변화동사의 약변화, 동사 굴절어미의 감소 및 가정법 용법에 있어서의 점진적인 쇠퇴 등, 많은 변화 과정이 진행되었다. 이 시기에 이르면 고대 및 중세영어의 강변화동사와 약변화동사의 구분은 더 이상 불필요하게 되어, 고대영어 강변화동사의 대부분은 사라지고 약변화동사로 변했거나 또는 상실되어 과거 및 과거분사형으로 분리되어 쓰였다. 또한, 중세영어 시기에는 약변화동사에 음 변화가 일어나서 많은 약변화동사가 불규칙하게 변하였다. ex. keep/kept. 다음에 인용한 것은 강변화동사 "to sing"의 활용변화표이다.

위에 인용한 활용변화표에서 알 수 있듯이, "to sing"의 동사활용은

▌표 4.2 "to sing"의 변화표

Early Modern English Strong Verb Conjugation: "to sing"							
Infinitive:		to sing		Past Participle:		sung	
Present Participle:		singing		Imperative:		sing	
Indicative				Subjunctive			
Present		Preterite		Present		Preterite	
I	sing	I	sang				
thou	sing(e)st	thou	sangest	*sg.*	sing	*sg.*	sang
he	sings/ singeth	he	sang				
pl.	sing	*pl.*	sang	*pl.*	sing	*pl.*	sang

현대영어와 비교할 때 그리 큰 차이가 나지 않는다. 다만, 고대영어에서는 "singan', 중세영어에서는 "singen"에서처럼 하나의 어휘로 부정형을 나타낸 것이 "to+동사의 어근"과 같은 부정형으로 변화해 온 것을 알 수 있다. cf. 현대 독일어: "singen, 현대 네덜란드어 zingen. 따라서 "to" 없는 동사의 원형부정사(bare infinitive)은 현대영어에서는 (1) 법조동사(modal auxiliary verbs)의 경우(ex. can, should, will, etc. cf. want, ought의 경우는 예외) (2) 지각동사(ex. see, watch, hear), (3) 허용/사역동사(ex. make, let, have) 등에 쓰이고 있다.

다음에 소개한 약변화동사 "to love"에서도 현대영어의 동사변화와 매우 유사함을 엿볼 수 있다.

이 시기의 또 다른 일반적인 경향은 이전에는 모음 하나로 어형을 다르게 나타낸 과거시제와 과거분사(*cling / clung*, *shine / shone*)의 구분이 없어진 점이다. 이처럼 두 어형이 하나로 합쳐지게 된 요인의 하나는 아마도 많은 수의 약변화 불규칙동사에 모음의 변화가 일어났음에도 과거와 과거분사형이 하나의 어형을 지니게 되었기 때문인 듯

▌표 4.3 "to love"의 동사 활용표

Early Modern English Weak Verb Conjugation: "to love"							
Infinitive:		to love		Past Participle:		loved	
Present Participle:		loving		Imperative:		love	
Indicative				Subjunctivc			
Present		Preterite		Present		Preterite	
I	love	I	loved				
thou	lov(e)st	thou	lovedst	*sg.*	love	*sg.*	loved
he	luves/ luveth	he	loved				
pl.	love	*pl.*	loved	*pl.*	love	*pl.*	loved

▌표 4.4 "to be"의 동사 활용표

Early Modern English Conjugation of "to be"			
Infinitive:	to be	Past Participle:	been
Present Participle:	being	Imperative:	be
Indicative			
Present		Preterite	
I	am	i	was
thou	art	thou	wert/wast
he	is	he	was
pl.	arc	*pl.*	were
Subjunctive			
Present		Preterite	
sg.	be	*sg.*	were
pl.	be	*pl.*	were

하다: *hear / heard / heard, sleep / slept / slept.*

이런 불안정한 변화에도 불구하고, 초기에 사용된 상당한 수의 강변화동사는 초기 현대영어 시기를 거치는 동안 약변화동사로 변하였다. 그중에서 몇 개만 들면 *brew, writhe, creep, seethe, yield, carve, reap, wash, laugh, flow, starve, knead*와 같은 것들이 있다. 초기에 쓰이던 강변화동사의 과거분사형 중의 일부는 오늘날까지 남아 형용사로 쓰이고 있다: *molten, sodden.*

약변화동사는 중세영어 말까지는 영어의 규칙(regular) 동사가 되어 영어에 새로 들어 온 동사는 약변화동사의 체계를 따르게 되어 있었다. 그런데 이전에 약변화로 쓰인 3개의 동사(*dig, spit, stick*)가 이 시기에 강변화동사로 변했으며, 다른 한편으로는 초기에 일어난 음 변화로 인해 불규칙하게 쓰였던 일부 약변화동사가 유추에 의해 규칙동사로 변하였다.

초기 현대영어 시기에는 변칙동사(*be, do, go* 등), '과거-현재동사', 그리고 소위 이어(二語)동사라고 하는 '동사+부사'의 결합이 쓰였다.

먼저, 변칙동사인 *be, do, go*는 중세영어 말에 이르러 현대영어의 어형을 취하게 되었고 그 이후에도 큰 변화가 없었다. 초기 현대영어 시기에 *went*가 *go*의 과거형으로 *yede*를 누르고 쓰였으며, 과거분사는 *yeden* 대신 *gone*이 쓰이게 되었다. *be* 동사에 있어서는 *are*가 현재 복수 직설법의 어형으로 표준 어형이 되었다.

위의 활용변화표에서 알 수 있듯이, "to be" 동사는 현대영어의 어형과 매우 유사하기는 하나, 초기 현대영어 시기만 해도 여전히 불규칙하게 쓰였음을 알 수 있다. 셰익스피어는 2인칭 단수 과거 직설법의 어형으로 "wert"를 사용하였으나, 『흠정역성서(King James Bible)』에서는 직설법에 "wast"를 가정법에는 "wert"를 사용하였다.

'과거-현재동사'(오늘날에는 서법조동사, modal auxiliary라고 칭함)는 역사적으로 불안정하여 원래 과거시제가 현재시제로 사용된 유래를 지니고 있었다. 중세영어 시기에는 고대영어의 '과거-현재동사'가 대부분 그대로 남아 고대영어의 기능과 의미를 유지하였으나, 초기 현대영어 시기에 와서 '과거-현재동사'의 어형, 기능 및 의미에 큰 변화가 일어났다.

우선, 서법조동사로 불리는 이 계열에 속해 있던 동사들의 위치가 계속해서 쇠퇴하였다. OE *unnan* 'to grant' 및 (*ge*)*munan* 'to remember'는 중세영어에서 없어졌다. OE *þurfan* 'to need' 및 *dugan* 'to avail'은 초기 현대영어 시기를 지나는 동안 완전히 없어지고, *witan* 'to know'는 방언에만 남아 쓰이거나, 'God wot'와 같은 고어체 표현에서만 사용되었다.

현존하는 서법조동사 중에서 초기에 쓰이던 *can*의 과거형 *couthe*는 *could*으로 대치되었으며, 현재형 *mote*는 완전히 사라지고 초기에 과거형으로 쓰인 *must*가 현재(또는 미래)를 나타내는 의미와 함께 쓰이게 되었다. *dare*의 경우에는 규칙적인 약변화 과거형으로 쓰인 *dared*가 초기에 쓰인 과거형 *durst*와 경합을 벌이게 되었다. *might*는 초기 현대영어 말에 이르러 표준영어에서 *may*의 과거형으로 초기에 쓰인 *mought*를 대치하여 사용되었다. 그러나 *mought*는 18세기 말까지 문헌에 쓰이고 있음을 엿볼 수 있다: authority that they had or *mought* have.

이어동사라고 부르는 '동사+부사'의 결합형은 중세영어 시기에는 적어도 이따금씩 쓰였으나, 초기 현대영어에 이르러서 현대영어에서처럼 극히 흔하게 쓰였다. 셰익스피어의 작품에서 이러한 예를 몇 개만 인용한다: *shorten up* their sinews with aged cramps, have *worn* your eyes almost *out* in the service, when she had writ it, and was *reading* it *over*.

4.5.5. 어순(Word-order)

현대영어의 문장의 기본 요소인 주어(S), 동사(V), 목적어/보어(O)의 어순 유형은 대부분 중세영어 말에 확립되었으나, 초기 현대영어 시기 특히, 16～17세기에는 현대영어에 비해 훨씬 유연성을 나타냈다.

17세기에는 독립절과 종속절 모두 SVO 어순이 규칙적으로 쓰였다. 이 어순은 부사류 다음에도 전형적으로 쓰였는데, 현대영어와 달리 부정을 나타내는 부사류 다음에도 이 어순이 쓰였다는 점이 특징이다: I confess nothing, *nor* I deny nothing, *never* faith could hold, if not to beauty.

초기 현대영어 시기에는 현대영어에서와는 달리 목적어가 대명사인 경우 그리고 특히 종속절에서 강조를 나타내기 위해 쓰일 때에는 SOV 어순이 쓰였다: as the law should *them* direct, By Richard that *dead* is. VSO 어순은 직접의문문과 종속 접속사가 앞에 오지 않는 조건문에서 규칙적으로 쓰였다: How *hast thou* offended?, *is not this* my Cambio, *Were he* my kinsman ... it should be thus with him. 한편, 이 시기에 쓰인 명령문에는 현대영어와 달리 표면주어가 흔히 쓰였으며 이 주어는 한정동사 다음에 와서 사용되었다. 어순은 VSO 유형을 유지하였다.

> go, go, my servant, *take thou* Troilus' horse(TRO 5.5.1)
> *Do thou* but *call* my resolution wise(ROM 4.1.53)

VSO 어순은 부사류로 시작하는 구문에 흔히 쓰였으며 부정을 나타내는 부사류 뿐만 아니라 그렇지 않은 부사류도 모두 사용되었다. 그러나 18세기에 이르러 부정을 나타내는 부사류 다음에 어순의 도치(inversion)가 규칙적으로 일어나서 쓰이게 되었다.

therefore *was thou* deservedly confin'd(TEM 1.2.360)
So haply *are they* friends to Anthony(A&C 3.13.48)
Still *have I* borne it with a patient shrug(MV 1.3.109)
nor *can imagination* form a shape(TEM 3.1.56)
never till this day *saw I* him touched(TEM 4.1.144)

초기 현대영어 시기에는 목적어나 보어를 강조하기 위하여 OSV 또는 OVS 어순이 자유롭게 사용되었음을 엿볼 수 있다.

OSV A bursten-belly inkhorn orator called Vander hulke they pick'd out to present him with an oration(1594)
OVS These conjectures did they cast in their heads(1590)
OVS But answer made it none(HAM 1.2.216)

Further Readings

- Barber, C. (1997) *Early Modern English*. New Ed. Edinburgh: Edinburgh University Press.
- Baugh, Albert C. and Thomas Cable. (2002) *A History of the English Language*, 5th Edition. New York & London: Routledge. [f. 1935].
- Fennell, Barbara A. (2001) *A History of English*. A Sociolinguistic Approach. Oxford: Blackwell.
- Görlach, M. (1991) *Introduction to Early Modern English*. Cambridge: Cambridge University Press.
- Leith, D. (1997) *A Social History of English*. London: Routledge and Kegan Paul. [f. 1983].

• McIntyre, D. (2009) *History of English*. A resource book for students. London and New York: Routledge.
• Shay, S. (2008) *The History of English*. A Linguistic Introduction. San Francisco & Washington: Wardja Press.

원문 강독

(1) 다음은 15세기 이후 200년 넘게 영어 모음의 발음에 일어난 변화, 즉 모음대추이(Great Vowel Shift)에 관한 글이다.

During the fifteenth and sixteenth centuries, it seems that there were radical changes in southern pronunciation. The vowels in words such as *tide* avand *house*, originally long ones, became diphthongized. Those in words like *meet* and *moot* were raised to the position formerly occupied by *tide* and *house*. Many words with "ea" spellings like meat, whose pronunciation had been kept separate from those spelt "ee", were raised to the same /i:/-type vowel as in words like *meet*. And other words with "a" spellings, like *mate*, were at first raised, and then diphthongized. This generally upward movement among the vowels occurred too late for the changes to be recorded in spelling. The decisions of the printers had been made, so that our modern spellings preserve the patterns of 500 years ago.

The details of the shift are notoriously difficult to work out. We often have to contend with the puzzling, even contradictory, observations of contemporary scholars. Recent attempts to reconstruct the chronology of the changes have often, moreover, disagreed among themselves. And only in very recent times have linguists tried to suggest a motivation for the shift that is rooted in a social context. Scholars in the past have been content to attribute the changes to some inherent tendency within the language itself, as though it possessed some mysterious predisposition towards the raising and diphthongization of front vowels. Here, however, we shall look for an explanation that takes account of social stratification and the desire to mark social identity through language.

The sixteenthand early seventeenth-century observers whose contemporary accounts we have to interpret were men who lived and worked in the south-east of England. We shall accordingly locate the origins of the Vowel Shift in Tudor London, as different dialects mixed, and as self-consciousness about class and status intensified. As a new prestige pronunciation emerged in London as a result of the shift, it gradually spread outwards and downwards in the social scale, affecting the sound-systems of other dialects.

Until well into the present century, a traditional pronunciation of words like *house* and *mouse*, has been preserved by speakers in rural areas north of the Humber. This vowel is not a diphthong, as in RP, but a long vowel, more like the stereotyped *hoose* of Scottish pronunciation. As such, it is closer for the vowel in RP *moon* and *soon* than *house* and *mouse*. Historians of English have assumed that a vowel of this northern type existed in words like *house* over most of England, at least up to the time of Chaucer. The “oo” vowel, then, pre-dates the Vowel Shift.

(from D. Leith, 1997: 145～146)

(2) 다음은 영국 한림원(English Academy)의 설립에 관한 글을 발췌한 글이다. 프랑스 및 이탈리아 한림원과 달리, 영국 한림원은 많은 학자들의 제안에도 불구하고 설립되지 못하였다.

There can be little doubt that the vital incentive to the establishment of an academy in England came from the example of France and Italy. The suggestion of an English Academy occurs early in the seventeenth century. Indeed, learned societies had been known in England from 1572, when a Society of Antiquaries founded by Archbishop began holding its meeting at the house of Sir Robert Cotton and occupied itself with the study of antiquity and history. It might in time have turned its attention to the improvement of the language, but it languished after the accession of James I. A proposal that promised even more was made about the year of Shakespeare's death by Edmund Bolton, an enthusiastic antiquary. It was for a society to be composed of men famous in politics, law, science, literature, history, and the like. Those proposed for membership, beside the originator, included such well-known names as George Chapman, Sir Edward Coke, Sir Robert Cotton, Sir Kenelm Digby, Michael Drayton, Ben Jonson, Inigo Jones, John Selden, Sir Henry Spelman, and Sir Henry Wotton, all men with scholarly tastes and interests. But the project died with James I.

In time, however, the example of the French Academy began to attract attention in England. In 1650 James Howell spoke approvingly of its intentions to reform French spelling, and in 1657 its history appeared in English, translated from the French of Pellisson. With the Restoration, discussion of an English Academy became much more frequent. In the very year that Charles II was restored to the throne, a volume was published with the title *New Atlantis ... Continued by R. H. Esquire*(1660) in which, as a feature of his ideal commonwealth, the author pictured an academy 'to purifie our Native Language from Barbarism or Solecism, to the height of Eloquence, by regulating the termes and phrases thereof into constant use of the most significant words, proverbs, and phrases, and justly appropriating them either to the Lofty, mean, or Comic stile'.

By the beginning of the eighteenth century the ground had been prepared, and the time was apparently ripe for an authoritative plan for an academy. With the example of Richelieu and the French Academy doubtless in his mind, Swift addressed a letter in 1712 to the Earl of Oxford, Lord Treasurer of England. It was published under the title *A Proposal for Correcting, Improving, and Ascertaining the English Tongue*. He then launched an attack against the innovations he had objected to in his paper in the Tatler two years before, observing, 'I have never known this great town without one or more dunces of figure, who had credit enough to give rise to some new word, and propagate it in most conversations, though it had neither humour nor significancy'.

(Quoted from Baugh and Cable, 2002: 280～287)

(3) 다음은 초기 현대영어 시기에 다른 언어에서 영어에 들어온 차용어에 관한 글이다.

Although Latin was by far the main source of loan-words in the Early Modern period, a number of words were borrowed from other languages too. The next largest source after Latin was French; the French loans included military words (such as *bayonet, feint*), and words from the life-sciences (such as *anatomy, muscle*), but also many words from the general vocabulary (for example, *docility, entrance, invite*). There were a few words from classical Greek, though most of these came via Latin or French. They tended to be learned words, and many of them are technical terms of literary criticism, rhetoric, theology, or the natural sciences; words which were probably borrowed direct from Greek include *anathema, cosmos, larynx, and pathos*.

A few words were borrowed from Italian and Spanish. Part of a young gentleman's education was the grand tour of the continent, and in the sixteenth century there are frequent sarcastic references to the gallant who come back to England affecting foreign clothes, customs, and morals, and larding his speech with foreign words. The Italian loans include words to do with warfare (*fuse, salvo, squadron*), with commerce (*argosy, artichoke, felucca*), and with the arts (*cupola, fresco, madrigal, opera*). Spanish loans, too, are often concerned with commerce or warfare (*anchovy, armada, cargo, sherry*). Since the early European exploration of America was largely carried out by the Spaniards and the Portuguese, many early words for specifically American things came into English via Spanish or Portuguese. From Spanish came *cannibal, cockroach, and potato*, and from Portuguese *flamingo* and *molasses*, while *mosquito* could have come from the Spanish *Canibales,* a variant of *Carbales* or *Carbes*, the name of a people of the southern West Indies.

The only other sizeable source of loan-words in the period was Dutch. the Netherlands had close commercial contacts with England ever since the Norman Conquest, and many of the words borrowed by English have to do with seafaring and trade. Middle English examples include *deck, firkin*, and *skipper*. Sixteenth-century loans include *cambric, dock, splice*, and *yacht.* while in the seventeenth century we find *brandy, cruise, keelhaul, sloop, smack, and yawl*. The Dutch were also famous for oil-painting (seventeenth-century *easel, sketch*) and for drinking (ME *booze*).

(Quoted from C. Barber, 1997: 181～182)

연습문제

1. 초기 현대영어를 중세영어와 구분하게 하는 외면사에 포함되지 않는 것은?

   1) 인쇄술의 도입 2) 노르만인의 영국 정복
   3) 종교개혁 4) 르네상스

2. 셰익스피어 시기는 영어사에서 어느 시기에 속하는가?

   1) 초기 현대영어 시기 2) 후기 현대영어 시기
   3) 현대영어 시기 4) 중세영어 시기

3. Authorized Version의 다른 명칭은?

   1) The Great Bible 2) Tyndale's Bible
   3) Geneva Bible 4) Kin James Bible

4. 르네상스(Renaissance)에 대한 설명 중 틀린 것은?

   1) 16세기부터 17세기 초반 유럽에서 일어난 인문주의 운동을 일컫는다.
   2) 영국에서는 캑스턴부터 청교도에 의한 영연방이 이루어진 시기까지의 기간을 가리킨다.
   3) 학문 또는 예술의 재탄생 또는 부활이라는 의미를 지닌다.
   4) 문예부흥으로 라틴어, 그리스어 등, 일체의 외국어를 배제하고 순수 영어가 가장 발달하게 되었다.

5. 캑스턴의 인쇄술 도입이 영어에 끼친 영향을 설명한 것 중 틀린 것은?

   1) 영어 철자를 고정시키는 데 크게 이바지하였다.
   2) 인쇄를 통해 많은 책을 비교적 저렴한 가격으로 구입할 수 있게 되었다.
   3) 인세의 도입으로 작가들이 전적으로 인세에 의존하게 되었다.
   4) 런던 방언이 표준서체어가 되는 중요한 구실을 하게 되었다.

6. 영어가 철자와 발음이 일치하지 않게 된 이유가 아닌 것은?

1) 고전어의 영향에 크게 힘입었기 때문이다.
2) 모음대추이(Great Vowel Shift)의 영향에 의해서였다.
3) 지식인들이 옛 철자를 선호하였기 때문이다.
4) 프랑스어의 영향으로 필사생들이 프랑스식으로 철자를 썼기 때문이다.

7. 규범문법이 탄생한 시기는?

1) 15세기
2) 16세기
3) 17세기
4) 18세기

8. 문법에 대한 관심이 일어난 이유로 적당하지 않은 것은?

1) 중산계급이 문법에 대한 일반의 관심을 불러 일으켰기 때문이다.
2) 영어에 대한 일정한 규칙을 세우지는 않았다.
3) 문법에 맞는 어법을 쓰는 것이 여러 계층을 구분하는 잣대의 하나로 사용되었기 때문이다.
4) 적절한 언어행동을 하는 데 도움이 되는 문법지침서가 필요했기 때문이다.

9. 『*Bref Grammar for English*』라는 문법서를 쓴 초기의 문법가는?

1) Thomas Wilson
2) William Bullokar
3) Alexander Gill
4) Joseph Aickin

10. 셰익스피어에 대해 설명한 것 중 틀린 것은?

1) 영어를 어떠한 단어에도 구애받지 않고 자유로이 사용하였다.
2) 그가 구사한 어휘는 대략 2만 어휘가 넘는다.
3) 그의 작품에는 화려하고 난해한 어휘도 수없이 등장한다.
4) 서체어 형성은 물론 구어나 속어의 영어 표현에도 크게 기여하였다.

11. 초기 현대영어 시기의 정자법에 관한 것 중 틀린 것은?

1) þ은 /y/와 구분할 수 없게 되어 전혀 쓰이지 않게 되었다.

2) yogh로 칭하는 문자(ʒ)는 이 시기에 없어졌다.
3) 중세영어 시기에 사용된 철자에 비해 크게 변하였다.
4) 인쇄술에 의한 도서보급의 증가로 인해 철자가 상당히 고정되어 쓰였다.

12. 로망스화 현상이 가장 분명하게 나타난 분야는?

1) 음운 분야 2) 형태 분야
3) 문법 분야 4) 어휘 분야

13. 장모음 중에서 가장 먼저 음 변화가 일어난 모음은?

1) [ī] 및 [ū] 2) [ā] 및 [ī]
3) [ū] 및 [ā] 4) [ō] 및 [ū]

14. 초기 현대영어의 모음에 대한 설명 중 틀린 것은?

1) 어말에 오는 무강세 -e는 초기 현대영어 시기에 모두 발음이 상실되었다.
2) 중세영어 /ɑ/는 초기 현대영어 시기에 와서 모든 음성적 환경에서 /æ/로 변하였다.
3) /ɛ/는 초기 현대영어 시기를 거치면서 비음 앞에서 /ɪ/로 변하였다.
4) 중세영어 /ɔ/는 /l/ 앞에서 대체로 /o/로 변하였다.

15. /i/와 /j/를 구분하여 쓰게 된 시기는?

1) 10세기 중엽 2) 13세기
3) 17세기 중엽 4) 18세기 이후

16. 초기 현대영어 이중모음에 대한 설명 중 틀린 것은?

1) 16세기에 와서 /iu/는 일부 단어에서 /ju/로 변하였다.
2) /ɔu/는 /o/로 변하였다. (ex. know)
3) /ʊi/ 및 /ɔi/는 초기 현대영어 시기에 프랑스어에서 들어온 이중모음이다.
4) 이중모음 /ɑu/는 /ɔ/로 변하였다. (ex. cause)

17. 초기 현대영어 시기의 철자발음에 대한 다음 설명 중 옳지 않은 것은?

1) 식자율이 증가하면서 철자발음이 많이 생겨났다.
2) 이 시기에 차용어가 많이 들어와서 /t/를 철자로 쓰기 위해 “th”를 사용하였다.
3) 중세영어에서는 묵음이었던 어두의 /h/ 발음은 초기 현대영어 시기에 와서 발음된 것이다.
4) fault, assault와 같은 단어의 /l/은 원래 프랑스어에서 유래한 것이다.

18. 다음 어휘 중에서 아메리카 인디언어에서 들어온 것이 아닌 것은?

1) bungalow, guru
2) hickory, persimmon
3) squash, moccasin
4) moose, raccoon

19. 초기 현대영어 문법에 대한 설명 중 틀린 것은?

1) 2인칭 단수형(thou, thy, thine, thee)은 이 시기를 지나면서 사라졌으나, 성서에는 옛 어형이 남아 쓰인다.
2) 이 시기는 동사형의 과거 및 과거분사형의 철자가 확립된 시기였다.
3) 이 시기에 쓰인 조동사 do는 초기에는 사역의 의미로 쓰였다.
4) 초기 현대영어 시기 이후에는 전치사가 포함된 관용어가 널리 쓰였다.

20. 다음 중 잘못 기술한 것은?

1) ME 시기에 쓰인 “-en” 복수형은 초기 현대영어 시기 이후로 사라져서 현대영어에서는 화석화된 어형으로 몇 개만 남아 쓰인다.
2) 초기 현대영어 시기에는 군속격(group genitive)이 자주 쓰이고 특히 구어체에서 많이 쓰였다.
3) who가 관계대명사로 쓰인 것은 이미 고대영어 시기부터이다.
4) more, most는 역사적으로는 “비교”를 나타내는 표지가 아니라 강의(强意)를 나타내는 강의어(intensifier)로 쓰였다.

Study Questions

1. 대모음추이(Great Vowel Shift)의 전개과정에 대해 아는 대로 정리하시오.

2. Shakespearean English가 영어에 끼친 영향에 대해 쓰고 본문에 인용한 Shakespeare가 작품에 남긴 표현(pp. 179~180)을 모두 우리말로 옮겨 보시오.

3. 초기 현대영어 시기에 영어에 들어온 차용어의 특징을 쓰시오.

4. 초기 현대영어 시기에 일어난 발음의 변화가 현대영어에 끼친 영향에 대해 정리해 보시오.

5. 영역성서의 번역이 영어에 끼친 영향에 대해 써 보시오.

제5장

현대영어

5.1. 역사

5.2. 철자와 발음

5.3. 문법

5.4. 차용어휘와 신어(新語) 형성

Timeline: The Modern English Period

1776	E. Gibbon의 『로마제국 쇠망사(*The History of the Decline and Fall of the Roman Empire*, 1~6권)』 출간 (1776~1788)
1800	현대영어(Modern English)의 시작
1806	N. Webster의 『*A Compendious Dictionary of the English Language*』 출간으로 미국영어의 철자법 확립
1822	J. Grimm의 『*Deutsche Grammatik*』, 2판 1권 출간
1828	N. Webster의 『*An American Dictionary of the English Language*』, 2 vols. 출간. 미국영어 특유의 어휘, 어의(語義) 및 용법에 기여
1837	Victoria 여왕 즉위(1837~1901). 하노버가의 마지막 왕
1838	J. Bosworth의 『*A Dictionary of the Anglo-Saxon Language*』 출간
1842	영국 문헌학회 창립. 문헌학회 기관지, 「*Transactions of the Philological Society*」 간행(1854)
1849	「*Notes and Queries*」 창간. 1권 간행(1850)
1869	E. A. Abbott의 『*A Shakespearian Grammar*』 출간
1885	O. Jespersen의 『*Concise English Grammar*』 출간
1899	Boer War(1899~1902)
1900	영어 사용자가 약 1억 2천 3백만 명이 되다
1909	O. Jespersen의 『*A Modern English Grammar*, Vols. I-VII』 발간 (1909~1949)
1914	1차 세계대전(1914~1918)
1919	C. T. Onions의 『*A Shakespeare Glossary*』 발간
1925	E. K. Kruisinga의 『*A Handbook of Present-Day English*, Part I: English Sounds』 출간
1928	『*Oxford English Dictionary*』 발간
1936	BBC London 텔레비전 방송 시작
1939	2차 세계대전(1939~1945)
1949	의미론의 고전으로 평가받은 C. K. Ogden & I. A. Richards의 『*The Meaning of Meaning*』 출간 F. Mossé의 『*A Handbook of Middle English*』 출간
1951	Colour TV, 미국 전역에 보급
1952	Queen Elizabeth II의 즉위

1953	D. D. Eisenhower, 34대 미국 대통령에 취임(1953~1961)
1955	R. Quirk & C. L. Wrenn의 『*An Old English Grammar*』 출간. 후기 서색슨 방언에 기초한 문법서
1957	N. Chomsky의 『*Syntactic Structures*』 출간 E. J. Dobson의 『*English Pronunciation 1500~1700*, 2 vols.』 출간
1960	T. F. Mustanoja의 『*A Middle English Syntax*. Part I: Parts of Speech』 출간. 중세영어 통사론 연구의 고전
1961	J. F. Kennedy, 35대 미국 대통령에 취임(1961~1963) 『*Webster's Third New International Dictionary of the English Language*』 출간. [초판 1909; 2판: 1934]
1967	유럽공동체(European Community) 발족 D. Jones의 발음사전, 13판 발간. [초판 1917]

5.1. 역사

"현대영어(Modern English)"는 흔히 "최신영어(Present-Day English)" 또는 간단히 "PDE" 라고도 부른다. 현대영어 시기는 18세기 말 이후부터 현재까지의 시기를 일컫는데, 18세기 말 이후 영국은 물론 대륙에서도 정치 및 사회적으로 혁명적이라고 할 만한 사건이 일어난 시기였다. 정치적으로는 사회의 기능을 근본적으로 바꿔 놓을만한 혁명이 수없이 일어났다. 동포애와 평등을 강조한 프랑스혁명(French Revolution), 그리고 인간의 권리와 민주주의를 강조한 미국혁명(American Revolution)은 산업화한 서구 세계와 다른 세계에서의 생활에 극적인 효과를 가져다주었다.

한편, 영국의 산업혁명(Industrial Revolution)은 산업화한 서구 세계가 발전하는 데 원동력이 되었고 사람들의 일상생활에 극적인 변화를 초래하였다. 그뿐만 아니라, 산업혁명으로 인해 직업의 변화, 사회의 도시화 및 계급제도가 발달한 반면, 수송과 언어정보의 교환에서 커뮤니케이션의 중대한 변화를 가져다주었다. 18세기 말과 19세기의 상당 부분은 대영제국이 끊임없이 팽창한 시기로, 초기 식민주의가 진정으로 제국주의(imperialism)의 시대가 된 시기였다.

이 시기에 영국은 지구상 곳곳에 영어를 보급, 발전시켰으며 북아메리카의 식민지화로 영어를 국제적인 언어로 보급시키는 데 기여하였고 결국 미국이 세계 무대에 등장하는 계기가 되었다 이로 인해, 영어는 상업, 과학, 기술 및 대중문화의 언어로 부상하게 되었다.

이러한 전환기에 영국의 탐험가인 쿡 선장(Captain Cook)은 태평양을 탐험하여 1786년에 오스트레일리아의 보터니 만(Botany Bay)에 최초의 유형 식민지(penal colony)를 건설하였다. 19세기 중반은 해가 지지 않는 대영제국의 전성기였다. 그러나 신대륙이었던 미국은 19세기 말에 이르러 카리브 제도(the Caribbean)로 영토를 확장하기 시작하고 쿠바 섬의 이해(利害)를 둘러싼 스페인과 미국의 전쟁(Spanish-American War)이 미국의 승리로 끝나면서 괌과 필리핀이 미국의 영토로 편입되면서 태평양을 가로질러 줄기차게 패권을 장악하는 계기가 되었다. 더 나아가 태평양 지역에서의 미국의 영토 확장은 제2차 세계대전으로 인해 한층 더 공고해졌다. 유럽에 대한 미국의 영향력은 두 차례의 세계대전을 치르면서 문화적이고 경제적인 "침략"(이것을 문화 제국주의 cultural imperialism라고 함)으로도 설명할 수 있을 것이다.

제1차 및 2차 세계대전은 정치, 경제, 사회 및 문화를 포함한 모든 분야에 엄청난 변화를 초래하였다. 지난 반세기에 세계대전의 긴장 속에 뿌리를 두고 탄생한 유럽연합(European Union: EU)은 유럽 내에서뿐만 아니라, 전 세계에서 또 다른 혁명적인 변화의 힘으로 발전하였다. 제2차 세계대전을 치르면서 정치적인 측면에서는 대영제국이 극적으로 쇠락하기 시작한 반면, 경제적인 측면에서는 해외에서의 영국의 개입이 지속적으로 이어졌다. 그러나 이 시기에 무엇보다도 가장 큰 변화는 제1차 세계대전이 발발하고 2차 세계대전이 끝난 이후 가속도가 붙으면서 미국이 정치, 군사, 경제 및 문화적으로 전 세계에 그 영향력을 광범위하게 증대시켜 나갔다는 점이다. 특히, 소련이 붕괴한 이후(1991), 미국은 사실상 전 세계의 정치를 주도하는 기능을 가지게 되었다. 1950년대를 거쳐 1980년에 이르기까지 세계은행의 역할을 안전하게 수행해 온 미국은 이제 유럽연합(EU)의 여러 은행이 지닌 위력에 도전을 받게 되었다.

제2차 세계대전이 끝난 후, 미국은 비즈니스와 예술은 물론 과학과 기술 분야에도 더 큰 영향력을 행사하게 되었다. 영화와 텔레비전으로 인해 미국문화와 미국영어는 전 세계에 퍼져 나갔고 월 가(Wall Street)는 런던과 함께 세계 금융의 중심지가 되었다. 20세기에 가장 위대하고 획기적인 과학적인 성과의 상당수는 미국에서 나타났다. 특히 언어와 정보(IT)에 관한 한, 가장 중요한 기술혁신은 개인용 컴퓨터와 인터넷 그리고 이것을 융합한 스마트폰으로 이들은 단순한 정보통신 기능을 뛰어넘어 인간이 소통하는 방식, 음악과 동영상을 즐기는 수단 및 지식과 정보를 습득하는 새로운 생활방식을 창조하였다.

혁명과 전쟁 및 제국주의의 시대를 맞이한 현대시기는 사람들의 일상생활 방식을 바꿔 놓았을 뿐만 아니라 아직도 여전히 바꿔놓고 있는 마이크로칩(microchip)의 발달의 결과로 나타난 기술혁명(Technological Revolution)의 효과가 인류에게 큰 영향을 끼치고 있는 시기라고 말할 수 있다. 이것은 또한 사회, 문화적인 제국주의의 한 형태이기도 하다.

영어는 고대영어 시기 이후 다른 많은 언어로부터 자유롭게 어휘를 들여와 사용하였으며 이러한 경향은 현대영어 시기에는 기하급수적으로 계속해서 증가하였다. 이 시기에 아메리카, 오스트레일리아, 아프리카 및 아시아의 새로운 환경에서 새로운 동식물과 다른 낯선 많은 사물에 접하면서 영어는 각국의 토속 언어로부터 많은 어휘를 빌어와 사용하였다. 19세기 및 20세기에 아메리카로 이민이 유입되면서 영어 사용자들은 여러 언어로부터 더 많은 어휘와 접촉하게 되고 대중 매체의 출현과 기동성(mobility)의 증가로 영어가 더 널리 보급되면서 여러 면에서 영어를 표준화하는 데 도움이 되었다.

통계상으로 중국어 Mandarin을 모국어로 사용하는 약 8억 8천 5백만 명의 인구와 비교해 볼 때, 현재 3억 5천만 명이 넘는 인구가 영어를 모국어로 사용하고 있으며 10억 명이 제2언어(second language)로 사용하고 있다. 오늘날 영어는 인터넷의 출현과 함께 다른 언어를 사용하는 사용자들 간에 통신수단으로 널리 쓰이고 있으며 전 세계 사람들과 서로 손쉽게 의사를 전달하는 공통언어(lingua franca)로서의 역할을 수행하고 있다.

5.2. 철자와 발음

5.2.1. 철자 체계

초기 현대영어 시기 이후 영어의 철자(문자)는 변함이 없었다. 구두법 체계의 요체(essentials) 또한 변하지 않았다. 구두법(punctuation)은 초기 현대영어 시기 말보다 오늘날에 와서 한층 더 가볍게 다루어지는 경향이 있는데, 전반적으로 보면 한 문장에 쓰이는 구두점의 수는 점점 더 적어지고 있다. 이처럼 구두법을 가볍게 처리하려는 것은 부분적으로 문장을 더 짧고 덜 복잡하게 하려는 문체상의 경향 때문이다.

대문자 사용(capitalization)은 문장의 맨 처음에 오는 어휘와 일인칭 대명사인 *I* 및 고유명사(proper nouns)로 국한되어 쓰였다. 그러나 최근에 와서 지금까지 주로 상호명(trade names)에 국한하여 쓰인 대문자가 보통명사(common nouns)로 파급되면서 복합어의 첫 번째 어휘와 두 번째 어휘 간의 간격을 띠지 않고 두 번째 요소를 대문자로 쓰는 일이 생겨나게 되었다. ex. *MasterCard, Harper-Collins, Star-Writer, WordPerfect, FedEx*, etc.

중세영어 말에 이르게 되면 영어의 주요 철자 유형은 안정을 찾게 되고 초기 현대영어 시기를 거치면서 상당수의 개별 어휘들을 나타내기 위해 다듬어지고 정비되었으며 현대영어에 와서는 고정되어 쓰이게 되었다. 오늘날 영어 철자는 음소적이라기보다는 형태문자적인 특징을 더 많이 지니고 있다. 즉, 서로 다른 어형 사이에 발음의 차이가 있음에 관계없이 하나의 형태소가 단 하나의 철자로 표현되는 경향이 있다. 그리하여 autumn이 /ɔtəm/, autumnal이 /ɔtəmnəl/로 발음됨에도 불구하고 철자는 autumn 및 autumnal로 쓴다. 규칙동사의 과거시제는 [d], [t], [əd] 등 세 가지의 상이한 발음을 지니고 있으나, 철자는 모두 -ed로 나타낸다. 또 다른 경향은 음 변화에도 불구하고 어원은 그대로 유지하려는 데 있다. 따라서 *wrong, through, sword, comb*과 같은 어휘에 나오는 묵음은 그대로 쓰면서 *one, Europe, music*에서와 같이 새로운 음소가 나타날 때에도 새로운 문자를 추가하지 않는 경향이 있다.

미국영어에서는 웹스터의 제안에 따라 영국영어에서 쓰이지 않는 정형화한 철자 변화를 받아 들여 사용하였는데, 가령 영국영어에서 *honour, centre, realise, judgement, connexion*으로 쓰고 있는데 반해, 미국영어에서는 *honor, center, realize, judgment, connection*으로 각각 쓰고 있다.

5.2.2. 발음(모음, 자음 이중모음)

초기 현대영어 이후 나타난 언어변화의 대부분은 방언의 경계를 뛰어넘어 음소적(phonemic)이라기보다는 이음상(allophonic)의 차이에 지나지 않는 현상을 나타내고 있다. 가령, 성문폐쇄음 [ʔ]은 현대영어의 많은 방언에 나타나는 특징으로, 이 발음 자체는 적어도 영어에 쓰이는 하나의 발음 현상이다. 그럼에도 [ʔ]음이 하나의 독립된 음소로 쓰이는 방언은 찾아볼 수 없다. 대부분의 방언에서는 이 음이 단순히 /t/ 음의 변이음에 지나지 않는다. ex. *button, cotton, certain, rotten, mitten.*

미국영어에서 이들 어휘에 나오는 /t/는 실제로 /t/의 변이음인 [ʔ]음으로 발음되며 /n/이 /t/ 앞에 오는 경우에는 선행 모음이 비음화하여 발음되는 경향이 있다. ex. *fountain, mountain, wanton*. 더욱이, 성문화(glottalization) 현상은 /n/ 앞에서만 일어나며 다른 비음 앞에서는 일어나지 않는다. 가령, atom, sitting과 같은 어휘에서의 /t/는 미국영어에서 "유성음 /t/ "로 발음되는 것을 예측할 수 있다. 그러나 sitting에서 "g"가 떨어져 나가 /n/이 /η/을 대체할 경우에는 /t/가 성문음화하여 [sɩʔɩn]으로 발음된다.

성문음인 /t/는 영국과 스코틀랜드의 도시 방언에서는 흔히 나타나며, 흑인영어(Black English)의 일부 방언에서도 어말에 오는 /b/, /d/, /g/, 즉 어말 유성 파열음(voiced plosives or stops)에서 흔히 발음되는데, 현대영어에서 [ʔ]음은 영어를 통해 빠르게 퍼져 나가고 있다.

철자발음 또한 다른 시기에 쓰인 영어에서와 달리 현대영어 음운론에 큰 영향을 끼쳤다. 이전에는 고립되어 쓰인 어휘에서는 사라진 발음에 철자발음의 대부분이 다시 삽입되어 쓰였다. 우리가 현대영어에서 흔히 찾아볼 수 있는 어휘들, 즉 *forehead, clapboard, often*에 각각 나타나는 철자발음인 /h/, /p/, /t/는 이들 어휘에서 발음되어 쓰인다. 그러나 *sihouette, cupboard, soften*에 쓰인 h, p, t는 발음되지 않는다.

다른 경우에 철자발음은 영어 발음에서 한층 더 흔히 일어나는 '음-철자'의 대응관계의 압력이 작용한 결과에서 비롯된다. 가령, 미국영어에서 *schedule*의 "sch"는 *scheme, school, schooner, scherzo*와 같은 어휘에서 sch-가 /sk/로 발음되는 데서 비롯되었는데, 이와는 달리 sch-가 [ʃ]로 발음되는 것은 대부분 *schuss, schmaltz, Schumann schist*에서처럼 드물게 쓰이거나 또는 외래어로 국한되어 발음된다. 이와 마찬가지로 *sumac*은 오늘날 영어사용자들 상당수가 종래 발음해 온 [ʃumæk] 보다는 [sumæk]으로 발음하는데, 그 이유는 "s+모음"으로 시작하는 어휘 대부분이 [ʃ]가 아닌 [s]로 발음되기 때문이다. 여기에는 어린 아이가 읽기 전에 말부터 배우게 되는 이유로 인해 [s] 대신에 [ʃ]로 발음되는 *sugar, sure*와 같은 예외도 있다.

자음은 19세기 이후 이전 시기(고대~초기 현대영어)에 비해 비교적 안정적인 체계를 유지하여 왔다. 이 중에서 가장 큰 변화를 나타낸 음으로 무성 파열음 /t/를 들 수 있다. 현대 미국영어에서는 대개 이 음을 유성음 사이에 오는 경우 및 단어의 주 강세 다음에 와서 유성음으로 발음한다. ex. *writing, pretty, city, photo, sentiment.* 영어를 사용하는 연령이 젊은 경우에는 *betting/bedding, citing/siding, title/ tidal, matter/madder*를 동음어(homophone)로 발음하는 경향이 미국영어의 특징이다.

5.3. 문법

현대영어의 문법은 초기 현대영어 시기에 쓰인 문법과 비교할 때 거의 유사하며 몇 가지 사소한 변화가 일어난 점에서만 차이가 있을 뿐이다. 여기서는 초기 현대영어의 문법과 다르게 쓰인 문법 현상에 대해 설명하겠다.

5.3.1. 명사와 형용사

이 시기에는 7개의 움라우트 복수형(*feet, teeth, geese, lice, mice, men, women*) 및 -n으로 끝나는 3개의 토착 어휘(*brethren, children, oxen*)는 이전 시기와 마찬가지로 그대로 쓰였다. 또한, 무표 복수형(unmarked plurals) 명사인 *sheep, deer, salmon* 등은 초기 현대영어 시기에서와 같이 현대영어에서도 단수와 복수형이 같은 어형으로 쓰이고 있고 일부 어휘도 복수형에 -s를 붙이거나 또는 무표 복수형으로 쓰이고 있다. ex. *fish / fishes*, *elk / elks*.

외래어에서 형성된 복수형은 주로 라틴어 및 그리스어에서 유래한 학문 어휘에 국한되어 있으나, 때로는 이탈리아어(*librettos* 또는 *libretti*), 프랑스어(*trousseaus* 또는 *trousseaux*) 및 히브리어(*seraphs* 또는 *seraphim*)에서 영어에 들어온 차용어에서도 찾아볼 수 있다. 대체로 이들 차용어가 우리에게 더 익숙하거나 전문적인 의미로 쓰이지 않을 경우에는 영어 어휘와의 유추에 의해 -s를 붙여 복수형을 만들어 쓴다. *indexes* (cf. *indices*), stadiums (cf. *stadia*), *antennas* (cf. *antennae*), *radiuses* (cf. *radii*) 등이 여기에 속한다.

형용사의 경우, 초기 현대영어에 쓰인 형용사의 이중비교급/최상급 및 삼중비교급/최상급 어형은 현대영어에 이르러서 사라져 버렸다. 따라서 셰익스피어 시기에 쓰인 "most unkindest cut of all"과 같은 표현은 오늘날 영어 문법에서는 더 이상 쓰이지 않는다. 그뿐만 아니라, 현대영어에서는 -er(비교급) 및 -est(최상급) 이외에 more, most가 쓰이고 있는데, 후자의 경우 비교 또는 최상의 의미를 강화하는 기능은 거의 사라지고 순전히 문법상 비교를 나타내는 표지로서의 기능만을 나타내게 되었다. 셰익스피어가 사용한 이중최상급 *most stillest*와 같은 이중비교는 현대 표준영어에서는 거의 찾아볼 수 없다.

5.3.2. 대명사

현대영어에 쓰인 대명사는 초기 현대영어와 비교할 때 거의 변화가 없었다. 가장 많이 변한 것으로는 인구어(Indo-European) 이후 지속적으로 발달해 온 2인칭 단수 대명사 "thou"의 상실이다. 이 대명사의 변화는 초기 현대영어 시기에 시작되어 현대영어 시기가 시작되면서 종교상의 목적이나 일부 방언을 제외하고 거의 완전히 사라져 버렸다. "you"는 원래 복수형으로 쓰여 개인을 언급할 때 존경의 표시로 한층 더 많이 쓰이게 되었으며 초기 현대영어 시기 말에 이르러서 단수 및 복수 양쪽을 지칭하는 유일한 2인칭 대명사로 쓰이게 된 것이다.

이 변화 이외에 대명사 자체의 어형도 또한 변하였다. 이전 시기에 쓰인 주격형 "ye"는 주격과 사격(oblique) 양쪽으로 쓰인 사격형인 "you"의 선호로 인해 사라져 버렸다.

2인칭 대명사에 나타난 또 다른 변화로는 미국영어 방언에 쓰인 대명사로 복수를 나타내는 새로운 2인칭 대명사의 출현이다. 언어변화가 일어나면 흔히 야기되는 중의성(ambiguity)에 관련된 문제로, "thou"가 쇠퇴하면서 "you"가 단수 및 복수를 모두 나타내는 기능을 수행한 것이 좋은 예에 속한다. 그러나 "you"가 한 사람을 지칭하는 것인지 또는 한 사람 이상을 지칭할 때에도 쓰이는 대명사인지 판단하기 어려울 때가 있다. 따라서, 미국영어 북동 방언에서는 하위표준어로 새로운 복수형인 "youse"가 쓰였으며, 남부 방언과 아프리카계 미국토착영어(African-American Vernacular English: AAVE)에서는 "you all"에서 유추하여 만들어진 "y'all", 서부 펜실베니아 지역 방언에서는 “y’uns”, 그리고 심지어 미국영어 전체를 통해 “you guys”라는 복수형이 흔히 쓰이고 있다. 특히, “y’all”는 남부 지역과 AAVE에서 지난 수십 년간 널리 사용되어 왔으며 미국뿐만 아니라 전 세계에 힙합 문화(Hip-Hop Culture)가 널리 보급되면서 2인칭 복수 대명사의 새로운 유형으로 자리매김하여 쓰이고 있다.

현대영어에 쓰인 인칭대명사에 나타난 또 하나의 흥미로운 현상은 “you”에서도 이와 비슷한 현상이 쓰였는데, 3인칭 복수대명사가 단수형으로 쓰이고 있다는 점이다. 이것은 주로 소위 ‘정치적인 교정’(political correctness), 즉 알지 못하는 3인칭을 언급할 때 사용하는 화법상의 예의적인 지칭을 의미한다. 종래에는 알지 못하는 상대방을 언급할 때 단수 남성 3인칭 대명사인 “he”, “his”, “him”이 쓰였다. 그러나 일부 화자나 작가들은 3인칭 여성대명사가 영어의 역사에서 부족하게 사용되어 온 것을 보충하기 위해 미지의 3인칭을 언급하는데 의식적으로 “she”, “her”를 사용하고 있다.

그러나 이러한 3인칭 단수 대명사의 사용은 언급의 대상이 되는 인물이 실제로는 알려져 있지 않은 경우 어느 쪽의 단수 대명사를 써야 하는지 마치 특정한 인물에 관해 언급하는 것처럼 어색할 때가 있다. 이런 애매한 상황에서 지난 십여 년간 사용되어 온 것이 3인칭 복수 대명사인 “they”의 사용이다. ex. I haven’t met your new company vice president – how are *they* working?

5.3.3. 동사

초기 현대영어 시기 말에 와서 2인칭 단수 대명사 “thou”의 상실로 인해 현대영어에서는 동사의 굴절어미(thou hast, thou didst)도 사라져 버렸다. 그리하여 현대영어에서는 다음과 같은 4개의 동사 굴절형만 남아 쓰이게 되었다. (1) 3인칭 단수 현재 직설법 어미: -s, (2) 과

거시제 어미: -ed(또는 불규칙형 brought, gave, hid도 포함), (3) 과거 분사형 어미: ed(또는 불규칙형 bound, chosen, rung 포함), (4) 현재 분사형 어미: -ing.

위에서 언급한 굴절어미의 변화 이외에 현대영어의 동사는 가정법에 쓰이는 어형의 변화를 가져왔다. 동사의 가정법에서 독자적인 어형을 쓰는 대신 부정형(bare infinitive)을 써서 나타낸다. ex. He asked that she *leave* now., She requested that he *be* here on time. 가정법 과거형은 과거 복수형과 어형이 동일하며(ex. If I *were* in school, I would be having more fun., If I *ate* that, I'd get sick.), 과거의 비실제적인 상황을 나타낼 때에는 과거완료형을 써서 나타낸다. ex. If I *had gone* to college, I would have a better job. 그러나 현대영어에서 가정법 동사형은 점차 사라져 가고 있다. 동사 "to be"가 여전히 쓰이고 있기는 하나, "If I were there …"와 함께 "If I was there, I'd go along"과 같은 문장이 쓰이고 있다.

가정법은 성구(成句, formulaic)의 기능을 지닌 표현, "God *save* the queen", "So *help* me God"과 같은 문장에서 쓰이고 있을 뿐만 아니라, he asked that she *be* here tomorrow.과 같은 형식적인 요청을 뜻하는 가정법 문장에도 여전히 쓰이고 있다.

초기 현대영어 시기 말 이후 사용되어 온 서법 조동사(modal auxiliary)의 표준형은 현대영어에서도 별다른 변화가 일어나지 않았으나, 의미가 분명한 경우에도 부정사가 서법 조동사 다음에 와서 쓰였다. 더욱이, 원래의 과거형은 현재의 의미를 나타내고 새로운 과거형이 발달하지 않으면 안 되었던 선사시기의 영어 발달 과정은 현대영어에서도 반복되고 있다. 현대영어에 쓰이는 *might, could, should, would*와 같은 서법 조동사는 오늘날 현재 또는 미래를 나타내는 의미로 규칙적으로 쓰이고 있다. 이를테면, 젊은 세대의 영어 사용자들이 It *might* rain.이라는 표현을 쓰는 반면, 보수적인 영어 사용자들은 It *may* rain.이라는 표현을 쓰는 것이 좋은 예이다. 과거의 시간을 나타내는 서법 조동사는 could 및 would로 다음 예에서 확인할 수 있다. ex. I *could* tell he was unhappy., He *would* play for hours at a stretch. 원래의 과거형이 과거의 의미를 나타내기 위해서는 항상 완료시제를 써서 표현해야 한다. 가령, 'You should go.' 대신에 'You should have gone.'을 쓴다거나, 'They might sleep.'이라고 표현하는 대신 'They might have slept.'라고 해야 옳은 표현이 된다.

'동사+부사'의 결합으로 이루어진 동사구는 이어동사(two-word verb) 또는 구동사(phrasal verb)라고 하는데, 중세영어 시기에 처음 쓰이기 시작하여 초기 현대영어 시기에는 급격히 확산되었으며 현대영어에 와서는 활발하게 사용되었다. 이 과정은 현대영어, 특히 구어체 언어에서 쓰이면서 구동사의 첫 번째 요소가 동사가 아닌 명사(*louse up, freak out*)의 결합으로 확장되어 쓰였다. 이와 함께, 현대영어는 이어동사 뿐만 아니라, '동사+부사+전치사'로 이루어진 다어동사와 같은 범주를 발전시켰다. 전형적인 예로 *come down with* (the flu), *get away with* (murder), *look forward to* (a vacation), watch out for (wet paint)와 같은 것들을 들 수 있다. 이들 동사구는 구성성분에서 그 의미를 예측하기 어렵기 때문에 동사구 전체를 한 단위로 다룬다.

5.3.4. 구문(통사구조)

현대영어에서 구문의 변화는 질(quality)이 아닌 양(quantity)의 기능으로 간주하는 일이 흔하다. 다시 말하면, 현대영어 시기를 거치면서 수(number) 및 발생빈도(frequency of occurrence)가 확대되어 쓰인 구문이 많아졌기 때문이다. 이 시기에 이처럼 쓰이게 된 구문변화의 현상을 10가지로 요약해서 설명하면 다음과 같다.

(1) 진행수동형

이 구문은 18세기 후반에 시작되어 현대영어 시기로 오면서 사용 빈도가 확대되었다. 오늘날 흔히 쓰이는 구문의 예는 다음과 같다.

ex. *John's car is being serviced today.*, *This child was constantly being bullied at school.*

(2) 'get-수동형' (ex. *He got beaten up.*)

수동형 구문은 규칙적으로 'be+수동형'이 쓰였다. ex. She was hit by a wave of familiarity. 그러나 17세기 중엽 이후 'be-수동형' 대신 get을 이용한 새로운 수동형 구문이 쓰이기 시작하였다. *OED*에 의하면 'get-수동형'이 맨 처음 사용된 해는 1652년으로 나와 있다. 이 구문은 19세기에 발달된 구문이나 오늘날에도 많은 영어 사용자들에 의해 구어체로 여전히 쓰이고 있으며 인쇄물에서보다 일상생활 영어에서 더 많이 사용되고 있다. 그러나 문서체에서는 한층 격식을 갖춘 형식으로 나타나기도 한다. ex. *Forest got badly beaten in their class with Manchester United this afternoon.*

(3) 우언적(periphrastic) *do*의 사용

이 구문은 SVX 어순으로 고정되면서 확대되어 현대영어 시기에 와서 널리 쓰이게 된 구문이다. 이 구문이 발달하여 현대영어에서 쓰이기까지에는 오랜 세월이 필요하였다.

(4) 확장된 전수식구문(expanded premodification)

이 구문은 이전 시기에 비해 현대영어에서 더 흔하게 쓰인 구문이다. ex. *A Foreign Office travel advisory has been issued for tourists to Turkey.*, *It's an immediately obvious in detail model.* 이와 관련된 구문 유형은 동명사가 형용사로 쓰이는 구문에 나타나는

데, 독일어와 같은 다른 게르만어에 빈번하게 쓰인 특징이나 최근까지 영어에서는 같은 정도로 쓰이지는 않았다. ex. *Pat Cash, the come-backing Australian tennis player, won again at Wimbledon yesterday.*, *Claire X is a rapidly becoming confused mother of four.*

(5) 명사화구문(nominalization)의 증가

현대영어에서 쓰이는 이 구문에서는 행위자가 불명확하다는 점이 특징이다. 가령, 신문의 표제로 등장하는 *Quarry load-shedding problem*과 같은 구문에서는 채석장에서 화물차에 화물을 적재하는 책임을 진 사람이 '누구'(who) 인지에 대해서는 전혀 언급이 없다. 행위자를 명확하게 언급하지 않는 것이 명사화한 구문의 역할이기도 하다.

(6) 동사구(Verb Phrase: VP)의 길이

현대영어에서는 동사구의 길이가 이전 시기에 쓰인 동사구에 비해 한층 더 길어졌다. can 대신에 to be able to라는 부정사를 쓴다면 동사구의 길이는 다음의 예에서와 같이 더욱 늘어난다. ex. *He appears to wish to be able to carry on being examined by the same doctor.* 이러한 유형의 구문을 연쇄동사구문(catenatives)이라고 한다.

(7) 구동사 및 '동사+불변화사'구문의 사용빈도의 증가

현대영어의 특징 중의 하나는 *run across*(=meet)와 같은 구동사는 물론 *put up with*(=tolerate)와 같은 동사와 불변화사로 이루어진 구문의 사용빈도가 늘어나고 있다는 점이다. 이 구문은 고대영어에서도 나타나는 구문이다. 물론 고대영어 시기(OE)에는 동사에 접두사를 붙여 만든 구문이 동사와 불변화사로 이루어진 구문보다 훨씬 더 많이 쓰였다. 그러나 현대영어에서는 구동사나 동사와 불변화사로 결합한

구문 모두 양에 있어서 이전 시기와는 비교할 수 없을 만큼 놀라울 정도로 증가하였다.

(8) 'do have' 구문의 증가

미국영어의 영향으로 영국영어에서 have got 대신에 do have를 선택하는 구문이 증가하였다. Do you have?는 영국영어에서 한때 do you get at repeated intervals?라는 의미로 쓰였다. 이것은 다음 대화의 예문에 잘 나타나 있다.

> Customer to butcher: *Have you got any pheasant?*
> Butcher: *No.*
> Customer: *Do you have pheasant?*
> Butcher: *Occasionally.*

그러나 위에서처럼 Do you have?의 의미가 미국영어와 달리 현대 영국영어에서는 널리 쓰이고 있지 않다.

(9) 완료형 대신 과거형 동사구문의 사용

현대영어에서는 완료형 구문을 쓰지 않고 그 대신 동사의 과거형을 써서 동일한 의미를 나타내는 일이 더 흔해졌다. 이것은 특히 구어체(spoken language)에서 한층 더 흔하게 나타난다. 다음 두 구문을 비교해 보기 바란다. ex. *I bought a new car.* vs. *I've bought a new car.*

(10) 관계대명사 'that-구문'의 선호

관계대명사는 영어사에서 많은 변화를 거쳐 온 문법 범주이다. 셰익스피어 시기 이후에 쓰인 wh-대명사는 사물, that-관계대명사는 사람을 지칭하는 구문에 쓰여 현대영어의 규범과는 다르게 쓰였다. 현대영어에서는 'wh-대명사' 또는 '관계대명사가 없이 쓰인 구문'보다는 that (및 as)를 관계대명사로 쓰려는 경향이 강하다. 미국영어에서는 where를 that과 같이 다루고 있다. ex. I haven't been to a party yet *that* I haven't got home the same night., a cake *where* you don't get weight. 앞의 두 문장은 각각 '… a party *from which* I didn't get home …' 및 '… a cake *from which* you don't gain weight …'로 고쳐 쓸 수 있다.

5.4. 차용어휘와 신어(新語) 형성

어휘 부문은 현대영어 시기에서 가장 변화해온 분야이다. 이것은 주로 '과학-기술' 분야와 관련된 어휘, 특히 20세기 말에 이르러서 컴퓨터 및 통신공학의 급속한 발전과 함께 이와 관련된 어휘가 발달한 것이 주된 이유이다. 다른 언어로부터의 어휘차용은 새로운 어휘를 형성하는 중요한 자원으로서의 기능은 이전 시기에 비해 덜하였으나, 현대영어에서는 문화 또는 경제적인 중요성을 지닌 언어들로부터 어휘를 차용하는 데 초점을 두었다.

18세기 첫 10년 간 영어에 들어온 새로운 어휘는 *colonist, idealist, phonography, tarboosh, bamboozle, civilization, nymphotomy, paracentric, nucleus, metallurgy, categorize, purist, materialize* 등이 있다. 이들 어휘 중의 상당수는 라틴어 및 프랑스어에서 유래한다. 이밖에도 *colonial*(1796), *Hindi, Hindoostani, purdah, pyjamas*(1800), *hysteria, phobia, tonsillitis, conventionalist*(1801)와 같은 어휘가 이 시기에 들어왔다. 이 시기는 18세기 중반 이후 유럽에서 시작된 낭만주의 시기(Romantic period)에 해당한다. 낭만주의 이후에 전개된 산

업혁명(Industrial Revolution) 시기에는 *locomotive*(1829), *Industrialism*(1831), *industrial school*(1853)과 같은 어휘가 영어에 쓰였고, 제국주의(Imperialism)는 *Gurkha*(1811), *the British Raj*(1859), *khaki* (1863), *tropical disease*(1828)과 같은 어휘를 만들어 내었다.

19세기 및 20세기에 영어에 들어온 차용어휘는 과학과 공학 분야에서 엄청나게 증가하였는데, 관련 분야별로 영어에 새롭게 형성되어 쓰인 어휘들을 분류하여 열거해 보면 다음과 같다.

- 의학: *appendicitis, clinic, radiotherapy, HIV, AIDS, aspirin, insulin, hormones, MRI, PET, vaccine, cholesterol*
- 과학: *electrode, biochemical, DNA, relativity theory, radiation, fractals, atom bomb, UV rays*
- 심리학: *Freudian, Jungnian, psychotherapy, shock therapy, multiple personality, behaviorism, closure, ego, fixation, Gestalt, IQ, REM, Rorschach test, Type A personality*
- 커뮤니케이션: *TV, radio, computer, internet, mouse, chip, bookmark, commercial, CD, DVD, GTS, wiki, podcast*
- 수송: *locomotive, helicopter, train, automobile, shuttle, airplane, cruise control, garage, sunroof, SUV, ATV, public/ mass transport*
- 언어학: *nativism, phoneme, transformational grammar, polysynthetic*
- 군사: *gun, tank, agent orange, WMD, embedded journalism*
- 철학: *existentialist, rationalist, postmodern, positivism*
- 예술/음악: *impressionist, outsider art, rap, hip-hop*
- 정치: *emancipation, human rights, Cold War, banana republic, junta, cold war, police state, chads, teflon president*

- 경제: *creative book-keeping, e-bubble*
- 레크리에이션: *eco-tourism, geocaching*

다음은 현대영어 시기에 영어에 새롭게 쓰인 어휘를 어형성의 유형에 따라 분류한 것이다.

- 차용(다른 언어에서의): *zeitgeist, weltanschauung, schadenfreude, wanderlust, kindergarden, jungle, pajamas/pyjamas, polo, pasta, broccoli, zucchini, mensch, bête noire, fait accompli*
- 새로운 복합어/어구: *skydiving, acid rain, junkfood, green butcher, a wedding wedding* (매우 호사스러운 결혼식을 지칭), *gabfest, innerchild, geek-chic*
- 새로운 접사: *postmodern, prewoman, proto-Nostratic, counter-revolution, pseudo-metarule, ex-ex-husband(*divoiced and then remarried)
- 단축, 병합 및 창조: *decaf, motel, fridge, phys-ed, ad*(vertisement), *dancercise, boycot, quizling, popemobile, bookmobile, camcorder, talkathon,, smog, slumlord, simulcast, netglish (internet English), veggie-burger, blockbuster, crime-buster, bikaholic, chocaholic, workaholic, alcopop*(= alcohol + pop), *Euroskeptic*(= Europe + skeptic)
- 구로 이루어진 어휘: *hit-and-run drivers, a nobody-cares attitude, a larger-than-life problem, a so-not-cool situation, so-out-of- the-loop*
- 품사전환: *to impact*(N to V), *to fax*(N to V), *a show-off*(V to N), *play-off*(N to V), *to teach-in*(N to V), *the Ancients*

(Adj to N), *to empty*(Adj to V)

- 속어: *rip-off, pizzazz, crap, grody to the max*(from the 1970s), *depresso city*
- 두문자어: *SUV*(Sports Utility Vehicle), *ATM*(Automatic Teller Machine), *HIV*(Human Immunodeficiency Virus). *WMD* (Weapons of Mass Destruction), *VD*(Venereal Disease), *ACLU*(American Civil Liberties Union), *LOL*(Laughing out loud), *FAQ*(Frequently Asked Question)

현대영어에서 차용의 정확한 통로는 중세영어에서처럼 항상 분명하지는 않다. 즉, 영어에 차용된 어휘는 라틴어 또는 프랑스어에서 직접 차용될 수 있으며 이런 이유로 해서 영어사전(e.g. Webster's *Third*)에서는 어휘의 기원을 분명히 규명하기 위해 때로는 Interna- national Scientific이라는 용어를 쓰기도 한다.

위에 인용한 복합법 및 새로운 접사에 의해 형성된 어휘들은 항상 널리 사용되어 왔다. 단축(clipping), 어구에 의한 어휘(phrase words) 및 두문자어(acronyms)에 의한 어휘형성은 20세기에 들어와 영어뿐만 아니라 다른 언어에서도 널리 쓰였다. 속어(slang)는 직설적인 의미의 특성으로 인해 항상 매력을 가져다주지만, 일단 표준영어로 받아들여지면 새로운 속어와 함께 스스로 활기를 되찾아 쓰이게 된다.

20세기 중반 이후 1990년까지 옥스퍼드 영어사전에 등재된 신어(新語)를 10년 주기로 정리해 보면 다음과 같다. (2000년에는 *OED*에 등재된 신어가 없다.)

- 1940: *borscht belt, clochard, intercom, male chauvinist, Okinawan, panzer, paratroops*
- 1950: *apparat, bonsai, brainwashing, encrypt, fall-out,*

geekish, hi-fi, information theory, lateralization, LSD, McCarthyism, moving target, napalm(ing), open-heart, Orwellian, psychome- trician, yellowcake, to zonk

- 1960: *bionics, breathalyzer, Castroism, dullsville, dumbo, kook, to market test, minivan, nerdy, over-inhibition, reportability software*
- 1970: *biofeedback, citizen advocacy, detox, herstory, humongous, minidisk, offroading, post-structural, yucky*
- 1980: *ecofeminism, to download, mega-rich, neohippie, neopunk, non-veg, power dressing, Reaganomics, waitperson, what's-her-face*
- 1990: *bi-curious, cringeworthy, DWEN (Dead White .European Male), emoticon, feminazi, greenwashing, nanostructured, Nostraticist, soap-dodger*

Further Readings

- Barber, C. (2000) *The English Language:* A Historical Introduction. Cambridge: Cambridge University Press.
- Baugh, Albert C. and Thomas Cable. (2002) *A History of the English Language*, 5th Edition. New York & London: Routledge. [f. 1935].
- Burchfield, R. (1985) *The English Language*. Oxford: Oxford University Press.
- Fennell, Barbara A. (2001) *A History of English*. A Sociolinguistic Approach. Oxford: Blackwell.
- Gelderen, Elly van. (2006) *A History of the English Language*.

Amsterdam/Philadelphia: John Benjamins.

- Millward, C. M. (1996) *A Biography of the English Language*, Second Edition. New York: Harcourt.
- Mugglestone, L. ed. (2006) *The Oxford History of English*. Oxford: Oxford University Press.
- Quirk, R. et al. (1985) *A Grammar of Contemporary English*. London: Longman.
- Smith, J. J. (2007) *Sound Change and the History of English*. Oxford: Oxford University Press.
- Williams, J. M. (1975) *Origins of the English Language: A Social & Linguistic History*. New York: The Free Press.
- Svartvik, J. & G. Leech (2006) *English: one tongue, many voices*. London: Palgrave Macmillan.

원문 강독

(1) 다음은 현대영어 시기에 크게 증가한 구동사(phrasal verbs)의 사용과 관련된 글이다.

The Modern English period has seen a great expansion in the number of phrasal verbs (like call up 'telephone'), and prepositional verbs (like call on 'visit'). (The difference between the two types is seen if you insert a pronoun object — 'call her up' but 'call on her'.) This is part of the general movement of English from the synthetic towards the analytic. In Old English, the meanings of verbs were commonly extended by the use of prefixes; for example, from *rīdan* 'to ride' were formed *æfterrīdan* 'ride after', *berīdan* 'surround, invest, seize', *forrīdan* 'ride before, intercept', *gerīdan* 'reach or obtain by riding', *oferrīdan* 'cross on horseback, ride across', *ofrīdan* 'overtake by riding', and *oþrīdan* 'rude away'.

In Modern English, by contrast, we tend to add an adverb or preposition after the verb. Large numbers of such compound verbs were formed from Late Middle English onwards, and the process still continues, so that we have numerous verbs like *build up* 'advertise', *fall for* 'be captivated by', *put off* 'postpone', *run down* 'disparage', *shrug off* 'treat with indifference', and *start up* 'set (an engine) in motion'. Intransitive verbs are similarly formed from verb-adverb combinations, for example, *butt in* 'intervene', interfere', *ice up* 'become coated with ice', *lose out* 'lose', and *push off* 'depart'. Sometimes a compound verb of this kind is followed by a preposition, and the combination may have a special meaning of its own: *face up to* 'confront', *gang up on* 'combine against', *get away with* 'do with impunity', *meet up with* 'meet, overtake, fall in with', *walk out on* 'abandon'. Another analytic construction which appears to be spreading is the use of verb plus object instead of simple verb, as in *give me a ring* 'ring me', have a look 'look', *take a glance at* 'glance at'.

(C. Barber 2000: 209～210)

(2) 다음에 인용한 글은 18세기 중엽 이후 나타난 문법과 사전편찬에 관련된 글을 발췌한 것이다. 필자는 이 글에서 규범문법의 역할과 기능에 대해 기술하고 사전이 문법에 끼친 영향에 관해 설명하고 있다.

Grammars become quite prescriptive in Modern English. In Johnson's 1755 dictionary, a history and a grammar of the English language precede the dictionary. The grammar includes lists of irregular verbs and derivational suffixes and prefixes. The dictionary also contains some prescriptive grammatical rules such as the one against converting a noun into a verb: *to profound* is said to be "a barbarous word", as can be seen in the following: To profound. *v. n.* [from the noun] To dive; to penetrate. A barbarous word. e.g. We cannot *profound* into the hidden things of nature, nor see the first springs that set the rest a-going. The real reason behind this dislike is unclear since *to purpose* is ok.

A very influential grammarian of the period is Robert Lowth, who later became Bishop of London. Lowth applied Latin Grammar to English in his *Short Introduction to English Grammar* of 1762 and introduced rules such as *It is I* rather than *It is me*, rules, for the use of *who/m* and rules for the use of *between* and *among*. Lowth also opposed using intransitives as transitives and this other way around as well as the use of double negatives and split infinitives. Many of these rules are based on Latin grammar and do not make much sense for English. However, prescriptive grammarians in the 21st century still maintain many of them.

William Cobbett's *A Grammar of the English Language*, first published in New York in 1818, was written to promote thinking and create an egalitarian society. He felt that much deception goes on in politics and that clear argumentation and grammar make that harder. Cobbett is very critical of some of the rules of Lowth, who influenced Webster (1758～1843), the American spelling and dictionary expert. Webster himself at first condemned the use of *who* as an object, but later wrote that a sentence such as *Whom do you see?* is hardly English at all. If Webster's views had been heeded, the analytic tendency might have continued, but that was not the case.

Webster's Compendious Dictionary of the English Language (1806) initially contained 37,500 words. One of Webster's aims was a nationalist one: to show that American English is as different from British English as the respective political systems. Later in the Modern English period, *the Oxford English Dictionary* becomes *the* resource for work on the English language. In its current online form (www.oed.com), it covers over half a million words and includes 2.5 million quotations. Words and quotations are constantly being added but it is unfortunately not free. Murray took on the project in 1879. Murray found volunteers to go through books and to send him noteworthy quotes. He and other editors spent many years sorting through the quotation and the first edition was finally completed in 1928, years after Murray's death. The OED is prescriptive and uses terms such as "now considered better," "vulgar," "offensive," "incorrect," and "slip-shod."

(van Gelderen 2006: 224～228에서 발췌)

(3) 다음에 인용한 글은 표준영어의 규범화(codification)에 관한 글이다. 규범화는 상당한 논쟁을 불러 일으키지만 또한 표준화에 중요한 요인이 되기도 한다.

What does it mean to *codify* the standard language? It means to reduce it to rule: to explain how it works, where the exceptions are. This can be done *prescriptively*, by laying down the law about how people should use the language. It can also be done *descriptively*, by pinning don주 how the language is used in practice.

The chief tools of codification are book such as dictionaries — specifying the vocabulary of th e language — and grammars — specifying the morphological and syntactic form of a language; roughly, how words are used to form sentences. In the eighteenth century, the emphasis was on *prescription:* how to 'fix' and 'ascertain' the language. Nowadays, the emphasis is more on *description*. English is the most studied and codified language in the world, and every year the English language 'industry' ensures that more and more books are published about varied aspects of the language.

Codification leads to a great deal of argument — for example, how should we use the words *will* and *shall*? Should we end a sentence in a preposition? — but overall it leads to convergence in usage, and puts a brake on linguistic change. This shows not only in spelling, but in areas like punctuation and grammar. Similarly, in vocabulary: the word-hoard of the language continues to grow (and to lose some old-fashioned words), but its *core vocabulary* stays much to same.

A final reason for hurrying over the last two centuries at this point is that most of the rest of the book will be devoted to them. The most startling developments in English since the eighteenth century have been connected with its geographical expansion, its dispersion among ever more diverse users and uses, and the enormous variation in the language which has resulted from this. It is no longer easy to see English as single language: according to one leading commentator, Tom McArthur, English is now not just a *language*, but a new phenomenon.

(J. Svartvik & G. Leech 2006: 67)

연습문제

1. 표준영어(Standard English)로서의 기초를 확립한 영국영어의 방언은?

1) East Midland Dialect
2) Northern Dialect
3) Southern Dialect
4) Kentish Dialect

2. 영어의 철자개혁과 관계가 없는 사람은?

1) George Bernard Shaw
2) Benjamin Franklin
3) Noah Webster
4) William Shakespeare

3. 다음 밑줄 친 곳에 알맞은 말을 고르시오.

> Dominating the history of dictionary-making in the Present-Day English period has been the publication of the __________, a work for which even descriptive terms like "monumental" and "unparalleled" seem inadequate. The project began in 1857, when the Dean of Westminster suggested that the Philological Society make plans for a new dictionary of English to be based on historical principles and to include every word that had appeared in English since the year A.D. 1000.

1) *Oxford English Dictionary*
2) Samuel Johnson's *A Dictionary of the English Language*
3) Henry Sweet's *The English Dictionary*
4) John Kersey's *A New English Dictionary*

4. 20세기에 나타난 문법에 접근하는 3가지 방향이 아닌 것은?

1) continuation of prescriptive grammar
2) traditional grammar
3) scientific grammar
4) historical grammar

5. 캐나다 영어(Canadian English)에 가장 큰 영향을 끼친 영어는?

1) 영국영어(England)
2) 미국영어(American)
3) 호주영어(Australia)
4) 인도영어(India)

6. 현대영어의 철자와 발음의 불일치를 가져오게 된 동인 중 상대적으로 거리가 먼 것은?

1) 인쇄된 서적의 보급
2) 헨리 8세의 종교개혁
3) 중세영어 시기에 쓰인 프랑스어의 영향
4) 르네상스 시기의 영어에 들어온 라틴어의 어원적 근접성

7. 16세기에 철자를 개혁하려고 노력한 사람에 대한 설명 중 잘못된 것은?

1) 체크 경(Sir Cheke)은 영어의 모든 묵음(silent letters)을 없애려고 하였다.
2) 버나드 쇼(George Bernard Shaw)는 영어의 새로운 알파벳을 40개로 만들 것을 제안하였다.
3) 스미스 경(Sir Thomas Smith)은 영어의 자모를 34자까지 늘릴 것을 제안하였다.
4) 하트(John Hart)는 영어 철자를 음성적인 철자체계에 더 가깝게 하려고 시도하였다.

※ 다음 빈칸에 알맞은 말로 채워 넣으시오. (8~10)

8. In Present-Day English __________, the system has, to date, remained stable, with no additions or losses among the phonemes. Minor changes in the distributin of existing phonemes continue to occur.

1) morphologically
2) phonologically
3) syntactically
4) culturally

9. __________, the major patterns remain those of EMnE, but verb phrases have continued to become more complex and the use of quasi-modals has increased. The use of noun adjuncts has mushroomed.

1) Lexically　　2) Culturally
3) Syntactically　　4) Morphologically

10. __________, the English vocabulary has undergone a vast expansion, especially in scientific and technical words created from Greco-Latin roots.

1) Morphologically　　2) Lexically
3) Phonologically　　4) Syntactically

11. 영어의 방언들 중 용인발음(Received Pronunciation)과 가장 가까운 방언은 ?

1) Ireland dialect　　2) Scotland dialect
3) East Midland Dialect　　4) Wales dialect

12. 공통언어가 없는 사람들 사이에 교역을 위한 접촉의 필요성에서 단순화한 영어의 한 형태는?

1) creole　　2) pidgin
3) blend　　4) dialect

13. 피진언어가 부모세대에서 자녀세대로 계승되면서 모국어로서의 기능을 충분히 갖추게 되고 의사소통의 수단으로 쓰이게 된 언어로서, 오늘날 카리브해 연안, 서아프리카 및 서태평양 주변의 여러 나라에서 널리 쓰이는 언어는?

1) pidgin　　2) creole
3) lingua franca　　4) vernacular

14. 다음에 설명한 것 중 옳지 않은 것은?

1) 셰익스피어 시기에 쓰인 형용사의 이중비교급/최상급은 현대영어에서는 사라져 버렸다.
2) 미국 현대영어에서 새로 등장한 2인칭 복수대명사인 y'all은 힙합문화의 보급으로 널리 쓰이고 있다.
3) 서법조동사의 표준형은 현대영어에서도 변화 없이 그대로 쓰인다.
4) '동사+부사'로 된 구동사는 현대영어 시기에 발달한 것이다.

15. 다음에서 영국영어와 미국영어 사이의 문법적인 차이를 나타내는 것이 아닌 것은?

1) have a bath – take a bath
2) at university – at the university
3) different from – different than
4) at the front – in the front

16. 다음 단어들의 철자에서 BE(영국영어)와 AE(미국영어)식의 표기가 잘못된 것은?

1) instalment (BE) – installment (AE)
2) defence (BE) – defense (AE)
3) analyse (BE) – analyze (AE)
4) advice (BE) – advise (AE)

17. 다음 단어들의 철자에서 BE(영국영어)와 AE(미국영어)식의 표기가 잘못된 것은?

1) cheque (BE) – check (AE)
2) plough (BE) – plow (AE)
3) whisky (BE) – whiskey (AE)
4) story (BE) – storey (AE)

18. BE(영국영어)와 AE(미국영어)의 차이를 나타낸 것이 아닌 것은?

1) flat (BE) – apartment (AE)

2) sweets (BE) – candy (AE)

3) (AE) wireless (BE) – radio (AE)

4) company (BE) – corporation

19. 다음 어구표현(phraseology)에서 BE(영국영어)와 AE(미국영어)의 차이를 나타낸 것이 아닌 것은?

1) (to) jump the queue (BE) – (to) break into line (AE)

2) green fingers (BE) – green thumb (AE)

3) hard as stone (BE) – hard as a rock (AE)

4) in top gear (BE) – at top speed (AE)

20. 영국영어(BE)에서는 다음절 단어(polysyllabic words)에서 제2강세(or tertiary)를 미국영어(AE)보다 덜 사용한다. 다음에서 잘못 짝지어진 것은?

1) s'ecretary (BE) – s'ecret,ary (AE)

2) m'ilitary (BE) – m'ilit,ary (AE)

3) d'ictionary (BE) – d'iction,ary (AE)

4) r'omance (BE) – r'om,ance (AE)

Study Questions

1. 표준영국영어(Standard British English)의 발음과 미국 표준영어의 개념을 각각 RP 및 GA라는 약어로 나타내는데 그 배경과 특징을 정리하여 써 보시오.

2. 현대영어 시기에 신어가 만들어진 과정과 유형에 대해 써 보시오.

3. 규범문법(prescriptive grammar), 전통문법(traditional grammar), 과학문법(scientific grammar)에 대하여 간단히 기술해 보시오.

4. 영국영어와 미국영어의 발음(pronunciation), 강세(stress), 억양(intonation), 철자(spelling), 어휘(vocabulary), 어구표현(phraseology)의 차이에 대하여 간단히 예를 들어 설명해 보시오.

5. 현대영어 시기에 쓰인 구문변화의 현상을 구체적인 예를 들어 요약하시오.

6. 흔히 구동사(phrasal verbs_)로 불리는 이어동사 또는 다어동사는 통사-의미상의 언어적인 분석에 많은 문재를 지니고 쓰인다. 이 구동사가 의미상 하나의 단위로 쓰이게 된 배경과 형성과정 및 속성을 자료를 바탕으로 정리해 보시오.

제6장

미국영어

6.1. 역사

6.2. 미국영어의 특징

6.3. 미국영어의 방언

6.4. 영미영어의 비교: 어휘, 발음, 철자 및 문법

Timeline: The Modern English Period

1585	롤리 경(Sir Walter Raleigh), 버지니아에 최초의 영국 식민지 건설 시도
1607	버지니아 주 제임스타운(Jamestown), 미국의 첫 영국인 정착지가 되다
1620	The Pilgrims, 메이플라워호(*the Mayflower*)로 플리머스록(Plymouth Rock)에 도착
1670	사우스캐롤라이나주 찰스타운(Charles Town), 영국인 정착.
1682	웨일스계 퀘이커교도(Welsh Quakers)인 펜(W. Penn), 펜실베니아에 대규모 식민지 건설
1756~63	북미에서의 프랑스-인디언의 전쟁. 영국의 승리
1773	보스턴 차 사건(The Boston Tea Party)
1775~83	미국 혁명(War of Independence/American Revolution)
1776	식민지 대표들, 필라델피아에서 독립선언서 채택. 토마스 페인(Thomas Paine)의 『상식론(*Common Sense*)』 출간
1783	파리 강화조약(The Treaty of Paris). 영국, 미국의 독립을 승인
1783~5	N. Webster의 『영어문법강좌(*A Grammatical Institute of the English Language*)』 출판
1789	조지 워싱턴, 미합중국의 초대 대통령 취임. 노아 웹스터의 『영어논집(*Dissertations on the English Language*)』 간행
1801	제퍼슨(T. Jefferson), 제3대 대통령으로 취임
1803	루이지애나주(Louisiana), 프랑스로부터 구입
1806	N. Webster의 『*A Compendious Dictionary of the English Language*』 출간으로 미국영어의 철자법 확립
1812~4	영미전쟁(War between USA and Britain)
1819	플로리다, 스페인으로부터 구입
1823	미국외교정책인 먼로 독트린(Monroe Doctrine) 선언
1828	N. Webster의 『*An American Dictionary of the English Language*, 2 vols』, 출간. 미국영어 특유의 어휘, 어의(語義) 및 용법에 기여
1848	캘리포니아에서 금맥 발견. 골드러시(Gold Rush) 시작
1861	남북전쟁(The Civil War)
1863	링컨, 노예해방 선언. 게티스버그(Gettysburg) 전투. 남부군 총사령관 리(General Lee), 항복문서에 서명
1867	앨라스카, 러시아로부터 구입. 미국의 49번째 주가 되다

1869	대륙횡단철도 완성
1890	아메리카 인디언으로 수 족 인디언의 위대한 마지막 추장, '웅크린 황소'의 최후
1914	파나마운하 개통. 1차 세계대전(1914～1918)
1919	멩켄(H. L. Mencken)의 『*The American Language*』 출간 미국의 언어를 체계적으로 정리한 역작
1929	대공황의 시작
1939	2차 세계대전(1939～1945)
1941	일본의 진주만 공격
1964	마틴 루터 킹 목사, 노벨 평화상 수상
1965	미국, 월남전 개입

6.1. 역사

이 장에서는 미국영어가 어떻게 변천 내지 발전해 왔는가를 미국 이민사의 형성과 기원에 대해 간단히 살펴보기로 한다.

미국 이민사는 대체로 다음과 같이 크게 세 가지 단계로 나누어 볼 수 있다.

6.1.1. 제1단계(1607～1790)

이 시기는 영국인이 미국에 처음 도착한 1607년부터 미국의 연방정부 헌법(the Constitution: 1788년에 비준됨)이 비준된 시기까지로, 이주민의 90%가 영국의 중동부 지역을 비롯하여 남동 및 남서 해안 지역 및 동부의 여러 주(shire)에서 미국의 동부 뉴잉글랜드 지방으로 이주해 왔다. [그림 6.1]는 1620～75년까지 약 55년 동안에 이 지역으로 건너 온 영국의 청교도들의 원 고향으로 미국영어의 기원이 된 지역이기도 하다.

영국 청교도주의의 중심지는 영국의 동앵글리아(East Anglia) 지역

▎그림 6.1 영국 청교도들의 원 고향(Heimat)

이었다. 버지니아의 제임스타운에 정착한 사람들은 영국의 서부 출신이었으나, 매사추세츠의 플리머스(Plymouth)에 정착한 사람들은 주로 영국 동부 지역 출신들이었다. 메이플라워호를 타고 온 청교도들(Pilgrim Fathers라고 함)은 그들이 도착한 지역을 '플리머스', 정착하게 될 땅을 뉴잉글랜드(New England)라고 명명하였다.

당시 청교도들이 사용한 영어는 17세기 초 영국에서 사용된 런던 영어와 런던에서 60마일 이내의 지역에서 사용된 소위 표준영어로,

셰익스피어를 비롯하여 벤 존슨(Ben Jonson), 존 단(John Donne), 존 번얀(John Bunyan), 존 밀튼(John Milton), 말로우(Marlow) 등이 사용하던 엘리자베스 시대의 영어(Elizabethan English)이며 초기 현대영어에 속한다.

6.1.2. 제2단계(1790~1860)

이 시기는 식민지 확장시기로, 남북전쟁을 전후하여 영국 이주민들이 영국의 중동부 지역이 아닌 북부와 북서지역에서 미국으로 건너와서 서쪽으로는 앨러게니(Alleghenies)산맥과 애팔래치아(Appalachian)산맥을 넘어 서부로 진출하였고, 동부로는 펜실베니아까지, 그리고 남부로는 사우스캐롤라이나 주의 일부 비산맥 고원지대에 이르기까지 세력을 확장하면서 정착하였다. [그림 6.2]는 오늘날 미국영어 방언의 원천이 된 동부의 메인 주(Maine)에서 남부의 조지아 주(Georgia)에 이르는 대서양 연안의 언어지역을 보여주는 지도이다. 이 시기에 미국에 들어와 정착한 영국인들은 제1단계에 속한 청교도들과는 달리 영국의 상류계급 출신으로 런던의 세련된 귀족층 영어를 사용하였다. 한편, 이 시기에는 아일랜드와 독일에서 대량으로 이주민들이 미국으로 건너 왔으며, 네덜란드인, 스웨덴인도 건너와서 비영어 사용자들도 영어권에 섞이게 되었다.

1776년은 애덤 스미스의 『국부론(Wealth of Nations)』, 에드워드 기번(Edward Gibbon)의 『로마제국 쇠망사(*Decline and Fall of the Roman Empire*)』의 제1권이 간행된 해이며, 동시에 식민지 대표들이 필라델피아에서 독립선언서를 채택한 해이기도 하다. 특히, 이 시기를 전후하여 미국 국민에게 영향을 끼친 두 사람 중, 페인(Thomas Paine)의 『상식론(*The Common Sense*)』이 간행되었고 제퍼슨(Thomas Jefferson)은 독립선언서를 기초하였다.

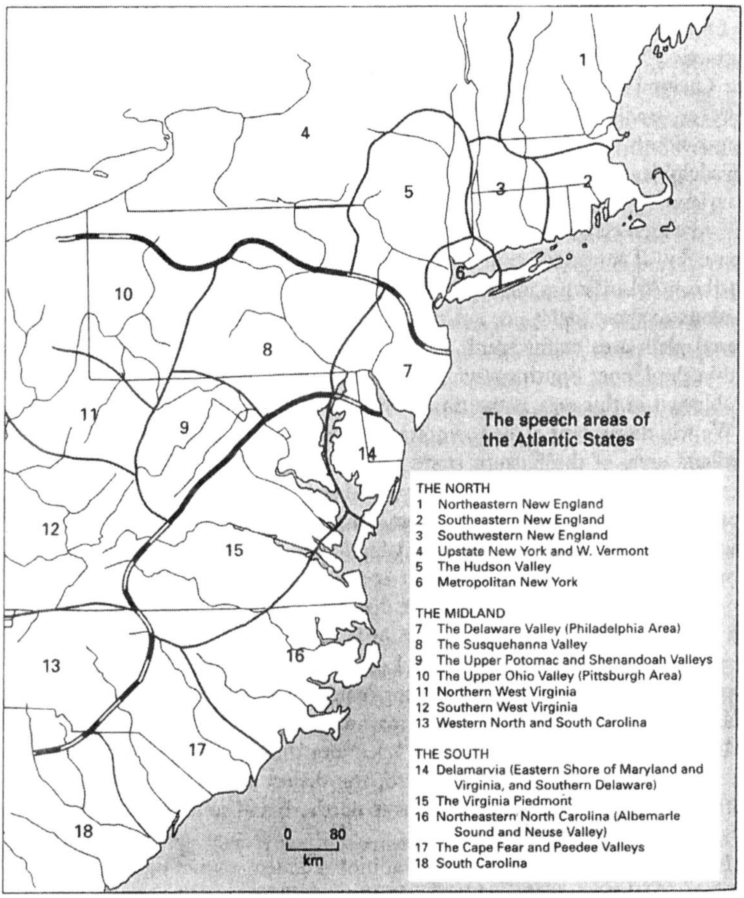

▎그림 6.2 대서양 연안(미국 동부 지역)의 언어지도

미국영어 형성에 일대 전기(轉機)가 된 것은 독립전쟁(War of Independence: 1775~83)이었다. 영국으로부터의 분리 독립을 원했던 미국인들은 전쟁이 끝난 후 긍지를 갖고 자신들은 "미국인" (Americans)이라고 부르게 되었고, 미합중국 의회는 미국인들의 언어를 공식적으로 "미국어"(The American Language)라는 말로 사용하기에

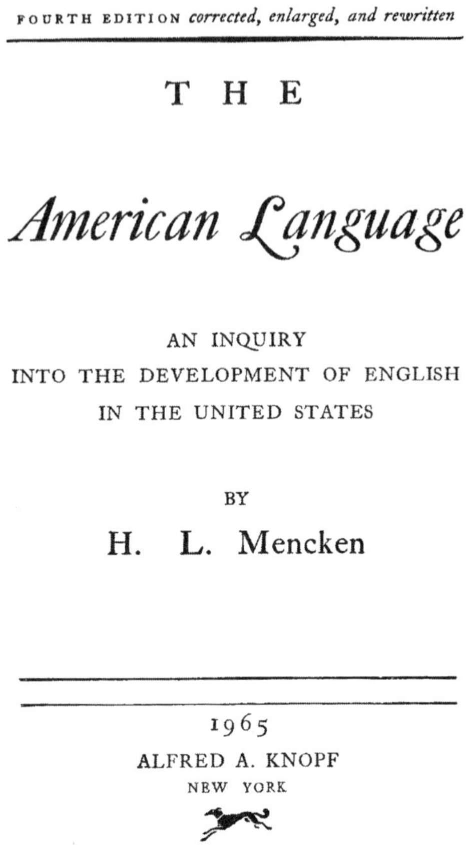

FOURTH EDITION *corrected, enlarged, and rewritten*

THE

American Language

AN INQUIRY
INTO THE DEVELOPMENT OF ENGLISH
IN THE UNITED STATES

BY

H. L. Mencken

1965
ALFRED A. KNOPF
NEW YORK

❙ 그림 6.3 멩켄(H. L. Mencken)의 미국어 속표지(1965년판)

이르렀다. 멩켄(H. L. Mencken)의 『미국어(*The American Language*)』 표지(그림 6.3)가 이를 잘 말해주고 있다.

미국어가 영국이 누려왔던 주도권과 그 종속의 울타리 안에서 벗어나야 한다고 생각했던 사람들 중에 웹스터(Noah Webster)가 있었다. 그는 1789년에 『영어논집(*Dissertations on the English Language*)』을, 1783～1785년에 『영어문법강좌(*A Grammatical Institute of the English Language*)』를 간행하였다. 그중에서도 맨 처음에 간행된 『미국철자법(*American Speller*)』은 미국식 철자법에 커다란 영향을 끼쳤고 철자에 충실한 미국식 발음의 보급에 기여하였다. colour > color, waggon > wagon, fibre > fiber, defence > defense, tyre > tire, centre > center 등과 같은 철자는 모두 웹스터의 노력의 결과로 나타난 것이다.

1840년대는 캘리포니아에서 금광이 발견되어 미국 전역에 골드러시(Gold Rush)라는 열풍이 불었던 시기다. 모든 계층의 미국인들이 엘도라도(El Dorado: 황금의 나라)를 찾아 나섰으며 1849년에는 이 열병이 절정에 달했는데, 이들을 가리켜 "49년 그룹(forty-niner)"이라고 불렀다. 서부의 채금장에서 생겨나서 오늘날까지 일상적으로 미국영어에서 쓰이고 있는 어휘나 표현 중에는 다음과 같은 것들이 있다. *bonanza* '대광맥, 대히트', *diggings* '광산, 금광', *Eldorado* '황금의 나라', *prospector* '탐광자', *strike a rich* '노다지를 만나다, 벼락부자가 되다', *big strike* '노다지, 횡재', *lucky strike* '행운'

6.1.3. 제3단계(1860～현재)

이 시기는 남북전쟁 이후의 시기로, 이민의 원천이 가장 다채로운 이민의 원숙기를 형성하게 되는 시기이다. 북구에 쏠렸던 이주민의 분포가 남부 유럽과 슬라브계의 여러 나라로 확산되면서 잡다한 인종이 모국에서 가져간 자기네 언어를 신대륙인 미국의 언어에 이식시켜 놓게 되는 시기이다.

19세기 말과 20세기 초에는 유럽의 동부 및 남부 지역에서 이탈리아인, 헝가리인, 폴란드인, 세르보-크로아티아인(오늘날에는 세르비아인과 크로아티아인으로 나누어짐), 그리스인 및 체코인을 포함하는 수백만의 이주민들이 각자의 특이한 언어를 신대륙으로 가져 왔으나, 대부분의 경우 얼마가지 않아서 미국영어에 동화되고 말았다.

남북전쟁이 끝난 이후 1869년에 대륙횡단철도가 완성되면서 새로 등장하기 시작한 철도에 의한 물자와 인력 수송은 새로운 미국의 문화를 탄생시켰다. 기후나 지형에 맞는 생활을 영위하기 위해 19세기 후반 서부의 카우보이(cowboys)가 등장하여 20여 년간 호황을 누렸다. '목동'이란 뜻의 카우보이는 미국영어에서 '소몰이꾼'이란 의미로 바뀌어 쓰인 것도 이 시기였다. 카우보이와 관련되어 등장한 신조어 중에는 *cow hand* '소치기, 목동', *bronco buster* '말 길들이는 사람, 카우보이', *mavericks* '(소유자 표시의) 낙인이 찍히지 않은 소들', *range rider* '목장 순찰군, 카우보이' 등이 쓰였다.

6.2. 미국영어의 특징

미국 이민사에서 살펴본 것처럼 독특한 상황과 여건 하에서 독자적으로 발전해 온 미국영어의 특징은 무엇인가? 이것은 대체로 다음 세 가지로 요약할 수 있다.

첫째로, 미국영어의 통일성 내지 획일성(uniformity)을 들 수 있다. 영국과 같은 나라의 경우 지역에 따른 방언의 차이가 매우 심한 반면, 광대한 영토를 가진 미국에서는 방언의 차이가 놀라울 정도로 적다는 사실이다. 이것은 미국에 이주해 온 이민자들이 전통과 인습에 사로잡혀 일정한 지역에 오랫동안 정착하여 생활하지 않고 항상 좀 더 나은 생활여건을 찾아 끊임없이 이동한 데서 그 원인을 찾을 수 있다. 항상 이동하며 생활하는 이들의 특수한 사정으로 인하여 일정한 지역에 나타나는 독특한 방언의 차이가 사라지고, 궁극적으로는 미국영어의 통일성을 부여하는데 기여하였다.

둘째로, 이른바 아메리카니즘(Americanism)의 창출이다. 아메리카니즘이란 미국영어 특유의 어구 또는 표현을 가리키는 말이다. 미국으로 건너온 이민자들이 미국이라는 새로운 땅에서 생활함에 따라 영국이나 유럽 대륙에서는 볼 수 없었던 새로운 광경을 보게 되었다. 한없이 넓은 들, 웅장한 산줄기, 끝없이 뻗어 내려가는 강물, 진기한 동식물, 그리고 미국 인디언들과의 수많은 전쟁 등 이러한 생활환경 하에서 이주민들은 새로운 어휘의 필요성을 느끼게 되었고 따라서 많은 새로운 미국적인 어휘를 만들어내게 되었다. *back-woods, underbush, watergap, prairie, swamp* 등과 같은 지형학적인 특성을 가리키는 어휘들이나, 인디언들로부터 배운 *moccasin, raccoon, woodchuck* 등이 좋은 예이다.

미국적인 생활약식을 그대로 드러낸 수많은 약어(略語)나, 긴 말을 줄여서 짧게 만든 *sneet*(=snow+sleet), *cablegram*(=cable+telegram), *know-how*(=skill), *sportcast*(=sport+broadcast) 등은 미국 특유의 냄새가 물씬 풍기는 예들에 속한다.

셋째로, 미국영어에 나타나는 고풍스러움(archaism)을 꼽을 수 있다. 이것은 흔히 American archaism이라고도 한다. 초기 미국 이민사에서 영국영어가 사용되면서 옛 발음이나 형태 또는 단어의 의미가 그대로 미국영어에 보존되어 쓰이고 있음을 지칭하는 말이기도 하다. 영국에서는 이미 사라진 지 오래된 여러 언어 현상이 미국영어에는 그대로 남아 언뜻 보기에는 고색창연한 기풍이 엿보인다는 점이 미국영어의 특징이다.

미국영어에는 17～18세기의 영국영어의 특징을 그대로 지니고 있는 것들이 있다. 이를테면, 미국영어에서 발음되는 *far, farm, bird, first* 등에 쓰인 /r/ 음은 영국영어에서는 점차 발음이 없어지면서 18세기에 이르러서는 /r/ 음이 영국영어에서는 완전히 사라져 버렸으나, 이 발음이 미국영어에서는 그대로 남아서 오늘날까지 쓰이고 있다. 어휘의 경우에도 apartment란 단어가 영국영어에서는 17세기 중엽부터는 '한 건물 내에 여러 개 붙은 방(a suite)'이란 의미를 나타냈으나, 18세기 초에 와서 '단칸 방(a single room)'이란 뜻으로 바뀌어 본래의 뜻이 협소화(specialization)되는 현상이 일어났는데, 원래의 의미는 flat 또는 복수형인 apartments로 대치되어 쓰였다. 미국영어에서는 apartment가 원래의 뜻으로 아직까지도 쓰이고 있다.

6.3. 미국영어의 방언

미국영어는 방언의 차이가 세계의 다른 언어들에 비해 거의 없는 편이다. 그뿐만 아니라, 유럽의 여러 나라에서 볼 수 있는 표준어의 중심지같은 곳이 미국에는 거의 없고 다만 지역적인 변이형과 사회계층적 변이형이 존재할 뿐이다. 미국영어의 방언을 살펴보기 전에 영국영어의 방언을 잠시 살펴보기로 한다.

영국은 고대시기부터 지역적으로 방언이 뚜렷이 구분되어 쓰였다. 15세기 말 이후 튜더 왕조(1485～1603)가 시작되면서 사용된 표준어는 런던을 중심으로 정치, 사회, 문화, 교역 및 문학의 중심지였던 동중부 지역(East Midland)의 방언으로서 이 지역에 위치한 런던을 중심으로 한 런던방언이 그 밖의 지역방언을 누르고 표준어로 대두하게 되었다. 그러나 초기 미국 식민지에 건너온 것은 런던 표준어 사용자뿐만 아니라 지역 방언을 사용한 사람들이었다. 따라서 미국방언의 분포는 곧 이들의 이민사와도 밀접한 관계를 가지고 있었다.

미국영어의 방언을 지리적인 분포로 나눌 때 대체로 다음과 같은 3개의 방언 지역으로 나눌 수 있다.

(1) 동북 방언(Northeastern): 뉴잉글랜드 및 뉴욕 주 일대
(2) 중부 방언(Midland: General American): 뉴저지, 뉴욕시, 펜실베니아, 메릴랜드, 오하이오, 인디애나, 일리노이, 아이오와, 미시간, 위스콘신

(3) 남부 방언(Southern): 사우스/노스캐롤라이나, 조지아, 플로리다, 앨라배마, 미시시피, 버지니아, 켄터키, 텍사스, 아칸소, 루이지애나, 미주리

위에서와 같은 방언의 구분은 관행적으로 구분되어 온 것으로 실제로 방언의 수가 몇 개인가를 정확하게 나누는 일은 여기서는 필요치 않으므로 생략한다. 중부 방언은 전미 방언이라고도 하는데, 이 방언이 차지하는 지역은 미국 영토의 3분의 2에 달하고 미국인구의 5분의 4가 이 방언을 쓰고 있어서 General American(GA)이라고 칭한다. 이 용어는 케년(J. S. Kenyon)이 쓴 『*American Pronunciation*』(1924)에서 나온 것으로 케년은 미국의 방언지역을 크게 세 구역으로 나누었을 뿐만 아니라 미국영어의 음운변천을 체계적으로 다루었다.

미국에서 쓰이는 지역 방언에 관한 과학적인 연구는 19세기가 거의 끝나가는 시기에 시작되었다. 1889년에 창립된 미국 방언 학회는 몇 년이 지나지 않아 여러 방언에 관한 연구를 진행하였다. 1925년에는 『*American Speech*』가 처음으로 간행되었다. 1920년대 말과 1930년대에는 미국의 언어지도계획이 방언학자 쿠라스(Hans Kurath)와 블록(Bernard Bloch)에 의해 진행되었고, 전 미국과 캐나다를 포함하는 언어지도의 first unit가 1939～1943년에 발간되기에 이르렀다.

이 지도는 쿠라스와 그의 동료의 의해 편집된 것으로 세 권으로 된 『*Linguistic Atlas of New England*』였다. 앨런(Harold Allen)이 편집한 세 권으로 된 『*Linguistic Atlas of the Upper Midwest*』는 1973～1976년에 발간되었다. 1980년에는 『*Linguistic Atlas of the Middle and South Atlantic States*』의 간행이 시작되었다.

이외에도 피터슨(Lee Peterson)의 편집 하에 출판된 『*The Linguistic Atlas of the Gulf States*』(1982～92)가 있고 North Central states, the Rocky Mountain states, Louisiana 및 Pacific Coast와 같은 지역

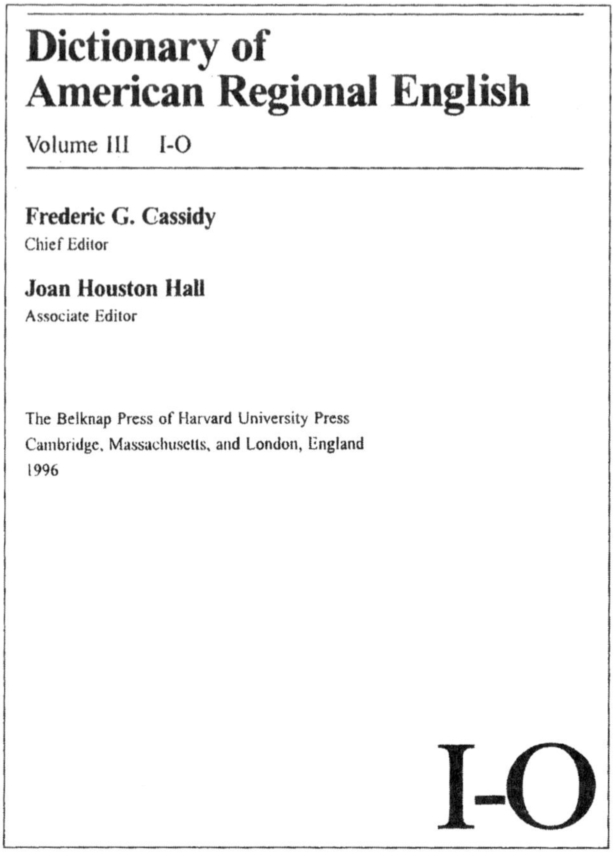
Dictionary of American Regional English

Volume III I-O

Frederic G. Cassidy
Chief Editor

Joan Houston Hall
Associate Editor

The Belknap Press of Harvard University Press
Cambridge, Massachusetts, and London, England
1996

I-O

❙ 그림 6.4 미국 지역영어 사전(1996)의 속표지

에서 사용되는 방언에 관한 연구도 진행되어 오고 있다. 더 세분화된 방언 연구로는 애트우드(E.B. Atwood)의 「*Survery of Verb Forms in the Eastern United States*」(1953)와 「*Regional Vocabulary of Texas*」(1962)가 있다. 미국 지역영어를 가장 광범위하게 연구한 사전으로는 아마도 카시디(Frederic Cassidy)의 『*Dictionary of American Regional English*』를 꼽을 수 있을 것이다. 이 사전은 1985년에 그 첫 권이 출간되었다([그림 6.4] 참조).

대부분의 영국 방언 연구와는 달리, 미국 방언의 연구는 처음부터 지역 방언의 차이뿐만 아니라 사회적, 교육적으로 나타나는 방언의 차이 또는 변이(variation)에 집중적으로 진행되어 왔다. 그 좋은 예로, 뉴잉글랜드 지역의 언어지도계획은 처음부터 의도적으로 (1) 나이가 많고 교육수준이 낮은 계층, (2) 젊고 적어도 2년 정도의 고교 교육을 받은 교육수준이 비교적 좋은 계층, (3) 대학 수준의 교육을 받은 교육정도가 높은 계층의 세 부류로 나누어 수년간에 걸쳐 조사가 진행되었으며 이에 관한 괄목할만한 업적으로 나온 것이 사회언어학자인 라보브(William Labov)의 『*Social Stratification of English in New York City*』(1966)이다.

6.4. 영미영어의 비교: 어휘, 발음, 철자 및 문법

미국영어에는 영어의 옛 모습을 그대로 간직하고 있는 것들이 많다. *get*의 과거분사형으로 *gotten*을 쓰거나, *autumn* 대신 *fall*을 쓰는 예가 그것이다. 또한, *tap* 대신 *faucet*을 쓰는 것도 좋은 예가 된다.

발음의 경우, 미국영어와 영국영어 사이에는 상당한 차이가 있다. 미국영어의 발음에서 두드러지게 나타나는 것 중 하나는 /r/의 발음이다. 영국영어에서는 *root, for, door, farm, ever further*에서처럼 어두에 오는 경우를 제외하고 발음되지 않는 사실이다. *far away*의 경우에는 연음(liaison)으로 인해 어말의 /r/이 발음된다. 영국의 남부 방언에서는 18세기 말경 /æ/ 음이 broad /ɑ/ 음으로 변하였으나, 미국영어에는 아직도 이 음이 남아 있어서 *dance*, *fast*, *grass*, *half*, *path* 등은 /dæns/, /fæst/, /græs/, /hæf/, /pæΘ/로 발음한다. 영미영어 간의 발음 비교는 뒤에서 좀 더 상세하게 논의하기로 한다.

철자의 경우도 미국영어는 영국영어와 비교할 때 많은 차이를 나

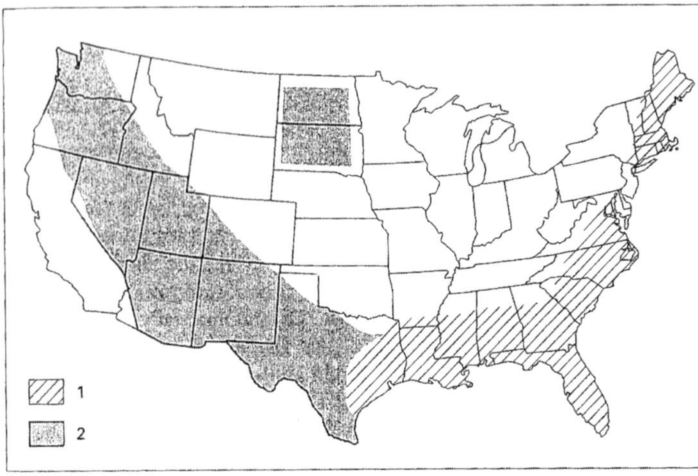

▌그림 6.5 /r/ 발음의 지역적 분포

지도에서 [1]은 /r/-less, [2]는 weakened /r/ 지역을 나타낸다.

타낸다. 이것은 『미국영어 철자법』(*The American Spelling Book*, 1783)을 출간한 웹스터가 좀 더 논리적이고 간단하면서도 미국적인 철자법을 강조하였기 때문이다. 이러한 그의 노력으로 인하여 영국영어와 미국영어 사이에 일정한 차이가 생겨나게 되었다. *colour* > *color*, *fibre* > *fiber*, *jail* > *gaol*, *mediaeval* > *medieval* 등과 같은 예는 두 영어 간의 차이를 잘 보여주는 예이다.

이제 영국영어와 미국영어의 차이를 어휘에서 문법에 이르기까지 좀 더 상세하게 살펴보기로 한다.

영미영어의 어휘에 나타나는 차이를 비교할 때 흔히 수송(transportation)과 관련된 어휘를 드는 경우가 많다. 철도의 경우, 영국영어에서는 *railway*, 미국영어에서는 *railroad*라고 하여 처음부터 차이가 크게 드러난다. 몇 가지 예를 인용하면 다음과 같다.

GA	BrE
engineer	*driver*
conductor	*guard*
freight	*goods*
one-way ticket	*single ticket*
roud-trip ticket	*return ticket*

이와 마찬가지로 차(car)와 도로(road) 관련 어휘의 차이도 흔히 나타난다.

GA	BrE
divided highway	*dual carriageway*
gas, gasoline	*petrol*
gearshift	*gear lever*
hood	*bonnet*
license plate	*numberplate*
muffler	*sillencer*
overpass	*flyover*
truck	*lorry*
trunk	*boot*
windshield	*windscreen*

*films*이란 어휘는 할리우드에서 널리 쓰인 영국영어였으나 12세기 초부터 *films* 대신 *movies*가 등장하고 *wireless*(BrE) 대신 *radio*가 쓰이기 시작하였다. 그뿐만 아니라 미국이 제1차 세계대전에 개입하면서 상황은 극적으로 변하기 시작하였다. 더욱이 항공여행과 텔레비전과 같은 기술의 진보는 영미 간의 커뮤니케이션을 폭발적으로 증가시키

는 계기가 되었다. 이 시기에 공교롭게도 *elevator / lift, phonograph / gramophone, subway / underground*와 같은 어휘가 등장하여 영미영어 간의 어휘 차이를 드러내었다.

그러나 20세기 중엽 이후 기술의 진보와 발명으로 도입된 영미영어 간의 어휘 차이는 새로운 국면을 맞게 되었다. 영국에서는 독일어 *Autobahn*과 같은 고속도로를 건설하면서 미국영어에서 쓰이고 있던 *expressway* 대신에 *motorway*라는 어휘를 만들어냈다. 따라서 대서양을 사이에 둔 양쪽 대륙에서 쓰인 기술상의 어휘는 사실상 미국영어를 표준으로 하여 쓰이게 되었으며, 컴퓨터 및 전자산업에 관련된 수많은 용어도 미국영어의 표준에 근거하여 쓰였다. 흥미로운 것은 20세기 후반에 등장한 *cellular phone* 또는 *cell phone*이란 미국영어 대신 영국영어의 어휘인 *mobile phone* 또는 이를 줄여서 만든 *mobile*이란 어휘가 '휴대폰'이란 의미로 널리 쓰이는 정도가 예외에 속한다.

영미영어 간에 나타나는 어휘의 차이 중에서 두드러진 예를 몇 가지만 더 설명하면 다음과 같다.

- bikini란 어휘는 미국영어에서는 남성 수영복 또는 두 부분으로 된 여성 수영복을 의미하나, 영국영어에서는 후자만을 지칭하는 의미로 쓰인다.
- cornfield는 미국영어에서는 옥수수 밭(a field of maize)을 의미한다. 그러나 영국에서는 이 어휘가 '밀 또는 귀리 밭(a field of wheat or oats)'을 뜻한다. 그 이유는 옥수수를 대규모로 재배하는 밭이 영국에는 없기 때문이다.
- holiday는 미국에서 *legal holiday*라고도 하는데, 이것을 영국에서는 *bank holiday*라고 칭한다. 미국영어에서 *the holidays*는 일반적으로 추수감사절(Thanksgiving)과 새해(New Year's Day) 사이의 기간을 지칭하는 의미로 쓰인다. 영국영어의 *holiday*는

미국영어에서는 대개 *vacation*으로 쓴다.

- mail은 대체로 미국영어에서 쓰이는 어휘로, 영국영어에서는 *post*라는 어휘를 사용한다. 그러나 *postmark, post office, the postal service* 등은 예외에 속한다.
- plaza란 어휘는 주차장을 공유하면서 개인의 상점(shops)과 가게(stores)가 한 곳에 모여 있는 쇼핑센터(a shopping center)를 지칭하는 말이다. 반면, *mall*은 이들 상점과 가게들이 한 지붕 아래에서 냉난방을 공유하며 모여 있는 시설을 뜻한다. *mall*은 대개 *plaza* 보다 규모가 더 크고 백화점, 작은 상점 및 식당이 혼재하여 있는 곳을 가리키는 용어이다.
- rug란 어휘는 영국에서는 덮개로 쓰이거나 야외로 소풍을 나가서 바닥에 깔고 앉기 위한 용도로 쓰이는 가벼운 담요(blanket)를 의미하며 미국영어에서는 *throw*라는 어휘를 쓴다. 그러나 커다란 카페트는 미국영어에서도 *rug*라는 어휘를 쓴다. 한편, 미국영어에 쓰이는 *rug*는 속어(slang)로도 쓰여 가발(a hairpiece)을 의미하기도 한다.
- vet는 미국영어에서 수의사(veterinarian) 또는 재향군인(war veteran)을 의미하는 말로 쓰이나, 영국에서는 수의사(veterinary surgeon)을 줄여 쓴 말을 뜻한다.
- warden은 영국영어에서는 병원, 대학, 또는 YMCA 등을 맡고 있는 간사장을 뜻하는 말로 쓰이나, 미국영어에서는 교도소의 간수장을 의미하는 말로 쓰인다.
- yard란 말은 영국영어의 *garden*에 해당하는 말로 미국에서는 집 주위의 공터를 의미한다. 미국영어에 쓰이는 *garden*은 장미나 야채를 심어놓은 경작지를 의미하며 목초나 조경(造景)으로 이루어진 관목숲 및 나무가 자라는 집 주위의 다른 빈터와는 대조를 이룬다.

이제 영미영어의 발음의 차이에 관해 좀 더 상세하게 살펴보기로 한다. 미국영어는 표준발음에 준하는 GA, 영국영어는 표준발음인 RP (Received Pronunciation)을 근거로 하여 설명하고 자음과 모음의 차이뿐만 아니라 강세의 차이와 특수한 어휘의 발음에 나타나는 차이도 함께 살펴보기로 한다.

- 미국영어에서는 모든 경우에 /r/을 발음한다. 이것을 권설음 /r/ (retroflex 'r')이라고 한다. *heard* /hɜ:rd/, *speaker* /'spi:kər/. 이와는 달리, 영국영어에서는 어두에 오는 /r/을 제외하고 모음 다음에서는 /r/을 발음하지 않는다. 이것을 *r*-dropping이라고 한다. *car* /kɑ:/, *work* /wɜ:k/.
- 미국영어에서는 *after, aunt, can't, dance, glass, path*와 같은 어휘에서 'front *a*' 음으로 내는 /æ/로 발음되지만(e.g. *cat*), 영국영어에서는 이 경우에 모두 /ɑ:/로 발음한다. 그러나 미국영어에서는 어말에 오는 /r/의 경우에만 /ɑ:/로 발음한다. *bar* /bɑ:r/, *hard* /hɑ:rd/.
- 영국영어에서 이중모음으로 발음되는 /ɪə, eə, ʊə/는 미국영어에서는 나타나지 않는다. 따라서 *beard* /bɪrd/, *hair* /her/, *pure* /pjʊr/로 발음된다.
- 미국영어의 이중모음 /oʊ/ 또는 단모음 /o:/는 영국영어에서는 이중모음인 /əʊ/로 발음한다. e.g. *both, rose, grow*.

위에 열거한 발음의 차이 외에도 미국의 여러 식민지가 독립한 이후 영국에서는 이미 사라진 발음을 미국영어에서는 그대로 남아 쓰이고 있는 것들이 있는데, 몇 가지만 열거해 보면 다음과 같다.

- *bomb, bottle, cod, spot*와 같은 어휘들은 영국영어에서는 짧은

/ɒ/로 발음되는 반면, 미국영어에서는 긴 /ɑ/로 발음된다. 이와는 달리, 영국영어에서는 긴 /ɔ:/로 발음되는 어휘들이 있다. *bought, daughter, law, laundry, saw, tall, water.*

- 미국영어에서는 *due, new, suit, tune, pursue, resume*와 같은 어휘들은 /u:/로 발음되나, 영국영어에서는 /ju:/로 발음된다. 그러나 영국영어에서도 /u:/로 발음되는 경우도 흔하다. 가령, suit는 /sju:t/ 보다는 /su:t/로 더 흔히 발음되는 경향이 있는데, 영국의 일부 지역에서는 이러한 /u:/ 발음현상(이것을 yod-dropping이라고 함)이 미국영어에서보다 더 두드러지게 나타나기도 한다.
- 미국영어에서는 모음 사이에 오는 /t/는 영국영어와 달리, 유성 설탄음(a voiced tap)으로 발음되는 경향이 있어서 *writer/rider, latter/ladder*는 동일하게 발음된다.
- 대부분의 미국인들은 *witch* / wɪtʃ/ 와 *which* / hwɪtʃ/, *weather* / ˈweðər/와 *whether* / ˈhweðər/를 구분하여 발음하며 "wh"로 된 철자는 모두 /hw/로 발음한다. 그러나 영국영어에서는 위에 예시한 단어의 쌍에 나타난 /hw/는 모두 하나의 자음인 /w/로 발음한다.
- *-ile*로 끝나는 형용사는 대체로 영미영어 간에 다음과 같은 발음의 차이를 나타낸다. 즉, 미국영어에서는 "schwa 모음인 /ə/로 발음되나, 영국영어에서는 이 발음을 하지 않는다.

	GA	**RP**
docile	/ˈdɑ:səl/	/ˈdəʊsaɪl/
fertile	/ˈfɜ:rtəl/	/ˈfɜ:taɪl/
fragile	/ˈfrædʒəl/	/ˈfrædʒaɪl/
hostile	/ˈhɑ:stəl/	/ˈhɒstaɪl/
missile	/ˈmɪsəl/	/ˈmɪsaɪl/

강세의 차이도 영미영어 사이에 나타난다. -ary, -ery, -ory로 끝나는 어휘에서 제2강세(secondary stress)가 오는 미국영어와는 달리, 영국영어에서는 약모음인 schwa 모음(/ə/)으로 발음되거나 또는 전혀 발음되지 않는다. 다음에 몇 가지 예를 제시한다.

	GA	**RP**
commentary	/ˈkɑmənˌteri/	/ˈkɒmənt^{ə}ri/
cemetery	/ˈseməˌteri/	/ˌsemət^{ə}ri/
inventory	/ˈɪnvənˌtɔri/	/ˈinvənt^{ə}ri/

• 프랑스 차용어의 경우, 미국영어에서는 원래의 프랑스어에서처럼 마지막 음절에 강세가 오는 경우가 흔히 나타난다.

	GA	**RP**
attaché	/ˌætəˈʃeɪ/	/əˈtæʃeɪ/
ballet	/bæˈleɪ/	/ˈbæleɪ/
detail	/dɪˈteɪl/, /ˈditeɪl/	/ˈdiːteɪl/
frontier	/frʌnˈtiːr/	/ˈfrʌntiə/

• 다음절어에서는 주강세(main stress)가 오는 위치가 영미영어에 다르게 나타난다. 다음에 밑줄 친 부분에 주강세가 오는 영미영어의 위치에 유의하기 바란다.

Mainly GA	**BrE only**
applicable	applicable
aristocrat	aristocrat
controversy	controversy

fragmentary	fragmentary
hospitable	hospitable
premature	premature

• 위에서 살펴본 영미영어 간에 일반적인 발음의 차이 이외에도 개별 어휘 중에서 전혀 다르게 발음되는 어휘들도 많이 있다. 이 중에서 몇 가지만 인용하면 다음과 같다.

	GA	**RP**
advertisement	ædvə:rˈtaizmənt	ədˈvɜ:rtismənt
ate (eat의 과거형)	eɪt	et, eɪt
buoy	ˈbu:i	bɔɪ
café	kəˈfeɪ	ˈkæfeɪ
clerk	klɜ:rk	klɑ:k
data	ˈdæDə, ˈdeɪDə	ˈdeɪtə
dynasty	ˈdaɪnəsti	ˈdɪnəsti
garage	gəˈrɑ:ʒ	ˈgærɑ:ʒ
inquiry	ˈɪnkwəri	ɪnˈkwaɪᵊri
laboratory	ˈlæbrəˌtəri	ləˈbɒrətri
leisure	ˈli:ʒər	ˈleʒə
lever	ˈlevər	ˈli:və
lieutenant	lu:ˈtenənt	lefˈtenənt
moustache	ˈmʌstæʃ	məˈstɑ:ʃ
nephew	ˈnefju:	ˈnefju:, ˈnevju:
process	ˈprɑ:ses	ˈprəʊses
progress	ˈprɑ:grəs	ˈprəʊgres
route	raʊt, ru:t	ru:t

schedule	'skedʒʊl	'ʃedjʊ:l, 'skedʒʊl
shone(of shine)	ʃoʊn	ʃɒn
tomato	tə'meɪDoʊ	tə'mɑ:təʊ
vase	veɪs	vɑ:z
vitamin	'vaɪDəmɪn	'vɪtəmɪn, 'vaɪtəmɪn
z(the letter)	zi:	zed
zebra	'zi:brə	'zebrə, 'zi:brə

영미영어의 철자의 차이는 앞에서도 언급하였으나, 여기서는 두 언어의 특수한 어휘 사이에 독특한 철자 차이가 나타나는 예를 몇 가지만 인용하기로 한다.

GA	BrE
ax, axe	axe
check(in a bank)	cheque
draft(a current of cold air)	draught
gage	gauge
gray, grey	grey
curb(by the side of a road)	kerb
mold	mould
plow, plough	plough
pajamas	pyjamas
skeptical	sceptical
story(in buildings)	storey
tire(around wheels)	tyre
woolen	woollen, woolen

라틴어 및 그리스어에서 빌어온 차용어의 경우, 영국영어에서는 미국영어와 달리, -œ-라는 철자를 유지하려는 경향이 있다. 그러나 미국영어에 쓰이는 -e-도 영국영어에서 때로 쓰이기도 한다.

GA	**BrE**
ameba	amœba
maneuver	manœuvre
encyclopedia	encyclopœdia, encyclopedia
medieval	mediœval, medieval

다음으로 영미영어의 문법(grammar)의 차이에 관해 설명하기로 한다.

표준영어에서는 영국영어와 미국영어 사이에 문법상 나타나는 차이는 매우 크지 않다. 영미인들은 어형과 규칙은 물론, 똑같은 문법을 사용한다. 그러나 문법 규칙의 적용에 있어서는 영미영어 간에 다르게 나타나고 있다. 아마도 가장 눈에 띄게 나타나는 것은 미국영어에서 *get*의 과거분사로 쓰이는 어형인 *gotten*일 것이다. e.g. She's *gotten* into trouble in school. 이 경우, 영국영어에서는 *got*을 쓰는 경우가 흔하다.

의미차이뿐만 아니라, 문법 형태가 쓰이는 방식에 있어서도 두 언어 간에는 차이가 나타난다. 다음의 예를 인용한다.

(1) The tour lasted from May through August. [GA]
(2) The tour lasted from May to August. [BrE]

위의 두 문장에서 미국영어의 경우 through는 August를 포함하고 있다는 의미로 쓰이는 반면, 영국영어에서는 August를 포함하고 있는지는 의미상 분명치 않다. 따라서, 의미상 August가 포함되어 있음을 분명히 하기 위해 영국영어의 경우 inclusive를 첨가하여 from May to August *inclusive*라는 표현을 쓴다.

어법(usage)을 다루는 문법 방식에 있어서도 영미영어 간에 차이가 있다. 대체로 미국영어에서는 문법규칙을 따르는 데 있어서 영국영어에 비해 훨씬 더 강한 문법의식(grammar conscious)을 지니고 있는 편이다. 그 예로, 영국 신문에 실린 축구 기사의 제목, ARSENAL DEFEAT MANCHESTER UNITED은 문법상 일치의 규칙(rule of agreement)을 위반하고 있는 듯이 보인다. Arsenal이 단수이므로 defeats라고 해야 문법상 옳기 때문이다. 그러나 영국영어에서는 *team, audience, board, committee, government, the public*과 같은 집합명사들은 의미상 하나의 복수로 취급하여 단수동사를 쓰기 때문이다. 반면, 미국영어에서는 단수동사를 쓴다. e.g. the committee *has* voted in favour of the bill.

미국영어에서는 동사구문의 선택에 있어서 영국영어에 비해 한층 더 옳은 어법을 요구한다. 다음 예문을 살펴보기로 한다.

(1) They insist that she *accept* the offer.
(2) They insist that she *should* accept the offer.
(3) They insist that she *accepts* the offer.

미국영어에서 구문 (1)은 문법상 옳은 문법이며, 가정법동사를 선호하여 사용하고 있다. 구문 (2)에서처럼 *should*을 사용하는 유사가정법(quasi-subjunctive) 구문의 사용을 피하려는 경향이 있다. 구문 (3)은 허용이 전혀 안 되는 문법상의 구문이나, 영국영어에서는 가능한 구문이다. 이 구문에 쓰인 동사는 *insist* 이외에도 *recommend, suggest*와 같은 동사 구문에도 똑같이 적용된다. 그뿐만 아니라 *proposal*과 같은 명사 및 *important*와 같은 형용사가 쓰인 구문에도 마찬가지로 적용된다.

(a) There is a good proposal that this tax *be* reduced.

(b) It is important that every house *have* its own water supply.

미국영어는 전통적인 구문 (1)을 사용하면서 문법을 고수하려는 경향을 띤다. 이 가정법 구문은 영국영어에서는 1950년대에 사실상 없어졌으며 수세기에 걸쳐 점차 사라져가고 있다. 흥미로운 것은 중세 영어 시기에 초서가 사용한 *I guess*란 표현은 미국영어에서 다시 수입하여 사용하고 있는데, 이것은 오래 전에 쓰인 영국영어의 문법을 미국영어가 받아들인 아메리카니즘의 한 예라고 할 수 있다.

미국영어가 영국영어에 비해 한층 더 문법의식에 강하다는 것은 적어도 구어체(spoken language)에서는 항상 유효하지는 않다. 가령, 미국영어의 구어체에서는 형용사형을 부사형으로 쓰는데, 영국영어에서는 형용사가 비표준어로 쓰이는 어형이다. 다음에 몇 가지 문장의 예를 제시한다.

They pay them pretty *well/good.*

You'll have to speak *slowly/slow.*

She's *awfully/awful* thin.

I *certainly/sure* hope it's temporary.

초기 현대영어에 쓰인 2인칭 단수 대명사 thou가 쓰이지 않게 되면서 you가 오늘날 표준영어에서 쓰이는 2인칭을 지칭하는 유일한 대명사로 쓰이고 있다. 그러나 한 사람 또는 한 사람 이상의 상대방을 지칭할 때 I 와 we 사이에 쓸 수 있는 대명사가 현대영어에는 없다. 즉, 의미상의 간격(semantic gap)이 생겨난다. 따라서 미국영어에서는 이것을 보완하기 위한 수단으로 you의 복수형으로 남부 방언에서는 *you all*(흔히 *y'all*로 쓰고 발음함), 동북부 방언, 특히 뉴욕시에서는 *yous*(또는 *youse*)를 써서 나타난다. e.g. I'll see *y'all* later., How much did *yous* want?

미국 남부 방언에서는 *y'all*을 높이 평가하여 비표준어로 간주하지 않는 경향이 있다. 이와는 달리, *yous*는 덜 쓰이는 경향이 있는데, 그 기원은 아일랜드 및 영국 제도(諸島)의 일부 지역 방언으로 거슬러 올라간다. 구어체 미국영어에서는 you의 또 다른 복수형인 *you guys*란 표현이 널리 쓰이고 있는데, *guys*는 'people'이란 의미로 *you guys*는 'you people'이란 뜻이다. 그러나 격식체 영어에서는 *you folks* 또는 *you people*이란 표현이 더 널리 쓰인다.

지금까지 설명한 것 이외에 영미영어에 나타나는 문법상의 차이를 좀 더 예시하면 다음과 같다.

- 미국영어에서는 최근의 과거(recent past)를 언급할 때 완료형보다는 과거형이 쓰인다. e.g. Dolly (has) just finished her homework. 이 문장에서 has는 흔히 생략한다. 반면, 영국영어에서는 완료형을 선호하는 경향이 있다. e.g. Did you eat yet? [AmE], Have you eaten yet? [AmE & BrE].
- 전치사는 영미영어에서 때때로 다르게 쓰인다. 즉, 구어체 미국영어에서 *out, off of*는 흔히 전치사로 쓰인다. e.g. I always look *out* the window. [BrE에서는 *out of the window*란 표현을 씀], He wants to get *off of* the sofa. [BrE에서는 대개 *off the sofa*란 표현을 씀].
- 미국영어에서는 *dive, fit, plead, ring, sing, sink, sneak, swim*과 같은 동사의 과거형을 각각 *dived/dove, fitted/fit, pleaded/pled, rang/rung, sang/sung, sank/sunk, sneaked/snuck, swam/swum*에

서처럼 두 가지 유형의 과거형을 매우 자유롭게 쓰는 경향이 있다. e.g. She *dove* under the table., Dad *swum* across the lake.

Further Readings

- Algeo, J. ed. (2001) *The Cambridge History of the English Language: English in North America.* Volume VI. Cambridge: Cambridge University Press.
- Bryson, B. (1994) *Made in America: An Informal History of the English Language in the United States*. New York: Harper-Collins.
- Davies, C. (2005) *Divided by a Common Language*. A Guide to British and American English. Boston/New York: Houghton Mifflin Company.
- Dillard, J. L. 1992) *A History of American English.* Longman. Mencken, H. L. (1965) *The American Language*, Fourth Edition New York: Alfred A. Knopf.
- Svartvik, J. & G. Leech (2006) *English: One Tongue, Many Voices*. London: Palgrave, Macmillan.
- Walfram, W. & N. Schilling-Estes (1998) *American English: Dialects and Variation*. Oxford: Blackwell.

원문 강독

(1) 다음은 노어 웹스터의 사전(1806)이 미국영어의 철자에 끼친 영향에 관한 글이다.

By 1806 when Noah Webster published his first small dictionary, he had come to hold that "it would be useless to attempt any change, even if practicable, in those anomalies which form whole classes of words, and in which, change would rather perplex than ease the learner." The most important modifications he introduces are that he prints *music, physic, logic*, etc., without a final *i*; *scepter, theater, meter,* and the like with *er* instead of *re*; *honor, favor,* etc., without the *u*; *check, mask, risk*, etc., for *cheque, masque, risque*; *defense, pretense, recompense*, and similar words with an *s*; and *determin, examin, doctrin, medicin*, etc., without a final *e*. in all except the last of these innovations he has been followed generally in American usage. He was not always consistent. He spelled *traffick, almanack, frolick*, and *havock* with a final *k* where his own rule and modern practice call for its omission. But on the whole the principles here adopted were carried over, with some modifications and additions, into his *American Dictionary* of 1828, and from this they have come into our present use.

It has been thought well to trace in some detail the evolution of Webster's ideas on the subject of spelling, because the most characteristic differences between British and American practice today are owed to him. Some of his innovations have been adopted in Britain, and it may be said in general that his later views were on the whole moderate and sensible.

(Quoted from Baugh & Cable 2002, p.371)

(2) 다음에 인용한 글은 신대륙(미국)에 이주한 이민자들의 다양한 문화가 정착과 이동을 통해 미국적인 문화 정체성을 확립시켜 나가는 과정을 기술하고 이들의 문화가 미국영어의 발달에 기여한 점을 서술한 글이다.

Settlement generally takes place in several distinct phases. In the initial phase, a group of people moves to an area where there are attractive environmental qualities. The immigrants bring with them the culture of their origin. In the next phase, all currently available land is occupied, and a new cultural identity emerges, as a cohesive society develops in the region. The creation of this new culture is often accompanied by the elimination of established cultures and ways of speaking; thus, in the process of forging an "American" culture out of various European cultures, colonists in the New World overwhelmed numerous Native American cultures and languages. Today, there exist very few Native American languages, and numbers of speakers are dwindling rapidly. This is not to say that Native American languages played no part in the development of American English dialects; but it cannot be denied that the languages and language varieties which the original European emigrants encountered when they first arrived in the New World have been almost completely supplanted by varieties of English.

In the third phase of settlement, regional populations define roles for themselves with respect to more widespread systems of transportation and communication. A response to national commerce and culture becomes an important part of the definition of the localized population, as it maintains and adjusts aspects of its dialect that reflect and help comprise its unique identity.

The forerunners of the dominant cultural group in a given region typically establish cultural and linguistic areas that persist in time, although the original features that characterize each area may change in a number of ways, and other features may take their place. Much has changed in English over the centuries of its existence in American, but the initial patterns of habitation by

English speakers from various parts of the British Isles, as well as by emigrants who spoke languages other than English, are still reflected in the patterning of dialect differentiation in the United States today.

(Quoted from Wolfram & Schilling-Estes 1998, pp. 25~26)

(3) 다음에 발췌한 글은 코닥 회사를 창립한 조지 이스트먼(George Eastman)에 관한 글이다. 이 글에서 미국의 광고산업의 탄생과 새로운 신어(新語) 형성의 과정이 어떻게 이루어졌는지 잘 보여주고 있다.

In 1885, a young man named George Eastman formed the Eastman Dry Plate and Film Company in Rochester, New York. It was rather a bold thing to do. Aged just thirty-one, Eastman was a junior clerk in a bank on a comfortable but modest salary of $15 a week. He had no background in business. But he was passionately devoted to photography and had become increasingly gripped with the conviction that anyone who could develop a simple, untechnical camera, as opposed to the cumbersome, outsized, fussily complex contrivances then on the market, stood to make a fortune.

In June 1888 he produced a camera that was positively dazzling in its simplicity: a plain black box just six and a half inches long by three and a quarter inches wide, with a button on the side and a key for advancing the film. Eastman called his device the *Detective Camera*. The camera had no viewfinder and no way of focusing. The *photographer* or *photographist* (it took a while for the first word to become the established one) simply held the camera in front of him, pressed a button on the side, and hoped for the best. East roll took a hundred pictures. When the roll was fully exposed, the anxious owner sent the entire camera to

Rochester for developing. Eventually he received the camera fack, freshly loaded with film, and — assuming all had gone well — one hundred small circular pictures, two and a half inches in diameter.

In September 1888, Eastmen changed the name of the camera to Kodak — an odd choice, since it was meaningless, and in 1888 no one gave meaningless names to products, especially successful products. Since British patent applications at the time demanded a full explanation of trade and brand names, we know how Eastman arrived at his inspired name. He criply summarized his reasoning in his patent application: "First. It is short. Second. Ut is not capable of mispronunciation. Third. It does not resemble anything in the art and cannot be associated with anything in the art except the Kodak." Four years later the whole enterprise was renamed the Eastman Kodak Company.

(Excerpted from B. Bryson 1994, pp. 235～236)

연습문제

1. 미국영어의 특성에 해당되는 것이 아닌 것은?
   1) 광대한 영토와는 달리 동질적 특성을 지닌 획일성(uniformity)이 있다.
   2) 영국영어의 전통과 규범을 따르지 않고 진취적으로 독자적인 성장발전을 하고 있다.
   3) 고풍적인 특성(archaic features)으로 17～18세기의 영국영어의 특징적인 면들이 유지되고 있다.
   4) 미국영어의 기초는 1기 식민지 시대의 영어로서 당시의 초서(Chaucer) 영어가 주축을 이룬다.

2. 미국영어의 어휘와 어의(語義)의 확장에 대한 설명 중 알맞지 않은 것은?

1) 신대륙이라는 독특한 환경 속에서 많은 신조어(신조어)가 생겨났다.
2) 외국어들과 접촉하면서 수용한 차용어들도 어휘 확장에 크게 이바지 하였다.
3) 새로운 환경에 대응하기 위하여 예전에 사용되어왔던 낱말의 의미를 그대로 사용하였다.
4) 어휘에 있어서 옛 의미의 보존 현상을 엿볼 수 있다.

3. 다음 단어들에서 모음 'a'는 영국영어에서는 [ɑ:], 미국영어에서는 [æ]로 발음이 된다. 이에 해당되지 않는 예는?

1) ask
2) map
3) calf
4) bath

4. 미국영어에 있어서의 철자개혁에 대한 설명 중 잘못된 것은?

1) 프랭클린(Benjamin Franklin)은 미국에서 최초로 철자개혁안을 제안하였다.
2) 웹스터(Webster)는 묵자(silent letter)의 추방을 철자에 반영해야 한다고 주장했다.
3) 카네기(Carnegie)재단의 보조를 받은 철자개혁위원회는 300개의 새 철자를 만들었다.
4) 버나드 쇼(George Bernard Shaw)는 당장 11개의 새 철자를 권장했다.

5. 미국방언의 지리적 분포를 3개 지역으로 나누는 것이 종래의 일반적 관행이었다. 이에 해당되지 않는 것은?

1) 노섬브리아 방언(Northumbrian)
2) 동북 방언(Northeastern)
3) 남부 방언(Southern)
4) 중부 방언(Midland/General American)

6. 미국영어(American English)의 성립 배경에 대한 설명 중 알맞지 않는 것은?

1) 제1단계 이민시기에는 이주민의 90%가 미국의 동부 뉴잉글랜드 지방으로 이주해 왔다.
2) 제2단계로서 영국의 북부와 북서지역에서 온 이주민들은 서부, 동부, 남부로 정착해갔다. 이것이 미국영어 방언의 원천이 되었다고 할 수 있다.
3) 미국영어의 역사는 미국의 이민사와 함께 시작되었다.
4) 제1단계 이민시기의 청교도들이 사용한 영어는 17세기 초의 런던영어와 빅토리아 여왕 시대의 영어(Victorian English)이다.

7. 미국어(The American Language)의 탄생의 배경에 대한 설명 중 잘못된 것은?

1) 미국어의 탄생은 남북전쟁(The Civil War) 이후 사용되기 시작하였다.
2) 미국영어 형성과정에서 일대전기가 된 것은 독립전쟁(War of Independence)으로서 영국으로부터 분리 독립을 원했던 미국인들은 자신들을 미국인(Americans)이라고 부르기 시작했다.
3) 1802년 미합중국의회는 공식적으로 '미국어(The American Language)'라는 말을 사용하였다.
4) 언어적 애국주의에 고무된 미대륙회의(American Continental Congress)에서도 미국어를 사용할 것을 권고했다.

8. 미국의 남북전쟁(The Civil War)의 배경과 관련된 설명 중 잘못된 것은?

1) 남북전쟁은 미국을 명실공히 하나의 국가(a nation)로 만들었다.
2) 남부와 북부의 이해관계는 서로 달랐어도 미국은 독자적인 국방력이나 외교력을 갖고 있었다.
3) 그 이전 영국으로부터 독립은 했으나 미국은 아직 문화적, 경제적으로 영국에 의존적이었다.

4) 남북전쟁 전까지 북부와 남부는 협상을 통해 만들어낸 협약 문이나 계약서에 의해 겨우 국가연합(The Union)의 상태를 유지해왔다.

9. 미국영어(American)와 영국영어(British)의 차이점을 나타내는 관계성이 다른 하나는?

1) humor – humour
2) theater – theatre
3) hood – bonnet
4) catalog – catalogue

10. 미국영어(General American: GA)와 영국영어(British English: RP)의 특성을 설명한 것 중 잘못된 것은?

1) GA: Rhoticism
2) RP: Non-rhotic (r-less)
3) RP: Intervocalic /t/ is not voiced in RP as it is in GA.
4) GA: The use of /ɑ/(script A) in words like *bath, dance,* and *class*.

11. 미국영어에 관한 내용 중 잘못된 것은?

1) 문법규칙을 따르는 데 있어서 영국영어에 비해 더 강한 문법의식을 지니고 있다.
2) 영국영어의 이중모음(예: ɪə, eə)은 미국영어에서는 나타나지 않는다.
3) 독일어의 Autobahn과 같은 고속도로를 미국영어에서는 expressway라고 한다.
4) holiday는 미국영어에서는 bank holiday라고도 칭한다.

12. 현대 미국영어(General American: GA)의 특성이 아닌 것은?

1) Rhotacism
2) Voicing of post-intervocalic /t/
3) The use of /ɑ/ in words like *bath, dance*, and *class*
4) Wider use of secondary stress than is the case in RP

13. 캐나다 영어(Canadian English)와 매우 유사한 영어는?

1) 영국영어(England) 2) 미국영어(American)
3) 호주영어(Australia) 4) 인도영어(India)

14. 미국영어와 영국영어의 어휘의 차이를 잘 나타낸 것과 거리가 먼 것은?

1) goods – freight 2) center – centre
3) jail – gaol 4) motorway – expressway

15. 미국영어의 사회적 방언(Social Dialects)을 나타내는 것이 아닌 것은?

1) Black English 2) White English
3) Chicano English 4) Cockney English

16. 영어의 철자개혁과 관계가 없는 사람은?

1) George Bernard Shaw 2) Benjamin Franklin
3) Noah Webster 4) William Shakespeare

17. 현대 영국표준영어(Standard British English: RP)의 특성이 아닌 것은?

1) Non-rhotic accent (r-less)
2) The use of /æ/ in words like *bath, dance,* and *pass*
3) In RP the secondary stress is lowered to minimal, or is even so reduced
4) Intervocalic /t/ is not voiced in RP as it is in GA

18. 오늘날 영어가 Global Language로서 자리매김하게 된 요인 중 거리가 먼 것은?

1) The Industrial Revolution
2) American Economic Superiority
3) American Technological Domination
4) Intrinsic Linguistic Features

19. 다음 설명 중 틀린 것은?
    1) yard란 말은 영국영어에서는 garden에 해당한다.
    2) cornfield는 미국영어에서는 옥수수 밭을 의미한다.
    3) plaza와 mall은 의미가 같다.
    4) vet란 말은 영국 및 미국영어에서 모두 '수의사'란 의미를 지니고 있다.

20. 다음절어에서 주강세가 오는 위치가 다르게 나타나는 영국 영어의 어휘는?
    1) advertisement
    2) commentary
    3) cemetery
    4) inventory

Study Questions

1. 미국영어의 철자 개혁에 크게 기여한 Webster가 미국영어에 끼친 영향과 미국식 철자가 개혁된 예를 들어보시오.

2. RP(Received Pronunciation)과 GA(General American)에 대하여 그 차이점을 아는 대로 써보시오.

3. 영미영어(American and British English)에서 사용하는 어휘의 차이가 두드러지게 나타나는 분야는 주로 음식(food), 의류(clothing) 및 수송(transportation) 등 세 분야라고 할 수 있다. 이들 분야에 관한 예를 찾아서 정리하시오.

4. 아메리카 인디언어에서 현대 미국영어에 들어온 어휘를 찾아서 정리하시오.

5. 영미영어의 문법의 차이에 대해 구체적인 구문의 예를 들어 설명하여 보시오.

제 7 장

어형성과 어휘 차용

영어는 게르만어의 유산을 일찍부터 이어받아 고대로부터 현대에 이르기까지 다른 많은 언어로부터의 어휘를 받아 들였으며 한편으로는 토착어나 기존에 사용하던 어휘를 결합하거나 또는 어휘 파생이나, 접사 등을 이용한 조어법에 의해 새로운 어휘를 형성하는 방법으로 끊임없이 어휘를 확장해 왔다. 이 장에서는 어형성에 의한 다양한 유형의 조어법과 어휘 차용, 등 크게 두 가지로 나누어 공시/통시적으로 상세하게 살펴보기로 한다.

7.1. 어형성법

어형성법(word-formation)에는 크게 복합법(compounding)과 접사에 의한 파생(derivation) 등 두 가지 유형이 있고 그 밖에 몇 가지 주요 어형성과정이 있다. 이것을 차례대로 설명하기로 한다.

7.1.1. 복합법

영어는 일찍부터 '복합'이라는 조어장치에 의해 어휘를 확장해 왔다. 복합어는 두 개 또는 두 개 이상의 어휘가 결합하여 새로운 어휘를 형성해내는 조어법으로 영어에서 가장 생산적인 어형성방법 중의 하나이다. 복합어는 원시 인구어 시기까지 거슬러 올라가는 고대로부터 사용되어 온 어형성방법이다. 고대인구어에 속한 여러 방언에서는 이 방법을 자유롭게 사용하였으며, 실제로 기독교 이전의 시기에 활동한 산스크리트 문법가들은 산스크리트어에 쓰인 복합어를 분석하는 일에 몰두하였다.

고대영어에서는 현대 독일어와 같이 토착어로만 구성된 복합어 형성법이 매우 생산적으로 쓰였으나, 중세영어 시기에 이르러서는 이러한 복합법에 의한 어형성 대신 차용어에 의한 어형성법에 의존하는 경향이 점차 늘어나게 되었다. 공시적인 복합어의 강세형은 대체로 / ´ ` / 형을 나타내지만, 때로는 Nèw Yórk에서처럼 / ` ´ / 형의 강세를 나타낼 때도 있다. 고대영어 시기에 쓰인 복합어 수는 그 후 감소하였으나, 현대영어에 쓰인 복합어형(e.g. *babysit, maneating, pick-pocket, throw up, blackout, easygoing, redcoat*, etc.)은 이전 시기에는 드물게 쓰이거나 또는 전혀 쓰이지 않은 어형이다.

복합어는 일반적으로 내심복합어, 외심복합어, 연계복합어 등 3가지 유형으로 구분한다.

(1) 내심복합어(endocentric)는 한정복합어(determinative)라고도 하며, *beehive, armchair*에서처럼 두 번째 구성요소(hive, chair)가 문법상 핵심어(head)의 하의어(hyponym) 기능을 지니고 쓰인다. e.g. *beehive* 'a kind of hive', *armchair* 'a kind of chair', milk-bottle 'a kind of bottle, bottle for containing milk'.

(2) 외심복합어(exocentric)는 복합어를 이루는 두 구성요소의 의미의 합이 행위자(agent)를 뜻한다. 그 예로, *redskin*은 a kind of skin이 아니라 '북미 인디언'이란 뜻이며, *highbrow*는 a kind of brow가 아니라 '(경멸적인 의미의) 지식인'을 뜻하는 복합어이다. 이들 복합어에는 의미상의 핵심어가 겉으로 드러나 있지 않으므로 종종 비유(metaphorical) 또는 제유법(synedochism)으로 쓰인다.

(3) 연계복합어(copulative)는 동격복합어(appositional)라고도 하는데, 그 예로 *maidservant*는 maid와 servant의 하의어로 구성된 복합어로 'a type of maid'와 'a kind of servant'의 의미가 함께 포함되어 있다. 즉, 각 구성요소의 의미를 합성(X & X)한 것으로 초기 게르만

어에서 흔히 쓰인 유형이다. *Alsace-Lorraine, Schleswig-Holstein*과 같은 지명(地名)이나, *Rowntree-Machintosh, Rank-Hovis*와 같은 회사 명칭에서도 쓰이고 있다. 이 유형은 생산성이 높지는 않으나, 최근에 형성된 다른 유사한 유형, 즉 색깔을 나타내는 명칭(e.g. *blue-green, red-orange*), 여성의 속옷(e.g. *panty-hose, pany-girdle, cami-knickers*), 악기명(e.g. *banjo-mandolin, banjo-ukulele*) 등과 같은 분야에서 많이 쓰이고 있다.

복합어는 역사적으로 보면, 두 개 이상의 자립 어휘가 합쳐져서 형성된 것으로 쓰였으나, 이후 발음과 어형의 변화로 인해 하나의 형태소 기능을 지니고 쓰여지게 되었다. 이런 변화는 영어 철자법에는 나타나있지 않다. e.g. *garlic* (OE *gār* 'spear' + *lēac* 'leek'), *lord* (OE *hlāf* 'loaf' + *weard* 'keeper'), *Norwich* (OE *norð* 'north' + *wīc* 'village').

이제 복합어에서 가장 많이 쓰이는 주요 복합어 유형, 즉 복합명사, 복합형용사 및 복합동사의 유형을 구체적인 예를 들어 설명하기로 한다.

(1) 복합명사

복합어 중에서도 가장 많이 쓰이는 유형이다. 다음과 같은 9가지 유형이 있다.

① Noun + Noun

hatchback, skinhead, she-goat, he-cheetah, jazz-rock
boy-friend, manservant, woman doctor
fishing rod, shooting match, bath towel, goods train
domino theory, family planning, language laboratory

② Verb + Noun

cut-throat, kill-joy, pickpocket, spoil-sport

breakfast, dreadnought

dangle-dolly, drownproofing, goggle-box

crash pad, giggle-smoke, hovercraft, jump jet

③ Noun + Verb

이 유형에 속하는 복합어는 두 번째 요소가 명사나 동사 중 어느 것인지 판단해야 하는 문제가 남는다.

nosebleed, sunshine, birth control, nose-dive

④ Verb + Verb

매우 드물게 쓰인 유형으로 생산적인 복합어는 아니다.

make-believe가 아마도 유일한 예이다.

⑤ Adjective + Noun

이 복합어는 복합어 기능인지 혹은 단순히 명사구인지 판단하기 어려울 때가 있다. 대체로 강세에 의해 구분하는데, 형용사에 강세가 오면 복합어, 명사에 강세가 오면 명사구가 된다. 그러나 이 유형은 강세의 위치가 바뀌면 복합어가 된다.

a. 복합어인 경우: 'deep structure
   명사구인 경우: deep 'structure

b. 새로 형성된 복합어: *fast-food, hard-stuff, new town, software*

⑥ Particle + Noun

매우 생산적인 복합어 유형으로 흔히 쓰인다.

afterheat, in-crowd, off-islander, off-off-Broadway

⑦ Adverb + Noun

이 복합어는 매우 제한적으로 쓰이는데, 시간/장소 부사만이 이 복합어 유형에 나타나기 때문이다. 이 유형에 쓰인 유일한 복합어는 *now generation*으로 now는 기능전환(conversion)에 의해 형용사로도 해석될 수도 있다.

⑧ Verb + Particle

이 유형에 속하는 대부분의 어휘는 구동사(phrasal verbs)를 명사화한 것이다. e.g. *cop-out, drawback 'withdrawal', drop-out, press-down, put-down, put-on.*

⑨ Phrase compounds

이 부류에 속하는 구복합어에는 여러 유형이 있다.

a. 내심구조를 지닌 구복합어 유형: *lady-in-waiting, son-in-law, dog-in-the-manger*
b. 연계복합어구문을 지닌 구복합어 유형: *bubble-and-squeak, whisky-and-soda, milk-and-water, pepper-and-salt*
c. 외심구조를 지닌 구복합어 유형: 식물명(*love-in-a-mist, love-lies-bleeding, forget-me-not*), 사람(*has-been* '시대에 뒤진 사람')

(2) 복합동사

영어에서 복합동사의 대부분은 두 개의 어휘를 결합하여 새로운 동사를 형성하지 않고 역형성이나, 기능(품사)전환에 의해 복합명사로부터 복합동사를 만든다. 복합동사는 명사에 의한 복합법에 비해 덜 생산적이다. 대체로 7가지 유형의 복합동사가 쓰인다.

① Noun + Verb

이 유형에 속하는 복합동사의 대부분은 역형성에 의해 만들어진다. 그러나 *carbon-copy* 처럼 품사전환에 의해 형성된 것도 있다.

blackbust, carbon-date, color-code, head-hunt, sky-dive

② Verb + Noun

이 유형에 속하는 복합동사는 *shunpike*('차를 타고 고속도로를 피하여 뒷길로 가다')가 유일하다. 명사형으로 *shunpiker*가 있다.

③ Verb + Verb

이 유형은 매우 드물게 쓰인다. e.g. *tyepewrite, test-market, freeze-dry, trickle-irrigate*.

④ Adjective + Verb

이 유형은 대체로 역형성이나 때로는 품사전환에 의해 형성되며 복합동사를 이루는 비교적 생산적인 방법이다.

double-book, fine-tune, free-associate, soft-land

⑤ Particle + Verb

이 유형 중에는 역형성으로 이루어진 것도 있으나, 대부분은 순수하게 동사에서 만들어진 유형이다.

outachieve, overachieve, overbook, overeducate, overmark 'an exam paper'

⑥ Adjective + Noun

이 유형의 복합동사는 흔하지 않다. 이 유형으로 구성된 일부 복합동사는 명사구로 전환되기도 하나, 다른 유형은 복합동사로 간주된다.

*brown-bag*은 '술을 식당에 가져오다(to bring one's own [liquor] to a restaurant)'란 의미로 쓰이나, 명사구로도 쓰여 '갈색 종이봉투에 넣은 물건[술, 음식])'이란 뜻도 있다. *bad-mouth*는 '험담, 중상'이란 의미와 함께 '헐뜯다, 비방하다'란 의미로도 쓰인다.

⑦ Noun + Noun

이 유형은 흔하게 쓰이지는 않으나, 일반적으로 복합명사의 품사전환으로부터 만들어진다. e.g. *breath-test* '운전자에 대해 음주검사를 하다'.

(3) 복합형용사

복합동사에 비해 훨씬 생산적이기는 하나, 복합명사에 근접하는 높은 생산성을 지닌다. 복합형용사의 유형에는 다음과 같이 다양한 유형이 있다.

① N + A: *labor-intensive, waterproof, machine-readable, card-carrying, species-specific*
② A + A: *bitter-sweet, open-ended, ready-made, blue-green*
③ Adv + A: *overqualified, up-tight*
④ N + N: *back-street*(affair, abortion), *coffee-table*(book), *turtle-neck* (sweater)
⑤ A + N: *red brick*(university), *solid-state*(physics, circuitry)
⑥ Prep + N: *in-depth*(analysis, investigation), *before-tax*(profits)
⑦ A/Adv + V: *high-rise*(block), *quick-change*(artist)
⑧ V + Prep: *see-through, tow-away, wrap-around*

7.1.2. 파생법

파생법은 접사(접두사 및 접미사)에 의한 어휘 형성법을 일컫는데, 이 방법은 고대영어에서 새로운 어휘를 만들어내는 가장 흔한 방법으로 쓰였다. 현대영어가 라틴어 및 프랑스어에서 많은 접사를 차용하여 쓴 것과는 달리, 고대영어는 풍부한 접두사와 접미사를 가지고 있었다.

접두사는 대부분 어휘의 의미를 변화시키고 접미사는 대개 품사를 변화시키는 데 쓰였다. 중세영어 시기에는 프랑스어에서 광범위한 분야에 걸쳐 많은 어휘가 영어에 들어와 쓰이고 복합법에 의해 새로운 어휘가 많이 생성된 것은 물론, 상당수의 토착 접두사 및 접미사가 없어졌음에도 불구하고 이 시기는 접사에 의해 새로운 어휘를 형성해 가는 파생법이 지속적으로 쓰였다. 초기 현대영어 시기에도 새로 형성된 어휘의 대부분은 차용어가 아닌 기존에 사용되고 있는 어휘 및 형태소에서 다양한 어형성과정을 통해 만들어진 것들이다.

접사에 의한 어형성과정은 기능에 따라 두 가지 유형, 즉 문법범주를 바꾸지 않고 의미를 수정해 나가는 유형 (A)와 문법범주를 변화시켜 의미가 달라지는 유형 (B)이다. 전자는 범주보존(Class-Maintaining), 후자는 범주변화(Class-Changing)로 분류한다. 이것을 차례로 살펴보기로 한다.

(1) 유형 A

이 유형에 속하는 어형성에 쓰이는 접사로는 접두사로 en-과 같은 예외가 있으나, 대부분 문법범주를 바꾸지 않고 새로운 어휘를 형성하는 유형이다. 이 유형은 의미범위가 넓으며 동사 및 형용사를 만드는 부정(否定)접두사(*de-, un- a-, in-*) 및 그 변형(*im-, il-, ir-*)이 포함된다. e.g. *asleep, apolitical, amoral, atypical, destabilize, debark, deboost, decapacitate, unseat, inedible, insane, indefinite, intolerable, impossible, illegal, irreverent.*

명사 형성에는 부정접두사 *non-*이 쓰인다. e.g. *nonentity, nonperson, non-stick.* 동사 형성에는 상(aspect)을 나타내는 폭넓은 접두사가 쓰이는데, *re-*'do again (*recycle, remould*), *be-*'spread, cover with' (*besmirch, bespatter*), *dis-*'reverse' (*dis-cover, dismount*)가 있다.

이밖에도 다음과 같은 접두사들이 있다.

- *mini-/maxi-: miniskirt, minicomputer, maxiskirt*
- *kilo-:* 'thousand', *mega-*'million': *kilowatt, megawatt*(mega-는 'big'이란 의미로 쓰이기도 한다. e.g. *megatherium, mmegalith*)
- *centi-* 'one-hundredth', *milli-* 'one thousandth', *nano-* 'one millionth': *centisecond, millisecond, nanosecond*

이 유형에 속하는 접미사 중에는 ① 지소(diminutive) 접미사, ② 여성형 접미사 및 ③ 문법범주는 변화시키지 않고 구상명사를 추상명사나 집합명사로 전환하는 어휘군을 형성하는 접미사가 있다. 이들 접미사를 차례로 살펴보기로 한다.

① -(l)et, -ling, -ie, -ette: *owlet, birdlet, streamlet, duckling, drinkie, kitchenette*

② -ess, -ette: *Jewess, astronautess, usherette,*
-ette는 대용품, 모조품을 나타내는 접미사로도 쓰인다. e.g. *leatherette*

③ -dom, -hood, -ship: *Afrikanerdom, Dollardom, fagdom, gangsterdom, manhood, nationhood, kinship, authorship*

(2) 유형 B

이 유형은 문법범주를 변화시키며 새로운 어휘를 형성하는 유형인데, 여기에는 다시 명사, 형용사 및 동사를 형성하는 접사군으로 나눌 수 있다.

① 명사형 접사

이 유형에 속하는 가장 생산적인 접사의 하나는 행위자를 나타내는 -*er*로서, 동사에서 유래한 명사이다. e.g. *bak-er, scrap-er. gather-er, blackmail-er*. 이 유형과 유사한 것으로 OV로 이루어진 유사복합어에 -*er*을 붙여 만들어진 명사이다. e.g. *truck-driver, mother-fucker, party-pooper, pig-sticker*. 또한, -*ate*나 -*ize*로 끝나는 동사에 -*ion*을 붙여 형성된 명사도 있다. e.g. *fractionation, catherterization*. 한편, 동사에서 파생된 것으로 -*al*(*arrival, be- trayal*, *survival*) 또는 -*ure*(*licensure, candidature*)을 붙여 형성된 명사도 쓰인다. 그 외에도 동사(대개 타동사)에서 유래하여 형성된 명사로 동사에 -*ee*를 붙여 동사 스스로의 행위의 수동자(patient)가 되는 경우로 쓰이는 예가 있다. e.g. *blackmailee, deportee, employee*.

명사는 또한 형용사로부터 다음과 같은 접사와 함께 쓰여 형성된다. -*cy*(특히, 어간이 -*ent*/-*ant*로 끝나는 경우): *permanency, expectancy*. 오늘날에는 -*ce*가 더 생산적으로 쓰인다. e.g. *excellence, elegance*. cf. **pregnance*. 형용사에서 유래한 명사도 -*ity*를 붙여 형성되며(*divinity, conformity*), 아마 가장 생산적으로 쓰이는 접사는 -*ness*(*redness, grottiness*)일 것이다.

② 동사형 접사

고대영어에서는 동사를 형성하는 데 쓰이는 접미사의 수는 많지 않았다. 문헌에 입증된 것으로는 -*ettan*, -*læcan*, -*nian*, -*sian*, -*lan*,

-lian, -rian 등이 쓰였다. e.g. sarettan 'lament', *geanlæcan* 'make one, join', *berhtnian* 'glorify', *cildsian* 'be childish'. 이 중에서 동사를 파생시키는 데 가장 중요한 접미사는 *-ian*으로 약변화 2군 동사를 형성하였으나, 후기에 없어졌다.

현대영어 동사 *shorten, widen*에 나타나는 접미사인 *-en*은 고대영어 접미사 *-nian*에서 유래하며 그 밖의 다른 접미사는 없어지거나 생산력을 잃고 사라졌다.

접미사로 명사 또는 형용사에서 유래하여 동사를 만드는데 아마도 가장 널리 쓰인 접미사는 *-ize*이다. e.g. *catheterize, containerize, Africanize, pedestrianize*. 또한, *-ate*를 붙여 형성되는 동사로는 *fractionate, calumniate* 등이 있고, 신-고전어(neoclassical) 어간과 함께 가장 빈번하게 쓰이는 접미사인 *-ify*는 다소 특수화한 의미를 지니고 쓰인다 (X-*ify*=make into X). e.g. *petrify, calcify, acidify*.

동사를 만드는데 전방위 생산력을 지닌 접두사로는 *en-*(*em-*)이 있다. e.g. *encode, encircle, enshroud. encircle, encourage, enact.* 이것은 보통 명사에서 유래한 동사형성이 주를 이루나, 형용사에서 유래한 고어적인 성격을 지닌 동사도 있다. e.g. *empurple*, *encarnadine*, etc.

③ 형용사 또는 부사형 접사

형용사를 형성하는 데 쓰인 접사는 명사에서 유래한 부류 및 동사에서 유래한 부류 등 두 가지 부류로 나누어진다. 전자의 경우에 쓰인 접미사로는 *-al*(*educational, anecdotal*), *-ic*(*demonic*, *algebraic, Arabic*) 등이 있다. 이보다 드물게 쓰이는 것으로 *-iac*(*paranoiac, demoniac*), *-en*(*wooden, brazen, earthen*; 'made out of N'이란 뜻인 경우)이 있다. 이밖에 *-y*(*crappy, sunny*, *handy*) 및 특수하게 쓰인 *-esque*(*Hitleresque, picturesque*) 등이 있다.

동사에서 유래하여 형용사를 형성하는 데 쓰인 접사로는 주로 *-able*(*believable, countable, kickable, squeezable*), *-ful*(*resentful, careful*), *-ive*(*generative, concatenative*)가 있다. 접사를 붙여 형용사를 만드는 데 쓰이는 품사는 제한적으로 나타나는데, 전치사(*uppish*), 접속사(*iffy*)가 있고, 후자에 쓰인 접미사 *-y*는 쓰인 범위가 넓다. e.g. *woody, crawly, creepy*. 부사는 대부분 *-ly*(*quickly, happily*)가 있고, 이밖에 *-ward(s), (forward, homeward, westward(s))*; *-wise*(*westward(s), cross-wise, clockwise*)가 있다.

7.1.3. 기타 유형

지금까지 살펴본 복합법이나 파생법과 같이 어형성이 체계적으로 이루어진 과정은 아니지만, 매우 생산적으로 어형성이 이루어지는 어형성 방법이 있다. 그중에서 몇 가지 주요 어형성과정의 유형을 간단히 살펴보기로 한다.

(1) 역형성법(Back-formation)

이 방법은 역파생법(backderivation), 또는 유사접미사화(pseudo-suffixation)라고도 한다. 실제로는 접미사가 아닌 어휘의 두 번째 요소가 새로운 어휘를 형성하는 데 하나의 기저(base)로 쓰이는 형성법을 일컫는다. 고전이 된 예로, *Hamburger*에서 유래한 *-burger*가 있다. 이 어휘는 원래 '함부르크에 거주하는 사람'이란 의미로 쓰였으나, 그 후 두 번째 요소인 *-burger*를 접미사로 생각하여 'steak in the Hamburg style/from/of Hamburg'라는 음식의 의미로 쓰이게 되어 '작은 롤빵 위에 얇게 썰은 고기를 얹어 먹는 둥근 고기 음식'로 일반화되었다. 그리하여 이 유사접미사를 활용한 *cheese-burger, steak-burger, fishburger, soyaburger*와 같은 새로운 어휘가 생겨났고, 급

기야 유사접미사에서 명사로 위상이 상승하여 *burger*를 단순 명사로 사용하기에 이르렀다.

또 다른 예로, *peddle*(1532), *edit*(1791), *scavenge*(1644), *sculpt* (1864), *burgle*(1870), *televise*(1927)와 같은 어휘가 있다. 이들 어휘는 각각 *peddler, editor, scavenger, sculptor*(*sculpt*+-*er*), *burglar, television*에서 역형성으로 만들어진 것들이다.

위에 인용한 어휘들이 모두 역사적으로 똑같은 조건하에서 파생된 것이 아니다. 가령, *peddler*는 어원이 분명하지 않은 어휘로 원래 분석이 불가능한 단위였으나, 오늘날에는 *writer* 'one who writes'에서와 같은 분석이 가능해져서 'one who peddles'란 분석이 가능해 졌다는 것이다. 따라서, *peddle*과 달리, *peddler*는 공시적으로는 파생적으로 형성된 어휘라고 기술하고 있다.

이와는 달리, *televise*는 통시(역사)적으로 *television*에서 역형성되어 만들어진 어휘이다. 이 어휘가 맨 처음 입증된 것은 1927년인데, 명사인 *television*이 쓰인 것은 이보다 더 오랜 1909년이다. 동사는 통시적으로 보면 명사에서 추출된 것이고, 공시적으로는 파생되어 형성된 것이다.

이밖에 역형성법에 의해 만들어진 다른 예를 인용하면 다음과 같다.

automate < *automation*
cohese < *cohesion*
donate < *donation*
eutrophicate < *eutrophication*
enthuse < *enthusiasm*
escalate < *escalator*
evolute < *evolution*
lase < *laser*

lech < *lecher*

locate < *location*

paramedic < *paramedical*

pre-empt < *pre-emption*

self-destruct < *self-destruction*

surreal < *surrealist*

(2) 단축법(Clipping, Shortening)

기존 어휘의 일부 요소를 잘라냄으로써 신어(neologism)를 생성해 내기 위해 흔히 쓰이는 방법이 절단법이다. 대체로 어휘의 오른쪽 요소를 제거하나 항상 그렇지는 않다. 다음에 인용한 예에서는 오른쪽, 왼쪽 또는 양쪽 부분을 절단(제거, 생략)하여 생성된 새로운 어휘들을 엿볼 수 있다.

> *mag* < *magazine*, *math* < *mathematics*, *mob* < *mobile vulgus* 'fickle crowd', *phiz* 'face' < *physiognomy*, *bike* < *bicycle*, *memo* < *memorandum*, *flu* < *influenza*, *tec* < *detective*, *paratrooper* < *parachutist* + *trooper*.

일반적으로 생략(ellipsis)으로 불리는 단축 현상은 그 역사가 오래다. (cf. L. *cupreum*<*aes cupreum*, *vidua*<*mulie vidua*, E. *capital* (capital letter), *private*(private soldier), etc. 인명의 일부 요소를 제거(단축)하여 사용한 것은 고대 그리스어, 고대 고지 독일어(OHG) 및 일부 다른 언어에서도 흔치 않게 쓰였으나, 단축법은 오늘날과는 달리 고대 시기에는 알려지지 않은 어형성 방법이었다.

역사적으로 보면, 영어의 경우 보통 명사의 절단 현상은 15세기보다 더 거슬러 올라가서 나타난 현상은 아니다. 절단된 보통 명사가 쓰인 가장 오래된 어형의 예로는 *coz* 1559(cousin), *gent*(1564), *mas* 1575(master), *chap*(chapman) 1577, *winkle* 1585(periwinkle)과 같은 것들이 있다.

단축형을 쓰는 경향이 생기게 된 이유는 무엇일까? 우선 짧은 어형을 쓰려는 인간의 성향(性向)을 들 수 있는데, 이것은 다른 유럽의 여러 언어에 비해 영어에서 훨씬 더 강하게 나타난다. 즉, 단음절어를 쓰려는 경향이 영어에서 자연스럽게 나타나서 짧은 어휘의 사용을 선호하는 결과로 이어지게 된 것이다. 단축법에 의한 어형성이 실용적이고 쓸모 있는 방법인지 여부는 의심의 여지가 있음에도 절단으로 형성된 어휘의 사용은 영어에 양적으로 많은 어휘 자원을 제공하였다. 현대과학의 양적인 방법론은 앵글로색슨 국가들에서 생겨나서 성장한 것으로, 역사적으로 보면 앵글로색슨인의 정신에는 실용적인 정신이 깊숙이 자리 잡고 있어서 어휘 절단과 같은 방법은 주로 실용적인 정신을 지닌 영어사용 국민이 선호해온 어형성 방법이다. 영미영어에서는 이 방법이 지닌 효율성으로 인해 아직도 빈번히 이 방법을 사용하고 있다(cf. Marchand 1969: 448).

단축법에는 (a) 전(前) 단축(Fore-clipping), (b) 후(後) 단축(Back clipping) 및 (c) 단축요소 합성어(Clipping-compounds) 등 세 가지 다른 유형이 쓰이고 있다. 다음에 이들 유형을 차례로 설명하기로 한다.

(a) 전(前) 단축(Fore-clipping: Aphesis)

어휘의 앞 요소를 절단하고 뒷부분만 남아 쓰이는 어형성과정이다. 앞 단축법에 비해 그 수는 많지 않다. 몇 가지 예를 인용하면 다음과 같다. e.g. *plane, phone, bus, cello, varsity*(university), **wig*(periwig), **loo*(lanterloo, a card-game), *brolly*(umbrella), *chute* (parachute). 미국영어(AE)에 쓰이는 예로는 *coon*(racoon), *gator*(alligator), *pike* (turnpike), *mum*(chrysanthemum)이 있다.

인명에도 이 방법이 적용되어 쓰인다. e.g. *Bella*(Arabella), *Bert*(Herbert, Albert), *Bess*(Elizabeth), *Dora*(Theodora), *Fred*(Alfred), *Tilda*(Mathilda), *Tina*(Albertina, Christina), *Trix*(Beatrice). 이 유형은 성(性, surname)에는 쓰이지 않는다. 예스페르센(1922: 29.44~45)은 단축형으로 인명을 나타내는 유형은 유아 언어에서 유래된 것으로 기술하고 있다. 그의 주장에 따르면, 어린애는 어휘의 첫 요소를 잊어버리고 끝 부분만 기억하고 말하는 경향이 있으며, 일반적으로 일상대화에서는 성(性)을 사용하지 않는다고 주장한다. 따라서, 어린애는 *Elizabeth* 대신 *Bet*, *Bessy*, *Edmund* 대신 Mun, *Dorothy* 대신에 *Dol* 등으로 단축해서 사용하는 것이다.

어휘의 앞 요소를 제거하여 형성된 전(前) 단축합성어(Foreclipped compounds)는 이미 고대영어에서부터 사용되었다. 가령, OE *ātor-coppe* 'spider'는 문헌에는 입증되지 않은 *ātor-coppe-webbe*이란 어형에서 앞 부분을 제거(절단)하여 현대영어인 *cob-web*이란 어휘가 생성된 것이다. cf. G *(Eisen)bahnhof*, *(Wal)fischein*, *(Sechs)wöchnerin*에 쓰이는 독일어의 예들은 전 단축합성어의 형성과정으로 인해 나타난 것이다. 최근에 쓰인 영어의 예로는 *paperboy* < *newspaper boy*가 있다.

(b) 후(後) 단축(Back clipping: Apocope)

어휘의 앞 부분은 그대로 유지하며 절단되지 않은 요소는 단순 어휘이거나 합성어일 수 있다.

> *ad*(advertisement), *bike*(bicycle), *cable*(cablegram), *coke*(coca-cola), *doc*(doctor). *deb*(debutante), *exam*(examination), *gas*(gasoline), *gym*(gymnastics, gymnasium), *mike*(microphone), *memo*(memorandum), *prom*(promenade 'dance'), *pram*(peram-

bulator, BE). *Yank*(Yankee), *soph*(sophomore), *Demo*(Democrat), *prof*(professor), *dom*(domitory), *bra*(brasiere)

이 유형에는 합성어나 통사군의 단축형도 포함되어 쓰인다. e.g. *mutt*(muttonhead), *pub*(public house) BE, *pop*(popular concert). *taxi*는 taxi cab이 줄어서 생성된 어형인데, 이 어형 자체는 *taximeter cab*의 단축형이기도 하다.

단축형 중에는 그 용도가 속어(slang)나 특수한 그룹(학교, 군대, 경찰, 의료계 등)으로 제한되어 쓰이는 것들도 많다. 몇 가지 예를 인용한다. e.g. *U*(University), *grad*(graduate student), *Tech*(Technological Institute), *tu*(tuition), *Psyk*(psychology), *loot*(lieutenant, U.S.), *cap* (captain), *sarge*(sergeant), *medic*(medical student), *dill*(delirium tremens), *hyp*(hypochondria). 그 밖에 범죄와 관련된 속어로 쓰이는 예로는 *pen*(penitentiary), *con*(convict), *ref* (reformatory), *dinah* (dynamite), *poke*(pocket book), *poly*(politician) 등이 있다.

애칭 접미사가 붙어 쓰이는 단축형의 예도 많다. e.g. *looney* (lunatic), *Aussie, bolshie, commie, Jerry, bookie*(bookmaker), *cabby* (cabman), *middy*(midshipman), *movie*(moving picture). *speakie, talkie, telly* 'television' BE. 유아어(nursery language)에도 이러한 애칭 접미사가 붙어 쓰인다. e.g. *comfy*(comfortable), *grannie, hanky, nightie, pinny, undies*.

인명을 지칭할 때 구어체에서는 원래의 어형을 쓰는 대신 단축형이 더 흔히 쓰인다. e.g. *Al*(Alfred, Albert), *Ben*(Benjamin), *Con* (Constance), *Fred*(Frederick), *Gyff*(Gyfford), *Lu*(Louisa), *May, Mae*

(Mary), *Nick*(Nicholas), *Prue*(Prudence), *Phil*(Philip), *Ray*(Raymond), *Sam*(Samuel), *Tom*(Thomas), *Vee*(Veronica), *Will*(William).

(c) 단축요소 합성어(Clipping-compounds)

이 부류에 속하는 복합어의 전형적인 예로 *cablegram* < *cable telegram*이 있다. 여러 요소로 길게 이루어진 복합어의 한 부분을 절단하여 새로운 합성어를 생성하는 과정이다. 여기에 속하는 예들을 다음에 인용한다.

> *capacitance*(*capaci*ty + reac*tance*), *Eurovision* 1954, *greycing* 1928(*grey*hound ra*cing*), *linocut* 1923(*lino*leum *cut*), *mailomat* (*mail*-auto*mat*), *napalm* 1942(*na*phthenate + *palm*itate), *paratrooper*(*para*chutist + *trooper*), *positron* 1937(*posi*tive elec*tron*), *pulmotor* 1913(*pul*monary *motor*), *travelogue* 1903(travel + logue 'speech' as in *prologue, epilogue, catalogue*), *Aframerican Americanadian, Amerindian* 1897, *Australasia* 1766, *Eurasia*(*Europe* and *Asia*). cf. *news boy* < *newpaper boy, news vendor* < *newspaper vendor*, G *Ölzweig* < *Ölbaumzweig*.

미국의 저널리즘에서 유래하여 형성된 예도 있다. e.g. *cinemactor, cinemusic, musicomedy, radioator, zebrass*. 이 유형에 속하는 다른 예인 *happenstance* 'happening, accident'(1897)은 *happening*과 *circumstance*의 결합으로 형성된 것으로 미국영어(AE)에서는 흔히 쓰이는 복합어이다.

위에 언급한 세 가지 단축형 유형 이외에도, 어휘의 앞과 뒤의 요소를 절단하고 중간 요소만으로 신어를 생성하는 과정이 있는데, 영어에서는 흔하게 일어나는 어형성과정은 아니나, 오늘날에도 여전히 쓰이고 있는 어형성법이다. e.g. *flu* < *influenza*, *tec* < *detective*, *polly* < *apolinaris*. 이러한 과정은 인명(人名)에서는 비교적 빈번하게 쓰인다. e.g. *Liz*(*Elizabeth*), *Fy*(*Seraphima*), *Lum, Lom*(*Columbus*), *Tave*(*Octavia*), *Lige*(*Elijah*), *Ves*(*Sylvester*), *Phronie*(*Sophronia*), *Tish*(*Letitia*).

어휘의 앞과 뒤의 요소를 모두 생략하고 어휘의 중간 요소가 그대로 유지되어 쓰이는 일은 결코 일어나지 않는다고 주장하는 학자도 있다(Jespersen 1922: 9.7). 그의 주장에 따르면, *Liz, Milly, tec*와 같은 단축형은 실제로는 빠른 발음으로 인해 첫 번째 음절의 모음이 생략된 것으로 설명하고 있다. 그러나 이 주장은 엄밀성이 훨씬 덜하다(cf. *MEG* VI. 29.7). 예컨대, *flu*의 경우, 절단된 어휘의 앞과 끝의 어느 요소도 이른바 토막어(stumpword)가 될 가능성은 희박하기 때문이다. 현대영어에 쓰이는 *fridge*는 *refrigerator*에서 앞과 뒤의 요소를 생략하여 형성된 새로운 어휘이다.

(3) 혼합법(Blending, Blends)

이 방법은 혼성법으로도 불리는데 의도적으로 어휘를 생성하는 어형성의 하나로서, 어휘의 일부 요소를 서로 합쳐 *sm/oke+f/og* > *smog*(1905)에서처럼 하나의 새로운 어휘(smog)를 '창조'해내는 과정이다. 이 과정은 어휘제조법(word-manufacturing)이란 용어를 써서 설명하기도 한다. 혼합법에 의해 생성된 어휘를 혼합어 또는 가방어(portmanteau words)라고도 한다. 이 용어는 Lewis Carroll의 작품인 *Through the Looking Glass*에서 *slithy*의 의미를 묻는 앨리스(Alice)의 질문에 Humpty-Dumpty가 다음과 같은 대답을 하는 글 속에 등장하고 있다.

> Well, "slithy" means "slimy and lithe" ... You see it's like a *portmanteau* - there are two meanings packed up into one word .... "Mimsy is "flimsy and miserable" (there's another portmanteau for you).

위에 인용한 글에서 작가의 의도를 제대로 이해하기 위해서는 *portmanteau*라는 말 자체가 원래 말 등에 싣고 운반하기 위해 디자인된 "suitcase"를 뜻하는 오래된 어휘라는 것을 알고 있어야 한다.

캐롤이 만든 혼합어에는 *slithy* < slimy + lithe 이외에도 *chortle* (chuckle + snort), *galumph*(gallop + triumph) 등도 포함되어 있다. 혼합어로 흔히 쓰이는 예 중에는 앞서 언급한 *smog* 이외에 *motel*(motor + hotel), *heliport*(helicopter + airport), *brunch*(breakfast + lunch, AE에서 흔히 쓰임), *flurry*(flutter + hurry), *flush*(flash + gush) 등이 있다. 혼합어 중에는 구성하는 성분(요소)를 추적할 수 없는 경우가 있다. 즉, 혼합어의 어원이 투명하지 않은 때가 종종 생긴다. *Vaseline*이란 혼합어가 좋은 예이다. 이 어휘는 독일어 *wasser* 'water' 및 그리스어 *elaion* 'oil'에 근거하여 만들어진 혼합어로서 1872년에 이 제품을 만든 회사 소유주에 의해 만들어진 혼합어이다. 그러나 이 혼합어는 오늘날 *Kodak*, *Tylenol* 처럼 여전히 상표명으로 쓰이고 있다.

혼합어로 흔히 쓰이는 다른 예를 인용한다.

airbus < *airplane + bus*
Amerindian < *American + Indian*
band-aid < *bandage + aid*
escalator < *escalade + elevator*
expressway < *express + highway*
gerrymander < *Gerry + salamander*

motel < *motor* + *hotel*

paratroops < *parachute* + *troops*

squinch < *squeeze* + *pinch*

talkie < *talk* + *movie*

transeiver < *transmitter* + *receiver*

translator < *transfer* + *resister*

19세기에 과학의 발전, 특히 화학 분야가 급속한 발달하고 수없이 많은 화학 물질이 새로 발견되면서 여기에 새로운 명칭을 부여할 필요가 생기게 되었다. 따라서, 새로 만들어진 어휘는 혼합어가 주를 이루었다. 그 중의 몇 가지 예를 인용한다. e.g. *acetal*(acetic + alcohol), *aldehyde*(alcohol + dehydrogenatum), *aldol*(aldehyde + alcohol), *alkargen*(alkarsin + oxygen), *amatol*(ammonium + nitrate + trinitrotoluene), *carborundum*(carbon + corundum), *chloral*(chlorine + alcohol), *chlorodyne*(chloroform + anodyne), *hydrozine*(hydrogen, azote + -ine), *methoxyl*(methyl + oxygen + -yl), *phospham*(phosphorus + ammonia), etc.

미국의 많은 지명(place-names)이 혼합어로 되어 있다. 예컨대, 두 개의 주가 인접해 있을 경우, 각 주(州)의 일부 요소를 합쳐 하나의 혼합어로 사용하는데, 다음에 몇 가지 예를 인용한다.

Dakoming < Dakota + Wyoming, *Del-Mar* < Delaware + Maryland, *Calexico* < California + Mexico, *Nosodak* < North + Dakota + South Dakota, *Kanorado* < Kansas + Colorado.

(4) 두문자어(Acronyms, Initialisms)

두문자어(頭文字語)로 칭하는 acronym(*acr-o* "tip, point"+*onym* "name")은 특수한 유형의 혼합어로, 여러 어휘의 각 부분에서 첫소리를 취하고 이들 첫소리를 모아 새로운 어휘를 만드는 방법이다. 이렇게 해서 형성된 어휘가 다른 어휘와 마찬가지로 발음될 경우에는 실제 두문자어가 된다. 즉, 첫소리를 합성해서 만든 어휘임에도 실제 어휘와 똑같이 발음되기 때문이다.

ASCII (American Standard Code for Information Interchange)
NASA (National Aeronautics and Space Administration)
WAC (Women's Army Corps)
SHAPE (Supreme Headquarters Allied Powers Europe)
NATO (North Atlantic Treaty Organization)
Laser (Light Amplification by Stimulated Emission of Radiation)

그러나 한편으로 두문자어를 실제 어휘처럼 발음하기 위해서 첫소리가 아닌 첫 자음과 첫 모음을 합쳐 새로운 어휘를 형성하기도 한다. e.g. *radar* (*radio detecting and ranging*), *sonar* (*sound navigation and ranging*). 오늘날 흔히 쓰이게 된 *modem*이란 어휘도 *modulator-demodulator*에서 만들어진 '두문자어'라는 사실을 아는 사람은 드물다.

앞에서 설명한 유형과는 달리, 때로는 두문자어가 어휘의 보다 큰 일부분을 뭉치(chunk)로 떼내어 합쳐서 새로운 어휘를 만드는 방법이 있다. 그 예로, COMECON(['kɔmikɔn]으로 발음)은 *Council for Mutual Economic Assistance*를 지칭하며 1990년 이전에 소련을 중심으로 형성된 공산권 경제상호 원조기구를 일컫는 말이다. 컴퓨터

용어인 FORTRAN도 *Formula Translation*에서 두 단어의 앞 부분을 뭉치로 취하여 합쳐 만든 말이다. 두문자어가 실제로 한 단어로서의 기능을 충분히 수행하는 경우도 있다. e.g. *modem, radar*.

한편, 두문자어를 이루는 문자들이 COD에서처럼 각각 개별적으로 발음되는 경우가 있는데, 이것을 두문자어 발음(initialisms)이라고 한다. 두문자어 발음현상이 가장 많이 나타난 것은 미국영어로 이러한 현상을 풍부하게 제공하고 있다.

20세기 이전만 해도 영어에는 GOP, OK 등 19세기 중엽에 쓰인 예들을 포함하여 이러한 현상이 드물게 쓰였다. TNT(*trinitrotoluence*)는 제1차 세계대전 직전까지 거슬러 올라가 쓰인 예이다. 이 전쟁으로 인해 WAAC(*Women's Army Auxiliary Corps*), WREN(*Women's Royal Naval* [Service])와 같은 두문자어가 탄생하였다. 제2차 세계대전을 거치는 동안 두문자어는 지속적으로 만들어졌다. 미국 병사를 지칭하는 GI(*General Issue*), 이들이 타고 다닌 군용차인 Jeep은 GP(*General Purpose* [vehicle])로 발음한다.

이밖에 두문자어로 쓰인 예로, 두문자를 각각 발음하는 다른 예들을 다음에 제시한다.

UFO	Unidentified Flying Object
WPA	Works Progress Administration
NRA	National Recovery Administration
CCC	Civilian Conservation Corps
FCC	Federal Communications Commission
FTC	Federal Trade Commission
NBC	National Broadcasting Company
ABC	American Broadcasting Company
CBS	Columbia Broadcasting System

BBC	British Broadcasting Corporation
IMF	International Monetary Fund
FBI	Federal Bureau of Investigation

최근에는 컴퓨터 용어에서 만들어진 두문자어가 홍수를 이루고 있는데, 그 중에 몇 개만 들어보면 HTTP(*Hypertext Transfer Protocol*), DRAM(*dynamic random-access memory*), CPU(*central processing unit*) 등이 있다.

7.2. 어휘 차용

앞에서 우리는 새로운 어휘를 만들어내는 어형성법을 통해 영어에 쓰이는 많은 어휘의 형성과정을 공시/통시적으로 살펴보았다. 새로운 어휘를 만들어내기 위해 내적자원을 이용하는 방법 이외에도 다른 언어로부터 어휘를 차용함으로써 어휘 수를 확장하는 방법이 있다. 이것을 어휘 차용(borrowing)이라고 한다. 이 절에서는 고대로부터 현대영어에 이르기까지 다른 언어와의 언어접촉으로 인해 영어에 들어온 차용어에 관해 설명하기로 한다.

차용에는 직접차용(direct borrowing)과 간접차용(indirect borrowing) 등 두 가지 유형이 있다. 한 언어가 다른 언어에서 직접 어휘를 들여와 쓸 경우에는 직접차용이라고 하며, 프랑스어(omelette, amelette)에서 들어온 *omelette*, 라틴어(portar)에서 들어온 *port*가 좋은 예이다. 이와는 달리, 한 언어가 중간 언어를 거쳐 간접적으로 차용되는 것을 간접차용이라고 한다. 그 예로는 *kahveh*(Turkish) < *kahva*(Arabic) > *koffie*(Dutch) > *coffee*(English)에서처럼 '커피'란 어휘가 영어에 들어온 경로를 보면 간접차용의 예임을 알 수 있다. 차용 과정에서 음운상의 변화가 일어나기도 한다. 프랑스어 *omelette* 및 영어 *omelette*는 발음과 철자의 관계가 분명한 반면, 영어 *coffee*가 터키어 *kahveh*에서 유래한 것임을 아는 터키어 사용자는 그리 많지 않다. 그 이유는 *kahveh*가 아랍어와 네덜란드어를 거쳐 영어에 이르는 오랜 세월 동안에 상당한 발음의 변화가 일어났으며 부분적으로는 그 변화가 철자에도 반영되어 있기 때문이다. 따라서, 한 어휘가 한 언어에서 다른 언어로 옮겨가는 동안 그 어휘의 발음은 수용 언어(recipient language)의 음운체계에 적합하게 조정되기 마련이다.

7.2.1. 역사적 배경

역사적으로 보면 영어는 오랜 세월 동안 켈트어를 비롯하여 고전어인 라틴어 및 그리스어, 그리고 영어에 가장 크게 기여한 프랑스어 등, 다른 여러 나라로부터 수많은 외래어(foreign words)를 받아들여 매우 풍부한 어휘를 사용해 왔다. 또한, 각 세기마다 다른 언어에서 차용한 어휘 수도 지속적으로 증가하였다. 다음에 제시한 [표 7.1]에는 수세기에 걸쳐 영어에 들어온 많은 차용어 중에서 주요한 자원은 프랑스어임을 알 수 있다(Bliss 1966: 26).

이 [표 7.1]에는 프랑스어뿐만 아니라 라틴어 및 그리스어와 같은

▮ 표 7.1 영어에 들어온 차용어 비율(중세~20c)

	Medieval	16c	17c	18c	19c	20c
French	16.7	12.2	24.8	47.7	52.3	58.6
Classical	78	69.4	55.3	25.9	23.4	13.2
Italian		7.6	7.2	15.1	6.4	8.1
German		0.6	0.3	0.6	4.1	12.7
Spanish		3.8	2.1	2.1	3.4	1.7
Other European	3.5	2.9	1.9	3.3	3.5	2.8
Non-European	1.8	3.5	8.4	5.3	6.9	2.9

고전어도 프랑스어 못지않게 상당수 영어에 들어왔다. 그뿐만 아니라, 16세기 이후로 인구어는 물론, 비인구어로부터 많은 어휘가 영어에 들어와서 쓰인 것을 알 수 있다. 이것은 곧 오늘날 영어가 다양한 언어에서 들어온 수많은 어휘들의 보고(寶庫)로서 풍부한 표현력을 지닐 수 있게 된 원인이 되기도 한다.

그러나 중세시대에 아랍세계에서 과학에 대한 지식이 서방세계에 비해 훨씬 발전하게 되면서 아랍어로 된 과학용어가 프랑스어를 경유하여 영어에 들어왔는데, 프랑스어는 원래 스페인어에서 들어온 것으로 당시 스페인은 무어족(the Moors: 베르베르계통의 민족으로 8세기 및 11～13세기에 사하라 북부에서 이주해 온 아랍어를 사용한 이슬람교도를 지칭함)이 점령하고 있었으므로 스페인어는 아랍세계의 과학과 문화를 서유럽에 전하는 매우 중요한 통로 역할을 하였다.

아랍어에서 영어에 들어온 과학에 관련된 어휘 중 상당수는 al-로 시작하는데, 이것은 아랍어의 정관사를 뜻하는 말이다.

a) *alchemy, alcohol, alembic, algebra, alkali, zenith, zero*

b) *Koran, imam, caliph, muezzin, mullah, Ramadan*, etc.

아랍어는 중세시대에 과학언어로 쓰였을 뿐만 아니라, 이슬람세계의 언어이기도 하였다. 이슬람과 연관되어 영어에 쓰이는 모든 어휘는 사실상 아랍어에서 들여온 것이다.

수 세기 동안 프랑스어는 정부, 정치, 군사, 외교 및 외교문서의 언어로 쓰였다. 다음에 열거한 예들은 이러한 분야에 속하는 어휘들로서 극히 일부에 지나지 않는다. 영어에 들어온 프랑스 차용어는 뒤에서 더 자세히 논의하겠다.

a) Military: *cordon, sanitaire, barrage, hors de combat, matériel,*

RV(rendez-vous), *reveille*(E. [rɪvælɪ]로 발음)

b) Diplomacy and protocol

corps diplomatique, chargé d'affaires, communiqué

c) Government and politics

ancien régime, dirigiste, coup d'état, laissez-faire, l'état c'est moi, agent provocateur

전 세계에 산재하는 동물, 조류 및 식물명뿐만 아니라 음식(food), 의상(dress)을 지칭하는 수많은 어휘들이 전 세계의 여러 다른 지역에서 쓰이는 모든 유형의 언어로부터 영어에 들어왔다. 다음에 몇 가지 예를 제시한다.

- *People* — *Sherpa and Gurka*(Nepal), *pakeha*(Maori)
- *Animals* — *chimpanzee*(Angola), *panda*(Nepal), *koala* (Australia), *kookaburra*(Australia), *kudu* (Xhosa, South Africa), *zebra*(Congo)
- *Arts and culture* — *samba*(Brazil), *rhumba*(Cuba), *tango* (Argentina), *didgeridoo*(Australia), *batik* (Javanese)
- Food — *goulash*(Hungarian), *enchiladas*(Mexican Spanish), *moussaka*(Greek), *tacos*(Mexican Spanish)
- Dress — *sarong*(Malay), *parka*(Aleutian), *anorak* (Greenlandic Eskimo), *kimono*(Janpanese), *shawl*(Persian)

라틴어 및 그리스어와 같은 고전어는 고대영어 시기 이래 영어에 들어와 쓰인 주요 차용어 자원이기는 해도 다음 두 가지 이유에서 이 절에서는 별도로 상세하게 다루지 않겠다. 우선, 그리스어를 경유하여 영어에 들어온 라틴어는 수없이 많았음에도 때로는 이들 차용어가 라틴어 또는 그리스어 중 어느 언어에서 유래한 것인지 가려내기가 상당히 어려운 점이 있기 때문이다. 둘째로, 영어에 들어온 차용어 중 가장 중요한 어휘자원인 프랑스어가 라틴어에 기원을 두고 있다는 점이다. 따라서 한 어휘가 라틴어에서 직접 차용한 것인지 또는 프랑스어를 경유하여 영어에 간접차용된 것인지는 항상 분명하지 않다는 점이다. 그렇다고 해서 고전어에서 영어에 들어온 차용어를 전혀 무시한다는 뜻은 아니다. 고전어 차용에 관해서는 뒤에서 다시 상세하게 설명하기로 한다.

(1) 켈트어

영국에서 인구어를 맨 처음 사용한 민족은 켈트인(Celts)들이었다. 고대영어 이전, 앵글로색슨족이 대륙에 있을 때 대륙의 켈트인들과의 접촉으로 영어에 차용된 켈트어는 OE *rīce* 'kingdom', *ambeht* 'servant, service'(cf. *ambassador*)가 있고 이 중에서 *rīce*는 현대영어에 *bishopric*에만 남아 쓰인다. 앵글로색슨족이 영국에 정착한 이후, 고대영어 시기에 원주민인 켈트인들로부터 도입한 켈트 차용어는 주로 구어(口語)를 통해 차용되었는데, 지명(*carr* 'rock', *loch* 'lake', *torr* 'a rock', *London, Kent, York, Leeds, Devon, Cornwall, Carlisle, Winchester*), 강 이름(*Thames, Avon, Esk, Wye*, etc.) 등이 있다. 앵글로색슨족이 영국에 들어 온 이후 켈트어에서 차용한 소수의 어휘 중에서 오늘날 표준영어에 남아 쓰이고 있는 것은 *bin, hog, dun* 뿐이다. 그 밖의 어휘 중에서는 *carr*만이 방언에만 남아 쓰이고 있다.

북쪽으로부터 아일랜드 선교사에 의해 기독교가 전파되면서 고대영어에 들어 온 켈트 차용어로는 *dry* 'magician, sorcerer' < OIr. *drui* (pl. *druid*)이 있는데, 여기서 토착 켈트어 접사인 *-icge*에 의해 여성 명사인 *dryegge* 'female magician'가 생겨났다. ex. *þæt heo wære dryegge ond scinlæce* 'that she was a sorceress and a witch' (Mart 28); *clucge* 'bell'은 비드(Bede)의 번역본에 단 한번 기록으로 남아 있고, 다른 필사본에서는 토착어인 *bell*로 대치되어 쓰였다. *ancor* 'hermit, anchorite' < OIr. *anchara*는 원래 라틴어에서 유래한 차용어이다. 궁극적으로는 라틴어에서 온 것으로는 흔히 쓰인 *stær* 'history' (Irish *stoir* < VLat. *storia* < *historia*)에서 o > æ로 음운변화가 일어난 것에 대해서는 분명치 않다. 앨프레드 왕 시기에 번역한 *Cura Pastoralis* (사목지침서)의 번역문 서문에 나오는 *hapax legomenon æstel* 'book-mark' < Lat. *hastela* 'slip of wood' 및 *cine* 'gathering of parchment leaves' < OIr. *cin* < Lat. *quina* 'five each'가 있다.

(2) 라틴어

영어에 들어온 라틴어는 앵글로색슨족이 영국으로 이주하기 훨씬 이전 로마가 영국을 점령하고 통치하던 시기에 켈트인들이 차용한 것으로, 법률(*mægester* 'master' < *magister*), 상업, 금속, 의류, 음식(*pærl* 'pearl', *mental* 'cloak' etc.), 도시, 마을(*torr* 'tower', *cæster* 'town' cf. 초기 라틴어 차용어 *ceaster*), 동물(*catte* 'cat'), 종교, 학술용어(*læden* 'Latin'), *munuc* 'monk', *nunne* 'nun') 등, 여러 분야에 그 흔적을 남겼다.

고대영어 시기에 영어에 차용된 라틴어는 7세기 이후 종교 및 학문 관련 차용어가 많았고 이들 대부분이 서적을 통해 차용된 문어체 라틴어이다. 고대영어 어휘의 약 3%는 라틴어에서 도입된 것이거나 또는 그리스어에서 라틴어를 경유하여 들어온 것들이다. 앵글로색슨 시기에 쓰여진 필사본은 주로 수도원에서 이루어졌는데, 라틴어 교육을 받고 때로는 라틴어에 유창한 수도사와 필사생들이 필사본 제작에 참여하였다. 라틴 차용어가 남아있는 현존하는 앵글로색슨 기록문헌의 많은 부분은 라틴어로 쓰여진 종교나 학문 관련 기록을 번역한 것들이다.

앵글로색슨족이 5세기 중엽 영국에 침입하기 전, 대륙의 라틴어 사용자들과 계속해서 접촉해 왔으며, 게르만어인 고대영어에 라틴어가 도입되기에 이르렀다. 로마제국과 고대영어 이전의 게르만 부족들 간의 군사, 행정 및 교역을 반영하는 많은 라틴어가 대륙에서 고대영어로 도입되었다. e.g. *camp, mile, street, cheese, wine, gem, linen, wall*. 그리하여 이들 라틴어는 5세기에 영국 해협을 건너 고대영국에 들어온 게르만 전사들의 일진(一陣)이 사용한 핵심 어휘의 일부가 되었다.

초기에 라틴어가 영어에 끼친 가장 중대한 영향은 앵글로색슨인들의 기독교 개종(Christianity)을 통해서였다. 이처럼 중요한 정치-문화적인 사건은 6세기 말과 7세기 중엽 사이에 잉글랜드에서 일어났으며 그 여파(餘波)는 그 후 수세기에 걸쳐 진행되어온 영어에 파급되었다. 이 시기에 영어에 도입된 상당수의 라틴어는 기독교에 연관된 종교 및 종교의식에 관련된 차용어들이었다. e.g. *abbot, candle, congregation, devil, disciple, eternal, martyr, mass, pope, nun, offer, testament*. 수도원은 종교의 중심지일 뿐만 아니라 학문과 필사본제작의 중심지이기도 하였다. 식자율(literacy)이 늘어나고 이 시기에 유럽에서 종교 및 철학관련 문헌의 번역에 대한 관심이 높아지면서 학문과 관련된 많은 라틴 차용어가 영어에 도입되었다. e.g. *alphabet, describe, discuss, history, mental, paper, school, translate*. 이 시기 이후 영어에 들어온 그 밖의 라틴어는 일상생활에서 흔히 쓰이는 어휘로 널리 쓰였다. e.g. *fever, giant, port, mount, pear, plant, polite, radish*.

대륙차용어와 마찬가지로 앵글로색슨 시기에 종교와 학문을 통해 영어에 도입된 라틴 차용어는 토착영어와 완전히 혼합된 성격을 지니고 쓰였으며 현대영어에 쓰이는 어휘 중에서 비교적 긴 어휘의 음절의 수를 통해 이 어휘가 라틴어에서 유래한 것임을 비로소 알 수 있게 되었다. 영어는 기독교 관련 라틴어휘의 도입과 식자율의 상승이 수세기에 걸쳐 이루어지면서 새로운 어휘 특히, '품위있는(elevated)' 어법을 표현하기 위한 신어(新語)가 고전 및 중세 라틴어에서, 로망스어계의 언어(프랑스어, 이탈리아어, 스페인어 등) 그리고 후에 진행된 르네상스 시기에 새로운 라틴어(New Latin)에서 지속적으로 차용되었다.

고전 문명과 철학, 종교 및 교육 분야에서 상당수 새로운 라틴어가 영어에 도입되었는데, *alumnus, arena, contend, curriculum, elect, exclusive, imitate, insidious, investigate, relate, sporadic, transcendental* 등이 있고 수학, 기하학, 식물학, 생물학 지리학, 의학 분야에서 차용된 라틴어로는 *abdomen, antenna, calculus, cerebellum, codex, commensurable, compute, evaporate, lacuna, larva, radius, recipe, species* 등이 있다. 이와 함께 실제로 일상생활에 널리 쓰이는 라틴 차용어도 도입되었는데, 처음에는 특수한 분야의 어휘로 쓰이다가 빠른 속도로 일반 어휘의 일부가 되었다. e.g. *frequency, parental, plus, invitation, susceptible, offensive, virus,* etc.

초기 현대영어 시기가 시작된 이후 약 200년간은 라틴어에서 영어에 도입된 상당수 접사(affix)가 영어화되는 과정을 겪었다. e.g. *-ence, -ancy, -ency* < *L. -entia, antia, -y*; 라틴어 접사인 *-ius, -ia, -ium, -ous, -os, -us, -ate*는 어형변화 없이 그대로 영어에 차용되었다. *ante-, post-, sub-, super-*와 같은 라틴어 접두사는 영어의 생산적인 어형론의 일부로 쓰이게 되었다.

고전 그리스어(Classical Greek)는 간접차용을 통해 영어에 들어왔음에도 초기 현대영어 시기에 영어에 도입된 또 다른 학문어휘의 차용어 자원이었다. 고대 로마인들은 헬레니즘 문화의 유산을 이미 알고 있었으며 이 문화를 숭앙하였다. 따라서 라틴어휘에는 그리스어에서 유래한 학문어휘(learned words)가 이미 많이 포함되어 있었다. 이와 마찬가지로 프랑스어는 라틴어를 통하거나 또는 많은 그리스어로부터 간접적으로 도입하였는데, 그 결과 오늘날 영어에 쓰이는 그리스어는 상당수 라틴어 및 그리스어를 통해 영어에 도입된 것이다. 한편, 라틴어 및 때로는 프랑스어를 경유하여 영어에 간접 차용된 그리스어로는 *atheism, atmosphere, chaos, dogma, economy, ecstasy, drama, irony, pneumonia, scheme, syllable* 등이 있고, 그리스어에서 직접 차용한 것으로는 *asterisk, catastrophe, crypt, criterion, dialysis, lexicon, polyglot, rhythm, syllabus* 등이 있다. 한편, *epicenter, chromatic*과 같은 어휘의 경우, 각 어휘의 앞 부분(그리스어 요소)인 *epi-* "on, upon", *chromat-* "color"는 라틴어 요소인 L. *centre* < Old French *centre, centrum, -ic* < Old French *-ique*, L.*-icus*와 결합하여 만들어진 어휘들이다.

이처럼 영어에 도입된 수백 개의 새로운 고전어(라틴어 및 그리스어)의 차용과 동화과정을 일일이 추적하기란 용이한 일이 아니다. 중간에 차용과 변화가 진행되면서 궁극적인 출처를 밝혀내기가 어렵기 때문이다. 라틴어는 그리스어로부터 자유롭게 어휘를 차용하였으므로 라틴어에서 직접 차용한 어휘와 라틴어에서 프랑스를 경유하여 차용한 어휘를 가려내기가 어려운 것도 이러한 이유 때문이다. 그럼에도 중세영어 초기만 해도 프랑스어를 경유하는 간접차용보다는 고전 문헌을 읽고 번역하는 작업을 통해 고전어가 영어에 직접 차용된 경우가 많았다.

18세기 이후에는 현대과학의 발달로 인해 새로운 학술어가 현대 라틴어에서 만들어졌는데, 옥스퍼드 영어사전에 등재된 라틴어 중 18세기에 도입된 차용어는 *nucleus, inertia, alibi, auditorium, maximum, insomnia, addendum, extra, deficit, emanation, edit* 등 그 수가 다른 시기에 비해 많지 않다. 고전어에서 현대영어에 들어온 차용어가 더 이른 시기에 들어온 고전 차용어와 다른 점은 “차용”이란 용어 자체가 어떤 의미에서는 정확하지 않다는 데 있다. 물론, 고전어에서 영어에 직접 차용된 것도 있다. 가령, 1905년에 맨 처음 기록에 나타나는 *hormone*은 그리스어 동사인 *horman* ‘to urge on’에서 들어온 것이고, 이보다 2년 일찍 기록에 나타는 *clone*은 그리스어 *klōn* ‘twig’에서 유래한 것이다. 그럼에도, 고전어에서 현대영어에 들어온 차용어의 대부분은 고전어에서는 전혀 존재하지 않았다. 그 대신, 이들 고전어는 이전에 영어에 차용된 고전어의 요소를 전혀 새롭게 가공한 영어 어휘로 새롭게 만들어 낸 것들이다. 가령, *retrovirus*라는 영어 어휘는 『*Webster's Third New International*』에도 등재되지 않을 정도로 최근에 새로 형성된 어휘이다. 그러나 『*American Heritage Dictionary*』(3판, 1992)에는 이 어휘가 표제어로 등재되어 있다.

(3) 스칸디나비아어

언어접촉은 흔히 교역이나 식민지 점령과 같은 방법으로 이루어지는데, 중세시대에 영어의 경우에도 예외는 아니었다. 9세기에 시작된 바이킹인들의 약탈이 영국에서 진행되고 9세기에 이르러 스칸디나비아인들이 대규모로 잉글랜드 중부 및 북부의 데인로(Danelaw)로 알려진 지역에 정착하면서 스칸디나비아어 차용어가 영어에 많이 도입되었으며 주로 명사와 동사의 수가 많았다. 오늘날 현대영어에서 여전히 쓰이고 있는 차용어만을 인용하면 다음과 같다.

① 명사: *anger, bag, bang, barn* ‘bairn, birth’, *bloom* ‘flower’, *bond, boon* ‘prayer, boon’, *booth, club, egg, flat, gate, gift, guest, husband, ken, kirk* ‘church’, *knife, lage* ‘law’, *(a)loft* ‘air’, *loan, outlaw, root, score, sister, skill, sky, stern* ‘star’, *tithing, wand, wing.*

② 형용사: *bound, crook, meek, gra* 'grey', *hail* 'whole, safe', *ill, let, wrong.*

③ 동사: *bait, brenn* 'burn', *call, cast, die, gain, hail* 'salute', *gape, hit, kindle, let, raise, scathe(less), scatter, thrive, went.*

④ 대명사: *both, they, their, them, she*

⑤ 부사: *nay*

⑥ 수사: *twin* 'two'

⑦ 전치사: *fro* 'from', *at* 'to'

⑧ 전치사 및 접속사: *till* 'to, till', *though*

스칸디나비아 차용어가 가장 많이 나타나는 최초의 영어 문헌은 13세기 초 아우구스티누스교파의 수사(修士)인 Orm이 쓴 미완성 설교 모음인 『*Ormulum*』으로 여기에는 120개의 차용어가 포함되어 있고 대부분 고대영어로 나타난다. 초서가 쓴 『캔터베리 이야기(*Prologue to the Canterbury Tales*)』에 나오는 스칸디나비아 차용어 중에서 현대영어에 남아 쓰이는 것으로는 *awe, big, cake, call, droop, fellow, gear, get, haven, knife, law, leg, low, meek, root, scathe, seem, take, they, thrift* 등이 있다.

(4) 프랑스어

영어가 오랜 세월에 걸쳐 프랑스어와 접촉하게 되면서 직접적으로는 프랑스어의 어휘와 표현 및 어법은 물론이고 간접적으로는 형태와 통사구조에까지도 영어에 상당한 영향을 끼치게 되었다. 노르만 시대가 나타나지 않았더라면 영어는 오늘날 앨프레드 왕 시대의 영어와 매우 가까웠을 것이며, 오늘날 쓰이는 현대 독일어를 많이 닮았을지 모른다. 그렇게 되면, 현대 영어 사용자가 1300년 전에 쓰여진 『베오울프(*Beowulf*)』나 동시대의 다른 작품을 읽기가 훨씬 용이해질 것이며, 독일어나 네덜란드어를 배우기가 더 쉬웠을 것이다. 그 반면, 1400년에 이르러 영어 어휘에 프랑스어가 홍수처럼 밀려들어오게 되어서 오늘날 독자들이 프랑스어를 읽고 배우는 것을 용이하게 해줄 수도 있었을 것이다.

프랑스어는 노르만인들이 영국을 정복하기 100년 전 고대영어 후기 시기에 이미 영국에서 사용되었다. 이 시기에 차용된 프랑스어는 그리 많지 않으나, *castel* 'castle', *prud* 'proud', *capun* 'capon', *bacun* 'bacon', *serfise* 'service', *tūr* 'tower' 등이 있었다. *castel*은 처음에는 '요새화한 마을'을 뜻하는 라틴어 *castellum*에서 빌어 와서 1000년경에 쓰여진 고대영어로 된 복음서에서 *castel*로 쓰였으며 후에 고대 북부 프랑스어 *castel* 'fortress, castle'에서 재차용되어 쓰였다. 이 차용어는 후에 노르만인들의 웅장한 저택을 나타내는 어휘로 사용되었다. 고대 프랑스어인 *prud, prod*는 고대영어 시기는 *prūd*로 쓰였으며 1150년경에는 *prude* 'noble, excellent, splendid'의 의미로, 후에는 *prud, prut, prute* 등 다양한 철자가 쓰였고 의미 또한 'haughty, arrogant'로 변하였다. 1000년경 고대영어 문헌에 나타나는 *capūn*은 라틴어 *cāpōnem*(주격 *cāpō*)에 기원을 둔 고대 북부 프랑스어 *capon*에서 차용한 어휘로 1250년 이전까지는 *capun*으로 쓰였다.

중세영어 시기는 프랑스 차용어가 가장 많이 영어에 들어와서 특수한 분야에 국한하지 않고 전방위로 영어 어휘에 철저하게 스며들어 사용된 시기이다. 현대영어에 쓰이는 이탈리아 차용어를 살펴보면 이와 대조적으로 프랑스 차용어의 위상을 짐작할 수 있다. 가령, 영어에 들어와 쓰인 이탈리아 차용어는 음악, 건축, 회화와 같은 일부 분야에 국한되어 있다(ex. *piano, cello, sonata, forte, poco, prima donna, vibrato, vel canto*). 그러나 이 분야를 넘어서면 이탈리아 차용어가 영어에 끼친 영향은 극히 미미하다. 이탈리아 요리가 미국에서 매우 인기가 있고 이탈리아 식당이 프랑스 식당을 10대 1로 앞서고 있기는 하나, 영어로 된 이탈리아 요리 용어의 대부분은 특수한 이탈리아 음식이나 요리를 지칭하는 명칭에 국한되어 있다(ex. *lasagne, spaghetti, pizza, ricotta, tortoni*). 이탈리아 음식을 준비하면서 정작 그 과정을 나타내는 말은 영어나 프랑스어를 써서 표현한다(ex. *bake, sauté, serve, plate, casserole, fork, stir, mince, roast, fry*). 프랑스 차용어와는 달리 이탈리아 차용어는 영어에 들어와서 그 제한된 의미영역을 확장하지 못하였다. 예컨대, *poco* 'little'는 현대영어에서 음악 용어로만 쓰이고 있을 뿐이다. 한편, 프랑스어 *petit* 'little'는 이탈리아어 *poco*와 똑같은 의미를 지니고 있으나 영어에서는 *petty* 및 *petite*라는 두 가지 다른 어형을 지니고 *petit larceny, petit point, petit mal*과 같은 표현에서 특별한 용법으로 쓰이는 것은 물론 일반적인 영어 어휘의 일부로 자주 쓰이고 있다.

중세영어 초기만 해도 프랑스어는 관공서와 상류층의 언어로 쓰였고 일반 서민들의 언어는 여전히 영어가 사용되었다. 12세기 말에 이르러 상류층의 언어 사용은 프랑스어 및 영어의 이중언어 사용(bilingualism)으로 바뀌었다. 1250년 이전까지 영어에 들어온 프랑스 차용어는 500개를 넘지 못하였으나, 앞에서도 언급한 것처럼, 1250~1400년 사이 150년간, 특히 14세기 후반에 가장 많은 프랑스어가 영어에 들어 왔으며 이것은 중세영어 시기에 영어에 유입된 프랑스 차용어의 40%에 달한다. 이 기간에 이처럼 많은 프랑스어가 영어에 들어온 것은 1204년 노르망디(Normandy)가 프랑스로 넘어간 후 영국에 거주한 노르만인들이 프랑스 국적을 버리고 영국에 남기 위하여 영어를 배우는 과정에서 토착 영국인들과의 원만한 의사소통을 위해 영어와 더불어 많은 프랑스어를 혼용(混用)한데서 기인한다. 14세기 말에 이르러 영국에서 프랑스 차용어는 서서히 감소하기 시작하였다.

중세영어 시기에 영어에 들어온 프랑스어는 지배계급의 언어이었으며 노르만인들은 지배계급인들로서 정치, 교회, 법률, 군사 등 각 분야의 요직을 두루 맡고 있었으므로 프랑스 차용어가 모든 분야에 걸쳐 반영된 것은 당연한 일이었다. 정부 및 행정관련 용어 중에서는 king과 queen을 제외한 모든 용어가 프랑스어에서 유입된 차용어이다(ex. *crown, state, government, govern, reign, realm, sovereign, country, power, minister, chancellor, council, authority, parliament, exchequer, people, nation*). 이들 차용어 중에서 *council, exchequer, parliament* 등은 중앙정부와 관련된 차용어이며, *country*는 지방행정부와 관련된 차용어로 *city, mayor, village, warden, manor*와 같은 어휘가 이 범주에 속한다. *people*과 *nation*은 정치 관련 차용어인데, 전자는 고대영어에서 *Þeod*로 쓰였으나, 노르만 정복 이후 일상용어에서 사라졌다. 봉건제도의 도입으로 영어에는 *fief, feudal, vassal, liege*와 같은 프랑스 차용어가 들어왔다. 직위를 나타내는 말도 *earl*을 제외하고 *prince, peer, duke, duchess, marquis, viscount, baron* 등 모두 프랑스어로 대체되었다.

노르만인들은 영국의 지배자들로서 상류계층을 차지하였으므로 군사통제권이 그들의 손에 넘어가면서 군사용어도 프랑스 차용어로 바뀌었는데, '군대'를 뜻하는 고대영어 *here* 및 *fird*가 영어 *army*로 대체되어 쓰인 것은 15세기에 이르러서였다. 프랑스 군사 관련 차용어의 상당수는 초기에 도입되어 쓰였고 이들 중에는 오늘날 군사 분야가 아닌 곳에서 광범위하게 사용되는 것들이 있다(ex. *challenge, enemy, danger, escape, espy, aid, prison, hardy, gallant, march, force, company, gurard*). 반면에, 토착 영어로 쓰인 군사 용어로는 *foe, fight, shield, spear, sword, weapon*이 있다.

노르만 정복 이후 법 집행 절차가 프랑스어로 진행되었기 때문에 법에 관련된 어휘는 대부분 프랑스어에 기원을 두고 있다. 영어는 1362년부터 법정의 공식용어로 쓰이게 되었으나, 이상하게도 'Law French'라고 불리는 혼합어가 수세기 동안 법정에서 쓰였다. 18세기 중엽(1731)까지는 프랑스에서 차용한 법률용어가 계속 쓰였다. 이들 차용어 중 몇 개만 들어보면 *judge, jury, appeal, evidence, inquest, accuse, proof, convict, pardon, attorney, defend, heir, statute, broker, fine, punish, prison, crime, felony, arson, innocent, just* 등이 있다. *defend* 및 *prison*은 법률과 군사용어에 두루 쓰이는 차용어가 되었다. 그밖에 일반적으로 널리 쓰이지 않고 법률가들만이 아는 어휘도 많이 있다. *mainour*는 프랑스어 *manœuvre*에서 온 것으로 훔치는 도중에 체포된 것을 뜻하며, *jeofail*은 프랑스어 *je faille*에서 나온 것으로 변론에서 본인 실수를 인정하는 것을 의미한다. *larceny*는 거의 법률가만이 아는 용어로서 *theft*가 이 단어를 대신하여 널리 사용되었다.

중세 영국 교회가 노르만인들의 통제하에 들어가면서 교회와 연관된 상당수 프랑스어가 차용되었는데, 오늘날 영어로 쓰이는 *chapel, choir, cloister, crucifix, clergy, chaplain, parson, sermon, matins, confession, penance, pray, anoint, faith, miracle, temptation, heresy, salvation, divine, religion, service, trinity, virgin, saviour, angel* 등을 포함한 많은 어휘들은 실제로 프랑스어에서 유입된 차용어들이다. 오늘날에는 다양한 의미를 지니고 일상어로 널리 쓰이고 있는 *rule, lesson, save, tempt, blame, order, nature*와 같은 어휘들이 당시만 해도 처음에는 교회에서 사용된 어휘들이었다. 당시 성직자는 종교뿐만 아니라 도덕을 가르치는 역할도 하였으므로 도덕에 관련되는 어휘는 *virtue*에서 *vice*에 이르기까지 전 범위(*duty, conscience, grace, charity, cruel, chaste, covet, desire, lechery, fool, jealous, pity, discipline, mercy*)에 걸쳐 도입하였다.

한편, 음식과 관련하여 프랑스의 뛰어난 요리법, 육류, 음식명, 조미료, 재료 등과 연관된 차용어가 중세영어 시기에 홍수처럼 밀려 들어왔다. 육류를 나타내는 *bacon, beef, mutton, pork, veal, venison*을 비롯하여 *jelly, pastry, sauce, sausage, soup* 등과 같은 음식명, *cinnamon, cream, mustard, sugar, vinegar* 등과 같은 조미료, *oyster, salmon, almond, cherry, lemon, peach, onion, salad* 등에서와 같은 음식 재료, *dinner, supper, feast, meal* 등과 같은 식사 용어에서 우리는 이 시기에 프랑스의 음식 문화가 어느 정도 영어에 유입되었는가를 충분히 가늠할 수 있다. 흔히 인용되는 예스페르센(1978: 82～83)의 예로, 동물이 살아 있을 때의 이름은 영어(*ox, cow, calf, sheep, swine, boar, deer*)로 쓰나, 요리가 되어 식탁에 올려지면 프랑스어(*beef, veal, mutton, pork, bacon, brawn, venison*)를 쓴다는 것이다. 짐승들이 살이 있을 때에는 영국인이 관리하는 데 반해 요리를 먹는 것은 프랑스인들이어서 영국인들과는 하등 상관이 없어지기 때문이다. 수수하게 먹는 아침 식사명인 *breakfast*는 영어로 쓰고, 보다 호화로운 음식명인 *dinner, supper, feast*는 프랑스어를 사용하였다.

중세시대에는 프랑스가 유럽의 유행(fashion)을 선도하였는데, 이런 연유로 해서 의상(dress) 및 이와 관련된 프랑스어가 영어에 유입되었다. 몇 가지만 예로 들어보면 *fashion, dress, garment, coat, cloak, pantaloons, bonnet, boots, serge, cotton, satin, fur, button, ribbon, baste, embroider, pleat, gusset, jewel, pearl, bracelet* 등이 있다. 예술(art)과 건축(architecture)에 관한 어휘도 프랑스어에서 영어에 유입된 어휘들이 많다. 여기에는 교회(*aile, cathedral, chapel*, etc.), 군사(*castle, dungeon, fortress,* etc.), 일반건축 용어(*arch, balcony, ceiling, cellar, chimney, mansion, palace*, etc.)를 비롯하여 건축가 및 도구(*carpenter, joiner, mason; chisel, cement, mortar,* etc.), 미술(*art, color, design, image, sculpture*, etc.), 음악(*chant, chord, harmony, music, tone*, etc.) 관련 차용어가 모두 이 범주에 포함된다고 볼 수 있다. 직업과 관련하여 한 가지 흥미로운 사실은 보다 기본적인 직업을 나타내는 명칭은 영어 토착어(*baker, miller, weaver, saddler, shoemaker, wheelwright, fisherman, shepherd*, etc.)인 반면, 상류계층과 접촉해야 하는 직업이나 유행에 연관된 직업을 나타내는 명칭은 프랑스어(*tailor, butcher, mason, painter, carpenter, joiner*, etc.)이다.

중세영어 시기 이후 20세기에 이르는 기간에 프랑스어는 쉴 새 없이 영어에 들어와서 쓰였으며, 프랑스 차용어가 가장 많이 영어에 들어온 것은 19세기였다. 이 시기에 차용된 프랑스어는 처음에는 군사용어에서 점차 주로 예술, 유행, 의상, 음식, 사교, 외교 등 다양한 영역으로 확대되어 유입된 어휘들이었다. 이들 어휘를 시기별로 정리해 보면 다음과 같다.

- 16세기: *alley, comrade, detail, entrance, genteel, moustache, ticket, vogue, cartridge, colonel, pioneer, rendevous, trophy, volley*
- 17세기: *brigade, parole, platoon, stockade, ballet, burlesque, crayon, memoire, pool*
- 18세기: *corps, depot, espionage, maneuver, brochure, bureau, critique, debut, encore, etiquette, liqueur, nuance, police, route, salon, souvenir*
- 19세기: *baroque, cliché, matinée, premiere, renaissance, resumé, blouse, chiffon, corsage, crochet, negligé, bonbon, café, chef, gourment, mayonnaise, menu, restaurant, chauffeur, debutante, fiancée, prestige, attaché, charge d'affaire, communism, dossier, laissez faire, rapproachment, secretariat*
- 20세기: *fuselage, garage, hangar, limousine, montage, rayon, revue*

위에 예로 든 어휘들을 살펴보면 현대영어의 각 분야에 쓰이고 있는 프랑스 차용어의 위상이 어느 정도인가를 짐작할 수 있다.

7.2.2. 다른 유럽언어 차용어

영어는 앞에서 살펴본 고전어를 비롯하여 스칸디나비아어 및 프랑스어 이외에도 다른 현대 유럽언어로부터 많은 어휘를 받아들여 사용하여 왔다. 여기서는 이탈리아어 및 독일어에 초점을 두고 다른 유럽언어에서 영어에 도입된 차용어를 간단히 설명하기로 한다.

(1) 이탈리아어(Italian)

이탈리아어 차용어는 프랑스어 차용어에 비해 훨씬 적기는 하나, 상당수의 어휘가 영어에 도입되었다. 중세영어 시기에 이탈리아어에서 유래한 상당수 차용어는 프랑스어를 경유하여 영어에 유입되었다. 이러한 간접차용은 초기 현대영어 시기 초반까지 계속되었으나, 그 후 직접차용이 점차 늘어나서 널리 쓰이게 되기에 이르렀다. 영국은 튜더 왕조 시기에 베니스와 진행된 플라망 무역을 통해 이탈리아와 직접 접촉하게 되면서 이탈리아의 개인 여행이 널리 이루어졌으며 이로 인해 이탈리아 문화에 대한 지식이 보급되는 계기를 마련하였다.

16세기에 영어에 들어온 초기 이탈리아어 차용어는 무역에 관련된 어휘를 비롯하여 문학, 음악, 건축에서 사회활동에 이르는 문화관련 차용어에 이르기까지 그 차용범위가 넓게 퍼져 있었다. (F.는 프랑스어로 간접 차용된 어휘임을 뜻함).

- 무역관련: *traffic*(F), *parmesan*, *caravel*, *artichoke*, *carat bankrupt*(F), *majolica*, *frigate*
- 문학, 음악, 건축, 사회활동: *ballot*, *carnival*, *cupola*, *duomo*,

sonnet, *cameo*, *lottery*, *pilaster*, *piazza*, *duel(lo)*, *madrigal*, *stanza*, *motto*, *canto*, *belvedere*, *fresco*, *stucco*, *canzone*, *bazaar*

차용어 중에는 영어에 들어온 이후 의미변화가 일어나서 본래의 의미가 더 이상 쓰이지 않는 경우도 생겨났다. 이들 중에는 *scope* 'mark for shooting at', *cassock* 'a horseman's coat', *cartel* 'a written challenge'(F), *cavalier* 'a horse-soldier', *manage* 'to control a horse', *garb* 'grace' 또는 'elegance'

17세기 및 18세기에는 이탈리아 제품, 사회관습 및 예술관련 차용어가 영어 어휘에 많이 쌓이게 되며, 지질학이나 의학관련 어휘도 이 시기에 영어에 들어와 쓰이게 된다. 생활과 사회관련 어휘의 예로 *umbrella* 1609, *lagoon* 1612, *gala* 1625, *gusto* 1629, *incognito* 1638, *regatta* 1652, *gambit* 1656, *firm* 1744, *imbroglio* 1750 (Serjeantson 1961: 189～190) 등이 있다. 과학관련 차용어는 대부분 일반적으로 널리 쓰였는데, *volcano* 1613, *granite* 1646, *bronze* 1721, *lava* 1750, *tufa* 1770, *malaria* 1740, *influenza* 1743 등이 있다. 또한, 이 시기에 들어온 건축관련 차용어는 영어에서 확고한 위치를 차지하면서 그 후 오늘에 이르기까지 널리 쓰이고 있다(ex. *portico* 1605, *villa* 1611, *grotto* 1617, *balcony* 1618, *mezzanine* 1711, *arcade* 1731).

그러나 무엇보다도 이탈리아어에서 영어에 들어온 차용어의 상당수를 차지하는 것은 음악관련 어휘일 것이다. 17세기에도 많은 차용어가 들어왔는데(e.g. *opera* 1644, *recitative* 1645, *sonata* 1694, *solo* 1695), 18세기가 시작되면서 이탈리아 음악, 특히 이탈리아 오페라는 영국에서는 매우 유행하였으며, 이와 함께 이전 시기에서는 볼 수 없었던 새로운 음악 어휘가 폭발적으로 영어에 들어왔다. 그리하여 18세기에는 이탈리아 차용어를 쓰지 않고 영어로 서양 음악을 얘기하는 것은 불가능해졌다.

다음에 참고로 18세기에 들어온 음악관련 차용어를 *OED* 및 여러 자원에서 뽑아 인용한다.

1724: *tempo, trombone, violoncello, forte, cantata, lento, pianissimo, maestro, moderato*
1727: *oratorio*
1730: *concerto, soprano*
1737: *sotto voce*
1740: *allegretto, duet*
1742: *aria, andante, libretto*
1746: *adagio, impresario*
1753: *coda, coloratura, mezzo-soprano*
1759: *divertimento*
1761: *bravo*
1767: *pianoforte*(=*fortepiano* 1769)
1770: *operetta*
1774: *falsetto*
1776: *crescendo*

그 밖에 여러 의미 분야에 속한 어휘들이 다양하게 영어에 들어 왔는데, *bandit, ghetto, macaroni, motto, vermicelli, carnival, ditto, zany, antic, archipelago, arsenal, tariff, belladonna* 등 다채로웠다.

(2) 스페인어 및 포르투갈어

이 두 언어는 모두 로망스어에 속하는 언어로 그 특성이 매우 비슷하며 영어에 들어 온 차용어들의 성격도 유사하여 두 언어 중 어느 언어에서 영어에 차용한 것인지 분간하기가 어려운 경우가 많다. 스페인과 포르투갈은 영국과 오랫동안 탐험이나 교역관계 및 유럽 이외의 세계를 식민지로 만드는 일에 앞장서 왔으므로 극동지역과 신세계에서 발견된 이국적인 산물과 생활양식이 이들 두 언어를 통해 영어로 직접 들어 왔다.

이러한 어휘들 중 포르투갈어에서 영어에 들어 온 차용어로는 *mango, albacore, betel, pagoda, tank, yam, tapioca, cashew* 등이 있고, 스페인어에서 영어에 들어 온 차용어로는 *guava, mestizo, buoy, cargo, masquerade, siesta, cigar, papaya, puma, alpaca, canoe, chili, tomato, coyote, llama, iguana, hammock* 등이 있다. 스페인 차용어 중 아메리카 인디언어에 근거하여 생성된 어휘로는 *cannibal, negro, maize, potato, alligator, tobacco, banana, ananas, vanilla, avocado, barbecue, tortilla, pampa*가 있다.

이와는 달리, 토박이 포르투갈어에서 차용된 어휘로는 *auto-da-fé, palaver, molasses, albino, dodo* 등이 있고, 토박이 스페인어에서 차용된 어휘로는 *anchovy, breeze, castanet, cockroach, sombrero, tortilla* 등이 있다.

(3) 네덜란드

네덜란드는 지리적으로 영국과 가까운 데다가 영국과 광범위하게 무역과 정치적인 유대관계를 맺어 왔으므로 초기 현대영어 시기에 네덜란드어가 용이하게 영어에 들어오게 되었다. 네덜란드어는 플라망어(Flemish), 프리지아어, 아프리칸스어(Arikaans) 및 저지 독일어와 매우 밀접하게 연관되어 있으므로, 차용어를 역사적으로 서술하기 위해서는 이들 언어가 모두 포함된다. 엄밀한 의미에서 이들 언어에서 차용된 대부분의 어휘는 모두 네덜란드어에서 유래한다. 따라서, 순전히 외형상으로 보면 외적 증거 없이 차용어의 직접 자원을 확인하는 것은 불가능에 가깝다.

15세기에 들어온 차용어의 대부분은 네덜란드어 및 영어에 공통으로 쓰인 무역관련 공통관심사인 상품, 해양 및 직물에 관련된 어휘들이었다. 15세기 말에 들어온 차용어로는 *guilder* 1481, *excise* 1494, *hose* 1495 등이 있었다. 무역관련 차용어는 해양(항해)와 관련된 어휘와 더불어 16세기에 끊임없이 차용되었는데, *gulden* 1502, *scone* 1513, *dock* 1513, *splice* 1524, *dollar* 1553, *yacht* 1557 등이 있었다. 그밖에 다른 어휘도 또한 차용되었다. (ex. *wagon* 1523, *snuff* ('inhale') 1527, *steady* 1530, *bully* 1538, *bumpkin* 1570, *catkin* 1578, *spatter* 1582, *filibuster* 1587, *split* 1590, *rant* 1598, etc.)

네덜란드는 항해술이 발달된 관계로 항해와 관련된 어휘가 영어에 많이 차용되었으나, 17세기에는 항해뿐만 아니라, 상업, 전쟁, 예술에 관련된 어휘도 폭넓게 들어와 쓰였다. 일부만 인용하면 다음과 같다. (e.g. *smack* 1611, *keehaul* 1626, *cruise* 1629, *jib* 1661, *yawl* 1670, *brandy* 1654, *tea* 1655, *duffel* 1677, *smuggle* 1687, *knapsack* 1603, *onslaught* 1625, *easel* 1654, *sketch* 1668.) 이 시기에 들어온 다른 어휘들로는 *hanker* 1601, *slur* 1609, *drill* 1611, *skate* 1656, *slim* 1657, *hustle* 1684 등이 있다.

이 밖에도 *blunderbuss, brandy, clapboard, drill, foist, gruff, muff, ravel, sleigh, snuff, sputter, uproar* 등과 같은 어휘도 네덜란드어 차용어들이다. 이들 어휘의 특징은 학문적이고 추상적인 라틴어나 프랑스 차용어와 달리 실제적이고 구체적인 어휘들이라는 점이다.

18세기에는 기본적으로는 이전 시기에 들어온 것과 똑같은 유형의 어휘가 차용된 것을 엿볼 수 있으며(e.g. *gin* 1714, *schooner* 1716, *roster* 1727, *cookie* 1730, *spillikin* 1734, *yankee* 1765, *caboose* 1769, *mangle* 1774), 여기에 남아프리카에서 사용된 일부 네덜란드

어(e.g. *kloof* 1731, *steenbock, springbok* 1775)가 추가되었다.

(4) 독일어

독일은 정치적인 통일이 늦게 이루어진 관계로 표준어의 발달이 그만큼 늦어져서 영어에 들어 온 독일어 차용어는 다른 언어에 비해 그 수가 많지 않았다. 독일은 지질 및 광산이 발달되어 이 분야와 관련된 어휘가 18세기에 영어에 들어 왔다. 오늘날까지 영어에 쓰이고 있는 독일 차용어의 예를 인용하면 다음과 같다.

landgrave 1516, *lobby* 1553, *carouse* 1567, *hamster* 1607, *sauerkraut* 1617, *plunder* 1632, *zinc* 1651, *bismuth* 1668, *cobalt* 1728, *pumpernickel, quartz* 1756, *iceberg* 1774, *nickel* 1775. 그밖에 *fife, halt, knapsack, noodle, swindle, veneer, waltz* 등이 초기 현대영어 시기에 영어에 들어온 차용어들이다.

(5) 러시아어

다른 슬라브계 언어에서 영어에 들어온 것보다 러시아어에서 영어에 들어온 어휘가 훨씬 더 많았으나 흔히 쓰이지는 않았다. 이 중에서 오늘날까지 쓰이고 있는 차용어로는 *rouble* 1554, *Czar* 1555, *steppe* 1671, *mammoth* 1706, *ukase* 1729, *suslik*(땅다람쥐의 일종) 1774 등이 있다.

(6) 켈트어

초기 현대영어 시기에는 그 이전 시기에 비해 많은 수의 켈트어 차용어가 영어에 들어 왔는데, 켈트어에 속하는 여러 언어에서 영어에 들어온 차용어로는 아일랜드어(Irish) 및 스코틀랜드 게일어(Scots Gaelic)에서 유래한 *whisky*(1715)가 있다. 그러나 대부분 차용어는 세 하위 언어에서 직접 차용된 것들이다. 아일랜드어에서 온 것으로는

bog 1505, *brat* 1505, *trousers* 1599, *Tory* 1646, *galore* 1675가 있고, 스코틀랜드 게일어에서 유래한 차용어에는 glen 1489, *plaid* 1512, *slogan* 1513, *gob* 1550, *ptarmigan* 1599, *Gaelic* 1774가 있다. 웨일스어(Welsh)에서 들어온 차용어는 세 하위 언어 중 그 수가 가장 적으며 *flannel* 1530, *coracle* 1547 등이 있다.

7.2.3. 비인구어(비유럽언어) 차용어

르네상스를 거치면서 유럽은 유럽이라는 울타리를 벗어나 다른 나라와의 접촉이 빈번해졌고 당시 유럽인들에게는 알려지지 않은 신세계를 발견하게 되면서 미국을 비롯한 아시아, 중근동, 아프리카 등 여러 나라로부터 많은 차용어가 영어에 들어오게 되었다. 이들 차용어를 차례로 간단히 살펴보겠다.

(1) 아메리카 인디언어

17세기 초에 영국의 청교도들이 북아메리카에 이주하게 되면서 영국인과 인디언과의 접촉이 이루어지게 되었으며 영국인들은 동부 해안지역에 정착하였기 때문에 영어에 들어 온 차용어는 인디언어 중에서는 알곤킨어(Algonquian)가 대부분이었다. 영국인들에게 낯선 동식물이나 공예품 그리고 인디언들의 문화와 관련된 어휘들이 영어에 들어와서 쓰이게 되었다. 미국 동부의 지형은 영국이나 대륙의 지형과 비슷해서 지형의 특징을 나타내는 새로운 어휘는 찾아볼 수 없다.

- 동물 *menhaden, moose, muskrat, opossum, raccoon, skunk, terrapin, woodchuck*
- 식물 *hickory, hominy, pecan, persimmon, poke(weed)*
- 식품류 *pone, squash, succotash, tamarack*

• 공예품　*moccasin, tomahawk, totem, wampum, wigwam*
• 문화　*caucus, manitou, papoose, powwow, sachem, sagamore, squaw*

(2) 중근동 언어

십자군 원정 때부터 중동과 근동지역에서 쓰인 어휘들이 유럽 언어에 조금씩 차용되어 쓰여 왔는데, 이러한 현상은 초기 현대영어 시기에도 계속되었다. 이들 지역에 속하는 언어 중에서 영어에 많은 차용어를 제공한 언어는 터키어(Turkish)였으며, 터키어에서 쓰인 차용어도 상당수는 페르시아어나 아랍어에서 빌어온 것들이었다. 페르시아어에서 직접 영어에 들어온 차용어로는 *turban* 1561, *shah* 1564, *divan* 1586, *bazaar* 1599, *caravan* 1599, *pilau* 1612, *mullah* 1613, *parsee* 1615, *seersucker* 1757, *dervish* 1585, *caravan* 1599. *attar* 1798, *bazaar* 1588, *percale*, 1621, *shawl* 1662이 있다. 터키어에서 들어온 차용어는 직접차용으로 대부분 명사에 속한다. *jackal* 1603, *pasha* 1646, *pilaf* 1612, *sherbet* 1603, *yogurt* 1625, *janizary* 1529, *horde* 1555, *vizier* 1562, *caftan* 1591, *coffee* 1598, *tolipane* 'turban' 1561 등. 아랍어로부터는 *ghoul* 1786, *harem* 1634, *hashish* 1598, *henna* 1600, *sheik* 1577와 같은 어휘들이 있다.

(3) 아프리카 언어

19세기까지만 해도 사하라사막 이남에 위치한 아프리카는 유럽의 문명권 밖에 있었으며 아직 개방을 하지 않았던 시기여서 유럽의 현저한 영향이 미치지 못하였다. 그 결과, 이 지역에서 쓰인 여러 부족의 언어에서 초기 현대영어에 유입된 어휘는 불과 소수에 지나지 않았다. 그 중의 일부는 직접차용어로 여러 아프리카 언어로부터 영어에 들어왔는데, *zebra* 1600, *baobab* 1640, *okra* 1679, *marimba*

1704, *chimpanzee* 1738, *mumbo jumbo* 1738, *chigger* 1756, *gnu* 1771 등이 있다.

(4) 아시아-인도아대륙 언어

영국은 17~18세기에 포르투갈, 프랑스 및 네덜란드와 인도아대륙(亞大陸)을 차지하기 위해 경쟁을 벌였고 이 대륙을 차지한 후에 그곳의 여러 언어로부터 영어에 많은 새로운 차용어를 들여왔다. 이 중에서 영어에 가장 중요한 공헌을 한 언어는 힌디어(Hindi)로, *bandanna* 1752, *bangle* 1787, *bungalow* 1676, *cheetah* 1704, *cot* 1634, *cowrie* 1662, *cummerbund* 1616, *dungaree* 1696, *maharaja, pukka, mongoose* 1698, *gunny* 1711, *guru* 1613, *jungle* 1776, *nabob* 1612, *rupee* 1612, *pundit* 1672, *sari* 1598, *seersucker* 1722, *shampoo* (v.) 1762, *toddy* 1609, *veranda* 1711, *sahib* 1673, *tom-tom* 1693와 같은 어휘가 차용되었다. 인도의 남부 및 스리랑카에서 쓰인 타밀어(Tamil)로부터는 *catamaran* 1673, *cheroot* 1669, *corundum* 1728, *curry* 1598, *pariah* 'a member of a low caste' 1613란 어휘가 들어왔고, 벵골어(Bengali, 방글라데시인의 언어)에서는 *jute* 1746, *dinghy* 1736, 그리고 우르두어(Urdu, 파키스탄의 공용어)에서는 *coolie* 1598가 영어에 차용되었다.

동남아시아의 말레이어(Malay) 사용지역에서는 *bamboo* 1598, *paddy* 1623, *cockatoo* 1634, *orangoutang* 1699, *kapok* 1750, *amuck* 1672, *caddy* 1770, *cassowary* 1611, *kapok* 1750, *orangutan* 1699, *rattan* 1665, *sago* 1555, *teak* 1698와 같은 어휘들이 영어에 들어와 쓰였다. 고도의 문명과 기술을 누린 중국과 일본의 언어도 초기 현대영어 시기에 영어에 많은 기여를 하였는데, 중국어에서는 *ginseng* 1654, *ketchup* 1711, *kumquat, litchi* 1588, *nankeen* 1755, *pekoe* 1712, *pongee* 1711, *sampan* 1620, *tea* 1655, *typhoon* 1588 등이 영어에

들어 왔고, 일본어에서는 *mikado* 1727, *sake* 1687, *shogun* 1615, *soy* 1696 등이 영어에 차용되었다. 심지어는 이 시기에 일반적으로 접근이 어려운 티베트로부터도 일부 티베트어(Tibetan)가 영어에 들어와 쓰였는데, *lama* 1654, *yak* 1795가 그 대표적인 차용어들이다.

Further Readings

- Bauer, L. (1983) *English Word-formation*. Cambridge: Cambridge University Press.
- Denning, K. et al. (2007) *English Vocabulary Elements*. Second Edition. Oxford: Oxford University Press. [f. 1995].
- Freeborn, D. (1998) *From Old English to Standard English*. Second Edition. London: Macmillan Press Ltd.
- Katamba, F. (2005) *English Words: Structure, History, Usage*. Second Edition. London & New York: Routledge.
- Marchand, H. (1969) *The Categories and Types of Present-Day English Word-Formation*. München: C. H. Beck' sche Verlagsbuchhandlung.
- Stockwell, R. & Donka Minkova (2001) *English Words: History and Structure*. Cambridge: Cambridge University Press.
- 박영배 (2009) 『영어사연구의 방법과 응용』 서울: 한국문화사.
- 박영배 (2011) 『영어 어휘변천사연구』 서울: 한국문화사.

원문 강독

(1) 다음에 발췌한 글은 어휘차용(borrowing)이 영어에 끼친 음운, 문법 및 의미상의 영향에 관해 쓴 글이다.

Language is a system where all the pieces fit together. Borrowing has repercussions for the entire system. The introduction of words from other language may affect the structure of the recipient language at the level of meaning, grammar(morphology and syntax) or pronunciation.

First, let us consider the phonological effects of borrowing, which have not been drastic, using the history of *sk* as our illustration. Very early in its history, Old English underwent a phonological change which resulted in the consonant combination [sk] being pronounced as [ʃ]. Old English *scip* [skip] had become [ʃɪp] ('ship'), *sceap* [skæəp] had become [ʃæəp] *scruncen* [skrunken] had become [ʃrunken] ('sheep') ('shrunken') etc. As consonant cluster, [sk] became extinct although [s] and [k] continued to occur in other combinations.

Later on, borrowing from French during the Middle Ages also had some consequences for English phonology. It resulted in a phoneme split. This is what happened. In Old English the fricatives [f v] and [s z] were not distinct phonemes. They were allophones of the phonemes /f/ and /s/ respectively. The voiced allophones occurred in heavily voiced environments. The voiceless fricative [f] occurred elsewhere: word-initially as in *feorr* 'far'; word-finally as in *lēōf* 'dear'; and when followed by a voiceless consonant as in *lufsum* 'amiable'. The same pattern of distribution was also shown by [s] and [z].

Borrowing may also have grammatical effects, although these

too have been quite modest in English. Adopting foreign nouns with their inflectional morphemes has resulted in the acquisition of a considerable number of allomorphs of the plural morpheme. In addition to the regular, native *-s* plural, English has other plural suffixes. Many Latin loans ending in *-um* (e.g. *datum*) take *-a* as their plural suffix (*data*); those ending in *-us* in the singular (e.g. fungus) take *-i* in the plural (*fungi*); and those ending in *-a* in the singular (e.g. *larva*) take *-ae* in the plural (*larvae*).

Some Greek loans also bring with them their plural endings. Nouns ending in *-is* in the singular take *-es* in the plural e.g. *thesis*～*theses*. Those ending in *-on* in the singular take *-a* as their plural suffix as in *ganglion*～*ganglia*.

Nouns borrowed from French which end in *-e(a)u* take *-x* in the plural, e.g. *bureau*～*bureaux* and *adieu*～*adieux*. And nouns borrowed from Hebrew take the plural *-im* as in *kibbutzim*.

Finally, the introduction of new borrowed items may have semantic effects. These are the most obvious and most important. Thus, borrowing can effect the *structure* of the lexicon when the meanings of imported words are put side by side with the meanings of words which are already in the lexicon. This is because the lexicon is not just an unstructured list. Adding a new word may disturb the equilibrium of the words already in the language, causing semantic narrowing, for example. The new, borrowed word may take over part or most — but not all — of the meaning of the original word, and the original word may survive with a restricted meaning. An often cited example is the Old English noun *dēor*. This word originally meant any beast; but when the French word animal was borrowed, the original word *dēor* (which eventually became 'deer') was restricted to denoting the class of ruminant mammals with deciduous antlers. Similarly, the acquisition of the Norsemen's verb *cut* squeezed into a corner the original meaning of Old English *ceorfn* 'carve'. The meaning of *ceorfn* 'carve' was narrowed down to a special type of cutting.

The converse is also possible. Semantic narrowing may affect the borrowed word itself and not the words already found in the language. A word borrowed from a foreign language may have a more restricted meaning in the recipient language than it does in the source language. For instance, in Swahili safari means 'journey' — any kind of journey'. However, when it is used in English, it normally has the meaning of a touristic, game-viewing African trip.

(Quoted from Katamba 2005: 148～150)

(2) 다음에 인용한 글은 어휘가 형성되는 과정에 관한 글이다. 접사화(affixation)가 새로운 어휘를 만드는 데 어떻게 작용하는지 파생(derivation) 및 굴절(inflection)을 예로 들어 설명하고 있다.

People coin words in many ways, often idiosyncratically. But it is useful to think of words as being built up in the following, ideal, way.

Word formation begins with a lexical morph, a root. If we wish, for example, to coin a word to describe a place with a lot of wind, we might start with the root *wind* then attach to it the adjective-forming affix *-y*, forming *windy* (which we might here write as *wind-y*, to mark clear dividing lines between the morphs). We can call this process affixation, or suffixation, if we want to be a bit more specific. The component that an affix is added to is called a base. affixation can be used both to form new lexemes, as here, in which case the process is called derivation, or it can be used to create new word forms (e.g. *winds*), in which case it is called inflection.

A property of language that makes derivation very flexible is that it permits a certain amount of recursion. This means that derivation can create an output (a complex morphological component) that it can then turn around and use as an input to another round of derivation. Derivation doesn't have to apply only to morphs. For example, *wind-y* was created by affixation, and we can apply affixation to *wind-y* to create yet another word, such as *wind-i-ness*. (The alternation of "i" and "y" is just a spelling rule of English, which avoids "i" at the end of words.) If we wish to make tjis recursion explicit, we can choose to enclose every component within square brackets. This [wind] plus [y] makes [[wind][y]], and [[wind][y]] plus [ness] make [[[wind][i][ness]]. This gets cumbersome fast, but we can see how it does have the advantage of making explicit the fact that -ness was added to the complex component *wind-y* and not to the morph "y" itself.

We can do the same thing wth Latin or Greek morphs. The word admirable, for example, starts with the Latin root [mir] 'amazing' and adds the suffix [a] to make it verbal, giving the component [[mir][a]] 'be amazed'. The complex component *mira* is used as the base of prefixation: it adds the prefix [ad] (roughly 'to') to give [[ad][mir][a]]] 'admire'. Finally that is used as the base for another suffixation, adding [ble] 'capable of, worthy of' to give [[[ad][mir][a]]][ble]]. Again, we should emphasize that you won't normally be asked to figure out the exact steps involved – it's accomplishment enough to work out that *admirable* contains the morphs *ad-mir-a-ble*. But it is good to understand in principle how complicated words can be constructed by the repeated application of simple processes like prefixation and suffixation.

In almost all cases, the last morph of a word is its grammatical head. The head of a word is important for a couple of reasons. First, it tells how the word is used in the sentence. Because the last morph of *wind* is a singular noun, it can be used as the subject of verbs like *is: Wind is good for dandelions*. The same is true of *wind-i-ness* because the morph *-ness* marks singular nouns as well: *Windiness is good for dandelions*. But because the last morph of -y is adjectival, windy can only be used as an adjective: Windy weather is good for dandelions, not **Windy is good for dandelions*.

(Quoted from Denning et. al 2007: 51～52)

연습문제

1. 차용어(loan-words)와 외래어(foreign words)에 대한 설명 중 잘못된 것은?
   1) 우리말 사전에 표제어로 등장하는 '라디오'는 귀화어(歸化語)의 좋은 예라 할 수 있다.
   2) 차용어는 사회적으로는 어느 정도 공인되어 쓰이는 어휘를 말한다.
   3) 차용어는 오랜 세월동안 사용되어 고유어처럼 인식되면 비로소 귀화어가 된다.
   4) 외래어는 한 나라의 말이 다른 나라의 말의 체계에 들어와서 동화된 말이다.

2. 영어에 들어온 라틴어 또는 그리스어의 차용시기와 특징에 대한 설명 중 잘못된 것은?
   1) 라틴어는 영어에 들어온 차용어 중 프랑스어 다음으로 영어에 많은 언어이다.
   2) 고대영어 시기에 차용된 라틴어는 서적을 통해 도입된 문어체 라

틴어이다.

3) 문예부흥 시기에는 라틴어의 유입이 다소 줄어들었다.

4) 16세기 이후 현대영어에 들어온 라틴어는 주로 학술용어로 쓰였다.

3. 다음 스칸디나비아어에 대한 설명 중 잘못된 것은?

1) 스칸디나비아 어는 Old Norse라고도 하며 북부 게르만어군에 속하는 언어들(노르웨이어, 스웨덴어, 덴마크어)을 총칭한다.

2) 영어에 들어온 스칸디나비아 차용어는 대체적으로 1016년 이전의 고대영어 시기, 중세영어 시기, 1500년 이후의 3기로 나뉜다.

3) 스칸디나비아 차용어가 영어에 끼친 영향으로 새로운 지명 및 인명의 도입은 많이 이루어졌으나, 영어의 발음에는 영향을 끼치지 않았다.

4) 스칸디나비아 차용어가 영어에 끼친 영향은 다양한 품사로 이루어진 일상 어휘의 도입이다.

4. 프랑스 차용어가 영어에 끼친 영향에 대한 설명 중 잘못된 것은?

1) 프랑스어의 유입으로 영어에 많은 동의어가 생겨나면서 토착 영어와 프랑스 차용어의 특색이 드러나게 되었다.

2) 프랑스 차용어가 보다 형식적이고, 예의바르고, 세련된 면이 있으나, 사람의 정서를 강하게 포착하지는 못한다.

3) 프랑스 차용어의 영향으로 새로운 음소 /ʒ/가 영어 자음 음소 체계에 추가되었다.

4) 고대 프랑스어의 철자 'ch'의 발음 [tʃ]의 영향으로 현대영어의 단어 'chief, chef'에서의 발음이 [tʃ]로 유지되고 있다.

5. 의미전환(shift of meaning)의 예를 알맞게 나타낸 것은?

1) specialization (narrowing): knave

2) generalization (widening or extension): bird

3) deterioration worsening, pejoration): minister

4) amelioration (bettering): deer

6. 어의전이(transfer of meaning)의 예를 잘 나타낸 것은?

1) 제유(synecdoche): from the cradle to the grave
2) 환유(metonymy): He is a poor creature.
3) 은유(metaphor): She is my sunshine.
4) 완곡어법(euphemism): She makes me happy like sunshine.

7. 어형성의 예가 올바르게 연결된 것은?

1) compound word: YMCA
2) acronym: lone(< alone)
3) back-formation: edit(< editor)
4) derivation: [White House]$_{CN}$

8. 어형성과정에 해당되지 않는 것은?

1) word order
2) creating words
3) derivation
4) conversion

9. 신어 어형성의 예가 잘못 연결된 것은?

1) Clipping: edit, televise
2) Functional Shift: to eyeball, to facsimile
3) Compounding: birdbrain, cyberspace
4) Blends: brash, prissy

10. 고대영어의 어휘의 차용어에 대한 설명 중 잘못된 것은?

1) 고대영어 시기에 차용된 라틴어의 도입과정은 로마 선교사들이 영국에 들어오기 시작한 전후의 차용어인 두 가지로 나눌 수 있다.
2) 고대영어에 들어온 켈트어는 다른 외래어에 비해 가장 많은 수의 어휘가 들어 와서 쓰였다.
3) 라틴어로부터 많은 수의 차용어가 고대영어에 들어왔다.
4) 고대영어 자원에 기여한 스칸디나비아어는 영국의 북부를 맨 처음 약탈한 후 그곳에 정착한 바이킹족이 쓰던 말이다.

11. 다음 단어의 의미변화(change of meaning)의 종류 중 추이(shift)의 예를 잘못 든 것은?

1) generalization: bird, plant
2) specialization: deer, hound
3) deterioration: marshal, silly
4) amelioration: minister, fond

12. 다음 기존어를 변경하는 어형성(word formation)이 아닌 것은?

1) creating words
2) composition
3) derivation
4) shortening

13. 의미변화(change of meaning)는 추이(shift), 은유적 전이(metaphoric transfer), 환유적 전이(metonymic transfer) 등 세 가지 형으로 분류한다. 다음 추이(shift)에 해당하는 것이 아닌 것은?

1) 일반화(generalization)
2) 특수화(specialization)
3) 향상(amelioration)
4) 제유(synecdoche)

14. 하나의 기저(base)에 하나 이상의 접사(affix)를 결합시켜 새로운 어를 만드는 작용을 파생(derivation)이라 하며 그 결과 나타나는 어를 파생어(derivative word)라 한다. 다음 파생어에 해당하지 않는 것은?

1) unfair
2) boyhood
3) exam
4) talkative

15. 하나의 언어체계가 다른 언어체계로부터 여러 가지의 언어적 요소를 받아들여 그 언어체계의 유기적 일부로서 사용되는 것을 차용(borrowing)이라 한다. 다음 차용과 관련이 없는 것은?

1) Loan translation
2) Loan word
3) Doublet
4) Native word

※ 다음 밑줄 친 곳에 들어갈 알맞은 말은? (16~18)

16. __________ is the creation of a new word from an existing word in the belief that the existing word is a derivative of a word that

actually exists: for example, *beg* from *begar*, *darkle* from *darkling*, *sidle* from *sideling.*

1) back formation
2) compound
3) conversion
4) apocope

17. __________ is a new word made by joining together two or more freely occurring forms, for example, *highschool, fireeater, tailgate.*

1) suffix
2) compound
3) hybrid
4) back-formation

18. A process in which the referential scope of a word is reduced, that is, OE dēor (animal) > ModE deer, called __________.

1) amelioration
2) generalization
3) pejoration
4) specialization

19. 다음 차용어의 경우 Latin/Greek에서 차용한 어휘는?

1) merchant
2) chair
3) chaos
4) chief

20. 다음 빈 칸에 들어 갈 적당한 것은?

> A word or phrase that is used in a circumlocutory way in reference to death, birth, disease, for example, *expecting, go to sleep, exceptional child, rest room,* etc., is called __________.

1) obscene word
2) bilingual
3) euphemism
4) metonymy

Study Questions

1. 차용어는 직접차용과 간접차용의 형식을 빌어 영어에 들어와 쓰였다. 이 두 과정을 구체적인 예를 들어 설명하여 보시오.

2. 어형성(word formation)은 크게 3가지로 나눌 수 있다. 3가지 방법에 대하여 간단한 예를 들어 설명하시오.

3. 다음 밑줄 친 곳에 알맞은 말을 <보기>에서 고르시오.

〈보기〉

Root Creations, Reduplication, Calques, Folk Etymology, Acronyms

1) __________ or words formed from the initial letters of preexisting words (ex. UNESCO etc.), are another modern phenomenon, virtually unheard-of in English prior to the Present-Day English period and having mushroomed only in the twentieth century. A very minor source of new vocabulary is 2) __________ or loan-translations. Under this process, a word is translated element by element from another language (ex. *Lehnwort* (German) → loanword (English) etc.).

4. 다음 단어 acorn (fruits → fruit of oak tree), girl (young person of either sex → young female), lust (pleasure, delight → strong (sexual) desire), carp (speech, talk → complain unnecessarily) 등은 중세영어 시기에서 초기 현대영어 시기로 넘어오면서 괄호 안에서와 같이 의미의 변화가 일어난 단어들이다. 다음 밑줄 친 곳에 해당되는 단어들을 써 넣으시오.

1) Generalization and Narrowing: ____________________

2) Amelioration and Pejoration: ____________________

부록

부록 1 참고문헌 해제(解題)

1. Albert C. Baugh & Thomas Cable (2002) *A History of the English*, Fifth Edition. London: Routledge.
초판(1951)이 나온 이후 학부생을 위한 교재로 꾸준히 발간되어온 텍스트로서, 11개의 장으로 구성되어 있고, 영어의 역사적인 변천과정을 상세하게 기술한 책. 내면사보다 정치, 사회, 문화, 문학 등 영어의 외면사에 큰 비중을 둔 것이 특징임.

2. Thomas Pyles & John Algeo (1993) *The Origins and Development of the English Language*, Fourth Edition. New York: Harcourt.
Baugh & Cable(2002)와는 달리, 발음, 문법, 어휘 등 영어의 내면사에 크게 치중하여 기술한 텍스트. 학부 상급반 또는 대학원 교재로 사용하기에 적합한 교재. 모두 12장으로 구성되어 있고 10～12장은 어휘와 관련된 장으로 상세히 서술한 것이 특징임.

3. Henry Bradley (1968) *The Making of English*. London: Macmillan.
영어사보다는 영어학 입문서의 고전. 모두 5장으로 구성되어 있고 영문법의 변화, 외래어의 역사, 어형성 그리고 영어 형성에 기여한 사람들에 대한 공적에 많은 지면을 할애하고 있는 것이 특색.

4. Otto Jespersen (1978) *Growth and Structure of the English Language*, Ninth Edition. Oxford: Basil Blackwell.
초판(1905) 이후 영어사의 고전으로 명성을 지켜온 책. 244쪽에 모두 11개의 장으로 되어 있는 작은 책자임. 영어형성에 기여한 외래어 설명에 치중하고 셰익스피어와 시의 언어를 서술한 것이 특징.

5. Henry L. Mencken (1965) *The American Language:* An Inquiry into the Development of English in the United States. New York: Alfred A. Knopf.
초판은 1919년에 나왔으며 꾸준히 판을 거듭하면서 1965년에 5판이 나오고 17쇄를 찍은 미국영어의 역사와 여러 상황을 다룬 미국어의 결정판. 모두 12개의 장으로 구성되어 있음. 미국어라고 칭할 만큼 미국영어에 큰 애정을 지니고 쓴 대작. 미국영어의 역사를 총체적으로 연구하려는 이들에게 권장할만한 연구서임.

6. Henry C. Wyld (1953) *A History of Modern Colloquial English.* London: Fisher Unwin.
구어체 영어의 역사를 다룬 연구서로서 높이 평가되는 저서. 모두 10장으로 구성되어 있고 15～19세기까지의 구어체 영어 및 이 기간에 일어난 음운변화를 집중해서 다루고 있음. 영어사 참고교재로 적당함.

7. Richard M. Hogg ed. (1992) *The Cambridge History of the English Language,* Volume I: The Beginning to 1066. Cambridge: Cambridge University Press. 1992～2001.
영국 케임브리지대학 출판부에서 나온 영어사 시리즈의 첫째 권. 시기별로 모두 6권으로 이루어져 있는데, 1권(고대편), 2권(중세편), 3권(초기현대편), 4권(현대편), 5권(영국/해외 여러 나라에서의 영어편) 및 6권(북미에서의 영어편)으로 나누어 분야별 전공자들의 연구가 응집된 영어사 연구의 최신판. 영어사를 분야별로 연구하려는 이들을 위한 길잡이 구실을 하기에 매우 좋은 연구서임.

8. Barbara A. Fennell (2001) *A History of English:* A Sociolinguistic Approach. Oxford: Blackwell.

영어의 역사를 사회언어학적인 관점에서 쓴 텍스트. 각 장마다 해당 시기에 일어난 사건과 언어변화를 언어접촉이나 피진(pidgin), 크리올(creole), 친소관계(solidarity relations) 등 사회언어학에서 사용하는 개념에 초점을 맞추어 영어의 역사를 서술한 것이 특징. 영어사 교재로 쓰기에 적합한 텍스트.

9. Elly van Gelderen (2006) *A History of the English Language*. Amsterdam/Philadelpia: John Benjamins.
최근에 나온 미국판 영어사 교재. Baugh(2002), Pyles(1993)와는 달리, 영어의 내면사 위주로 서술되어 있으면서 예문과 관련 자료가 풍부하고 각 장 끝에 Exercises, Exercises and review questions 등과 같은 학습자가 본문내용을 심화학습할 수 있는 연습자료가 풍부하게 제시되어 있음. 연습문제에 대한 힌트가 없는 것이 흠. 교수의 도움 없이 학습자 스스로 이 책을 이용하기에는 어렵다.

10. Dan McIntyre (2009) *History of English. A resource book for students*. London and New York: Routledge.
이 책은 4부로 나누어 영어사의 여러 분야에 관해 연구자들이 쓴 글에서 발췌, 인용하여 영어의 전 분야를 골고루 이해하는 데 도움이 되는 유용한 자료를 소개하고 있음. 영어의 기원에서 세계화한 영어, 철자와 발음에서 세계표준영어의 소개, 영어의 미래 그리고 영어사와 관련된 각 분야의 읽을거리를 다양한 학자들의 저서에서 발췌하여 소개한 책. 다양한 관점에서 영어사를 깊이 있게 읽을 수 있는 원서로 영어사의 보조 교재로 추천할만한 연구서임.

11. Oliver F. Emerson (1912) *The History of the English Language*. London: Macmillan & Co.
20세기 초에 나온 영어사 교재로 고전이 된 명저임. 저자가 코넬대학에서 행한 강의를 바탕으로 쓴 텍스트임. 이 책은 크게 (1) 영어와 다른 언어들과의 관계, (2) 표준어와 방언, (3) 영어 어휘, (4) 영어 어원학, (5) 영어의 굴절의 역사 등 5부로 나누어져 있고 모두 23개의 장으로 구성됨. 외면사보다는 내면사에 치중하여 서술하고 있는 것이 특색임.

12. Norman F. Blake (1996) *A History of the English Languuage.* London: Macmillan.
20세기 중반에 나온 영어사의 역작. 11개의 장으로 구성되어 있고, 종전의 영어사교재와 달리, 표준어가 고대에서 현대에 이르기까지 어떻게 변천해 왔는지에 초점을 두고 서술한 것이 특징. 저자의 해박한 지식과 유려한 문체가 이 책 전반에 걸쳐 있음.

13. David Burnley (1992) The History of the English Language: A Source Book. London: Macmillan.
고대에서 현대영어에 이르기까지 해당 시기에 쓰인 중요 문헌 중에서 일부 내용을 발췌하여 간단한 소개와 함께 인용하여 편집한 책. 각 시기에 쓰인 문헌의 내용을 조감하기에 매우 좋은 길잡이 구실을 해주는 책임.

14. Charles Barber (1993) *The English Language: A Historical Introduction.* Cambridge: Cambridge University Press.
이 책은 1972년에 이미 『*The Story of English*(5판)』이라는 제목으로 출판되었으며 국내에서는 『영어사 서설』(박영배 역, 을유문화사 1981)로 출간된 바 있음. 1993년판은 1972년에 나온 15개의 장을 11개의 장으로 다시 정리하여 출판함. 영어의 역사를 평이하게 서술한 점이 특징.

15. Ishtla Singh (2005) *The History of English:* A Student's Guide. London: Hodder Arnold.
7개의 장으로 구성된 이 책은 외면사를 최소한으로 기술하고 내면사 중심으로 서술하고 있음. 언어변화로서의 영어, 어족 그리고 고대에서 중세, 초기 현대 및 현대영어 시기까지 구분하여 간단명료하게 서술한 것이 특징. 각 장 끝에 Study Questions가 붙어 있음.

16. Simon Horobin (2010) *Studying the History of Early English*. Palgrave Macmillan.
옥스퍼드대학 교수인 저자가 쓴 내면사 중심으로 쓴 영어사 교재. 고대, 중세 및 초기 현대영어까지의 철자와 발음, 표준화과정, 어휘, 어형론 및 코퍼스연구를 각 시기별로 나누어 서술한 것이 특징. 우리나라의 영어사 교재로는 적합지 않으나 참고도서로는 추천할만 함.

17. L. M. Myers (1966) *The Roots of Modern English*. Boston and Toronto: Little, Brown and Company.
20세기 중반에 나온 영어사 교재. 외면사보다는 내면사 중심으로 서술된 것이 특징. 20세기 중엽 이후의 연구 성과에 관해서는 언급이 없는 것이 결점. 10장에 서술된 구조문법과 변형생성문법에 관한 내용은 너무 지루하게 서술되어 있음.

18. Georges Bourcier (1981) *An Introduction to the History of the English Language*. adaptation by Cecily Clark. Cheltenham: Stanlley Thornes.
원래 1978년에 프랑스어판으로 쓴 것을 영어로 번역한 영어사 교재임. 서론, 고대, 중세 및 현대 등 4부로 되어 있고 맨 끝에 Epilogue: Present and Future가 붙어있음. 전적으로 영어의 내면사 중심으로 서술된 텍스트. 서술이 체계적이며 요점이 잘 정리되어 있는 것이 큰 특징.

19. Manfred Görlach (1997) *The Linguistic History of English*. London: Macmillan.
언어변화와 재구, 철자체계, 음운, 굴절, 어형성, 구문론, 어휘론, 의미론, 언어접촉 등 매우 독특한 순서로 편찬한 책으로 다소 난삽(難澁)한 측면이 있으나, 풍부한 자료와 논증으로 쓴 책. 교재보다는 참고도서로 적당함.

20. Richard Hogg and David Denison ed. (2006) *A History of the English Language*. Cambridge: Cambridge University Press.
영국 맨체스터대학의 교수로 있는 저자들이 편찬한 텍스트로서, 영어사의 여러 분야를 음운/형태, 구문, 어휘, 표준화, 명명(命名), 영국영어, 북미영어 및 전 세계에서 쓰이는 영어 등 8개의 섹션으로 나누어 각 분야의 전공 연구자들이 집필함. 영어사 교재보다는 참고도서로 적당한 텍스트임.

21. Lynda Mugglestone ed. (2006) *The Oxford History of English*. Oxford: Oxford University Press.
14개의 장으로 구성되어 있고 영어사의 흐름을 비교적 충실하게 따르면서 영어의 역사 전체를 다각적인 관점에서 조망할 수 있는 주제를 선정하여 서술하고 있는 점이 특징임. 교재보다는 참고도서로 적합함.

22. J. L. Dillard (1992) *A History of American English*. London and New York: Longman.
20세기 말까지의 미국영어의 역사를 비교적 상세하게 서술하고 있고 지역화와 탈지역화, 탈지방화 등 미국역사에 나타나는 현상을 영어의 발전과 성장에 맞추어 서술하고 있는 점이 특징. 미국영어의 역사를 보충하는 데 매우 좋은 교재.

23. Jeremy J. Smith (2007) *Sound Change and the History of English*. Oxford University Press.
고대에서 초기 현대영어에 이르기까지 음 변화과정을 통해 영어의 역사가 어떻게 변화하여 왔는가를 입증할만한 자료를 제시하면서 서술한 책. 영어사 교재에 부족한 음변화과정을 보충하기에 좋은 참고도서.

24. Jonathan Culpeper (1997) *History of English*. London and New York: Routledge.
학습자가 영어사의 전 분야에 걸쳐 Exercises 중심으로 문제를 해결해 나갈 수 있도록 간단한 서술내용을 제시하고 곧 이어서 문제를 풀어가도록 설계한 책. 따라서 이 책에는 비교적 간단명료한 내용과 문제 중심 및 문제를 해결해주는 follow-up reading이 제시되어 있는 것이 특징.

25. Jan Svartvick and Geoffrey Leech (2006) *English: One Tongue, Many Voices*. London: Macmillan.
일반적인 영어 교재와 달리, 역사에 관한 부분은 Part Ⅰ으로 처리하고 Part Ⅱ & Ⅲ는 영국을 포함한 전 세계에서 쓰인 영어의 이식과정과 영어의 미래에 조명을 맞춰 쓴 저서. 포괄적이면서도 영어의 다양한 측면을 다룬 점이 특징.

26. Richard Watts and Peter Trudgill eds. (2002) *Alternative Histories of English*. London and New York: Routledge.
표준영어의 역사뿐만 아니라 비표준영어가 쓰인 지역, 우리에게 덜 알려진 영어가 쓰이는 곳의 영어의 역사 및 의사전달과 화용론적인 측면에서의 구어체 영어의 역사 등을 다루고 있다. 특히, 언어와 성(gender)에서 본 여성 언어를 다룬 점이 특이하다.

27. David Graddol et al. eds. (2007) *Changing English*. London and New York: Routledge.
방송대학교용으로 편집된 영어사 교재. 영어의 기원에서 표준영어로 부상하기 위한 여러 요인, 영국제도를 벗어나서 다른 나라로 퍼져나간 영어의 전파과정을 다루고 사회적 기호로서의 악센트의 중요성,

다양한 방언 그리고 사회언어적인 의미의 영어의 위상을 다양한 문헌에서 구체적인 예를 인용하여 다루고 있다. 풍부한 예를 읽는 것만으로도 영어의 역사를 읽는 즐거움을 준다.

28. Laura Wright ed. (2000) *The Development of Standard English, 1300-1800*. Theories, Descriptions & Conflicts. Cambridge: Cambridge University Press.
1300～1800년까지의 500년간 표준영어가 형성되는 과정을 이론과 연구방법 및 표준화 과정에 관한 논문 12편을 모은 논문집. 영어의 역사에서 표준영어의 위상이 중요함을 다양한 시각에서 조명하고 있다.

29. Manfred Görlach (1991) *Introduction to Early Modern English*. Cambridge: Cambridge University Press.
이 책은 원래 독일어판(1978)으로 출판된 것을 1991년에 영어판으로 번역하여 출판한 것임. 1485～1700년까지의 초기 현대영어에 초점을 두고 이 시기의 방언, 서체, 철자, 음운, 여형론, 통사론, 어휘를 매우 상세하게 다루고 있다.

30. Rajend Mesthrie and Rakesh M. Bhatt (2008) *World Englishes: The Study of New Linguistic Varieties*. Cambridge: Cambridge University Press.
사회언어학적인 측면에서 영어를 조명한 저서. 제목에서 알 수 있듯이, '새로운 영어'라는 개념을 도입하여 이들 영어의 전파, 구조상의 특징, 화용과 담화 등을 광범위하게 다루고 있다.

31. Donka Minkova and R. Stockwell eds. (2002) *Studies in the History of the English Language*. A Millennial Perspective. Berlin and New York: Mouton de Gruyter.
2000년에 UCLA에서 열린 영어사 국제학회에서의 영어사관련 발표

논문을 선별하여 실은 모음집. 영어사의 다양한 분야를 연구하는 데 좋은 안내자의 역할을 해주는 논문집.

32. Elizabeth Gordon et al. (2004) *New Zealand English: Its Origins and Evolution*. Cambridge: Cambridge University Press.
150년의 역사를 가진 뉴질랜드영어에 대해 기원에서 현재에 이르기까지의 전반적인 변천과정을 방대한 코퍼스(corpus)에 근거하여 쓴 저서. 음성학, 사회언어학, 역사언어학 및 방언학에 관심 있는 연구자들에게 영어의 한 유형을 분석하는 데 좋은 길잡이가 될 것이다.

33. Jenny Cheshire ed. (1991) *English Around the World*. Sociolinguistic Perspectives. New York: Cambridge University Press.
이 책은 영국과 미국을 포함하여 전 세계에서 쓰이는 영어의 사회언어학적인 측면에 초점을 맞추어 서술한 책임. 특히, 아프리카 및 아시아에서 쓰이는 영어에 대한 음운상의 변이 및 사회언어적인 분석이 종전의 영어 유형에 대한 분석과 다른 점이 특징임.

34. Nicholas Ostler (2010) *The Last Lingua Franca. English Until the Return of Babel*. London: Penguin Books.
금세기 마지막 공통어로서의 영어의 미래를 현재와 과거를 연결시켜 다양한 관점에서 서술한 책. 저자의 결론은 중세기 유럽을 지배한 라틴어의 운명과 같이 영어는 현재 글로벌 영어로서의 위상을 지키기 어려울 시기가 온다는 것이다. 저자는 그 가능성을 세 가지로 구분하여 서술하고 있다. 영어사의 한 부분인 영어의 미래를 예측하는데 도움이 된다.

35. Simon Winchester (2003) *The Meaning of Everything. The Story of the Oxford English Dictionary*. Oxford: Oxford University Press.
옥스퍼드 영어사전편찬의 역사를 쓴 책임. 영어사의 한 부분인 사전편찬의 역사를 정리하는 데 매우 유익한 책이 된다. 우리말 번역(이종인 번역, 『영어의 탄생』. 책과 함께, 2005)이 나와 있다.

36. Robert McCrum (2010) Globish. *How the English Language Became the World's Language*. New York & London: W.W. Norton & Company.
『영어이야기』(*The Story of English*, 1987)를 써서 선풍적인 베스트셀러를 기록한 저자 중의 한 사람이 펴낸 색다른 영어의 역사. 글로벌과 잉글리시의 합성어를 제목으로 정한 이 책은 영어의 초기 역사에서 오늘에 이르기까지의 성정과정을 서술하고 세계 공용어가 된 영어의 현재와 미래를 조명한다. 우리말 번역(이수경 번역, 좋은 책들, 2011)이 나와 있다.

37. David Graddol et al. eds. (1996) *English: history, diversity and change*. London and New York: Routledge.
방송대학교용으로 편집된 교재. D. Graddol(2007)보다 먼저 출간된 교재로, 일부 내용이 중복되나, 이 책에서는 필사본(2장), 문법(6장) 및 good / bad English(9장)에 대한 부분을 보충하였다.

38. Bill Bryson (1994) *Made in America: An Informal History of the English Language in the United States*. New York: HarperCollins. 394pp.
다양한 분야의 책을 쓴 다작(多作)의 작가로 널리 알려진 빌 브라이슨이 쓴 특이한 미국의 역사와 미국영어에 관한 이야기. 엉뚱하고 재기발랄한 저자의 필체가 번득이는 책이다. 영어사를 공부하는 이들이 한번 꼭 읽어볼만한 책. 국내에서도 번역서(정경옥 옮김 2009, 『빌 브라이슨의 발칙한 영어산책』. 살림, 678쪽)가 나와 있다.

39. Bill Bryson (1990) *Mother Tongue: The English Language*. Penguin Books.

전통적인 영어의 역사 서술방법과 달리, 1500년까지의 역사를 하나의 장으로 처리하고 어휘, 발음, 세계영어로서의 영어의 미래를 조망하면서 구세계와 신세계, 즉 영국에서 쓰인 영어와 미국에서의 영어를 어휘, 표현 등을 비교해가며 서술한 점이 특징.

40. Tom McArthur (1998) *The English Languages*. Cambridge University Press.
모두 9장으로 구성된 이 책은 제목에서도 알 수 있듯이 다양한 영어의 유형과 영어의 미래를 염두에 두고 서술한 책이다. 인용한 예문이 매우 풍부한 점이 특징이다.

41. Robert Burchfield (1985) *The English Language*. An Opus Book. Oxford & New York: Oxford University Press.
옥스퍼드 영어사전의 편집장이기도 한 저자가 새로운 관점에서 쓴 책으로 영어의 역사를 시대별이 아닌 중요 사건이나 주제를 중심으로 서술함. From Runes to Printing, The Disjunctive Period: 1776 to the Present Day 등이 좋은 예다. 저자는 마지막 10장에서 영어의 미래를 낙관적으로 기술하고 있다.

42. David Crystal (2002) t*he english language. a guided tour of the language*. Second Edition. Penguin Books.
영어가 시사하는 점을 부각시키려는 듯이 저서의 제목 첫 문자가 소문자로 되어 있다. 세 부분으로 되어 있고, 1부는 영어의 구조, 2부는 영어의 효용, 그리고 3부는 영어의 역사로 구성되어 있다. 즉, 이 책은 영어의 역사를 이해하기 전에 영어의 구조(문법, 어휘, 발음, 철자)를 이해하고 영어가 다양한 용도로 쓰일 수 잇음을 제시한 다음 영어의 역사를 서술하고 있는 점이 특징이다.

43. 趙成植 (1975) 英語發達史. 서울: 평화출판사.
우리나라 최초의 영어사 교재. 서론을 포함하여 인구어족에서 미국영어에 이르는 6개의 장으로 구성되어 있음. 각 장마다 세부적인 소항목으로 이루어져 있으며 비교적 상세하고 평이한 서술방식으로 되어 있음. 국한문 혼용방식이었던 초판이 개정판(1997)에서는 한글로 고쳐 출판됨.

44. 金石山 (1989) 英語發達史. 한국영어영문학회편, 영미어문학대계 5. 서울: 을유문화사.
조성식 (1975) 이후에 나온 새로운 체계를 갖춘 영어사 텍스트. 종래의 영어발달사 교재와는 달리, 각 시대별로 음형, 어형, 구문의 변화를 하나의 장에 모두 다루어져 있는 것이 가장 큰 특징임. 학부학생을 대상으로 쓴 교재임. 내면사 중심으로 되어 있어서 내용이 다소 어렵다.

45. 金石山 (1990) 英語史. 대우학술총서 · 인문사회과학 45. 서울: 民音社.
대학원 교재로 편찬한 텍스트. 영어의 외적 역사는 생략하고 여러 언어변화를 언어학적 이론에 의거하여 기술, 설명하고 있음. 음형, 어형, 구문, 의미변화가 매우 상세하게 기술되어 있는 것이 특징.

46. 朴榮培 (1998) 영어사. 신영어학총서 5권. 서울: 한국문화사.
김석산 (1989) 이후에 나온 제3세대 형식의 영어사 교재로 학부 상급반과 대학원생을 위한 텍스트로 적합함. 각 장 뒤에 해당시기의 문헌이나 자료를 간단한 해설과 함께 붙여 놓은 것이 특징. 2010년에 개정증보판이 출판됨.

47. 朴榮培 (2001) 앵글로색슨족의 역사와 언어. 서울: 지식산업사.
켈트족이 영국에 들어와 정착하기 이전부터 노르만 왕조가 들어서기까지 영국에 거주한 여러 민족의 역사와 그들의 생활양식, 문화, 예술, 언어 등 전반에 걸쳐 매우 상세한 자료를 통해 서술한 책. 고대영어사에 해당하는 책임. 영어사의 고대부분을 보충하는 데 좋은 지침서임.

48. 朴榮培 註釋 (2004) *An Outline History of English*. Originially written by Jacek Fisiak. 신영어학 주석시리즈 2. 서울: 한국문화사. 폴란드의 각 대학 학부생을 위해 편찬한 영어사 교재에 주석을 붙여 출판한 영어사 텍스트. 이 주석서는 외면사 중심으로 편찬한 것으로 내면사는 포함되어 있지 않음. 원서의 내용이 다소 어렵고 난삽한 점을 고려하여 상세한 주석을 붙인 것이 특징. 영어사 교재 또는 보조교재로 사용해도 좋은 책임.

49. 金寅淑 (2000) 미국영어. 신영어학총서 10권 서울: 한국문화사. 우리말로 쓴 『미국영어사』의 집대성판. 미국영어의 다양한 모습을 사적(史的)으로 다루고 있다. 1장은 미국의 역사를 서술하고 있고, 2~6장까지는 미국영어의 구조, 방언, 흑인영어, 속어 및 고유명사를 매우 상세하게 다루고 있다.

50. 김명숙 외 (2006) 영어의 역사: 과거. 현재. 미래. 서울: 형설출판사. 영어사를 전공하는 교수 4인이 공저로 쓴 영어의 역사 교재. 전공자뿐만 아니라 비전공자도 쉽고 흥미있게 가르칠 수 있도록 배려한 책으로 교수용 CD를 제공하고 각 시기에 알맞은 멀티미디어를 활용할 수 있게 한 점이 특징.

부록 2 종합문제

종합문제 (1차)

1. Modern English의 알파벳 기원에 관한 다음 설명 중 잘못된 것은?
   (가) 후기 이집트 음절문자에서 시작하였다.
   (나) 셈 문자에 그 기원이 있다.
   (다) 그리스 문자, 로마 문자를 거쳐 파생되었다.
   (라) 현대영어 알파벳은 음절문자이다.

2. Indo-European의 분류방법에 대한 설명 중 잘못된 것은?
   (가) 보통 지리적 분포에 따라 서방 어군(western group)과 동방 어군(eastern group)으로 나뉜다.
   (나) 20세기에 들어와 Tocharian과 Hittite가 발견되어 10개 어군으로 분류된다.
   (다) 인구어족은 백(100)을 뜻하는 어휘의 발음에 따라 크게 centum languages와 satem languages로 나뉜다.
   (라) western group은 satem languages를 말하며 eastern group은 centum languages를 말한다.

3. Germanic의 특성이 아닌 것은?
   (가) accent는 인구어의 free accent를 유지하고 있다.
   (나) 인구어에는 없던 /t or d/를 사용하는 약변화 동사가 생겼다.
   (다) 격(case) 체계의 간소화가 진행되었다.
   (라) 파열음(plosive sounds) 계열의 규칙적인 음 변화가 일어났다.

4. 게르만어의 First Consonant Shift를 잘못 설명하고 있는 것은?

(가) Grimm's Law라고도 한다.

(나) Germanic의 accent가 바뀌는 규칙을 말한다.

(다) 인구어 폐쇄자음(stops)이 게르만어에서 규칙적으로 변화한 것을 말한다.

(라) Rask가 발견한 후 Grimm이 체계화하였다.

5. Old English라고 할 수 있는 언어는 어느 민족의 언어인가?

(가) Celts (나) Anglo-Saxons

(다) Scots (라) Bretons

6. 'England'라는 단어의 어원을 가장 잘 설명한 것은?

(가) Angle족의 원거주지인 Schleswig지방에서 나온 말이다.

(나) Angle족의 땅, 즉 the land of Angles의 뜻이다.

(다) 로마인들이 영국 땅의 게르만족을 Saxons라고 불렀고 여기서 유래하였다.

(라) Bede의 영국교회사에 따르면 Angle족이 맨 먼저 영국 땅에 왔으므로 Angle족의 이름을 따서 나온 말이다.

7. 다음 작품을 쓴 작가의 연결이 잘못된 것은?

(가) *Historia ecclesiastica gentis Anglorum* – Bede (~731)

(나) *The Anglo-Saxon Chronicle* – Gildas (9c~1054)

(다) *Beowulf* – anonymous (8c~)

(라) The *Canterbury Tales* – Geoffrey Chaucer (1387~)

※ (8~14) 다음 영문의 빈 칸에 알맞은 답을 고르시오.

8. The word __________ perhaps means 'creek dweller', and hence 'pirate', and is not confined to the Scandinavian languages: it is found in Old English, in the form *wīcing*, before the days of the

Scandinavian raids.

(가) Danes (나) Viking
(다) Norse (라) Jutes

9. The most important linguistic influence of the Norman occupation in England was the breaking up of the __________ system.

(가) gender (나) inflectional
(다) strong declension (라) word meaning

10. Leveling of inflectional endings in Middle English caused the loss of gender distinction and changed grammatical gender into __________ or semantic gender.

(가) masculine (나) synthetic
(다) natural (라) lexical

11. Loss of case distinction in Middle English led to the fixation of __________.

(가) word order (나) gender distinction
(다) inflection (라) affixes

12. The Standard English about 1400 is based on the dialect of the East Midland and especially on the dialect of __________.

(가) Kentish (나) Northern
(다) London (라) Winchester

13. Between OE and ME, a sound change known as __________ drastically reduced the inflectional distinctions, and this made a most important structural change.

(가) the loss of schwa

(나) the leveling of unstressed vowels
(다) the loss of natural gender
(라) the shortening and lengthening of long vowels.

14. The changes of pronouns in ME are the loss of __________, the merging of dative and accusative case forms, etc.

(가) dual number (나) double vowels
(다) gender (라) interrogatives

※ (15~16) 다음 영문의 빈 칸에 알맞은 답을 써넣으시오.

15. In Early ModE phonologically, __________ affected all ME long vowels and resulted in the loss of phonemically long vowels in English.

16. Many of the Latin loans of Early ModE were __________ (two words from the same source that enter a language by different routes) of words previously borrowed from French or Latin during Middle English.

※ (17~18) 다음 각 영문의 빈 칸에 알맞은 답을 고르시오.

17. One consequence of __________ disputes with the Pope was the Reformation and the separation of Protestants from the Roman Catholic Church.

(가) Henry Ⅳ's (나) Henry Ⅷ's
(다) James Ⅰ's (라) Elizabeth Ⅰ's

18. When __________ announced his plan for a dictionary (*A Dictionary of the English Language*) in 1747, he stated that his purpose was to refine and fix the language. But he gradually

realized that no living language could ever be fixed and that language change was inevitable. Yet, ironically, he probably did more to 'fix' at least some aspects of the language than any other person before or since.

(가) Robert Cawdrey (나) Caxton
(다) John Bullokar (라) Samuel Johnson

19. General American (GA)의 특성이 아닌 것은?

(가) Non-rhotic accent
(나) A darker /l/ than is typical of RP
(다) Voicing of post-stress intervocalic /t/.
(라) The use of /æ/ in words like *bath, dance, and class*.

20. 다음 어휘 중 British English에서 사용하는 어휘가 아닌 것은?

(가) one-way ticket (나) railway
(다) petrol (라) bonnet

21. 다음 중 American English에서 사용하는 표현(phraseology)이 아닌 것은?

(가) (to) break into line
(나) (to) have a shot of vodka
(다) (to) cut the long story short
(라) take a bath

22. 다음 철자개혁과 관계가 없는 사람은?

(가) Benjamin Franklin (나) Noah Webster
(다) George Bernard Shaw (라) Otto Jespersen

23. 다음 차용어의 경우 Latin / Greek에서 차용한 어휘는?

(가) merchant (나) chair

(다) chaos (라) chief

24. 모국어가 다른 두 그룹(group)이 상호 의사소통을 하기 위하여 사용하는 언어로서 이 단어는 원래 business English에서 business를 그 언어의 발음 식으로 표기한데서 유래한 언어는?

(가) creole (나) cockney

(다) pidgin (라) Chicano English

※ (25~30) 빈 칸에 알맞은 답을 고르시오.

25. __________ is the creation of a new word from an existing word in the belief that the existing word is a derivative of a word that actually exists: for example, *beg* from *beggar*, *darkle* from *darkling*, *sidle* from *sideling*.

(가) back formation (나) compound

(다) conversion (라) apocope

26. ________ is a new word made by joining together two or more freely occurring forms, for example, *highschool, fireeater, tailgate.*

(가) suffix (나) compound

(다) hybrid (라) back formation

27. __________ is a change of meaning which occurs in a word describing something more worthy, desirable or pleasant than it previously did, for example, *earl, fond, knight*.

(가) amelioration (나) hybrid

(다) synecdoche (라) specialization

28. __________ is an affix that changes the form of a word without changing its part of speech, for example, *work* → *worked, happy* → *happier, boy* → *boys.*

(가) consonantal (나) derivational prefix
(다) inflectional suffix (라) dative plural

29. A process in which the referential scope of a word is reduced, that is, OE *dēor* (animal) > ModE *deer*, called __________.

(가) amelioration (나) generalization
(다) pejoration (라) specialization

30. __________ is a phrase or compound borrowed from another language after being translated, as are, *superman* from German *Übermensch* and *marriage of convenience* from French *mariage de convenance.*

(가) derivative (나) loan translation
(다) hybrid (라) borrowing word

종합문제 (2차)

1. 영어의 역사를 공부해야 하는 이유 중 옳지 않은 것은?

(가) in order to understand the present state of English
(나) the knowledge of past stages of a language allows us to read and appreciate earlier literature in its original form
(다) to liberate us from certain prejudices regarding linguistic norms in language use
(라) to do some business and communicate with people around the world in an efficient way

2. 영어사에 등장한 가장 초기에 만들어진 영어사전을 쓴 사람은?

(가) Cockeram (나) Cawdrey

(다) Bailey (라) Johnson

3. 다음 중 영어가 위신을 되찾게 된 주요 원인이 아닌 것은?

(가) patriotism and nationalism

(나) the spread of education

(다) the Protestant Reformation

(라) the arrival of the Renaissance

4. 다음 중 문법가와 그 저서를 옳게 연결한 것은?

(가) Robert Lowth – *Short Introduction to English Grammar*

(나) Joseph Priestley – *Reflections on the English Grammar*

(다) Isaac Watts – *The Art of Reading and Writing English*

(라) Joseph Aickin – *Grammatica Linguae Anglicanae*

5. 초기 현대영어 시기가 시작되는 영국의 왕조는?

(가) 노르만 왕조 (나) 튜더 왕조

(다) 스튜어트 왕조 (라) 하노버 왕조

6. 17c말~18c초에 실험과학과 철학의 이성주의의 경향에 힘입어 변화하게 된 영어의 모습이 아닌 것은?

(가) fixing (나) diversity

(다) refinement (라) standardization

7. 다음 중 전형적인 미국영어의 어휘가 아닌 것은?

(가) trucks (나) fenders

(다) billboard (라) porridge

8. 인구어를 사용한 민족의 생활을 서술한 것 중 옳지 않은 것은?

(가) 원 인구어 민족의 문화는 오늘날에 비해 훨씬 뒤떨어진 문화를 누렸다.

(나) 벌꿀로 만든 술(OE mead)을 마셨다.

(다) 바퀴달린 차량을 이용하였다.

(라) 원 인구사회는 농업사회로서 소에 멍에(yoke)를 씌워 밭을 갈았다.

9. 어말에서 두 번째 음절에 제2 강세가 와서 발음되는 미국영어 어휘가 아닌 것은?

(가) secondary (나) dictionary

(다) government (라) necessary

10. Black English vocabulary로 널리 쓰이게 된 요인으로 적당하지 않은 것은?

(가) the early spirituals (나) jazz and blues

(다) drawl (라) break-dancing

11. 고대영어 어휘의 특징을 설명한 것 중 옳지 않은 것은?

(가) 차용어를 받아들여 풍부한 어휘를 사용하였다.

(나) 게르만어의 속성을 대부분 지니고 있었다.

(다) 현대영어에 쓰인 고대영어 어휘 중에는 의미변화가 일어난 것들도 있다.

(라) 기존의 어휘로 복합어를 만들어 광범위하게 사용하였다.

12. 중세영어 방언 중, 표준 서체어로 발달된 방언은?

(가) Mercian 방언 (나) Northern 방언

(다) East-Midland 방언 (라) Kent 방언

13. 영문학사상 영시의 아버지로 불리는 사람은?

(가) William Shakespeare (나) Geoffrey Chaucer
(다) William Blake (라) Alexander Pope

14. 18세기에 활동한 문법가들이 문법에 관해 지닌 세 가지 견해에 속하지 않는 것은?

(가) to indicate errors, real and supposed, and remove them from the language
(나) to eliminate cases of divided usage
(다) to codify the language by reducing it to rules
(라) to teach us to express ourselves with propriety

15. 현대영어 시기에 전개된 철자개혁논쟁과 전혀 관계없는 사람은?

(가) George B. Shaw (나) Isaac Pitman
(다) Benjamin Franklin (라) Andrew Carnegie

16. 초기 현대영어에 식자율(literacy)이 증가하면서 생겨난 것은?

(가) 치찰음화 (나) 철자 발음
(다) 재철자화 (라) 프랑스어의 재차용

17. 왕정복고기(Restoration Period)를 설명한 것 중 적절한 것은?

(가) 1658년 크롬웰이 사망하자 청교도들이 세운 새로운 왕조이다.
(나) 공화정의 성립으로 프랑스에 망명해 있던 찰스 2세가 영국에 돌아와 왕정이 복고된 후부터 Dryden이 죽은 1700년경까지를 말한다.
(다) 제임스 2세가 명예혁명에 의해 축출되고 윌리엄 3세가 새로운 왕조를 시작한 때부터이다.
(라) 셰익스피어 시대에 엘리자베스가 왕권을 강화하여 스코틀랜드를 병합한 사건이다.

18. 다음 중 Authorized Version의 또 다른 명칭은?

(가) Tyndale's Bible (나) The Great Bible
(다) King James's Bible (라) Wycliffe Bible

※ (19~23) 다음 영어 문장을 읽고 빈 칸에 공통으로 들어갈 가장 알맞은 것을 고르시오.

19. The term (　　　　) applies to any language that is used widely by non-native speakers of it to communicate. For instance, Latin was the (　　　　) of the medieval period.

(가) World English(es)
(나) diverging Englishes
(다) lingua franca
(라) English as an International Language(EIL)

20. In 1497, John Cabot reached Newfoundland, now part of Canada, backed by the British monarch (　　　　).

(가) Henry VII (나) Henry VIII
(다) James I (라) Charles II

21. (　　　　) introduced several spelling reforms through his *American Spelling Book* which sold around eighty million copies in the century following its publication.

(가) Samuel Johnson (나) Noah Webster
(다) R. McCrum (라) H. L. Mencken

22. The advent of the printing press accelerated the process of (　　), as once the language was set down in print, its conventions became fixed.

(가) uniformity (나) standardization

(다) literacy (라) regularization

23. American English, especially vernacular American English, – slang and idiom and so on – is spoken by people who don't even know that it's American, they assume it's (   ).

(가) English (나) American
(다) Vernacular (라) British

24. 다음 어휘 중 프랑스어에서 영어에 들어온 차용어가 아닌 것은?

(가) breakfast (나) dinner
(다) supper (라) feast

25. 초기 현대영어 시기에 영어에 들어온 켈트어가 아닌 것은?

(가) galore (나) slogan
(다) whiskey (라) noodle

26. 다음 중 미국영어의 특징이 아닌 것은?

(가) The use of /æ/ in words like bath, dance, and class
(나) Voicing of post-stress intervocalic /t/
(다) /r/-less pronunciation in all areas.
(라) The use of /i/ as the final unstressed vowel in words like cloudy or shiny

27. 17세기까지 남아 쓰인 초기 현대영어의 복수형이 아닌 것은?

(가) eyen (나) shoon
(다) oxen (라) kine

28. 초기 현대영어 시기에는 관계사로 널리 쓰였으나, 현대영어에서 와서 유사관계대명사란 명칭으로 흔히 쓰이고 있는 것은?

(가) who (나) that
(다) which (라) as

29. 다음 중 현대영어에 대한 설명이 잘못된 것은?

(가) 15세기 이후 표준문어체가 서적의 보급, 교통의 발달로 인해 급속하게 보급되었다.
(나) 19세기 이후 빈부의 격차, 산업의 다양화로 급격한 지역 방언이 생겨났다.
(다) 18세기 이후 교통, 정보, 산업의 발달로 계급방언이 생겨났다.
(라) 19세기 이후 도시집중화는 표준영어의 보급에 도움이 되었다.

30. 모음대추이(GVS)에 대한 설명 중 잘못된 것은?

(가) 중세영어에서 현대영어로 가는 시기에 일어난 모음변화이다.
(나) lyf[li:f]가 [laif]로 변하는 현상이다.
(다) 영어 장모음의 혀의 높이가 각각 한 단계씩 올라가는 현상이다.
(라) 단모음/이중모음이 전반적으로 이동하여 철자 및 발음이 변하는 요인이 된 현상이다.

부록 3 영어사 종합 연표

B.C. 5000～3000	인구어 민족, 흑해 근방 남부 유럽에 거주 공통 인구어가 쓰임
3000	인구어 민족의 이동이 시작됨
2000	인구어 민족의 일부가 그리스로 이동
1500	인구어 민족의 일부가 인도아대륙으로 이동
1200	히타이트(Hittite) 제국의 멸망
1000	게르만족, 스칸디나비아에 정착. 원시 게르만어(Proto-Germanic) 사용
753	로물루스의 로마 건국
390	켈트인, 로마를 습격함
55～54	줄리어스 시저의 브리튼 정복 1～2차 시도
A.D. 43	클라우디우스(Claudius) 황제의 브리튼 정복
117	로마제국 최대의 판도 형성 하드리아누스 황제 즉위
119	하드리아누스(Hadrianus) 황제, 브리튼 방문
122～133	스코틀랜드 북부에 하드리아누스 성벽 구축
375	게르만족의 대이동
395	로마제국 동서로 분열
410	로마군 브리튼에서 본국으로 철수. 서고트인의 로마 정복
449	앵글족, 색슨족, 주트족, 브리튼 침략
476	서로마제국 멸망
376	스코트족(Scots, Ireland), 픽트족(Picts, 스코틀랜드 북부), 색슨족(Saxons, 스코틀랜드 동부), 로마인의 브리튼(Roman Britain) 침략
395	로마제국, 동서로 분열
410	로마군 브리튼에서 본국으로 철수.

449	게르만족(Angles, Saxons, Frisians, Jutes), 브리튼 침략
597	성 어거스틴(St. Augustine), 브리튼에 기독교 전파
787~850	스칸디나비아인의 브리튼 침략 제1기 시작
793~4	바이킹족의 린디스판(Lindisfarne), 재로(Jarrow) 수도원 약탈
850~878	스칸디나비아인의 브리튼 침략 제2기
878~1042	스칸디나비아인의 브리튼 침략 제3기 정치적인 적응과 동화의 시기
886	앨프레드 왕과 구스럼(Guthrum) 간의 웨드모어 조약(Treaty of Wedmore) 체결
1016	덴마크왕 크누트(Cnut, Canute), 영국 통치
1042~66	증성왕 에드워드, 영국 왕위에 오르다
1066	해럴드 2세(Harold II), 영국 왕위에 오르다. 윌리엄 공작, 헤이스팅스 전투에서 승리. 영국 정복. 노르만 왕조 시작.
1086	윌리엄 1세, Doomsday Book(토지대장) 작성.
1095	1차 십자군 전쟁이 시작되다
1100	헨리 1세의 즉위
1170	Thomas á Becket, 헨리 2세의 자객들에 의해 살해당함. 이것을 주제로 한 엘리옷(T. S. Eliot)의 *Murder in the Cathedral*과 초서의 *Canterbury Tales*가 쓰여짐.
1189	리처드 1세가 헨리 2세의 뒤를 이어 즉위
1199	존 왕, 영국 왕위에 오르다
1205	존 왕, 노르망디의 토지를 상실하다
1215	존 왕, 마그나 카르타(Magna Carta)에 서명
1258~65	귀족들의 전쟁(The Barons' War)
1272	에드워드 1세의 즉위. 영어를 능숙하게 구사하다
1284	Wales, 영국에 병합됨.
1327	에드워드 3세, 영국 왕위에 오르다
1346	에드워드 3세, 크레시 전투(Battle of Crécy)에서 프랑스군을 대파하다.
1337~1453	백년전쟁

1348～1351	흑사병(The Black Death). 전 인구의 30%가 죽다.
1362	영국 의회, 개원하다. 의장이 영어로 개회사를 하다. 변호법(Statue of Pleading)의 통과. 다음 해 시행.
1399	리차드 2세의 폐위. 헨리 4세의 즉위.
1340～1400	초서(G. Chaucer)의 작품 활동.
1381	농민들의 반란(The Peasants' Revolt)
1381～1391	초서의 *Canterbury Tales*가 쓰여짐. 중세영어의 표본이 되다.
1415	아쟁쿠르 전투(Battle of Aginocourt)
1431	Jeanne d'Arc, 루앙(Rouen)에서 화형당함.
1453	백년전쟁 종료. 프랑스군, 칼레(Calais)를 제외한 전국토 회복.
1455～1485	장미전쟁. 헨리 6세 말 랭카스터가와 요크가의 왕위계승전. 30년간 계속.
1476	캑스턴(W. Caxton), 유럽에서 인쇄술을 도입하다
1489	영국 의회, 프랑스어 사용을 폐지하고 영어를 공식 언어로 사용하다.
1485～1509	헨리 7세(Henry VII). 영국의 튜더 왕조의 시작.
1509	헨리 8세의 즉위(1509～1547). 중세영어 시기 종료. 초기 현대영어의 시작.
1516	토마스 모어(Thomas More)의 『유토피아』(*Utopia*), 라틴어로 출판됨.
1547	에드워드 6세(Edward VI, 1547～1553)
1549	농민반란(Peasants' Revolt)
1551	*Utopia*의 영어로 번역, 출판됨.
1553	Lady Jane Grey, 1554년에 참수 당함. 메리 1세(Mary Ⅰ) 즉위(1553～ 1558)
1554	메리 여왕, 스페인의 필립 왕자와 결혼. 신교도의 박해로 "피의 메리(Blood Mary)"라는 별명을 얻게 됨
1558	영국, 프랑스 북부의 칼레(Calais)를 상실하다 엘리자베스 1세(1558～1603)의 즉위

1564	윌리엄 셰익스피어(W. Shakespeare) 탄생
1577～80	프랜시스 드레이크(Francis Drake)의 탐험
1585	월터 롤리(Walter Raleigh)의 식민지 개척.
1588	영국, 스페인의 무적함대를 격퇴
1600	영국, 인도에 동인도회사(East India Co.)를 설립.
1603	튜더 왕조의 막이 내리다. 제임스 1세(스코틀랜드의 제임스 6세))의 즉위. 스코틀랜드와 잉글랜드의 통합. 스튜어트 왕조의 시작.
1607	존 스미스(John Smith), 신대륙의 버지니아(Virginia)로 건너감.
1611	흠정역성서(King James Bible)의 출현.
1616	셰익스피어(1564～1616) 사망.
1625	찰스 1세(Charles I)의 즉위(1625～1649).
1642～6	내전(Civil War). 왕당파와 의회파의 전투.
1648	2차 내전(Second Civil War).
1649	청교도혁명(1649～1660). 찰스 1세의 처형. Cromwell의 공화정(Commonwealth)의 시작
1653	올리버 크롬웰(Oliver Cromwell), 호국경(Lord Protector)에 취임.
1660～1685	찰스 2세의 왕정복고(Restoration).
1666	런던 대화재
1685	제임스 2세의 즉위.
1688	명예혁명(Glorious Revolution)
1689	윌리엄(William of Orange) 3세와 메리 2세, 잉글랜드와 아일랜드의 공동 국왕에 오르다.
1702	스튜어트 왕조의 마지막 군주, 앤 여왕의 즉위(1702～1714).
1707	스코틀랜드와 잉글랜드를 Great Britain으로 통합.
1713	영불 강화조약인 위트레흐트(Utrecht) 조약 체결.
1714～27	조지 1세(George I)의 즉위로 하노버 왕조의 시작.
1727	조지 2세(1727～1760)
1760	조지 3세(1760～1820). 영국이 캐나다 전 지역을 점령.

1775～83	미국 독립전쟁(American War of Independence)
1776	미국 독립선언
1776	E. Gibbon의 『로마제국 쇠망사』(*The History of the Decline and Fall of the Roman Empire,* 1～6권) 출간(1776～1788).
1783	웹스터에 의한 *American Spelling Book*이 출판됨.
1784	웹스터에 의한 *A Grammatical Institute of the English Language*가 출판됨.
1800	현대영어(Modern English)의 시작.
1806	N. Webster의 *A Compendious Dictionary of the English Language* 출간으로 미국영어의 철자법 확립.
1822	J. Grimm의 *Deutsche Grammatik*, 2판 1권 출간.
1828	N. Webster의 *An American Dictionary of the English Language*, 2 vols, 출간. 미국영어 특유의 어휘, 어의(語義) 및 용법에 기여.
1837	빅토리아 여왕 즉위(1837～1901). 하노버가의 마지막 왕,
1838	J. Bosworth)의 *A Dictionary of the Anglo-Saxon Language* 출간.
1842	영국 문헌학회 창립. 문헌학회 기관지, *Transactions of the Philological Soiety* 간행(1854).
1849	*Notes and Queries* 창간. 1권 간행(1850).
1869	E. A. Abbott의 *A Shakespearian Grammar* 출간.
1885	O. Jespersen의 *Concise English Grammar* 출간.
1899	Boer War(1899～1902)
1900	영어 사용자가 약 1억 2천 3백만 명이 되다.
1909	O. Jespersen의 *A Modern English Grammar*, Vols, I～VII 발간 (1909～1949).
1914	1차 세계대전(1914～1918).
1919	C. T. Onions의 *A Shakespeare Glossary* 발간.
1925	E. K. Kuisinga의 *A Handbook of Present-Day English,*

	Part I: English Sounds 출간.
1928	*Oxford English Dictionary* 발간.
1936	BBC London 텔레비전 방송 시작.
1939	2차 세계대전(1939～1945).
1949	의미론의 고전으로 평가받은 C. K. Ogden & I. A. Richards 의 *The Meaning of Meaning* 출간.
	F. Mossé의 *A Handbook of Middle English* 출간.
1951	Colour TV, 미국 전역에 보급.
1952	Queen Elizabeth II 의 즉위.
1953	D. D. Eisenhower, 34대 미국 대통령에 취임(1953～1961).
1955	R. Quirk & C. L. Wrenn의 *An Old English Grammar* 출간. 후기 서색슨 방언에 기초한 문법서.
1957	N. Chomsky의 *Syntactic Structures* 출간.
	E. J. Dobson의 *English Pronunciation 1500～1700*, 2 vols. 출간.
1960	T. F. Mustanoja의 *A Middle English Syntax*. Part I: Parts of Speech 출간. 중세영어 통사론연구의 고전.
1961	J. F. Kennedy, 35대 미국 대통령에 취임(1961～1963).
	Webster's Third New International Dictionary of the English Language 출간. [초판 1909, 2판 1934].
1967	유럽공동체(European Community) 발족.
	D. Jones의 발음사전, 13판 발간. [초판 1917].

부록 4 영국 및 스코틀랜드 왕실 계보 (List of Monarchs in England and Scotland)

ENGLAND

	Monarch	*born*	*acceded*	*died*	
	ALFRED	849	April 871	26 Oct. 899	WESSEX
900	EDWARD THE ELDER	870	Oct. 899	17 July 924	
	ATHELSTAN	895	Summer 924	27 Oct. 939	
	EDMUND	921	Oct. 939	26 May 946	
	EADRED		May 946	23 Nov. 955	
	EADWIG	before 943	Nov. 955	1 Oct. 959	
	EDGAR	943	Oct. 959	8 July 975	
	EDWARD THE MARTYR	*c.*962	July 975	18 Mar. 978	
1000	ÆTHELRED 'THE UNREADY'	*c.*968–9	Mar. 978	23 Apr. 1016	
	EDMUND IRONSIDE	before 993	Apr. 1016	30 Nov. 1016	
	CNUT	*c.*995	30 Nov. 1016	12 Nov. 1035	Danish
	HAROLD HAREFOOT	*c.*1016–17	*c.*1035–6	17 Mar. 1040	
	HARTHACNUT	*c.*1018	June 1040	8 June 1042	
	EDWARD THE CONFESSOR	*c.*1002–5	June 1042	5 Jan. 1066	English
	HAROLD GODWINSON	*c.*1020	6 Jan. 1066	14 Oct. 1066	
	WILLIAM THE CONQUEROR	*c.*1027–8	25 Dec. 1066	9 Sept. 1087	NORMAN
1100	WILLIAM II	*c.*1056–60	26 Sept. 1087	2 Aug. 1100	
	HENRY I	1068	5 Aug. 1100	1 Dec. 1135	
	STEPHEN	by 1100	22 Dec. 1135	25 Oct. 1154	
	HENRY II	5 Mar. 1133	19 Dec. 1154	6 July 1189	PLANTAGENET
	RICHARD I	8 Sept. 1157	3 Sept. 1189	6 Apr. 1199	
1200	JOHN	24 Dec. 1167	27 May 1199	18–19 Oct. 1216	
	HENRY III	1 Oct. 1207	28 Oct. 1216	16 Nov. 1272	
1300	EDWARD I	17–18 June 1239	20 Nov. 1272	7 July 1307	
	EDWARD II	25 Apr. 1284	8 July 1307	deposed 20 Jan. 1327; died 21 Sept. 1327	
	EDWARD III	13 Nov. 1312	25 Jan. 1327	21 June 1377	
	RICHARD II	6 Jan. 1367	22 June 1377	deposed 29 Sept. 1399; died *c.*14 Feb. 1400	
1400	HENRY IV	*c.*Apr. 1366	30 Sept. 1399	20 Mar. 1413	LANCASTER
	HENRY V	*c.*16 Sept. 1387	21 Mar. 1413	31 Aug. 1422	
	HENRY VI	6 Dec. 1421	1 Sept. 1422; restored 3 Oct. 1470	deposed 4 Mar. 1461; deposed 11 Apr. 1471; died 21 May 1471	

ENGLAND

	Monarch	born	acceded	died	
	EDWARD IV	28 Apr. 1442	4 Mar. 1461; restored 11 Apr. 1471	deposed 3 Oct. 1470; died 9 Apr. 1483	YORK
	EDWARD V	2 Nov. 1470	9 Apr. 1483	deposed 25 June 1483; died *c.* summer 1483	
	RICHARD III	2 Oct. 1452	26 June 1483	22 Aug. 1485	
1500	HENRY VII	28 Jan. 1457	22 Aug. 1485	21 Apr. 1509	TUDOR
	HENRY VIII	28 June 1491	22 Apr. 1509	28 Jan. 1547	
	EDWARD VI	12 Oct. 1537	28 Jan. 1547	6 July 1553	
	MARY I	18 Feb. 1516	19 July 1553	17 Nov. 1558	
1600	ELIZABETH I	7 Sept. 1533	17 Nov. 1558	24 Mar. 1603	
	JAMES I	19 June 1566	24 Mar. 1603	27 Mar. 1625	STUART
	CHARLES I	19 Nov. 1600	27 Mar. 1625	beheaded 30 Jan. 1649	
	CHARLES II	29 May 1630	30 Jan. 1649; restored 29 May 1660	6 Feb. 1685	
1700	JAMES II	14 Oct. 1633	6 Feb. 1685	declared to have abdicated 11 Dec. 1688; died 6 Sept. 1701	
	MARY II } *joint sovereigns*	30 Apr. 1662	13 Feb. 1689	28 Dec. 1694	
	WILLIAM III } *joint sovereigns*	4 Nov. 1650	13 Feb. 1689	8 Mar. 1702	
	ANNE	6 Feb. 1665	8 Mar. 1702	1 Aug. 1714	
	GEORGE I	28 May 1660	1 Aug. 1714	11 June 1727	HANOVERIAN
	GEORGE II	30 Oct. 1683	11 June 1727	25 Oct. 1760	
1800	GEORGE III	24 May 1738	25 Oct. 1760	Regency declared 5 Feb. 1811; died 29 Jan. 1820	
	GEORGE IV	12 Aug. 1762	Regent from 5 Feb. 1811; acceded 29 Jan. 1820	26 June 1830	
	WILLIAM IV	21 Aug. 1765	26 June 1830	20 June 1837	
1900	VICTORIA	24 May 1819	20 June 1837	22 Jan. 1901	
	EDWARD VII	9 Nov. 1841	22 Jan. 1901	6 May 1910	DESCENDANTS OF VICTORIA
	GEORGE V	3 June 1865	6 May 1910	20 Jan. 1936	
	EDWARD VIII	23 June 1894	20 Jan. 1936	abdicated 11 Dec. 1936; died 28 May 1972	
	GEORGE VI	14 Dec. 1895	11 Dec. 1936	6 Feb. 1952	
	ELIZABETH II	21 Apr. 1926	6 Feb. 1952		

SCOTLAND

	Monarch	born	acceded	died	
1000	MALCOLM II	c.954	25 Mar. 1005	25 Nov. 1034	MAC ALPIN
	DUNCAN I		25 Nov. 1034	14 Aug. 1040	
	MACBETH	c.1005	14 Aug. 1040	15 Aug. 1057	
	LULACH	c.1032	15 Aug. 1057	17 Mar. 1058	
	MALCOLM III	c.1031	17 Mar. 1058	13 Nov. 1093	CANMORE
	DONALD BANE	c.1033	13 Nov. 1093; restored 12 Nov. 1094	deposed May 1094; died Oct. 1097	
	DUNCAN II	c.1060	May 1094	12 Nov. 1094	
1100	EDGAR	c.1074	1097	c.8 Jan. 1107	
	ALEXANDER I	c.1077	c.8 Jan. 1107	c.25 Apr. 1124	
	DAVID I	c.1085	c.25 Apr. 1124	24 May 1153	
	MALCOLM IV	c.1041	24 May 1153	9 Dec. 1165	
	WILLIAM I	c.1142	9 Dec. 1165	4 Dec. 1214	
	ALEXANDER II	24 Aug. 1198	4 Dec. 1214	8 July 1249	
1200	ALEXANDER III	4 Sept. 1241	8 July 1249	19 Mar. 1286	
	MARGARET	c.Apr. 1283	19 Mar. 1286	c.26 Sept. 1290	
	JOHN BALLIOL	c.1250	17 Nov. 1292	abdicated 10 July 1296; died Apr. 1313	BALLIOL
1300	ROBERT I	11 July 1274	25 Mar. 1306	7 June 1329	BRUCE
	DAVID II	5 Mar. 1324	7 June 1329	22 Feb. 1371	
	ROBERT II	2 Mar. 1316	22 Feb. 1371	19 Apr. 1390	STUART
1400	ROBERT III	c.1337	19 Apr. 1390	4 Apr. 1406	
	JAMES I	July 1394	4 Apr. 1406	21 Feb. 1437	
	JAMES II	16 Oct. 1430	21 Feb. 1437	3 Aug. 1460	

SCOTLAND

	Monarch	*born*	*acceded*	*died*	
	JAMES III	May 1452	3 Aug. 1460	11 June 1488	STUART
1500	JAMES IV	17 Mar. 1473	11 June 1488	9 Sept. 1513	
	JAMES V	10 Apr. 1512	9 Sept. 1513	14 Dec. 1542	
	MARY	8 Dec. 1542	14 Dec. 1542	abdicated 24 July 1567; beheaded 8 Feb. 1587	
1600	JAMES VI	19 June 1566	24 July 1567; king of England 24 Mar. 1603	27 Mar. 1625	

부록 5 미국 역대 대통령(List of Presidents in USA)

대(代)	이름(생존기간)	출신주	소속당명	임기
1	George Washington(1732–99)	Virginia	Federalist	1789–97
2	John Adams(1735–1826)	Massachusetts	Federalist	1797–1801
3	Thomas Jefferson(1743–1826)	Virginia	Republican	1801–09
4	James Madison(1751–1836)	Virginia	Republican	1809–17
5	James Monroe(1758–1831)	Virginia	Republican	1817–25
6	John Quincy Adams(1767–1848)	Massachusetts	Republican	1825–29
7	Andrew Jackson(1767–1845)	South Carolina	Democrat	1829–37
8	Martin Van Buren(1782–1862)	New York	Democrat	1837–41
9	William Henry Harrison(1773–1841) (재임 중 사망)	Virginia	Whig	1841
10	John Tylor(1790–1862) (부통령에서 승격)	Virginia	Whig	1841–45
11	James Knox Polk(1795–1849)	North Carolina	Democrat	1845–49
12	Zachary Taylor(1784–1850) (재임 중 사망)	Virginia	Whig	1849–50
13	Millard Fillmore(1800–74) (부통령에서 승격)	New York	Whig	1850–53
14	Franklin Pierce(1804–69)	New Hampshire	Democrat	1853–57
15	James Buchanan(1791–1868)	Pennsylvania	Democrat	1857–61
16	Abraham Lincoln(1809–65) (재임 중 암살)	Kentucky	Republican	1861–65
17	Andrew Johnson(1808–75) (부통령에서 승격)	North Carolina	Republican	1865–69
18	Ulysses S. Grant(1822–85)	Ohio	Republican	1869–77
19	Rutherford B. Hayes(1822–93)	Ohio	Republican	1877–81
20	James A. Garfield(1831–81) (재임 중 암살)	Ohio	Republican	1881
21	Chester A. Arthur(1830–86) (부통령에서 승격)	Vermont	Republican	1881–85

22	Grover Cleveland(1837–1908)	New Jersey	Democrat	1885–89
23	Benjamin Harrison(1833–1901)	Ohio	Republican	1889–93
24	Grover Cleveland(1837–1908)	New Jersey	Democrat	1893–97
25	William McKinley(1843–1901) (재임 중 암살)	Ohio	Republican	1897–1901
26	Theodore Roosevelt(1858–1919) (부통령에서 승격)	New York	Republican	1901–09
27	William H. Taft(1857–1930)	Ohio	Republican	1909–13
28	Woodrow Wilson(1856–1924)	Virginia	Democrat	1913–21
29	Warren G. Harding(1865–23) (재임 중 사망)	Ohio	Republican	1921–23
30	Calvin Coolidge(1872–1933) (부통령에서 승격)	Vermont	Republican	1923–29
31	Herbert C. Hoover(1874–1964)	Iowa	Republican	1929–33
32	Franklin D. Roosevelt(1882–1945) (3선 재임 중 사망)	New York	Democrat	1933–45
33	Harry S. Truman(1884–1972) (부통령에서 승격)	Missouri	Democrat	1945–53
34	Dwight D. Eisenhower(1890–1969)	Texas	Republican	1953–61
35	John F. Kennedy(1917–63) (재임 중 암살)	Massachusetts	Democrat	1961–63
36	Lyndon B. Johnson(1908–73) (부통령에서 승격)	Texas	Democrat	1963–69
37	Richard M. Nixon(1913–) (재임 중 사임)	California	Republican	1969–74
38	Gerald R. Ford (1913–) (부통령에서 승격)	Nebraska	Republican	1974–77
39	James E. Carter(1924–)	Georgia	Democrat	1977–81
40	Ronald W. Reagan(1911–)	Illinois	Republican	1981–89
41	George H. W. Bush(1924–)	Massachusetts	Republican	1989–93
42	William J. Clinton(1946–)	Arkansas	Democrat	1993–2001
43	George W. Bush (1946–)	Massachusetts	Republican	2001–09
44	Barack H. Obama Jr.(1961–)	Honolulu	Democrat	2009–

부록 6 해 답

연습문제 해답

• 1장

1. 3) 2. 3) 3. 4) 4. 3) 5. 3) 6. 1) 7. 2) 8. 4)
9. 1) 10. 4) 11. 4) 12. 3) 13. 4) 14. 1) 15. 4) 16. 2)
17. 1) 18. 1) 19. 3) 20. 1)

• 2장

1. 2) 2. 3) 3. 4) 4. 3) 5. 3) 6. 1) 7. 4) 8. 4)
9. 3) 10. 4) 11. 1) 12. 2) 13. 2) 14. 3) 15. 4) 16. 1)
17. 2) 18. 3) 19. 1) 20. 4)

• 3장

1. 2) 2. 3) 3. 2) 4. 4) 5. 1) 6. 1) 7. 2) 8. 3)
9. 4) 10. 1) 11. 4) 12. 3) 13. 2) 14. 1) 15. 3) 16. 4)
17. 4) 18. 2) 19. 3) 20. 4)

• 4장

1. 2) 2. 1) 3. 4) 4. 4) 5. 3) 6. 1) 7. 4) 8. 2)
9. 2) 10. 3) 11. 3) 12. 4) 13. 1) 14. 2) 15. 4) 16. 3)
17. 4) 18. 1) 19. 2) 20. 3)

• 5장

1. 1) 2. 4) 3. 1) 4. 4) 5. 2) 6. 2) 7. 2) 8. 2)
9. 3) 10. 2) 11. 3) 12. 2) 13. 2) 14. 4) 15. 3) 16. 4)
17. 4) 18. 3) 19. 4) 20. 4)

• 6장

1. 4)	2. 3)	3. 2)	4. 4)	5. 1)	6. 4)	7. 1)	8. 2)
9. 3)	10. 4)	11. 4)	12. 3)	13. 2)	14. 2)	15. 4)	16. 4)
17. 2)	18. 4)	19. 3)	20. 1)				

• 7장

1. 4)	2. 3)	3. 3)	4. 4)	5. 2)	6. 3)	7. 3)	8. 1)
9. 1)	10. 2)	11. 3)	12. 1)	13. 4)	14. 3)	15. 4)	16. 1)
17. 2)	18. 4)	19. 3)	20. 3)				

종합문제 해답

• 1차

1. 라	2. 나	3. 라	4. 가	5. 나
6. 가	7. 라	8. 가	9. 다	10. 다
11. 가	12. 다	13. 나	14. 라	15. 라
16. 나	17. 나	18. 다	19. 다	20. 가
21. 나	22. 나	23. 가	24. 가	25. 라
26. 다	27. 다	28. 라	29. 나	30. 라

• 2차

1. 라	2. 라	3. 가	4. 나	5. 나
6. 나	7. 나	8. 나	9. 나	10. 다
11. 가	12. 다	13. 나	14. 가	15. GVS
16. doublet	17. 나	18. 라	19. 가	20. 가
21. 다	22. 라	23. 다	24. 다	25. 가
26. 나	27. 가	28. 다	29. 라	30. 나

찾아보기

영어사 강의

Lectures on the History of English

지은이 박영배 · 장근철
펴낸이 박문규
펴낸곳 경문사
펴낸날 2012년 3월 5일 1판 1쇄
2014년 9월 1일 1판 2쇄
등 록 1979년 11월 9일 제313-1979-23호
주 소 121-818, 서울특별시 마포구 와우산로 174
전 화 (02) 332-2004 팩스 (02) 336-5193
이메일 kyungmoon@kyungmoon.com

값 23,000원

ISBN 978-89-6105-547-5

★ 경문사 홈페이지에 오시면 즐거운 일이 생깁니다.
http://www.kyungmoon.com